SAO HEI CHU E
BAN AN ZHI NAN

扫黑除恶
办案指南

周文涛　主编

中国检察出版社

图书在版编目（CIP）数据

扫黑除恶办案指南/周文涛主编. —北京：中国检察出版社，2019.9
ISBN 978-7-5102-2085-2

Ⅰ.①扫… Ⅱ.①周… Ⅲ.①犯罪集团-刑事犯罪-法律解释-中国 Ⅳ.①D924.115

中国版本图书馆 CIP 数据核字（2019）第 169130 号

扫黑除恶办案指南

周文涛　主编

出版发行：	中国检察出版社
社　　址：	北京市石景山区香山南路 109 号（100144）
网　　址：	中国检察出版社（www.zgjccbs.com）
编辑电话：	（010）86423709
发行电话：	（010）86423726　86423727　86423728
	（010）86423730　68650016
经　　销：	新华书店
印　　刷：	北京宝昌彩色印刷有限公司
开　　本：	710 mm×960 mm　16 开
印　　张：	26.75
字　　数：	490 千字
版　　次：	2019 年 9 月第一版　2019 年 9 月第一次印刷
书　　号：	ISBN 978-7-5102-2085-2
定　　价：	85.00 元

检察版图书，版权所有，侵权必究
如遇图书印装质量问题本社负责调换

编撰者简介

周文涛，男，1980年3月出生，湖北黄冈人，汉族，毕业于华中科技大学，研究生学历，刑法学硕士，中共党员，现任湖北省人民检察院四级高级检察官，以402分成绩通过司法考试。2008年加入检察事业，2010年加入公诉部门工作至今，办理各类重大疑难复杂刑事案件600余件，其中张敦铎故意伤害刑事抗诉案于2015年9月被最高人民检察院评为全国刑事申诉优秀案件。个人在多项业务竞赛中获得佳绩，连续3年被评为优秀公务员，荣立个人三等功2次。

宋泽厚，男，1968年4月出生，黑龙江尚志市人，汉族，大学本科学历，中共党员，现任辽宁省人民检察院四级高级检察官，辽宁省公诉部门检察业务专家。1997年考入检察院，在基层人民检察院从事公诉10年，2006年遴选到省院公诉部门从事案件审查工作至今，办理各类刑事案件1600余件，无一错案。荣立个人二等功1次，个人三等功5次，荣获辽宁省人民满意政法干警、鞍山市人民满意政法干警等荣誉称号。

张希梅，女，1975年2月出生，甘肃金昌市人，满族，法学学士，中共党员；现任宁夏回族自治区西宁市城中区人民检察院检委会专职委员、刑事检察局局长、一级检察官。1997年11月参加工作，2004年加入检察事业，2007年加入公诉队伍，先后办理各类重大疑难复杂案件800余件，其中田某某猥亵幼女一案入选2017年检察机关未成年人全面综合司法保护典型案（事）例。个人于2013年先后荣获"全省十佳优秀公诉人""全国优秀公诉人"荣誉称号。曾连续3年被评为优秀公务员。

詹文成，男，1982年12月出生，江西婺源人，汉族，毕业于南开大学，本科学历，中共党员，现任江西省人民检察院第一检察部检察官助理。2007年加入检察事业，先后在婺源县人民检察院、江西省人民检察院工作。2009年加入公诉部门工作至今，办理各类重大疑难复杂刑事案件500余件。2014年被评为江西省检察业务专家，2017年在第六届全国优秀公诉人竞赛中被评为全国公诉标兵。

张旭霞，男，1982年10月出生，贵州思南人，土家族，毕业于贵州民族学院，大学本科学历，史学学士，中共党员，现任贵州省人民检察院检察官助理。2004 年加入检察事业，2008 年起从事侦查监督工作至今。其间办理各类刑事案件 800 余件。2013 年 8 月，获贵州省第三届侦查监督十佳检察官荣誉称号，2014 年 8 月，获评贵州省全省业务专家（B 类），先后被贵州省人民检察院嘉奖 4 次，荣立三等功 1 次。

邢军锋，男，1983 年 11 月出生，汉族，陕西大荔人，毕业于西安科技大学，法学硕士学历，中共党员，现任新疆生产建设兵团人民检察院主任科员、检察官助理。2013 年加入检察事业侦查监督队伍，先后办理各类重大疑难复杂案件 200 余件，其中有第六师原政委焦明启受贿案，第八师原政委、石河子市人大主任宋志国受贿案，兵团纪委原常委、兵团编办原主任刘军受贿案，兵团卫生局原党组书记、局长朱东兵受贿等师局级领导犯罪大要案。个人曾多次荣获优秀共产党员等称号。

赵海英，女，1971 年 11 月出生，汉族，毕业于中南财经大学，大学本科学历，法学学士学位，现任湖北省宜昌市人民检察院第一刑事检察部副主任、员额检察官。长期从事公诉、侦查监督工作，其间办理过多个大要案。立二等功 1 次，三等功 1 次，获宜昌市先进检察官、宜昌市"巾帼耀检徽"榜样女性、宜昌市"三八"红旗手荣誉称号。

徐迎黎，女，1974 年 10 月出生，汉族，湖北襄阳人，毕业于武汉大学，法学本科学历，中共党员，现任湖北省襄阳市樊城区检察院检察官，国家二级心理咨询师。1992 年加入检察事业，1998 年加入公诉队伍，先后办理各类重大疑难复杂案件 1000 余件，其中有网络重大影响的"414"重大火灾系列案件、"襄阳军车"案等。个人曾多次荣获省市级先进检察官、优秀共产党员等称号，并带领公诉部荣获三八红旗集体、优秀青少年维权岗等荣誉。

栾晶，女，1976 年 11 月出生，汉族，河北井陉人，毕业于太原师范学院，大学本科学历，文学学士，中共党员，现任山西省太原市晋源区人民检察院刑检部检察官、院支部宣传委员、院工会主席。2010 年通过国家司法考试。2004 年加入检察事业，2015 年加入公诉部门工作至今。个人曾在太原市检察系统控申业务竞赛中获得第二名。多次获得各类市级、区级优秀党员、优秀工作者称号。

王萍，女，1980 年 2 月出生，宁夏中卫人，汉族，毕业于宁夏大学，研究生学历，法学硕士，中共党员，现任宁夏回族自治区中卫市人民检察院检察官。2010 年加入检察事业，2014 年加入公诉部门工作至今，办理各类重大疑难复杂刑事案件百余件。

闫亚芹，女，1981 年 4 月出生，陕西合阳人，毕业于东北大学，研究生学历，法学硕士，辽宁省本溪市人民检察院检察官。2008 年 12 月开始从事检察工作，曾多次获得奖励和荣誉，荣立三等功 1 次，并在辽宁省第四届侦查监督业务竞赛中荣获业务标兵称号。

马宏武，男，1981 年 7 月出生，回族，宁夏西吉县人，法学本科学历，现任宁夏回族自治区吴忠市红寺堡区人民检察院检察官。2006 年通过司法考试，2011 年 9 月加入检察事业，2015 年加入公诉队伍，先后办理各类重大疑难复杂刑事案件 300 余件。曾在省内刑事申诉业务竞赛中获得佳绩，多次被评为优秀公务员、政法综治先进个人。

金业凯，男，1986 年 11 月出生，湖北随州人，毕业于湖北警官学院，大学本科学历，法学学士，湖北省随州市人民检察院检察官助理。2014 年 1 月开始从事检察工作，曾多次获得奖励和荣誉：荣获 2015 年度全省检察机关侦查监督信息化应用"大比武"活动"优秀选手"称号；荣获 2017 年度全市政法工作突出个人称号；荣获 2017 年度"随州楷模"称号；2016、2017 连续两年公务员考核优秀等次。

张智华，男，1987 年 1 月出生，朝鲜族，吉林延吉人，毕业于华东理工大学，研究生学历，国际法硕士，韩国高丽大学法学博士在读，中共党员，曾任吉林省延边朝鲜族自治州人民检察院刑事检察部助理检察员，中朝双语普法公众号"法律之门"创建者。2013 年加入检察事业，同年加入公诉队伍，先后办理普通刑事案件 200 余件，重特大刑事案件 30 多件，参与重特大职务犯罪案件专案组多起。个人曾获延边州检察系统公诉人竞赛优秀辩手、优秀演讲家等称号。

高劼玮，女，1990 年 6 月生，汉族，湖北鄂州人，法学本科学历，现为湖北省鄂州市人民检察院检察官助理。2014 年加入检察事业，同年加入公诉队伍，先后协助办理各类案件百余件。现为鄂州市七五普法讲师团、鄂州市青少年普法讲师团成员。在中国关心下一代工作委员会、中华人民共和国司法部和中央社会治安综合治理委员会办公室联合主办的第三届"关爱明天、普法先行"——青少年普法教育活动中被评为"优秀辅导员"。2017 年受聘为鄂州市实验小学法治副校长。

目 录

第一部分 扫黑除恶常见问题解答

一、扫黑除恶专项斗争的由来是什么？ （1）
二、扫黑除恶专项斗争开始的时间？ （1）
三、全国扫黑除恶专项斗争为期多久？ （1）
四、中央开展扫黑除恶专项斗争的重要意义是什么？ （1）
五、扫黑除恶专项斗争的"总蓝图"是什么？ （2）
六、中央扫黑除恶专项斗争的基本原则有哪些？ （2）
七、中央扫黑除恶专项斗争的目标任务是什么？ （2）
八、中央扫黑除恶专项斗争的实施步骤是什么？ （2）
九、扫黑除恶专项斗争工作的要求是什么？ （3）
十、扫黑除恶与打黑除恶相比有哪些变化？ （3）
十一、打击黑恶犯罪的长效机制的标准是什么？ （3）
十二、扫黑除恶专项斗争应做到哪"三个结合"？ （3）
十三、扫黑除恶专项斗争"一案三查"指什么？ （3）
十四、扫黑除恶专项斗争"两个一律"指什么？ （4）
十五、铲除黑恶势力滋生土壤的治本之策、关键之举是什么？ （4）
十六、扫黑除恶专项斗争有哪些工作措施？ （4）
十七、扫黑除恶中的"黑"与"恶"指的是什么？ （4）
十八、黑社会性质组织犯罪的四个特征是什么？ （4）
十九、黑社会性质组织的"组织特征"主要指什么？ （4）
二十、黑社会性质组织的"经济特征"主要指什么？ （4）

二十一、黑社会性质组织的"行为特征"主要指什么？……………（4）

二十二、黑社会性质组织的"危害性特征"主要指什么？………（5）

二十三、政法机关办理恶势力刑事案件的总体要求有哪些？……（5）

二十四、恶势力的认定标准是什么？………………………………（5）

二十五、恶势力犯罪集团的认定标准是什么？……………………（7）

二十六、办理恶势力刑事案件正确运用宽严相济刑事政策的要求
　　　　有哪些？……………………………………………………（7）

二十七、办理恶势力刑事案件应注意的其他问题还有哪些？……（8）

二十八、办理黑恶势力刑事案件财产处置工作的总体工作要求有
　　　　哪些？…………………………………………………………（9）

二十九、在办理黑恶势力刑事案件财产处置工作中如何依法采取
　　　　措施全面收集证据？……………………………………（10）

三十、在办理黑恶势力刑事案件财产处置工作中如何准确处置涉
　　　案财产？………………………………………………………（11）

三十一、在办理黑恶势力刑事案件财产处置工作中如何依法追
　　　　缴、没收其他等值财产？…………………………………（13）

三十二、在办理黑恶势力刑事案件财产处置工作中的其他规定有
　　　　哪些？………………………………………………………（13）

三十三、什么是"软暴力"？……………………………………（13）

三十四、"软暴力"违法犯罪手段通常的表现形式有哪些？……（14）

三十五、什么样的"软暴力"行为可以被认定为足以使他人产
　　　　生恐惧、恐慌进而形成心理强制或者足以影响、限制人
　　　　身自由、危及人身财产安全或影响正常生活、工作、生
　　　　产经营？……………………………………………………（14）

三十六、关于"软暴力"还有哪些规定？………………………（15）

三十七、如何准确把握"套路贷"与民间借贷的区别？…………（16）

三十八、如何依法严惩"套路贷"犯罪？…………………………（17）

三十九、如何依法确定"套路贷"刑事案件管辖？………………（19）

目 录

四十、黑恶犯罪涉及的常见罪名有哪些?……………………（20）

四十一、"村霸"问题的主要表现形式是哪些?……………（20）

四十二、什么是"沙霸"?………………………………………（21）

四十三、黑恶势力在征地、租地、拆迁、工程项目建设等过程中为谋取不法利益煽动闹事等行为的法律后果是什么?……（21）

四十四、什么是黑恶势力"保护伞"?…………………………（21）

四十五、"保护伞"指哪些公职人员?…………………………（21）

四十六、黑恶犯罪案件中的寻衅滋事如何界定"多次"?……（22）

四十七、全国扫黑除恶专项斗争督导工作六个重点是什么?…（22）

四十八、扫黑除恶专项斗争督导对象有哪些?………………（22）

四十九、纪检监察机构在扫黑除恶专项斗争中的职责定位是什么?…（22）

五十、组织部门在扫黑除恶专项斗争中的职责定位是什么?…（23）

五十一、公安部门在扫黑除恶专项斗争中线索摸排核查的主要职责是什么?……………………………………………（23）

五十二、民政部门在扫黑除恶专项斗争中线索摸排核查的主要职责是什么?……………………………………………（23）

五十三、组织部门在扫黑除恶专项斗争中线索摸排核查的主要职责是什么?……………………………………………（23）

五十四、纪检监察部门在扫黑除恶专项斗争中线索摸排核查的主要职责是什么?……………………………………（24）

五十五、司法行政机关在扫黑除恶专项斗争中线索摸排核查的主要职责是什么?……………………………………（24）

五十六、信访部门在扫黑除恶专项斗争中线索摸排核查的主要职责是什么?……………………………………………（24）

五十七、旅游监管部门在扫黑除恶专项斗争中线索摸排核查的主要职责是什么?……………………………………（24）

五十八、教育部门在扫黑除恶专项斗争中线索摸排核查的主要职责是什么?……………………………………………（25）

五十九、卫生部门在扫黑除恶专项斗争中线索摸排核查的主要职责是什么? …………………………………………………（25）

六十、文化综合执法部门在扫黑除恶专项斗争中线索摸排核查的主要职责是什么? ……………………………………（25）

六十一、金融部门在扫黑除恶专项斗争中线索摸排核查的主要职责是什么? ………………………………………………（25）

六十二、自然资源、税务部门在扫黑除恶专项斗争中线索摸排核查的主要职责是什么? ……………………………………（26）

六十三、交通部门在扫黑除恶专项斗争中线索摸排核查的主要职责是什么? ………………………………………………（26）

六十四、市场监管部门在扫黑除恶专项斗争中线索摸排核查的主要职责是什么? ……………………………………………（26）

六十五、住建部门在扫黑除恶专项斗争中线索摸排核查的主要职责是什么? ………………………………………………（27）

六十六、城市规划执法部门在扫黑除恶专项斗争中线索摸排核查的主要职责是什么? …………………………………（27）

六十七、环保、水利部门在扫黑除恶专项斗争中线索摸排核查的主要职责是什么? …………………………………………（27）

六十八、怎样从源头上遏制消除黑恶势力滋生蔓延? ……（27）

六十九、农村地区打击重点是什么? ………………………（27）

七十、城市城区打击重点是什么? …………………………（28）

七十一、城乡结合部打击重点是什么? ……………………（28）

七十二、各农贸市场打击重点是什么? ……………………（28）

七十三、各行业场所打击重点是什么? ……………………（28）

七十四、候选人联审机制是什么? …………………………（28）

七十五、如何严防黑恶势力染指基层政权? ………………（28）

七十六、2019 年扫黑除恶专项斗争工作"六个延伸"是指什么? ……（29）

第二部分 相关罪名认定及案例精解

一、强迫交易罪认定及案例精解 …………………………………（30）

二、故意杀人罪认定及案例精解 …………………………………（35）

三、故意伤害罪认定及案例精解 …………………………………（58）

四、非法拘禁罪认定及案例精解 …………………………………（75）

五、绑架罪认定及案例精解 ………………………………………（84）

六、抢劫罪认定及案例精解 ………………………………………（90）

七、敲诈勒索罪认定及案例精解 …………………………………（119）

八、故意毁坏财物罪认定及案例精解 ……………………………（137）

九、聚众扰乱社会秩序罪认定及案例精解 ………………………（141）

十、聚众斗殴罪认定及案例精解 …………………………………（146）

十一、寻衅滋事罪认定及案例精解 ………………………………（153）

十二、组织、领导、参加黑社会性质组织罪认定及案例精解 ……（174）

十三、聚众扰乱公共场所秩序、交通秩序罪认定及案例精解 ……（243）

十四、赌博罪认定及案例精解 ……………………………………（247）

十五、走私、贩卖、运输、制造毒品罪认定及案例精解 …………（262）

十六、协助组织卖淫罪认定及案例精解 …………………………（311）

十七、组织卖淫罪认定及案例精解 ………………………………（320）

十八、强迫卖淫罪认定及案例精解 ………………………………（335）

十九、引诱、容留、介绍卖淫罪认定及案例精解 …………………（337）

第三部分 相关法律法规司法解释

一、中华人民共和国刑法（节选）…………………………………（346）

二、中华人民共和国刑事诉讼法（节选）…………………………（349）

三、中共中央、国务院《关于开展扫黑除恶专项斗争的通知》 ……… （350）

四、最高人民法院、最高人民检察院、公安部办理黑社会性质组织犯罪案件座谈会纪要（节选） ……… （353）

五、最高人民法院、最高人民检察院、公安部、司法部关于办理黑社会性质组织犯罪案件若干问题的规定 ……… （360）

六、最高人民法院、最高人民检察院、公安部、国家安全部、司法部关于进一步规范司法人员与当事人、律师、特殊关系人、中介组织接触交往行为的若干规定 ……… （366）

七、最高人民法院、最高人民检察院、公安部、司法部关于依法严厉打击黑恶势力违法犯罪的通告 ……… （369）

八、最高人民法院、最高人民检察院、公安部、司法部印发《关于办理黑恶势力犯罪案件若干问题的指导意见》的通知 ……… （371）

九、最高人民法院、最高人民检察院、公安部、司法部关于办理黑恶势力刑事案件若干问题的意见 ……… （382）

十、最高人民法院、最高人民检察院、公安部、司法部关于办理"套路贷"刑事案件若干问题的意见 ……… （387）

十一、最高人民法院、最高人民检察院、公安部、司法部关于办理黑恶势力刑事案件中财产处置若干问题的意见 ……… （391）

十二、最高人民法院、最高人民检察院、公安部、司法部关于办理实施"软暴力"的刑事案件若干问题的意见 ……… （396）

十三、最高人民法院关于审理黑社会性质组织犯罪的案件具体应用法律若干问题的解释 ……… （399）

十四、最高人民法院刑三庭在审理故意杀人、伤害及黑社会性质组织犯罪案件中切实贯彻宽严相济刑事政策（节选） ……… （401）

十五、最高人民法院全国部分法院审理黑社会性质组织犯罪案件工作座谈会纪要 ……… （403）

后　记 ……… （413）

第一部分　扫黑除恶常见问题解答

一、扫黑除恶专项斗争的由来是什么？

答：2017年11月8日，习近平总书记在中办《文摘》（第160期）刊载的《当前农村涉黑问题新动向值得关注》上作出批示："从此件看，当前农村涉黑问题出现了一些新情况，请中央政法委牵头有关部门加强研究，摸清底数，找准病灶，拿出方案。要开展一轮新的扫黑专项斗争，重点是农村，城市也要抓，对群众反映强烈、问题比较突出的地区、行业和领域，应采取强有力的措施，依法重点整治。扫黑除恶要与反腐败结合起来，与基层'拍蝇'结合起来，既抓涉黑组织，也抓后面的'保护伞'。加强基础组织建设，是铲除黑恶势力滋生土壤的治本之策、关键之举，务必把这个基础夯实筑牢。"之后，习近平总书记亲自决策部署扫黑除恶专项斗争，先后7次作出重要批示，并亲自批准了《全国扫黑除恶专项斗争督导工作方案》。

二、扫黑除恶专项斗争开始的时间？

答：2018年1月11日，中共中央、国务院发出《关于开展扫黑除恶专项斗争的通知》；2018年1月23日，中央政法委召开全国扫黑除恶专项斗争电视电话会议，全国扫黑除恶专项斗争开始。

三、全国扫黑除恶专项斗争为期多久？

答：为期三年（2018—2020年）。

四、中央开展扫黑除恶专项斗争的重要意义是什么？

答：在全国开展扫黑除恶专项斗争，是以习近平同志为核心的党中央作出的重大决策，事关社会大局稳定和国家长治久安，事关人心向背和基层政权巩固，事关进行伟大斗争、建设伟大工程、推进伟大事业、实现伟大梦想。

五、扫黑除恶专项斗争的"总蓝图"是什么？

答：全国扫黑除恶专项斗争自2018年1月开始，至2020年底结束，为期3年。

2018年：治标。启动，打掉一批涉黑涉恶组织，惩处一批黑恶势力"保护伞"，黑恶势力违法犯罪突出问题得到有效遏制。

2019年：治根。攻坚，对已侦破的案件循线深挖、逐一见底，使人民群众安全感、满意度明显提升。

2020年：治本。建立健全长效机制，取得扫黑除恶专项斗争压倒性胜利。

六、中央扫黑除恶专项斗争的基本原则有哪些？

答：基本原则包括：1. 坚持党的领导、发挥政治优势；2. 坚持人民主体地位、紧紧依靠群众；3. 坚持综合治理、齐抓共管；4. 坚持依法严惩、打早打小；5. 坚持标本兼治、源头治理。

七、中央扫黑除恶专项斗争的目标任务是什么？

答：目标任务是：通过3年不懈努力，黑恶势力违法犯罪特别是农村涉黑涉恶问题得到根本遏制，涉黑涉恶治安乱点得到全面整治，重点行业、重点领域管理得到明显加强，人民群众安全感、满意度明显提升；黑恶势力"保护伞"得以铲除，加强基层组织建设的环境明显优化；基层社会治理能力明显提升，涉黑涉恶违法犯罪防范打击长效机制更加健全，扫黑除恶工作法治化、规范化、专业化水平进一步提高。

八、中央扫黑除恶专项斗争的实施步骤是什么？

答：实施步骤如下：2018年1月前，出台相关司法解释或规范性文件，为开展扫黑除恶专项斗争提供有力司法保障。2018年1月进行部署，正式启动扫黑除恶专项斗争，确保在春节前后取得积极成效，营造安定祥和的节日氛围。2018年，深入推进扫黑除恶专项斗争，黑恶势力违法犯罪突出问题得到有效遏制，在全社会形成对黑恶势力人人喊打的浓厚氛围。2019年，对尚未攻克的重点案件、重点问题、重点地区集中攻坚，对已侦破的案件循线深挖、逐一见底，彻底铲除黑恶势力赖以滋生的土壤，人民群众安全感、满意度明显提升。2020年，建立健全遏制黑恶势力滋生蔓延的长效机制，取得扫黑除恶专项斗争压倒性胜利。

九、扫黑除恶专项斗争工作的要求是什么？

答：有黑扫黑、有恶除恶、有乱治乱。

十、扫黑除恶与打黑除恶相比有哪些变化？

答：扫与打一字之差，对广度、深度、力度提出新的更高要求。第一，这次"扫黑"，重视程度前所未有。党中央、国务院专门印发通知，整合多部门力量，集党和国家之力要把这个问题解决好。第二，过去"打黑"更多是从社会治安角度出发，强调点对点打击黑恶势力犯罪。这次"扫黑"是从夯实党的执政根基、巩固执政基础、加强基层政权建设、维护国家长治久安的角度，在更大范围内，更全面、更深入地扫除黑恶势力。第三，过去"打黑"打得多，防得少。这次"扫黑"更加重视综合治理、源头治理、齐抓共管。各行业的主管部门明确了扫黑责任，加大了防范力度。

十一、打击黑恶犯罪的长效机制的标准是什么？

答：做到"两个不发生"，实现"一降两升"。

"两个不发生"是指不发生因黑恶势力逞强争斗、争抢地盘导致群死群伤案件；不发生黑恶势力持枪大规模聚众斗殴、寻衅滋事恶性案件。

"一降两升"是指涉黑涉恶举报数量大幅下降，人民群众安全感明显上升，人民群众满意度大幅上升。

十二、扫黑除恶专项斗争应做到哪"三个结合"？

答：把专项治理和系统治理、综合治理、依法治理、源头治理结合起来，把打击黑恶势力犯罪与反腐败、基层"拍蝇"结合起来，把扫黑除恶和加强基层组织建设结合起来。

十三、扫黑除恶专项斗争"一案三查"指什么？

答：既要查办黑恶势力，又要追查黑恶势力背后的"关系网"和"保护伞"，还要倒查党委、政府的主体责任和有关部门的监管责任。

十四、扫黑除恶专项斗争"两个一律"指什么？

答：对涉黑涉恶案件一律深挖其背后腐败问题；对黑恶势力"保护伞"一律一查到底、绝不姑息。

十五、铲除黑恶势力滋生土壤的治本之策、关键之举是什么？

答：加强基层组织建设。

十六、扫黑除恶专项斗争有哪些工作措施？

答：摸线索、打犯罪、挖"保护伞"、治源头、强组织。

十七、扫黑除恶中的"黑"与"恶"指的是什么？

答："黑"是指黑社会性质的组织；"恶"是指恶势力。

十八、黑社会性质组织犯罪的四个特征是什么？

答：组织特征、经济特征、行为特征、危害性特征。

十九、黑社会性质组织的"组织特征"主要指什么？

答："组织特征"指形成较稳定的犯罪组织，人数较多，有明确的组织者、领导者，骨干成员基本固定，并有比较明确的层级和职责分工。

二十、黑社会性质组织的"经济特征"主要指什么？

答："经济特征"指有组织地通过违法犯罪活动或者其他手段获取经济利益，具有一定的经济实力，以支持该组织的活动。

二十一、黑社会性质组织的"行为特征"主要指什么？

答："行为特征"指以暴力、威胁或者其他手段，有组织地多次进行违法犯罪活动，为非作恶，欺压、残害群众。

二十二、黑社会性质组织的"危害性特征"主要指什么？

答："危害性特征"是指通过实施违法犯罪活动，或者利用国家工作人员的包庇或者纵容，称霸一方，在一定区域或者行业内，形成非法控制或者重大影响，严重破坏经济、社会生活秩序。危害性特征是黑社会性质的组织犯罪本质特征。

二十三、政法机关办理恶势力刑事案件的总体要求有哪些？

答：总体要求包括以下几个方面：1. 人民法院、人民检察院、公安机关和司法行政机关要深刻认识恶势力违法犯罪的严重社会危害，毫不动摇地坚持依法严惩方针，在侦查、起诉、审判、执行各阶段，运用多种法律手段全面体现依法从严惩处精神，有力震慑恶势力违法犯罪分子，有效打击和预防恶势力违法犯罪。

2. 人民法院、人民检察院、公安机关和司法行政机关要严格坚持依法办案，确保在案件事实清楚，证据确实、充分的基础上，准确认定恶势力和恶势力犯罪集团，坚决防止人为拔高或者降低认定标准。要坚持贯彻落实宽严相济刑事政策，根据犯罪嫌疑人、被告人的主观恶性、人身危险性、在恶势力、恶势力犯罪集团中的地位、作用以及在具体犯罪中的罪责，切实做到宽严有据，罚当其罪，实现政治效果、法律效果和社会效果的统一。

3. 人民法院、人民检察院、公安机关和司法行政机关要充分发挥各自职能，分工负责，互相配合，互相制约，坚持以审判为中心的刑事诉讼制度改革要求，严格执行"三项规程"，不断强化程序意识和证据意识，有效加强法律监督，确保严格执法、公正司法，充分保障当事人、诉讼参与人的各项诉讼权利。

二十四、恶势力的认定标准是什么？

答：认定标准包括以下几个方面：1. 恶势力，是指经常纠集在一起，以暴力、威胁或者其他手段，在一定区域或者行业内多次实施违法犯罪活动，为非作恶，欺压百姓，扰乱经济、社会生活秩序，造成较为恶劣的社会影响，但尚未形成黑社会性质组织的违法犯罪组织。

2. 单纯为牟取不法经济利益而实施的"黄、赌、毒、盗、抢、骗"等违法犯罪活动，不具有为非作恶、欺压百姓特征的，或者因本人及近亲属的婚恋纠纷、家庭纠纷、邻里纠纷、劳动纠纷、合法债务纠纷而引发以及其他确属事出有因的违法犯罪活动，不应作为恶势力案件处理。

3. 恶势力一般为3人以上，纠集者相对固定。纠集者，是指在恶势力实施的违法犯罪活动中起组织、策划、指挥作用的违法犯罪分子。成员较为固定且符合恶势力其他认定条件，但多次实施违法犯罪活动是由不同的成员组织、策划、指挥，也可以认定为恶势力，有前述行为的成员均可以认定为纠集者。

恶势力的其他成员，是指知道或应当知道与他人经常纠集在一起是为了共同实施违法犯罪，仍按照纠集者的组织、策划、指挥参与违法犯罪活动的违法犯罪分子，包括已有充分证据证明但尚未归案的人员，以及因法定情形不予追究法律责任，或者因参与实施恶势力违法犯罪活动已受到行政或刑事处罚的人员。仅因临时雇佣或被雇佣、利用或被利用以及受蒙蔽参与少量恶势力违法犯罪活动的，一般不应认定为恶势力成员。

4. "经常纠集在一起，以暴力、威胁或者其他手段，在一定区域或者行业内多次实施违法犯罪活动"，是指犯罪嫌疑人、被告人于2年之内，以暴力、威胁或者其他手段，在一定区域或者行业内多次实施违法犯罪活动，且包括纠集者在内，至少应有2名相同的成员多次参与实施违法犯罪活动。对于"纠集在一起"时间明显较短，实施违法犯罪活动刚刚达到"多次"标准，且尚不足以造成较为恶劣影响的，一般不应认定为恶势力。

5. 恶势力实施的违法犯罪活动，主要为强迫交易、故意伤害、非法拘禁、敲诈勒索、故意毁坏财物、聚众斗殴、寻衅滋事，但也包括具有为非作恶、欺压百姓特征，主要以暴力、威胁为手段的其他违法犯罪活动。

恶势力还可能伴随实施开设赌场、组织卖淫、强迫卖淫、贩卖毒品、运输毒品、制造毒品、抢劫、抢夺、聚众扰乱社会秩序、聚众扰乱公共场所秩序、交通秩序以及聚众"打砸抢"等违法犯罪活动，但仅有前述伴随实施的违法犯罪活动，且不能认定具有为非作恶、欺压百姓特征的，一般不应认定为恶势力。

6. 办理恶势力刑事案件，"多次实施违法犯罪活动"至少应包括1次犯罪活动。对于反复实施强迫交易、非法拘禁、敲诈勒索、寻衅滋事等单一性质的违法行为，单次情节、数额尚不构成犯罪，但按照刑法或者有关司法解释、规范性文件的规定累加后应作为犯罪处理的，在认定是否属于"多次实施违法犯罪活动"时，可将已用于累加的违法行为计为1次犯罪活动，其他违法行为单独计算违法活动的次数。

已被处理或者已作为民间纠纷调处，后经查证确属恶势力违法犯罪活动的，均可以作为认定恶势力的事实依据，但不符合法定情形的，不得重新追究法律责任。

7. 认定"扰乱经济、社会生活秩序，造成较为恶劣的社会影响"，应当结合侵害对象及其数量、违法犯罪次数、手段、规模、人身损害后果、经济损失数额、违法所得数额、引起社会秩序混乱的程度以及对人民群众安全感的影响程度等因素综合把握。

二十五、恶势力犯罪集团的认定标准是什么？

答：认定标准包括：恶势力犯罪集团，是指符合恶势力全部认定条件，同时又符合犯罪集团法定条件的犯罪组织。

恶势力犯罪集团的首要分子，是指在恶势力犯罪集团中起组织、策划、指挥作用的犯罪分子。恶势力犯罪集团的其他成员，是指知道或者应当知道是为共同实施犯罪而组成的较为固定的犯罪组织，仍接受首要分子领导、管理、指挥，并参与该组织犯罪活动的犯罪分子。

恶势力犯罪集团应当有组织地实施多次犯罪活动，同时还可能伴随实施违法活动。恶势力犯罪集团所实施的违法犯罪活动，参照《关于办理黑恶势力犯罪案件若干问题的指导意见》第10条第2款的规定认定。

全部成员或者首要分子、纠集者以及其他重要成员均为未成年人、老年人、残疾人的，认定恶势力、恶势力犯罪集团时应当特别慎重。

二十六、办理恶势力刑事案件正确运用宽严相济刑事政策的要求有哪些？

答：宽严相济刑事政策的要求包括：1. 对于恶势力的纠集者、恶势力犯罪集团的首要分子、重要成员以及恶势力、恶势力犯罪集团共同犯罪中罪责严重的主犯，要正确运用法律规定加大惩处力度，对依法应当判处重刑或死刑的，坚决判处重刑或死刑。同时要严格掌握取保候审，严格掌握不起诉，严格掌握缓刑、减刑、假释，严格掌握保外就医适用条件，充分利用资格刑、财产刑等法律手段全方位从严惩处。对于符合刑法第37条之一规定的，可以依法禁止其从事相关职业。

对于恶势力、恶势力犯罪集团的其他成员，在共同犯罪中罪责相对较小、人身危险性、主观恶性相对不大的，具有自首、立功、坦白、初犯等法定或酌定从宽处罚情节，可以依法从轻、减轻或免除处罚。认罪认罚或者仅参与实施少量的犯罪活动且只起次要、辅助作用，符合缓刑条件的，可以适用缓刑。

2. 恶势力犯罪集团的首要分子检举揭发与该犯罪集团及其违法犯罪活动有关联的其他犯罪线索，如果在认定立功的问题上存在事实、证据或法律适用方面的争议，应当严格把握。依法应认定为立功或者重大立功的，在决定是否从宽处罚、如何从宽处罚时，应当根据罪责刑相一致原则从严掌握。可能导致全案量刑明显失衡的，不予从宽处罚。

恶势力犯罪集团的其他成员如果能够配合司法机关查办案件，有提供线索、帮助收集证据或者其他协助行为，并在侦破恶势力犯罪集团案件、查处"保护伞"等方面起到较大作用的，即使依法不能认定立功，一般也应酌情对其从轻处罚。

3. 犯罪嫌疑人、被告人同时具有法定、酌定从严和法定、酌定从宽处罚情节的，量刑时要根据所犯具体罪行的严重程度，结合被告人在恶势力、恶势力犯罪集团中的地位、作用、主观恶性、人身危险性等因素整体把握。对于恶势力的纠集者、恶势力犯罪集团的首要分子、重要成员，量刑时要体现总体从严。对于在共同犯罪中罪责相对较小、人身危险性、主观恶性相对不大，且能够真诚认罪悔罪的其他成员，量刑时要体现总体从宽。

4. 恶势力刑事案件的犯罪嫌疑人、被告人自愿如实供述自己的罪行，承认指控的犯罪事实，愿意接受处罚的，可以依法从宽处理，并适用认罪认罚从宽制度。对于犯罪性质恶劣、犯罪手段残忍、社会危害严重的犯罪嫌疑人、被告人，虽然认罪认罚，但不足以从轻处罚的，不适用该制度。

二十七、办理恶势力刑事案件应注意的其他问题还有哪些？

答：1. 人民法院、人民检察院、公安机关经审查认为案件符合恶势力认定标准的，应当在起诉意见书、起诉书、判决书、裁定书等法律文书中的案件事实部分明确表述，列明恶势力的纠集者、其他成员、违法犯罪事实以及据以认定的证据；符合恶势力犯罪集团认定标准的，应当在上述法律文书中明确定性，列明首要分子、其他成员、违法犯罪事实以及据以认定的证据，并引用刑法总则关于犯罪集团的相关规定。被告人及其辩护人对恶势力定性提出辩解和辩护意见，人民法院可以在裁判文书中予以评析回应。

恶势力刑事案件的起诉意见书、起诉书、判决书、裁定书等法律文书，可以在案件事实部分先概述恶势力、恶势力犯罪集团的概括事实，再分述具体的恶势力违法犯罪事实。

2. 对于公安机关未在起诉意见书中明确认定，人民检察院在审查起诉期间发现构成恶势力或者恶势力犯罪集团，且相关违法犯罪事实已经查清，证据确实、充分，依法应追究刑事责任的，应当作出起诉决定，根据查明的事实向人民法院提起公诉，并在起诉书中明确认定为恶势力或者恶势力犯罪集团。人民检察院认为恶势力相关违法犯罪事实不清、证据不足，或者存在遗漏恶势力违法犯罪事实、遗漏同案犯罪嫌疑人等情形需要补充侦查的，应当提出具体的书面意见，连同案卷材料一并退回公安机关补充侦查；人民检察院也可以自行侦查，必要时可以要求公安机关提供协助。

对于人民检察院未在起诉书中明确认定，人民法院在审判期间发现构成恶势力或恶势力犯罪集团的，可以建议人民检察院补充或者变更起诉；人民检察院不同意或者在7日内未回复意见的，人民法院不应主动认定，可仅就起诉指控的犯罪事实依照相关规定作出判决、裁定。

审理被告人或者被告人的法定代理人、辩护人、近亲属上诉的案件时，一审判决认定黑社会性质组织有误的，二审法院应当纠正，符合恶势力、恶势力犯罪集团认定标准，应当作出相应认定；一审判决认定恶势力或恶势力犯罪集团有误的，应当纠正，但不得升格认定；一审判决未认定恶势力或恶势力犯罪集团的，不得增加认定。

3. 公安机关、人民检察院、人民法院应当分别以起诉意见书、起诉书、裁判文书所明确的恶势力、恶势力犯罪集团，作为相关数据的统计依据。

二十八、办理黑恶势力刑事案件财产处置工作的总体工作要求有哪些？

答：根据《关于办理黑恶势力刑事案件案件中财产处置若干问题的意见》的规定，总体要求包括：1. 公安机关、人民检察院、人民法院在办理黑恶势力犯罪案件时，在查明黑恶势力组织违法犯罪事实并对黑恶势力成员依法定罪量刑的同时，要全面调查黑恶势力组织及其成员的财产状况，依法对涉案财产采取查询、查封、扣押、冻结等措施，并根据查明的情况，依法作出处理。

前款所称处理既包括对涉案财产中犯罪分子违法所得、违禁品、供犯罪所用的本人财物以及其他等值财产等依法追缴、没收，也包括对被害人的合法财产等依法返还。

2. 对涉案财产采取措施，应当严格依照法定条件和程序进行。严禁在立案之前查封、扣押、冻结财物。凡查封、扣押、冻结的财物，都应当及时进行审查，防止因程序违法、工作瑕疵等影响案件审理以及涉案财产处置。

3. 对涉案财产采取措施，应当为犯罪嫌疑人、被告人及其所扶养的亲属保留必需的生活费用和物品。

根据案件具体情况，在保证诉讼活动正常进行的同时，可以允许有关人员继续合理使用有关涉案财产，并采取必要的保值保管措施，以减少案件办理对正常办公和合法生产经营的影响。

4. 要彻底摧毁黑社会性质组织的经济基础，防止其死灰复燃。对于组织者、领导者一般应当并处没收个人全部财产。对于确属骨干成员或者为该组织转移、隐匿资产的积极参加者，可以并处没收个人全部财产。对于其他组织成员，应当根据所参与实施违法犯罪活动的次数、性质、地位、作用、违法所得数额以及造成损失的数额等情节，依法决定财产刑的适用。

5. 要深挖细查并依法打击黑恶势力组织进行的洗钱以及掩饰、隐瞒犯罪所得、犯罪所得收益等转变涉案财产性质的关联犯罪。

二十九、在办理黑恶势力刑事案件财产处置工作中如何依法采取措施全面收集证据？

答：根据《关于办理黑恶势力刑事案件中财产处置若干问题的意见》中的相关规定，在办理黑恶势力刑事案件中，对于财产处置工作依法全面收集证据应注意以下几点。1. 公安机关侦查期间，要根据《公安机关办理刑事案件适用查封、冻结措施相关规定》（公通字〔2013〕30号）等有关规定，会同有关部门全面调查黑恶势力及其成员的财产状况，并可以根据诉讼需要，先行依法对下列财产采取查询、查封、扣押、冻结等措施：（1）黑恶势力组织的财产；（2）犯罪嫌疑人个人所有的财产；（3）犯罪嫌疑人实际控制的财产；（4）犯罪嫌疑人出资购买的财产；（5）犯罪嫌疑人转移至他人名下的财产；（6）犯罪嫌疑人涉嫌洗钱以及掩饰、隐瞒犯罪所得、犯罪所得收益等犯罪涉及的财产；（7）其他与黑恶势力组织及其违法犯罪活动有关的财产。

2. 查封、扣押、冻结已登记的不动产、特定动产及其他财产，应当通知有关登记机关，在查封、扣押、冻结期间禁止被查封、扣押、冻结的财产流转，不得办理被查封、扣押、冻结财产权属变更、抵押等手续。必要时可以提取有关产权证照。

3. 公安机关对于采取措施的涉案财产，应当全面收集证明其来源、性质、用途、权属及价值的有关证据，审查判断是否应当依法追缴、没收。

证明涉案财产来源、性质、用途、权属及价值的有关证据一般包括：

（1）犯罪嫌疑人、被告人关于财产来源、性质、用途、权属、价值的供述；

（2）被害人、证人关于财产来源、性质、用途、权属、价值的陈述、证言；

（3）财产购买凭证、银行往来凭据、资金注入凭证、权属证明等书证；

（4）财产价格鉴定、评估意见；

（5）可以证明财产来源、性质、用途、权属、价值的其他证据。

4. 公安机关对应当依法追缴、没收的财产中黑恶势力组织及其成员聚敛的财产及其孳息、收益的数额，可以委托专门机构评估；确实无法准确计算的，可以根据有关法律规定及查明的事实、证据合理估算。

人民检察院、人民法院对于公安机关委托评估、估算的数额有不同意见的，可以重新委托评估、估算。

5. 人民检察院、人民法院根据案件诉讼的需要，可以依法采取上述相关措施。

三十、在办理黑恶势力刑事案件财产处置工作中如何准确处置涉案财产？

答：根据《关于办理黑恶势力刑事案件中财产处置若干问题的意见》，在办理黑恶势力刑事案件财产处置工作中应按以下几点准确处置涉案财产：1. 公安机关、人民检察院应当加强对在案财产审查甄别。在移送审查起诉、提起公诉时，一般应当对采取措施的涉案财产提出处理意见建议，并将采取措施的涉案财产及其清单随案移送。

人民检察院经审查，除对随案移送的涉案财产提出处理意见外，还需要对继续追缴的尚未被足额查封、扣押的其他违法所得提出处理意见建议。

涉案财产不宜随案移送的，应当按照相关法律、司法解释的规定，提供相应的清单、照片、录像、封存手续、存放地点说明、鉴定、评估意见、变价处理凭证等材料。

2. 对于不宜查封、扣押、冻结的经营性财产，公安机关、人民检察院、人民法院可以申请当地政府指定有关部门或者委托有关机构代管或者托管。

对易损毁、灭失、变质等不宜长期保存的物品，易贬值的汽车、船艇等物品，或者市场价格波动大的债券、股票、基金等财产，有效期即将届满的汇票、本票、支票等，经权利人同意或者申请，并经县级以上公安机关、人民检察院或者人民法院主要负责人批准，可以依法出售、变现或者先行变卖、拍卖，所得价款由扣押、冻结机关保管，并及时告知当事人或者其近亲属。

3. 人民检察院在法庭审理时应当对证明黑恶势力犯罪涉案财产情况进行

举证质证，对于既能证明具体个罪又能证明经济特征的涉案财产情况相关证据在具体个罪中出示后，在经济特征中可以简要说明，不再重复出示。

4. 人民法院作出的判决，除应当对随案移送的涉案财产作出处理外，还应当在判决书中写明需要继续追缴尚未被足额查封、扣押的其他违法所得；对随案移送财产进行处理时，应当列明相关财产的具体名称、数量、金额、处置情况等。涉案财产或者有关当事人人数较多，不宜在判决书正文中详细列明的，可以概括叙述并另附清单。

5. 涉案财产符合下列情形之一的，应当依法追缴、没收：

（1）黑恶势力组织及其成员通过违法犯罪活动或者其他不正当手段聚敛的财产及其孳息、收益；

（2）黑恶势力组织成员通过个人实施违法犯罪活动聚敛的财产及其孳息、收益；

（3）其他单位、组织、个人为支持该黑恶势力组织活动资助或者主动提供的财产；

（4）黑恶势力组织及其成员通过合法的生产、经营活动获取的财产或者组织成员个人、家庭合法财产中，实际用于支持该组织活动的部分；

（5）黑恶势力组织成员非法持有的违禁品以及供犯罪所用的本人财物；

（6）其他单位、组织、个人利用黑恶势力组织及其成员违法犯罪活动获取的财产及其孳息、收益；

（7）其他应当追缴、没收的财产。

6. 应当追缴、没收的财产已用于清偿债务或者转让、或者设置其他权利负担，具有下列情形之一的，应当依法追缴：

（1）第三人明知是违法犯罪所得而接受的；

（2）第三人无偿或者以明显低于市场的价格取得涉案财物的；

（3）第三人通过非法债务清偿或者违法犯罪活动取得涉案财物的；

（4）第三人通过其他方式恶意取得涉案财物的。

7. 涉案财产符合下列情形之一的，应当依法返还：

（1）有证据证明确属被害人合法财产的；

（2）有证据证明确与黑恶势力及其违法犯罪活动无关。

8. 有关违法犯罪事实查证属实后，对于有证据证明权属明确且无争议的被害人、善意第三人或者其他人员合法财产及其孳息，凡返还不损害其他利害关系人的利益，不影响案件正常办理的，应当在登记、拍照或者录像后，依法及时返还。

三十一、在办理黑恶势力刑事案件财产处置工作中如何依法追缴、没收其他等值财产？

答：根据《关于办理黑恶势力刑事案件中财产处置若干问题的意见》的规定，在办理黑恶势力刑事案件财产处置工作中依据以下几点追缴、没收其他等值财产：1. 有证据证明依法应当追缴、没收的涉案财产无法找到、被他人善意取得、价值灭失或者与其他合法财产混合且不可分割的，可以追缴、没收其他等值财产。

对于证明前款各种情形的证据，公安机关或者人民检察院应当及时调取。

2. "财产无法找到"是指有证据证明存在依法应当追缴、没收的财产，但无法查证财产去向、下落的。被告人有不同意见的，应当出示相关证据。

3. 追缴、没收的其他等值财产的数额，应当与无法直接追缴、没收的具体财产的数额相对应。

三十二、在办理黑恶势力刑事案件财产处置工作中的其他规定有哪些？

答：根据《关于办理黑恶势力刑事案件中财产处置若干问题的意见》的规定，本意见所称孳息，包括天然孳息和法定孳息。

本意见所称收益，包括但不限于以下情形：

1. 聚敛、获取的财产直接产生的收益，如使用聚敛、获取的财产购买彩票中奖所得收益等；

2. 聚敛、获取的财产用于违法犯罪活动产生的收益，如使用聚敛、获取的财产赌博赢利所得收益、非法放贷所得收益、购买并贩卖毒品所得收益等；

3. 聚敛、获取的财产投资、置业形成的财产及其收益；

4. 聚敛、获取的财产和其他合法财产共同投资或者置业形成的财产中，与聚敛、获取的财产对应的份额及其收益；

5. 应当认定为收益的其他情形。

本意见未规定的黑恶势力刑事案件财产处置工作其他事宜，根据相关法律法规、司法解释等规定办理。

三十三、什么是"软暴力"？

答：根据《关于办理实施"软暴力"的刑事案件若干问题的意见》的有关规定，"软暴力"是指行为人为谋取不法利益或形成非法影响，对他人或者在有关场所进行滋扰、纠缠、哄闹、聚众造势等,足以使他人产生恐惧、恐慌进而形成心理强制,或者足以影响、限制人身自由、危及人身财产安全,影响正常生活、工作、生产、经营的违法犯罪手段。

三十四、"软暴力"违法犯罪手段通常的表现形式有哪些?

答:根据《关于办理实施"软暴力"的刑事案件若干问题的意见》的有关规定,"软暴力"违法犯罪手段通常的表现形式有:

1. 侵犯人身权利、民主权利、财产权利的手段,包括但不限于跟踪贴靠、扬言传播疾病、揭发隐私、恶意举报、诬告陷害、破坏、霸占财物等;

2. 扰乱正常生活、工作、生产、经营秩序的手段,包括但不限于非法侵入他人住宅、破坏生活设施、设置生活障碍、贴报喷字、拉挂横幅、燃放鞭炮、播放哀乐、摆放花圈、泼洒污物、断水断电、堵门阻工,以及通过驱赶从业人员、派驻人员据守等方式直接或间接地控制厂房、办公区、经营场所等;

3. 扰乱社会秩序的手段,包括但不限于摆场架势示威、聚众哄闹滋扰、拦路闹事等;

4. 其他符合本意见第一条规定的"软暴力"手段。

通过信息网络或者通讯工具实施,符合本意见规定的违法犯罪手段,应当认定为"软暴力"。

三十五、什么样的"软暴力"行为可以被认定为足以使他人产生恐惧、恐慌进而形成心理强制或者足以影响、限制人身自由、危及人身财产安全或影响正常生活、工作、生产经营?

答:根据《关于办理实施"软暴力"的刑事案件若干问题的意见》中的有关规定,以下"软暴力"行为可以被认定为足以使他人产生恐惧、恐慌进而形成心理强制或者足以影响、限制人身自由、危及人身财产安全或影响正常生活、工作、生产经营:

1. 黑恶势力实施的;
2. 以黑恶势力名义实施的;
3. 曾因组织、领导、参加黑社会性质组织、恶势力犯罪集团、恶势力以及因强迫交易、非法拘禁、敲诈勒索、聚众斗殴、寻衅滋事等犯罪受过刑事处罚后又实施的；

4. 携带凶器实施的；

5. 有组织地实施的或者足以使他人认为暴力、威胁具有现实可能性的；

6. 其他足以使他人产生恐惧、恐慌进而形成心理强制或者足以影响、限制人身自由、危及人身财产安全或者影响正常生活、工作、生产、经营的情形。

由多人实施的，编造或明示暴力违法犯罪经历进行恐吓的，或者以自报组织、头目名号、统一着装、显露纹身、特殊标识以及其他明示、暗示方式，足以使他人感知相关行为的有组织性的，应当认定为"以黑恶势力名义实施"。

由多人实施的，只要有部分行为人符合前述第1—4项所列情形的，该项即成立。

虽然具体实施"软暴力"的行为人不符合前述所列情形，但雇佣者、指使者或者纠集者符合的，该项成立。

三十六、关于"软暴力"还有哪些规定？

答：根据《关于办理实施"软暴力"的刑事案件若干问题的意见》中的有关规定，"软暴力"手段属于《刑法》第294条第5款第（三）项"黑社会性质组织行为特征"以及《关于办理恶势力刑事案件若干问题的意见》第14条"恶势力"概念中的"其他手段"。

采用"软暴力"手段，使他人产生心理恐惧或者形成心理强制，分别属于《刑法》第226条规定的"威胁"、《刑法》第293条第1款第（二）项规定的"恐吓"，同时符合其他犯罪构成要件的，应当分别以强迫交易罪、寻衅滋事罪定罪处罚。《关于办理寻衅滋事刑事案件适用法律若干问题的解释》第2条至第4条中的"多次"一般应当理解为2年内实施寻衅滋事行为3次以上。3次以上寻衅滋事行为既包括同一类别的行为，也包括不同类别的行为；既包括未受行政处罚的行为，也包括已受行政处罚的行为。

有组织地多次短时间非法拘禁他人的，应当认定为《刑法》第238条规定的"以其他方法非法剥夺他人人身自由"。非法拘禁他人3次以上、每次持续时间在4小时以上，或者非法拘禁他人累计时间在12小时以上的，应当以非法拘禁罪定罪处罚。

以"软暴力"手段非法进入或者滞留他人住宅的，应当认定为《刑法》第245条规定的"非法侵入他人住宅"，同时符合其他犯罪构成要件的，应当以非法侵入住宅罪定罪处罚。

以非法占有为目的，采用"软暴力"手段强行索取公私财物，同时符合《刑法》第274条规定的其他犯罪构成要件的，应当以敲诈勒索罪定罪处罚。《关于办理敲诈勒索刑事案件适用法律若干问题的解释》第3条中"二年内敲诈勒索三次以上"，包括已受行政处罚的行为。

采用"软暴力"手段，同时构成两种以上犯罪的，依法按照处罚较重的犯罪定罪处罚，法律另有规定的除外。

根据最高人民法院、最高人民检察院、公安部、司法部《关于办理实施"软暴力"的刑事案件若干问题的意见》第5条、第8条规定，对已受行政处罚的行为追究刑事责任的，行为人先前所受的行政拘留处罚应当折抵刑期，罚款应当抵扣罚金。

雇佣、指使他人采用"软暴力"手段强迫交易、敲诈勒索，构成强迫交易罪、敲诈勒索罪的，对雇佣者、指使者，一般应当以共同犯罪中的主犯论处。

为强索不受法律保护的债务或者因其他非法目的，雇佣、指使他人采用"软暴力"手段非法剥夺他人人身自由构成非法拘禁罪，或者非法侵入他人住宅、寻衅滋事，构成非法侵入住宅罪、寻衅滋事罪的，对雇佣者、指使者，一般应当以共同犯罪中的主犯论处；因本人及近亲属合法债务、婚恋、家庭、邻里纠纷等民间矛盾而雇佣、指使，没有造成严重后果的，一般不作为犯罪处理，但经有关部门批评制止或者处理处罚后仍继续实施的除外。

三十七、如何准确把握"套路贷"与民间借贷的区别？

答：准确把握"套路贷"与民间借贷的区别应注意以下几点：1."套路贷"，是对以非法占有为目的，假借民间借贷之名，诱使或迫使被害人签订"借贷"或变相"借贷""抵押""担保"等相关协议，通过虚增借贷金额、恶意制造违约、肆意认定违约、毁匿还款证据等方式形成虚假债权债务，并借助诉讼、仲裁、公证或者采用暴力、威胁以及其他手段非法占有被害人财物的相关违法犯罪活动的概括性称谓。

2."套路贷"与平等主体之间基于意思自治而形成的民事借贷关系存在本质区别，民间借贷的出借人是为了到期按照协议约定的内容收回本金并获取利息，不具有非法占有他人财物的目的，也不会在签订、履行借贷协议过程中实施虚增借贷金额、制造虚假给付痕迹、恶意制造违约、肆意认定违约、毁匿还款证据等行为。

司法实践中，应当注意非法讨债引发的案件与"套路贷"案件的区别，犯罪嫌疑人、被告人不具有非法占有目的，也未使用"套路"与借款人形成虚假债权债务，不应视为"套路贷"。因使用暴力、威胁以及其他手段强行索债构成犯罪的，应当根据具体案件事实定罪处罚。

3. 实践中，"套路贷"的常见犯罪手法和步骤包括但不限于以下情形：

（1）制造民间借贷假象。犯罪嫌疑人、被告人往往以"小额贷款公司""投资公司""咨询公司""担保公司""网络借贷平台"等名义对外宣传，以低息、无抵押、无担保、快速放款等为诱饵吸引被害人借款，继而以"保证金""行规"等虚假理由诱使被害人基于错误认识签订金额虚高的"借贷"协议或相关协议。有的犯罪嫌疑人、被告人还会以被害人先前借贷违约等理由，迫使对方签订金额虚高的"借贷"协议或相关协议。

（2）制造资金走账流水等虚假给付事实。犯罪嫌疑人、被告人按照虚高的"借贷"协议金额将资金转入被害人账户，制造已将全部借款交付被害人的银行流水痕迹，随后便采取各种手段将其中全部或者部分资金收回，被害人实际上并未取得或者完全取得"借贷"协议、银行流水上显示的钱款。

（3）故意制造违约或者肆意认定违约。犯罪嫌疑人、被告人往往会以设置违约陷阱、制造还款障碍等方式，故意造成被害人违约，或者通过肆意认定违约，强行要求被害人偿还虚假债务。

（4）恶意垒高借款金额。当被害人无力偿还时，有的犯罪嫌疑人、被告人会安排其所属公司或者指定的关联公司、关联人员为被害人偿还"借款"，继而与被害人签订金额更大的虚高"借贷"协议或相关协议，通过这种"转单平账""以贷还贷"的方式不断垒高"债务"。

（5）软硬兼施"索债"。在被害人未偿还虚高"借款"的情况下，犯罪嫌疑人、被告人借助诉讼、仲裁、公证或者采用暴力、威胁以及其他手段向被害人或者被害人的特定关系人索取"债务"。

三十八、如何依法严惩"套路贷"犯罪？

答：依法严惩"套路贷"犯罪应注意以下几点：1. 实施"套路贷"过程中，未采用明显的暴力或者威胁手段，其行为特征从整体上表现为以非法占有为目的，通过虚构事实、隐瞒真相骗取被害人财物的，一般以诈骗罪定罪处罚；对于在实施"套路贷"过程中多种手段并用，构成诈骗、敲诈勒索、非法拘禁、虚假诉讼、寻衅滋事、强迫交易、抢劫、绑架等多种犯罪的，应当根据具体案件事实，区分不同情况，依照刑法及有关司法解释的规定数罪并罚或者择一重处。

2. 多人共同实施"套路贷"犯罪，犯罪嫌疑人、被告人在所参与的犯罪中起主要作用的，应当认定为主犯，对其参与或组织、指挥的全部犯罪承担刑事责任；起次要或辅助作用的，应当认定为从犯。

明知他人实施"套路贷"犯罪，具有以下情形之一的，以相关犯罪的共犯论处，但刑法和司法解释等另有规定的除外：

（1）组织发送"贷款"信息、广告，吸引、介绍被害人"借款"的；

（2）提供资金、场所、银行卡、账号、交通工具等帮助的；

（3）出售、提供、帮助获取公民个人信息的；

（4）协助制造走账记录等虚假给付事实的；

（5）协助办理公证的；

（6）协助以虚假事实提起诉讼或者仲裁的；

（7）协助套现、取现、办理动产或不动产过户等，转移犯罪所得及其产生的收益的；

（8）其他符合共同犯罪规定的情形。

上述规定中的"明知他人实施'套路贷'犯罪"，应当结合行为人的认知能力、既往经历、行为次数和手段、与同案人、被害人的关系、获利情况、是否曾因"套路贷"受过处罚、是否故意规避查处等主客观因素综合分析认定。

3. 在认定"套路贷"犯罪数额时，应当与民间借贷相区别，从整体上予以否定性评价，"虚高债务"和以"利息""保证金""中介费""服务费""违约金"等名目被犯罪嫌疑人、被告人非法占有的财物，均应计入犯罪数额。

犯罪嫌疑人、被告人实际给付被害人的本金数额，不计入犯罪数额。

已经着手实施"套路贷"，但因意志以外原因未得逞的，可以根据相关罪名所涉及的刑法、司法解释规定，按照已着手非法占有的财物数额认定犯罪未遂。既有既遂，又有未遂，犯罪既遂部分与未遂部分分别对应不同法定刑幅度的，应当先决定对未遂部分是否减轻处罚，确定未遂部分对应的法定刑幅度，再与既遂部分对应的法定刑幅度进行比较，选择处罚较重的法定刑幅度，并酌情从重处罚；二者在同一量刑幅度的，以犯罪既遂酌情从重处罚。

4. 犯罪嫌疑人、被告人实施"套路贷"违法所得的一切财物，应当予以追缴或者责令退赔；对被害人的合法财产，应当及时返还。有证据证明是犯罪嫌疑人、被告人为实施"套路贷"而交付给被害人的本金，赔偿被害人损失后如有剩余，应依法予以没收。

犯罪嫌疑人、被告人已将违法所得的财物用于清偿债务、转让或者设置其他权利负担，具有下列情形之一的，应当依法追缴：

（1）第三人明知是违法所得财物而接受的；
（2）第三人无偿取得或者以明显低于市场的价格取得违法所得财物的；
（3）第三人通过非法债务清偿或者违法犯罪活动取得违法所得财物的；
（4）其他应当依法追缴的情形。

5. 以老年人、未成年人、在校学生、丧失劳动能力的人为对象实施"套路贷"，或者因实施"套路贷"造成被害人或其特定关系人自杀、死亡、精神失常、为偿还"债务"而实施犯罪活动的，除刑法、司法解释另有规定的外，应当酌情从重处罚。

在坚持依法从严惩处的同时，对于认罪认罚、积极退赃、真诚悔罪或者具有其他法定、酌定从轻处罚情节的被告人，可以依法从宽处罚。

6. 对于"套路贷"犯罪分子，应当根据其所触犯的具体罪名，依法加大财产刑适用力度。符合刑法第37条之一规定的，可以依法禁止从事相关职业。

7. 3人以上为实施"套路贷"而组成的较为固定的犯罪组织，应当认定为犯罪集团。对首要分子应按照集团所犯全部罪行处罚。

符合黑恶势力认定标准的，应当按照黑社会性质组织、恶势力或者恶势力犯罪集团侦查、起诉、审判。

三十九、如何依法确定"套路贷"刑事案件管辖？

答：确立"套路贷"刑事管辖应注意以下几点：1."套路贷"犯罪案件一般由犯罪地公安机关侦查，如果由犯罪嫌疑人居住地公安机关立案侦查更为适宜的，可以由犯罪嫌疑人居住地公安机关立案侦查。犯罪地包括犯罪行为发生地和犯罪结果发生地。

"犯罪行为发生地"包括为实施"套路贷"所设立的公司所在地、"借贷"协议或相关协议签订地、非法讨债行为实施地、为实施"套路贷"而进行诉讼、仲裁、公证的受案法院、仲裁委员会、公证机构所在地，以及"套路贷"行为的预备地、开始地、途经地、结束地等。

"犯罪结果发生地"包括违法所得财物的支付地、实际取得地、藏匿地、转移地、使用地、销售地等。

除犯罪地、犯罪嫌疑人居住地外，其他地方公安机关对于公民扭送、报案、控告、举报或者犯罪嫌疑人自首的"套路贷"犯罪案件，都应当立即受理，经审查认为有犯罪事实的，移送有管辖权的公安机关处理。

黑恶势力实施的"套路贷"犯罪案件，由侦办黑社会性质组织、恶势力或者恶势力犯罪集团案件的公安机关进行侦查。

2. 具有下列情形之一的，有关公安机关可以在其职责范围内并案侦查：

（1）一人犯数罪的；

（2）共同犯罪的；

（3）共同犯罪的犯罪嫌疑人还实施其他犯罪的；

（4）多个犯罪嫌疑人实施的犯罪存在直接关联，并案处理有利于查明案件事实的。

四十、黑恶犯罪涉及的常见罪名有哪些？

答：组织、领导、参加黑社会性质组织罪（《刑法》第394条第1款）、入境发展黑社会组织罪（《刑法》第294条第2款）、包庇、纵容黑社会性质组织罪（《刑法》第294条第3款）、强迫交易罪（《刑法》第226条）、故意伤害罪（《刑法》第234条）、非法拘禁罪（《刑法》第238条）、绑架罪（《刑法》第239条）、故意杀人罪（《刑法》第232条）、抢劫罪（《刑法》第263条）、抢夺罪（《刑法》第267条）、敲诈勒索罪（《刑法》第274条）、故意毁坏财物罪（《刑法》第275条）、聚众斗殴罪（《刑法》第292条）、寻衅滋事罪（《刑法》第293条）、开设赌场罪（《刑法》第303条）、聚众扰乱公共场所秩序、交通秩序罪、聚众扰乱社会秩序罪（《刑法》第290条）、组织卖淫罪；强迫卖淫罪（《刑法》第358条）、协助组织卖淫罪（《刑法》第358条）、走私、贩卖、运输、制造毒品罪（《刑法》第347条）

四十一、"村霸"问题的主要表现形式是哪些？

答：1. 干扰基层政权，通过"拳头"、欺骗、贿选等手段插手基层选举，争当村干部或扶植代理人，插手基层公共事务；

2. 欺压村民百姓，强拿硬要、随意殴打、寻衅滋事，甚至雇黑佣黑形成帮派势力；

3. 破坏经营秩序，在土地流转、矿产开采、工程建设、客货运营等过程中暴力打压竞争对手；

4. 侵占集体资产，非法侵占、骗取国家项目资金，非法占有集体土地、矿产资源；

5. 农村宗族势力依仗人多势众，恃强凌弱、横行霸道、危害一方。

四十二、什么是"沙霸"？

答："沙霸"，是以一个或者多个已交房即将开始装修的住宅小区楼盘，违背市场交易自愿公平原则，以暴力、威胁等手段，向在装修的业主等消费者强行高价出售沙石料等装修材料，以垄断市场获取高额非法经济利益。这里所说的沙霸，不仅是对沙子销售的掌控，还有水泥、红砖等辅助装修材料。

四十三、黑恶势力在征地、租地、拆迁、工程项目建设等过程中为谋取不法利益煽动闹事等行为的法律后果是什么？

答：黑恶势力为谋取不法利益或形成非法影响，有组织地采用滋扰、纠缠、哄闹、聚众造势等手段扰乱正常的工作、生活秩序，使他人产生心理恐惧或者形成心理强制，分别属于《刑法》第293条第1款第（二）项规定的"恐吓"、《刑法》第226规定的"威胁"，同时符合其他犯罪构成条件的应分别以寻衅滋事罪、强迫交易罪定罪处罚。

四十四、什么是黑恶势力"保护伞"？

答："保护伞"主要指国家公职人员利用手中权力，参与涉黑涉恶违法犯罪，或包庇、纵容黑恶犯罪，有案不立、立案不查、查案不力，为黑恶势力违法犯罪提供便利条件，帮助黑恶势力逃避惩处等。

四十五、"保护伞"指哪些公职人员？

答：1. 中国共产党的各类机关、各级人民代表大会及其常务委员会机关、人民政府、监察委员会、人民法院、人民检察院，中国人民政治协商会议各级委员会机关，民主党派各级组织和各级工商联机关的公务员，以及参照公务员管理的人员。

2. 法律、法规授权或者受国家机关依法委托管理公共事务的组织中从事公务的人员。

3. 国有企业管理人员。

4. 公办的教育、科研、文化、医疗卫生、体育等单位中从事管理的人员。

5. 基层群众性自治组织中从事集体事务管理的人员。

6. 其他依法履行公职的人员。

四十六、黑恶犯罪案件中的寻衅滋事如何界定"多次"？

答：二年内实施寻衅滋事行为三次以上。

四十七、全国扫黑除恶专项斗争督导工作六个重点是什么？

答：1. 围绕政治站位，重点督导党委和政府贯彻落实习近平总书记有关重要指示和中央决策部署情况，贯彻落实扫黑除恶专项斗争的总体要求和实施步骤情况，专项斗争第一责任人、直接责任人切实履行扫黑除恶重大政治责任情况。

2. 围绕依法严惩，重点督导扫黑、除恶、治乱的成效，特别是发动群众情况，严守法律政策界限，严格依法办案，确保涉黑涉恶问题得到根本遏制情况。

3. 围绕综合治理，重点督导各部门齐抓共管，相关监管部门对重点行业、重点领域加强日常监管，形成强大合力、整治突出问题情况。

4. 围绕深挖彻查，重点督导把扫黑除恶与反腐败斗争和基层"拍蝇"结合起来，治理党员干部涉黑涉恶问题，深挖黑恶势力背后"保护伞"情况。

5. 围绕组织建设，重点督导整顿软弱涣散基层党组织，严防黑恶势力侵蚀基层政权，为铲除黑恶势力滋生土壤提供坚强组织保证情况。

6. 围绕组织领导，重点督导各级扫黑除恶专项斗争领导小组及其办公室充分发挥职能作用，加大统筹力度，层层压实责任，推动解决经费保障、技术装备、专业队伍建设等重要问题情况。

四十八、扫黑除恶专项斗争督导对象有哪些？

答：各级党委和政府、各有关部门。

四十九、纪检监察机构在扫黑除恶专项斗争中的职责定位是什么？

答：立足监督执纪问责的职责定位，把扫黑除恶与反腐败斗争和基层"拍蝇"结合起来，深挖黑恶势力"保护伞"，既打黑恶犯罪，又打幕后"保护伞"，抓早抓小，防微杜渐，严防其坐大成势。

五十、组织部门在扫黑除恶专项斗争中的职责定位是什么？

答：大力加强基层组织建设，为铲除黑恶势力滋生土壤提供坚强组织保证。一是持续整顿软弱涣散基层党组织，建设坚强战斗堡垒；二是严格规范村"两委"换届选举，坚决把不符合村干部条件的人挡在门外；三是充分发挥基层党组织政治功能，提高组织、宣传、凝聚、服务群众能力。

五十一、公安部门在扫黑除恶专项斗争中线索摸排核查的主要职责是什么？

答：公安部门在扫黑除恶专项斗争中线索摸排核查的主要职责是主动摸排发现涉黑涉恶线索，认真受理公民、法人或者其他组织举报的涉黑涉恶违法犯罪线索。充分发挥专业手段和数据资源优势，主动摸排发现涉黑涉恶线索。协同组织、民政部门对村和社区"两委"成员涉嫌黑恶犯罪进行审查。对重点行动和重点领域的黑恶犯罪进行情报研判，发现涉黑涉恶线索。各县（市、区）公安（分）局建立"派出所摸排涉黑涉恶线索工作机制""涉黑恶警情分析研判制度"，主动发现涉黑涉恶线索。

五十二、民政部门在扫黑除恶专项斗争中线索摸排核查的主要职责是什么？

答：民政部门在扫黑除恶专项斗争中线索摸排核查的主要职责是在基层选举资格审查、村级事务民主监督等工作中，重点发现涉黑涉恶人员操纵村民委员会选举，争当村民委员会成员或者扶持代理人，涉黑涉恶人员插手村级公共事务、垄断农村资源，涉黑涉恶人员利用家族、宗族势力横行乡里、称霸一方、欺压残害百姓等线索。

五十三、组织部门在扫黑除恶专项斗争中线索摸排核查的主要职责是什么？

答：组织部门在扫黑除恶专项斗争中线索摸排核查的主要职责是及时对村党支部班子成员是否涉黑涉恶进行排查，通过整顿基层涣散党组织及时发现一批把持基层政权的黑恶势力分子。

五十四、纪检监察部门在扫黑除恶专项斗争中线索摸排核查的主要职责是什么？

答：纪检监察部门在扫黑除恶专项斗争中线索摸排核查的主要职责是及时对农村两委人员利用职务便利侵吞、霸占集体财产的职务犯罪进行排查；在职务犯罪侦查过程中，要深挖彻查，及时发现其他涉黑涉恶线索；与公安部门密切配合，及时发现黑恶势力背后的保护伞线索。

五十五、司法行政机关在扫黑除恶专项斗争中线索摸排核查的主要职责是什么？

答：司法行政机关在扫黑除恶专项斗争中线索摸排核查的主要职责是利用基层各级人民调解组织和广大人民调解员，在矛盾纠纷排查化解的过程中密切关注黑恶势力易于滋生的地区、行业和领域，对已调解过的纠纷进行梳理回头看。在社区服刑人员、刑满释放人员监督管理工作中，引导社区服刑人员、刑满释放人员积极踊跃检举揭发。

五十六、信访部门在扫黑除恶专项斗争中线索摸排核查的主要职责是什么？

答：信访部门在扫黑除恶专项斗争中线索摸排核查的主要职责是通过来信、来访、网信等途径，积极收集各类涉黑涉恶线索，对历年收到的线索进行回头看，及时发现并向公安机关提供精确打击目标。

五十七、旅游监管部门在扫黑除恶专项斗争中线索摸排核查的主要职责是什么？

答：旅游监管部门在扫黑除恶专项斗争中线索摸排核查的主要职责是重点排查旅游行业内发生的敲诈勒索、强买强卖侵害消费者的行为以及旅游景区内的寻衅滋事、聚众扰乱景区秩序等涉黑涉恶线索。

五十八、教育部门在扫黑除恶专项斗争中线索摸排核查的主要职责是什么？

答：教育部门在扫黑除恶专项斗争中线索摸排核查的主要职责是立足校园内、外周边环境，围绕有无在校内逞强称霸欺凌他人、向在校学生索要钱财、拉帮结派相互斗殴等侵犯师生人身、财产权益的现象，重点排查敲诈勒索、寻衅滋事、非法拘禁、聚众斗殴等犯罪线索。

五十九、卫生部门在扫黑除恶专项斗争中线索摸排核查的主要职责是什么？

答：卫生部门在扫黑除恶专项斗争中线索摸排核查的主要职责是围绕在医疗纠纷调处过程中，是否存在专门受雇他人插手医疗纠纷、组织、参与、煽动闹事或暴力威胁甚至伤医伤护的黑恶势力；有无干预、操控、把持、破坏系统基建项目、设备药品等招标采购工作的黑恶势力；有无寄生在医疗机构等场所强买强卖、敲诈勒索的黑恶势力。重点发现强迫交易、寻衅滋事、敲诈勒索等犯罪线索。

六十、文化综合执法部门在扫黑除恶专项斗争中线索摸排核查的主要职责是什么？

答：文化综合执法部门在扫黑除恶专项斗争中线索摸排核查的主要职责是重点查处娱乐、演出、网吧等文化市场欺行霸市、充当保护伞等涉黑涉恶经营行为；文化经营场所有无涉嫌"黄赌毒"等违法犯罪活动，重点发现寻衅滋事、聚众斗殴、开设赌场、组织卖淫、强迫卖淫等犯罪线索。

六十一、金融部门在扫黑除恶专项斗争中线索摸排核查的主要职责是什么？

答：金融部门在扫黑除恶专项斗争中线索摸排核查的主要职责是根据中国银保监会《关于银行业和保险业做好扫黑除恶专项斗争有关工作的通知》，在银行业领域，重点摸排非法设立从事或者主要从事发放贷款业务的机构或非法以发放贷款为日常业务中的下列行为：利用非法吸收公众存款、变相吸收公众存款等非法集资基金发放民间贷款的；以故意伤害、非法拘禁、侮辱、恐吓、威胁、骚扰等非法手段催收贷款的；利用黑恶势力开展或威胁开展业务的；套取金融机构信贷基金，再高利进行转贷的；面向在校学生非法发放贷款，发放无指定用途贷款，或以提供服务、销售商品为名，实际收取高额利息（费用）变相放贷的；银行业金融机构工作人员和公务员作为重要成员参与或实际控制人的。在保险业领域，重点摸排接收以下线索：有组织的保险诈骗活动；非法放贷、暴力讨债、非法设立金融机构和非法开展金融业务等问题；银行保险机构和从业人员涉黑涉恶问题。

六十二、自然资源、税务部门在扫黑除恶专项斗争中线索摸排核查的主要职责是什么？

答：自然资源、税务部门在扫黑除恶专项斗争中线索摸排核查的主要职责是从土地征迁、矿山开采、地灾治理、土地整理项目、土地违法案件等工作中发现非法转让土地、违法占用土地、非法转变土地性质开发房地产等经营活动、无证勘探开采、违法违规开采、越层越界开采等线索。

税务部门：要与市场监督、工商行政管理、经贸等部门情报互通，信息共享，及时发现相关企业涉税犯罪问题，结合税收营商环境摸底调查，对辖区内重点企业、特色行业开展上门走访，主动发现税收领域涉黑涉恶线索，积极发动纳税人检举揭发。

六十三、交通部门在扫黑除恶专项斗争中线索摸排核查的主要职责是什么？

答：交通部门在扫黑除恶专项斗争中线索摸排核查的主要职责是在对客运、公交、出租、货运、维修、驾培行业的日常整顿中，排查非法垄断和强占客运路线，暴力抢客源，强占或非法经营货场、强行提供服务，暴力阻碍交通执法、纠集闲散人员或不明真相群众聚众堵路闹事，借助黑恶势力垄断物流经营，为违法违规经营及非法运输充当"保护伞"等行为。

六十四、市场监管部门在扫黑除恶专项斗争中线索摸排核查的主要职责是什么？

答：市场监管部门在扫黑除恶专项斗争中线索摸排核查的主要职责是通过开展执法行动，集中滚动排查商贸集市、批发市场、旅游景区等场所涉黑涉恶线索及时发现涉黑涉恶人员欺行霸市、强买强卖、变相传销、不正当竞争、制售假冒伪劣商品等行为。

六十五、住建部门在扫黑除恶专项斗争中线索摸排核查的主要职责是什么？

答：住建部门在扫黑除恶专项斗争中线索摸排核查的主要职责是重点摸排黑恶势力恶意竞标、强揽工程，在项目建设过程中煽动闹事，在施工渣土运输中阻拦施工强揽生意等行为；重点摸排房地产拆迁征收过程中采取暴力威胁等非法方式胁迫搬迁或者煽动闹事，房地产中介公司采取威胁恐吓暴力手段驱逐租户，物业公司勾结社会闲杂人员滋扰业主，以暴力手段阻碍物业项目正常交接等行为。

六十六、城市规划执法部门在扫黑除恶专项斗争中线索摸排核查的主要职责是什么？

答：城市规划执法部门在扫黑除恶专项斗争中线索摸排核查的主要职责是重点摸排干预容积率调整、项目规划审批、实施违法建设、以暴力手段阻碍城市管理执法以及为占道经营和违法建设等充当"保护伞"的行为。

六十七、环保、水利部门在扫黑除恶专项斗争中线索摸排核查的主要职责是什么？

答：环保、水利部门在扫黑除恶专项斗争中线索摸排核查的主要职责是重点摸排发现涉嫌污染大气、河流、土壤，阻碍污染防治攻坚战的黑恶势力分子。

六十八、怎样从源头上遏制消除黑恶势力滋生蔓延？

答：从源头上遏制黑恶势力滋生蔓延应做到对易滋生黑恶势力的重点地区、重点行业、重点领域，相关监管部门要加强日常监管，并会同公安机关健全和落实市场准入、规范管理、重点监控等机制，堵塞管理漏洞，铲除黑恶势力滋生土壤。

六十九、农村地区打击重点是什么？

答：重点打击把持或侵害基层政权组织的"问题村官"，破坏影响基层选举，以暴力威胁或其他不法手段欺压百姓、危害一方的农村黑恶痞霸势力。

七十、城市城区打击重点是什么？

答：重点打击以小额贷款公司、担保公司、调查公司、咨询公司等为掩护发放高利贷、暴力讨债的黑恶势力，以及专门受雇他人从事"造势摆场""摆平事端"的"地下出警队"或"黑保安公司"。

七十一、城乡结合部打击重点是什么？

答：重点打击以"抢占地盘"为特征的，以暴力或胁迫手段排挤对手，垄断经营，攫取非法利益的黑恶势力，如建筑领域的阻挠施工、封门堵路、强揽供料的"沙霸""砖霸"等。

七十二、各农贸市场打击重点是什么？

答：重点打击欺行霸市、扰乱经营秩序的"菜霸""市霸"等。

七十三、各行业场所打击重点是什么？

答：重点打击充当赌场、娱乐场所"靠山""保护伞"，收取"保护费"，扰乱医院、学校周边秩序的黑恶势力等。

七十四、候选人联审机制是什么？

答：在村"两委"换届中，组织部门协调政法、纪检、信访等8个部门组成联合审查组，对候选人进行资格把关，把黑恶势力挡在门外。

七十五、如何严防黑恶势力染指基层政权？

答：各级党组织要加强对村"两委"换届的组织领导，组织、民政等部门要加强具体指导。要树立正确选人导向，严格人选标准，明确资格条件，把好入口关。对不选什么样的人旗帜鲜明、列出负面清单，坚决防止"村霸"、涉黑涉恶等不符合村干部条件的人进入村"两委"班子。乡镇党委要严格人选资格审查，县级组织、民政部门要会同纪检监察、公安、检察院、法院、司法行政、信访等相关部门建立候选人联审机制，及时发现涉黑涉恶人员。对黑恶势力通过威胁、利诱等方式干扰破坏选举的，坚决依法打击。

七十六、2019 年扫黑除恶专项斗争工作"六个延伸"是指什么？

答：1. 向侦破大案、打财断血进一步延伸；2. 向网络空间、新兴领域进一步延伸；3. 向幕后深挖、打伞破网进一步延伸；4. 向依法惩治，快诉快判进一步延伸；5. 向综合整治、堵塞漏洞进一步延伸；6. 向固本强基、铲除土壤进一步延伸。

第二部分 相关罪名认定及案例精解

一、强迫交易罪认定及案例精解

一、个罪概述

(一) 个罪概念及构成要件

强迫交易罪,是指以暴力、威胁手段强买强卖商品、强迫他人提供服务或者强迫他人接受服务,强迫他人参与或者退出投标、拍卖,强迫他人转让或者收购公司、企业的股份、债券或者其他资产,强迫他人参与或者退出特定的经营活动,情节严重的行为。

1. 客体要件:本罪侵犯的客体是复杂客体,主要客体是社会主义市场经济秩序,次要客体是公民的人身权利和财产权利。商品交易是在平等民事主体之间基于公平、自由、平等等原则下进行的,买卖双方应当基于自己的意志自愿进行交易。但在现实生活中,交易中某一方通过强买强卖、强迫他人提供服务或者强迫他人接受服务的现象时有发生,这种行为严重违背了市场交易原则,破坏了市场交易秩序,侵害了消费者或经营者的合法权益。

2. 客观要件:本罪在客观方面表现为以暴力、威胁手段强买强卖商品、强迫他人提供服务或者强迫他人接受服务,强迫他人参与或者退出投标、拍卖,强迫他人转让或者收购公司、企业的股份、债券或者其他资产,强迫他人参与或者退出特定的经营活动,情节严重的行为。

本罪的强迫主要包括以下几种情况:一是在他人不愿意从事某种活动时,强迫他人从事某种活动;二是在他人不愿意以某种方式从事某种活动时,强迫他人从事以某种方式从事活动;三是在他人不愿意以某种价格从事活动时,强迫他人以某种价格从事活动。①

所谓"暴力",是指对被强迫人的人身或财产实行强制或打击,如殴打、

---

① 参见张明楷:《刑法学》(第5版),法律出版社2016年版,第842页。

捆绑、抱住、围困、伤害或者砸毁其财物等；所谓"威胁"，是指对被害人实行精神强制，以加害其人身、毁坏其财物、揭露其隐私、破坏其名誉、加害其亲属等相要挟。其方式则可以是言语，也可以是动作，甚至利用某种特定的危险环境进行胁迫。无论是暴力还是威胁，都意在使其不敢反抗而被迫答应交易。他人不愿意购买或出卖商品或者提供或接受服务时，如果采取利诱、欺骗等非暴力威胁方法要求交易，则不能以本罪论处。暴力、威胁直接与交易相关，意在促使交易的实现。如果不是出于这一目的，而在交易活动之外实施暴力、威胁行为的，自然不能以本罪论处。

根据2014年4月17日最高人民检察院《关于强迫借贷行为适用法律问题的批复》的规定，以暴力、胁迫手段强迫他人借贷，属于刑法第226条第（二）项规定的"强迫他人提供或者接受服务"，情节严重的，以强迫交易罪追究刑事责任；同时构成故意伤害罪等其他犯罪的，依照处罚较重的规定定罪处罚。以非法占有为目的，以借贷为名采用暴力、胁迫手段获取他人财物，符合刑法第263条或者第274条规定的，以抢劫罪或者敲诈勒索罪追究刑事责任。

本罪属情节犯，只有在强迫他人交易的行为达到情节严重时才能构成。情节不属严重，即使实施了强买强卖行为，也不能以本罪论处。

根据2008年6月25日最高人民检察院、公安部《关于公安机关管辖的刑事案件立案追诉标准的规定（一）》第28条的规定，以暴力、威胁手段强买强卖商品、强迫他人提供服务或者强迫他人接受服务，涉嫌下列情形之一的，应予立案追诉：（1）造成被害人轻微伤或者其他严重后果的；（2）造成直接经济损失2000元以上的；（3）强迫交易3次以上或者强迫3人以上交易的；（4）强迫交易数额10000元以上，或者违法所得数额2000元以上的；（5）强迫他人购买伪劣商品数额5000元以上，或者违法所得数额1000元以上的；（6）其他情节严重的情形。

3. 主体要件：本罪主体为一般主体。凡达到刑事责任年龄且具备刑事责任能力的自然人均能构成本罪，单位亦能构成本罪。

4. 主观要件：本罪在主观方面为故意，多为直接故意。

（二）个罪辨析

强迫交易罪，情节严重才构成此罪。如果情节不严重，属于一般违法行为，应当由行政部门给予行政处罚。根据2008年最高人民检察院、公安部《关于公安机关管辖的刑事案件立案追诉标准的规定（一）》的规定，情形严重，主要包括以下情形：1. 造成被害人轻微伤或者其他严重后果的；2. 造成直接经济损失2000元以上的；3. 强迫交易3次以上或者强迫3人以上交易的；4. 强迫交易数额 1 万元以上，或者违法所得数额 2000 元以上的；5. 强迫他人购买伪劣商品数额 5000 元以上，或者违法所得数额 1000 元以上的；6. 其他情节严重的情形。

二、实务操作

（一）刑法条文

第二百二十六条【强迫交易罪】 以暴力、威胁手段，实施下列行为之一，情节严重的，处三年以下有期徒刑或者拘役，并处或者单处罚金；情节特别严重的，处三年以上七年以下有期徒刑，并处罚金：

（一）强买强卖商品的；

（二）强迫他人提供或者接受服务的；

（三）强迫他人参与或者退出投标、拍卖的；

（四）强迫他人转让或者收购公司、企业的股份、债券或者其他资产的；

（五）强迫他人参与或者退出特定的经营活动的。

（二）司法解释和指导性文件

1. 最高人民检察院关于强迫借贷行为适用法律问题的批复（2014 年 4 月 17 日　高检发释字〔2014〕1 号）

以暴力、胁迫手段强迫他人借贷，属于刑法第二百二十六条第二项规定的"强迫他人提供或者接受服务"，情节严重的，以强迫交易罪追究刑事责任；同时构成故意伤害罪等其他犯罪的，依照处罚较重的规定定罪处罚。以非法占有为目的，以借贷为名采用暴力、胁迫手段获取他人财物，符合刑法第二百六十三条或者第二百七十四条规定的，以抢劫罪或者敲诈勒索罪追究刑事责任。

2. 最高人民法院、最高人民检察院、公安部、司法部关于办理黑恶势力犯罪案件若干问题的指导意见（2018 年 1 月 16 日　法发〔2018〕1 号）

四、依法惩处利用"软暴力"实施的犯罪

17. 黑恶势力为谋取不法利益或形成非法影响，有组织地采用滋扰、纠缠、哄闹、聚众造势等手段侵犯人身权利、财产权利，破坏经济秩序、社会秩序，构成犯罪的，应当分别依照《刑法》相关规定处理：

（1）有组织地采用滋扰、纠缠、哄闹、聚众造势等手段扰乱正常的工作、生活秩序，使他人产生心理恐惧或者形成心理强制，分别属于《刑法》第二百九十三条第一款第（二）项规定的"恐吓"、《刑法》第二百二十六规定的"威胁"，同时符合其他犯罪构成条件的，应分别以寻衅滋事罪、强迫交易罪定罪处罚。

（2）……雇佣、指使他人有组织地采用上述手段强迫交易、敲诈勒索，构成强迫交易罪、敲诈勒索罪的，对雇佣者、指使者，一般应当以共同犯罪中的主犯论处。……

3. 最高人民检察院、公安部关于公安机关管辖的刑事案件立案追诉标准的规定（一）的补充规定（2017年4月27日　公通字〔2017〕12号）

第五条　以暴力、威胁手段强买强卖商品，强迫他人提供服务或者接受服务，涉嫌下列情形之一的，应予立案追诉：

（一）造成被害人轻微伤的；

（二）造成直接经济损失2000元以上的；

（三）强迫交易3次以上或者强迫3人以上交易的；

（四）强迫交易数额10000元以上，或者违法所得数额2000元以上的；

（五）强迫他人购买伪劣商品数额5000元以上，或者违法所得数额1000元以上的；

（六）其他情节严重的情形。

以暴力、威胁手段强迫他人参与或者退出投标、拍卖，强迫他人转让或者收购公司、企业的股份、债券或者其他资产，强迫他人参与或者退出特定的经营活动，具有多次实施、手段恶劣、造成严重后果或者恶劣社会影响等情形之一的，应予立案追诉。

4. 最高人民法院、最高人民检察院、公安部、司法部关于办理"套路贷"刑事案件若干问题的意见（2019年4月9日　法发〔2019〕11号）

二、依法严惩"套路贷"犯罪

4. 实施"套路贷"过程中，未采用明显的暴力或者威胁手段，其行为特征从整体上表现为以非法占有为目的，通过虚构事实、隐瞒真相骗取被害人财物的，一般以诈骗罪定罪处罚；对于在实施"套路贷"过程中多种手段并用，构成诈骗、敲诈勒索、非法拘禁、虚假诉讼、寻衅滋事、强迫交易、抢劫、绑架等多种犯罪的，应当根据具体案件事实，区分不同情况，依照刑法及有关司法解释的规定数罪并罚或者择一重处。

（三）裁判要旨

1.【裁判要旨】出租车驾驶员在正常营运过程中，为牟取非法利益，采用暴力、威胁手段，强行向乘客索取与合理价格相差悬殊的高额出租车服务费，情节严重的，其行为构成刑法第二百二十六条规定的强迫交易罪，不应以抢劫罪定罪处罚。

【重庆市渝中区人民检察院诉朱波伟、雷秀平抢劫案,GB 2006-4】

2. 在共同强迫交易过程中,一人突发持刀重伤他人,对其他参与共同强迫交易的被告人应如何定罪处罚?

【裁判要旨】在共同实施强迫交易的犯罪过程中,一人突然持刀重伤他人,超出了实施强迫交易犯罪活动中所形成的共同犯罪故意,被害人被刺而受重伤的后果只能由实施重伤行为的人承担。对其他参与共同强迫交易的被告人,应以强迫交易罪定罪处罚。

【宋东亮、陈二永强迫交易、故意伤害罪(刑事审判参考)第278号】

二、故意杀人罪认定及案例精解

一、个罪概述

(一) 个罪概念及构成要件

故意杀人罪,是指故意地非法剥夺他人生命的行为。

1. 客体要件:本罪侵犯的客体是他人的生命权。这是本罪区别于其他侵犯人身权利罪最本质的特征,也是本罪成为最严重的刑事犯罪之一的根据。生命权是自然人以其生命维持和安全利益为内容的人格权。生命维持与安全是自然人从事民事活动的物质前提和自然基础,生命权也因之在自然人的人格权中居于首要地位。生命权的客体是生命,即自然人身体的活动能力。从自然人出生时开始,至其死亡时终结。人的生命受法律的严密保护。凡是有生命的人,不管其身体状况、生活能力、个人条件、平时表现如何,都同样受法律保护,都可以成为故意杀人罪的犯罪对象。

2. 客观要件:本罪在客观方面表现为非法剥夺他人生命的行为。

首先,必须有剥夺他人生命的行为,作为、不作为均可构成。以不作为行为实施的杀人罪,只有那些对防止他人死亡结果发生负有特定义务的人才能构成。杀人方法对杀人罪的构成没有影响,但是,如果使用放火、爆炸、投放危险物质等危险方法杀害他人,危及不特定多人的生命、健康或重大公私财产安全的,应以危害公共安全罪论处。对于教唆未达刑事责任年龄或没有刑事责任能力的人去杀害他人的,对教唆犯应直接以故意杀人罪论处。

其次,剥夺他人生命的行为必须是非法的,即违反了国家的法律。执行死刑命令将死刑罪犯枪决、实施正当防卫将不法侵害人杀死等行为,虽然在客观上都是剥夺他人生命的行为,但是法律赋予这些行为合法性,不具有非法的特征,不可能构成故意杀人罪。

经受害人同意而剥夺其生命的行为,也构成故意杀人罪。对于其中为免除患有不治之症、濒临死亡的病人的痛苦,而受患者之托,提前结束其生命的"安乐死"案件,我国仍应以故意杀人罪论处。当然,量刑时可适用从轻或减轻的规定。

最后,直接故意杀人罪的既遂和间接故意杀人罪以被害人死亡为要件。但是，只有查明行为人的危害行为与被害人死亡的结果之间具有因果关系，才能断定行为人负直接故意杀人罪既遂或者间接故意杀人罪罪责具有客观基础。在司法实践中，危害行为与死亡结果之间是否具有因果关系，对于认定故意杀人罪的成立与否及既遂与未遂，进而正确解决行为人的刑事责任有无及程度大小，有十分重要的意义。

3. 主体要件：本罪的主体为一般主体。故意杀人罪是严重破坏社会秩序的犯罪，已满14周岁且具有刑事责任能力的自然人均能成为本罪主体。年满14周岁不满18周岁的人犯本罪，应当从轻或者减轻处罚。

4. 主观要件：本罪在主观上须有非法剥夺他人生命的故意，包括直接故意和间接故意。即明知自己的行为会发生他人死亡的危害后果，并且希望或者放任这种结果的发生。这是本罪区别于过失致人死亡、故意伤害罪的根本标志。

故意杀人的动机并不影响故意杀人罪的构成，但可以反映杀人者主观恶性的不同程度，对正确量刑有重要意义。

实践中应当注意的是，认定故意杀人罪不能客观归罪，不能只看行为的后果，要根据行为人的故意内容来认定。如强奸妇女致使被害人死亡的，使用暴力进行抢劫致人死亡的，等等，不能认定为故意杀人罪，而应将致人死亡这一后果作为各该罪量刑的情节考虑。

（二）个罪辨析

1. 本罪与其他致死行为的界定

（1）本罪与过失致人死亡罪的区别。故意杀人罪行为人年满14周岁的应当负刑事责任；过失致人死亡罪行为人年满16周岁才负刑事责任。故意杀人罪行为人主观上具有杀人故意；过失致人死亡罪行为人主观上是过失，没有杀人的目的、动机。

（2）本罪与正当防卫致死的界限。正当防卫过程中造成不法侵害者本人死亡的，除对正在进行行凶、杀人、抢劫、强奸、绑架以及其他严重危及人身安全的暴力犯罪，采取正当防卫造成不法侵害者死亡的，不负刑事责任外，正当防卫明显超过必要限度造成不法侵害者死亡的，应当负刑事责任。因此，在处理正当防卫过程中致不法侵害者死亡的案件时，正当防卫人的行为是否构成犯罪，构成故意杀人罪还是构成过失致人死亡罪，应注意区分。

2. 故意杀人罪的认定

（1）教唆未达到法定刑事责任年龄或者不具有刑事责任能力的精神病人杀害他人行为的，教唆者将未达到法定刑事责任年龄或者不具有刑事责任能力的精神病人当作杀人工具，教唆者构成故意杀人罪。

（2）行为人实施抢劫后，为灭口而故意杀人的，以抢劫罪和故意杀人罪定罪，实行数罪并罚。

（3）未成年人及老年人的故意杀人的处理。未成年人及老年人的故意杀人与一般人犯罪相比，主观恶性和人身危险性等方面有一定特殊性，在处理时应当考虑从宽。对犯故意杀人罪的未成年人，要坚持"教育为主，惩罚为辅"的原则和"教育、感化、挽救"的方针进行处罚。对于已满14周岁不满16周岁的未成年人，一般不判处无期徒刑。对于70周岁以上的老年人犯故意杀人罪的，由于其已没有再犯罪的可能，在综合考虑其犯罪情节和主观恶性、人身危险性的基础上，一般也应酌情从宽处罚。

3. 自杀行为的定性

（1）致人自杀行为的定性。我国法律规定非特定情况自杀行为不是犯罪。但在司法实践中因他人行为引起自杀的，往往涉及是否构成故意杀人罪的问题，要分析处理。首先，行为人正当行为或只是一般的违法、错误行为，引起他人自杀的，不存在犯罪问题；其次，行为人的犯罪行为，导致被害人自杀身亡的，行为人不具有杀人的主观故意，应以行为人先前犯罪处理，自杀结果作为量刑时考虑从重或选择法定刑处罚的情节。

（2）相约自杀的，如双方之间不存在教唆、帮助等行为的，其中自杀未得逞的一方，不构成故意杀人罪；如果双方约定，行为人先杀害对方，然后自杀未成功的，行为人构成故意杀人罪，量刑时可考虑从轻处罚；以相约自杀为名，诱骗他人自杀的，应以故意杀人罪追究行为人的刑事责任。

4. 安乐死的问题

安乐死本质上是一种受嘱托杀人的行为，是指对身患不可逆转的绝症、精神、肉体处于极端痛苦的患者，应其请求实施促使其迅速且无痛苦地死亡的行为。对于安乐死，已有瑞士、荷兰等国家合法化，我国理论界亦倾向于应立法允许严格限制下的安乐死存在。但我国刑法对安乐死没有规定。因此，对于实施安乐死的人，不论其是出于何种目的、愿望，以故意杀人罪论处，处罚时可以视为情节较轻的情况从轻处罚。

二、实务操作

（一）刑法条文

第二百三十二条【故意杀人罪】 故意杀人的，处死刑、无期徒刑或者十年以上有期徒刑；情节较轻的，处三年以上十年以下有期徒刑。

（二）司法解释及指导性文件

1. 最高人民法院关于审理交通肇事刑事案件具体应用法律若干问题的解释（2000 年 11 月 21 日　法释〔2000〕33 号）

第六条　行为人在交通肇事后为逃避法律追究，将被害人带离事故现场后隐藏或者遗弃，致使被害人无法得到救助而死亡或者严重残疾的，应当分别依照刑法第二百三十二条、第二百三十四条第二款的规定，以故意杀人罪或者故意伤害罪定罪处罚。

2. 最高人民法院关于审理偷税抗税刑事案件具体应用法律若干问题的解释（2002 年 11 月 7 日　法释〔2002〕33 号）

第六条第一款　实施抗税行为致人重伤、死亡，构成故意伤害罪、故意杀人罪的，分别依照刑法第二百三十四条第二款、第二百三十二条的规定定罪处罚。

3. 最高人民法院、最高人民检察院关于办理妨害预防、控制突发传染病疫情等灾害的刑事案件具体应用法律若干问题的解释（2003 年 5 月 15 日　法释〔2003〕8 号）

第九条　在预防、控制突发传染病疫情等灾害期间，聚众"打砸抢"，致人伤残、死亡的，依照刑法第二百八十九条、第二百三十四条、第二百三十二条的规定，以故意伤害罪或者故意杀人罪定罪，依法从重处罚。对毁坏或者抢走公私财物的首要分子，依照刑法第二百八十九条、第二百六十三条的规定，以抢劫罪定罪，依法从重处罚。

4. 最高人民法院、最高人民检察院关于办理组织、利用邪教组织破坏法律实施等刑事案件适用法律若干问题的解释（2017 年 2 月 1 日　法释〔2017〕3 号）

第十一条　组织、利用邪教组织，制造、散布迷信邪说，组织、策划、煽动、胁迫、教唆、帮助其成员或者他人实施自杀、自伤的，依照刑法第二百三十二条、第二百三十四条的规定，以故意杀人罪或者故意伤害罪定罪处罚。

5. 最高人民法院、最高人民检察院关于办理危害生产安全刑事案件适用法律若干问题的解释（2015 年 12 月 16 日　法释〔2015〕22 号）

第十条　在安全事故发生后，直接负责的主管人员和其他直接责任人员故意阻挠开展抢救，导致人员死亡或者为了逃避法律追究，对被害人进行隐藏、遗弃，致使被害人无法得到救助而死亡或者重度残疾的，分别依照刑法第二百三十二条、第二百三十四条的规定，以故意杀人罪或者故意伤害罪定罪处罚。

6. 最高人民法院关于抢劫过程中故意杀人案件如何定罪问题的批复（2001年5月26日　法释〔2001〕16号）

行为人为劫取财物而预谋故意杀人，或者在劫取财物过程中，为制服被害人反抗而故意杀人的，以抢劫罪定罪处罚。

行为人实施抢劫后，为灭口而故意杀人的，以抢劫罪和故意杀人罪定罪，实行数罪并罚。

7. 全国法院维护农村稳定刑事审判工作座谈会纪要（1999年10月27日法〔1999〕217号）

要准确把握故意杀人犯罪适用死刑的标准。对故意杀人犯罪是否判处死刑，不仅要看是否造成了被害人死亡结果，还要综合考虑案件的全部情况。对于因婚姻家庭、邻里纠纷等民间矛盾激化引发的故意杀人犯罪，适用死刑一定要十分慎重，应当与发生在社会上的严重危害社会治安的其他故意杀人犯罪案件有所区别。对于被害人一方有明显过错或对矛盾激化负有直接责任，或者被告人有法定从轻处罚情节的，一般不应判处死刑立即执行。

要注意严格区分故意杀人罪与故意伤害罪的界限。在直接故意杀人与间接故意杀人案件中，犯罪人的主观恶性程度是不同的，在处刑上也应有所区别。间接故意杀人与故意伤害致人死亡，虽然都造成了死亡后果，但行为人故意的性质和内容是截然不同的。不注意区分犯罪的性质和故意的内容，只要有死亡后果就判处死刑的做法是错误的，这在今后的工作中，应当予以纠正。对于故意伤害致人死亡，手段特别残忍，情节特别恶劣的，才可以判处死刑。

8. 最高人民法院关于审理抢劫、抢夺刑事案件适用法律若干问题的意见（2005年6月8日　法发〔2005〕8号）

九、关于抢劫罪与相似犯罪的界限

5. 抢劫罪与故意伤害罪的界限

行为人为索取债务，使用暴力、暴力威胁等手段的，一般不以抢劫罪定罪处罚。构成故意伤害等其他犯罪的，依照刑法第二百三十四条等规定处罚。

9. 最高人民法院、最高人民检察院、公安部、司法部关于依法惩治性侵害未成年人犯罪的意见（2013年10月23日　法发〔2013〕12号）

三、准确适用法律

22. 实施猥亵儿童犯罪，造成儿童轻伤以上后果，同时符合刑法第二百三十四条或者第二百三十二条的规定，构成故意伤害罪、故意杀人罪的，依照处罚较重的规定定罪处罚。

对已满十四周岁的未成年男性实施猥亵，造成被害人轻伤以上后果，符合刑法第二百三十四条或者第二百三十二条规定的，以故意伤害罪或者故意杀人罪定罪处罚。

10. 最高人民法院、最高人民检察院、公安部、司法部关于依法办理家庭暴力犯罪案件的意见（2015年3月2日　法发〔2015〕4号）

发生在家庭成员之间，以及具有监护、扶养、寄养、同居等关系的共同生活人员之间的家庭暴力犯罪，严重侵害公民人身权利，破坏家庭关系，影响社会和谐稳定。人民法院、人民检察院、公安机关、司法行政机关应当严格履行职责，充分运用法律，积极预防和有效惩治各种家庭暴力犯罪，切实保障人权，维护社会秩序。为此，根据刑法、刑事诉讼法、婚姻法、未成年人保护法、老年人权益保障法、妇女权益保障法等法律，结合司法实践经验，制定本意见。

准确区分虐待犯罪致人重伤、死亡与故意伤害、故意杀人犯罪致人重伤、死亡的界限，要根据被告人的主观故意、所实施的暴力手段与方式、是否立即或者直接造成被害人伤亡后果等进行综合判断。对于被告人主观上不具有侵害被害人健康或者剥夺被害人生命的故意，而是出于追求被害人肉体和精神上的痛苦，长期或者多次实施虐待行为，逐渐造成被害人身体损害，过失导致被害人重伤或者死亡的；或者因虐待致使被害人不堪忍受而自残、自杀，导致重伤或者死亡的，属于刑法第二百六十条第二款规定的虐待"致使被害人重伤、死亡"，应当以虐待罪定罪处罚。对于被告人虽然实施家庭暴力呈现出经常性、持续性、反复性的特点，但其主观上具有希望或者放任被害人重伤或者死亡的故意，持凶器实施暴力，暴力手段残忍，暴力程度较强，直接或者立即造成被害人重伤或者死亡的，应当以故意伤害罪或者故意杀人罪定罪处罚。

对于长期遭受家庭暴力后，在激愤、恐惧状态下为了防止再次遭受家庭暴力，或者为了摆脱家庭暴力而故意杀害、伤害施暴人，被告人的行为具有防卫因素，施暴人在案件起因上具有明显过错或者直接责任的，可以酌情从宽处罚。对于因遭受严重家庭暴力，身体、精神受到重大损害而故意杀害施暴人；或者因不堪忍受长期家庭暴力而故意杀害施暴人，犯罪情节不是特别恶劣，手段不是特别残忍的，可以认定为刑法第二百三十二条规定的故意杀人"情节较轻"。在服刑期间确有悔改表现的，可以根据其家庭情况，依法放宽减刑的幅度，缩短减刑的起始时间与间隔时间；符合假释条件的，应当假释。被杀害施暴人的近亲属表示谅解的，在量刑、减刑、假释时应当予以充分考虑。

11. 关于依法惩处涉医违法犯罪维护正常医疗秩序的意见（2014年4月22日法发〔2014〕5号）

为依法惩处涉医违法犯罪，维护正常医疗秩序，构建和谐医患关系，根据

《中华人民共和国刑法》《中华人民共和国治安管理处罚法》等法律法规，结合工作实践，制定本意见。

二、严格依法惩处涉医违法犯罪

（一）在医疗机构内殴打医务人员或者故意伤害医务人员身体、故意损毁公私财物，尚未造成严重后果的，分别依照治安管理处罚法第四十三条、第四十九条的规定处罚；故意杀害医务人员，或者故意伤害医务人员造成轻伤以上严重后果，或者随意殴打医务人员情节恶劣、任意损毁公私财物情节严重，构成故意杀人罪、故意伤害罪、故意毁坏财物罪、寻衅滋事罪的，依照刑法的有关规定定罪处罚。

12. 在审理故意杀人、伤害及黑社会性质组织犯罪案件中切实贯彻宽严相济刑事政策（最高人民法院刑三庭　2010年4月14日）

2010年2月8日印发的《最高人民法院关于贯彻宽严相济刑事政策的若干意见》（以下简称《意见》）是人民法院刑事审判工作的重要指南。现结合审判实践，就故意杀人、伤害及黑社会性质组织犯罪案件审判中如何贯彻《意见》的精神作简要阐释。

一、在三类案件中贯彻宽严相济刑事政策的总体要求

在故意杀人、伤害及黑社会性质组织犯罪案件的审判中贯彻宽严相济刑事政策，要落实《意见》第1条规定：根据犯罪的具体情况，实行区别对待，做到该宽则宽，当严则严宽严相济，罚当其罪。落实这个总体本要求，要注意把握以下几点：

1. 正确把握宽与严的对象。故意杀人和故意伤害犯罪的发案率高，社会危害，是各级法院刑事审判工作的重点。黑社会性质组织犯罪在我国自20世纪80年代末出现以来，长时间保持快速发展势头，严厉打击黑社会性质组织犯罪，是法院刑事审判在当前乃至今后相当长段时期内的重要任务。因此，对这三类犯罪总体上应坚持从严惩处的方针。但是在具体案件的处理上，也要分别案件的性质、情节和行为人的主观恶性、人身危险性等情况，把握宽严的范围。在确定从宽与从严的对象时，还应当注意审时度势，对经济社会的发展和治安形势的变化作出准确判断，为构建社会主义和谐社会的目标服务。

2. 坚持严格依法办案。三类案件的审判中，无论是从宽还是从严，都必须严格依照法律规定进行，做到宽严有据，罚当其罪，不能为追求打击效果，突破法律界限。比如在黑社会性质组织犯罪的审理中，黑社会性质组织的认定必须符合法律和立法解释规定的标准，既不能降格处理，也不能拔高认定。

3. 注重法律效果与社会效果的统一。严格依法办案，确保良好法律效果的同时，还应当充分考虑案件的处理是否有利于赢得人民群众的支持和社会稳

定,是否有利于瓦解犯罪,化解矛盾,是否有利于罪犯的教育改造和回归社会,是否有利于减少社会对抗,促进社会和谐,争取更好的社会效果。比如在刑罚执行过程中,对于故意杀人、伤害犯罪及黑社会性质组织犯罪的领导者、组织者和骨干成员就应当从严掌握减刑、假释的适用,其他主观恶性不深、人身危险性不大的罪犯则可以从宽把握。

二、故意杀人、伤害案件审判中宽严相济的把握

1. 注意区分两类不同性质的案件。故意杀人、故意伤害侵犯的是人的生命和身体健康,社会危害大,直接影响到人民群众的安全感,《意见》第7条将故意杀人、故意伤害致人死亡犯罪作为严惩的重点是十分必要的。但是,实践中的故意杀人、伤害案件复杂多样,处理时要注意分别案件的不同性质,做到区别对待。

实践中,故意杀人、伤害案件从性质上通常可分为两类:一类是严重危害社会治安、严重影响人民群众安全感的案件,如极端仇视国家和社会,以不特定人为行凶对象的;一类是因婚姻家庭、邻里纠纷等民间矛盾激化引发的案件。对于前者应当作为严惩的重点,依法判处被告人重刑直至判处死刑。对于后者处理时应注意体现从严的精神,在判处重刑尤其是适用死刑时应特别慎重,除犯罪情节特别恶劣、犯罪后果特别严重、人身危险性极大的被告人外,一般不应当判处死刑。对于被害人在起因上存在过错,或者是被告人案发后积极赔偿,真诚悔罪,取得被害人或其家属谅解的,应依法从宽处罚,对同时有法定从轻、减轻处罚情节的,应考虑在无期徒刑以下刑罚。同时应重视此类案件中的附带民事调解工作,努力化解双方矛盾,实现"案结事了",增进社会和谐,达成法律效果与社会发实局村机统一。《意见》第23条是对此审判经验的总结。

此外,实践中一些致人死亡的犯罪是故意杀人还是故意伤害往往难以区分,在认定时除从作案工具、打击的部位、力度等方面进行判断外,也要注意考虑犯罪的起因等因素。对于民间纠纷引发的案件,如果难以区分是故意杀人还是故意伤害时,一般可考虑定故意伤害罪。

2. 充分考虑各种犯罪情节。犯罪情节包括犯罪的动机、手段、对象、场所及造成的后果等,不同的犯罪情节反映不同的社会危害性。犯罪情节多属酌定量刑情节,法律往往未作明确的规定,但犯罪情节是适用刑罚的基础,是具体案件决定从严或从宽处罚的基本依据,需要在案件审理中进行仔细甄别,以准确判断犯罪的社会危害性。有的案件犯罪动机特别卑劣,比如为了铲除政治对手而雇凶杀人的,也有一些人犯罪是出于义愤,甚至是"大义灭亲""为民除害"的动机杀人。有的案件犯罪手段特别残忍,比如采取放火、泼硫酸等

方法把人活活烧死的故意杀人行为。犯罪后果也可以分为一般、严重和特别严重几档。在实际中一般认为故意杀人、故意伤害一人死亡的为后果严重,致二人以上死亡的为犯罪后果特别严重。特定的犯罪对象和场所也反映社会危害性的不同,如针对妇女、儿童等弱势群体或在公共场所实施的杀人、伤害,就具有较大的社会危害性。以上犯罪动机卑劣,或者犯罪手段残忍,或者犯罪后果严重,或者针对妇女、儿童等弱势群体作案等情节恶劣的,又无其他法定或酌定从轻情节应当依法从重判处。如果犯罪情节一般,被告人真诚悔罪,或有立功、自首等法定从轻情节的,一般应考虑从宽处罚。

实践中,故意杀人、伤害案件的被告人既有法定或酌定的从宽情节,又有法定或酌定从严情节的情形比较常见,此时,就应当根据《意见》第28条,在全面考察犯罪的事实性质、情节和对社会危害程度的基础上,结合被告人的主观恶性、人身危险性、社会治安状况等因素,综合作出分析判断。

3. 充分考虑主观恶性和人身危险性。《意见》第10条、第16条明确了被告人主观恶性和人身危险性是从严和从宽的重要依据,在适用刑罚时必须充分考虑。主观恶性是被告人对自己行为及社会危害性所抱的心理态度,在一定程度上反映被告人的改造可能性。一般来说,经过精心策划的、有长时间计划的杀人伤害,显示被告人的主观恶性深;激情犯罪,临时起意的犯罪,因被害人的过错行为引发的犯罪,显示的主观恶性较小。对主观恶性深的被告人要从严惩处,主观恶性较小的被告人则可考虑适用较轻的刑罚。

人身危险性即再犯可能性,可从被告人有无前科、平时表现及悔罪情况等方面综合判断。人身危险性大的被告人,要依法从重处罚。如累犯中前罪系暴力犯罪,或者曾因暴力犯罪被判重刑后又犯故意杀人、故意伤害致人死亡的;平时横行乡里,寻衅滋事杀人、伤害致人死亡的,应依法从重判处。人身危险性小的被告人,应依法体现从宽精神。如被告人平时表现较好,激情犯罪,系初犯、偶犯的;被告人杀人或伤人后有抢救被害人行为的,在量刑时应该酌情予以从宽处罚。

未成年人及老年人的故意杀人、伤害犯罪与一般人犯罪相比,主观恶性和人身危险性等方面有一定特殊性,在处理时应当依据《意见》的第20条、第21条考虑从宽。对犯故意杀人、伤害罪的未成年人,要坚持"教育为主,惩罚为辅"的原则和"教育、感化、挽救"的方针进行处罚。对于情节较轻、后果不重的伤害案件,可以依法适用缓刑或者判处管制、单处罚金等非监禁刑。对于情节严重的未成年人,也应当从轻或减轻处罚。对于已满14周岁不满16周岁的未成年人,一般不判处无期徒刑。对于70周岁以上的老年人犯故意杀人、伤害罪的,由于其已没有再犯罪的可能,在综合考虑其犯罪情节和主观恶性、人身危险性的基础上，一般也应酌情从宽处罚。

4. 严格控制和慎重适用死刑。故意杀人和故意伤害犯罪在判处死刑的案件中所占比例最高，审判中要按照《意见》第29条的规定，准确理解和严格执行"保留死刑，严格控制和慎重适用死刑"的死刑政策，坚持统一的死刑适用标准，确保死刑只适用于极少数罪行极其严重的犯罪分子；坚持严格的证据标准，确保把每一起判处死刑的案件都办成铁案。对于罪行极其严重，但只要有法定、酌定从轻情节，依法可不立即执行的，就不应当判处死刑立即执行。

对于自首的故意杀人、故意伤害致人死亡的被告人，除犯罪情节特别恶劣，犯罪后果特别严重的，一般不应考虑判处死刑立即执行。对亲属送被告人归案或协助抓获被告人的，也应视为自首，原则上应当从宽处罚。对具有立功表现的故意杀人、故意伤害致死的被告人，一般也应当体现从宽处罚，可考虑不判处死刑立即执行。但如果犯罪情节特别恶劣，犯罪后果特别严重的，即使有立功情节，也可以不予从轻处罚。

共同犯罪中，多名被告人共同致死一名被害人的，原则上只判处一人死刑，处理时，根据案件的事实和证据能分清主从犯的，都应当认定主从犯；有多名主犯的，应当在主犯中进一步区分出罪行最为严重者和较为严重者，不能以分不清主次为由，简单地一律判处死刑。

（三）裁判要旨

1. 王志才故意杀人案（最高法指导案例4号）

【裁判要旨】因恋爱、婚姻矛盾激化引发的故意杀人案件，被告人犯罪手段残忍，论罪应当判处死刑，但被告人具有坦白悔罪、积极赔偿等从轻处罚情节，同时被害人亲属要求严惩的，人民法院根据案件性质、犯罪情节、危害后果和被告人的主观恶性及人身危险性，可以依法判处被告人死刑缓期两年执行，同时决定限制减刑，以有效化解社会矛盾，促进社会和谐。

2. 李飞故意杀人案（最高法指导案例12号）

【裁判要旨】对于因民间矛盾引发的故意杀人案件，被告人犯罪手段残忍，且系累犯，论罪应当判处死刑，但被告人亲属主动协助公安机关将其抓捕归案，并积极赔偿的，人民法院根据案件具体情节，从尽量化解社会矛盾角度考虑，可以依法判处被告人死刑缓期两年执行，同时决定限制减刑。

3. 郭明先参加黑社会性质组织、故意杀人、故意伤害案（最高检指导性案例18号）

【裁判要旨】死刑依法只适用于罪行极其严重的犯罪分子。对故意杀人、故意伤害、绑架、爆炸等涉黑、涉恐、涉暴刑事案件中罪行极其严重，严重危害国家安全和公共安全、严重危害公民生命权，或者严重危害社会秩序的被告人，依法应当判处死刑，人民法院未判处死刑的，人民检察院应当依法提出抗诉。

4. 马世龙（抢劫）核准追诉案（最高检指导性案例20号）

【裁判要旨】故意杀人、抢劫、强奸、绑架、爆炸等严重危害社会治安的犯罪，经过20年追诉期限，仍然严重影响人民群众安全感，被害方、案发地群众、基层组织等强烈要求追究犯罪嫌疑人刑事责任，不追诉可能影响社会稳定或者产生其他严重后果的，对犯罪嫌疑人应当追诉。

5. 杨菊云（故意杀人）不核准追诉案（最高检指导性案例22号）

【裁判要旨】1. 因婚姻家庭等民间矛盾激化引发的犯罪，经过20年追诉期限，犯罪嫌疑人没有再犯罪危险性，被害人及其家属对犯罪嫌疑人表示谅解，不追诉有利于化解社会矛盾、恢复正常社会秩序，同时不会影响社会稳定或者产生其他严重后果的，对犯罪嫌疑人可以不再追诉。2. 须报请最高人民检察院核准追诉的案件，侦查机关在核准之前可以依法对犯罪嫌疑人采取强制措施。侦查机关报请核准追诉并提请逮捕犯罪嫌疑人，人民检察院经审查认为必须追诉而且符合法定逮捕条件的，可以依法批准逮捕。

6. 拒不配合检查并肇事致交警死亡构成故意杀人罪（《人民司法》2017年第2期，第25页）

【裁判要旨】重型货车、工程车，特别是严重超载的重型货车、工程车，不仅是道路交通的严重安全隐患，也是交通路政部门、公安交警部门重点整治的对象。对于严重超载的重型货车，为逃避处罚不配合检查，放任他人伤亡后果发生，且肇事致人死亡的，应作为间接故意杀人处理。公安部门制定的旨在保护交警执法人身安全的工作规范，不能作为认定交警执法违法的依据。

【案号】一审：（2016）浙02刑初10号

二审：（2016）浙刑终216号

7. 不纯正不作为故意杀人犯罪的认定（《人民司法》2017年第11期，第52页）

【裁判要旨】行为人的先前行为制造了生命的危险，因而处于阻止生命危险的保证人地位。如果他能够阻止危险而不阻止，在具有避免死亡可能性的前提下，可以认定为不纯正不作为的故意杀人罪。

【案号】一审：（2014）盐刑初字第00026号

8. 强推被害人落水溺亡构成故意杀人罪（《人民司法》2016 年第 14 期，第 27 页）

【裁判要旨】二被告人虽不希望亦非积极地追求危害结果发生，但是他们在明知自己的行为可能致被害人溺死的情况下，为了达到自己猥亵、开玩笑的目的，不顾被害人的大声呼叫、旁人的严正警告，仍然强行推被害人落水，并且不设法阻止危害结果的发生，而是放任危害结果的发生，蔑视他人的生命权，其行为应认定为故意杀人罪，而非过失致人死亡罪。

【案号】一审：（2015）景刑一初字第 6 号

二审：（2015）赣刑三终字第 109 号

9. 高空向公共场所抛物致人死亡的刑事责任认定（《人民司法》2015 年第 20 期，第 19 页）

【裁判要旨】明知是公共道路、居民区等公共场所，而从高空抛下足以造成不特定人员伤亡或重大公私财物损失的物品，因侵害对象的非特定性，即使该行为仅造成一人死亡的后果，对行为人也不应以故意伤害或故意杀人罪定罪处罚，而应以危险方法危害公共安全罪定罪处罚。

【案号】一审：（2014）连刑初字第 00017 号

10. 交通肇事后逃逸致人死亡构成（间接）故意杀人罪的主观要件（《人民司法》2013 年第 4 期，第 18 页）

【裁判要旨】交通肇事后，明知不采取救助行为必然会导致被害人死亡而逃逸的，应认定为间接故意杀人。

【案号】一审：（2012）虹刑初字第 587 号

11. 故意杀人案中限制减刑的适用（《人民司法》2012 年第 4 期，第 12 页）

【裁判要旨】根据刑法修正案（八）的规定，对判处死缓的犯罪分子限制减刑，有利于平衡刑罚结构，缓和社会矛盾，是当前宽严相济刑事政策的充分体现。

【案号】一审：（2010）吉中刑初字第 27 号

二审：（2010）吉刑一终字第 133 号

12. 聚众斗殴致人伤亡应依据行为人的主观犯意转化定罪（《人民司法》2017 年第 4 期，第 7 页）

【裁判要旨】在聚众斗殴中致人伤亡，对行为人应依法转化定罪，但不能简单以结果论处，应当具体分析行为人的主观故意，按照主、客观相一致的原则区别认定故意伤害罪或故意杀人罪。对于聚众斗殴致人死亡的情形，如果行为人主观上仅具有损害他人身体健康故意而没有非法剥夺他人生命故意，客观上致人死亡，符合故意伤害（致人死亡）罪的构成要件，应认定行为人转化构成故意伤害罪而非故意杀人罪。

【案号】一审：（2009）扬刑一初字第 0005 号

二审：（2009）苏刑终字第 0080 号

13. 寻衅滋事造成不同伤亡后果的定性（《人民司法》2010 年第 6 期，第 60 页）

【裁判要旨】寻衅滋事过程中致人轻伤的，按寻衅滋事罪与故意伤害罪的想象竞合来处理，定寻衅滋事罪；致人重伤或死亡的，依据故意的内容及其他情节，定故意伤害罪或故意杀人罪。共同犯罪在客观方面允许各个犯罪人有不同分工，起不同的作用；在主观方面允许存在概括的、大致的共同犯罪故意。共同犯罪实行"一人使犯罪既遂，则共犯整体既遂"的原则，各个犯罪人应对共同犯罪行为造成的后果承担相应的责任。

【案号】一审：（2009）杭萧刑初字第 1263 号

二审：（2009）浙杭刑终字第 386 号

14. 共同犯罪中数行为的吸收（《人民司法》2009 年第 2 期，第 20 页）

【裁判要旨】抢劫行为人按照预谋方案实施劫财、故意杀人、故意毁坏财物行为的，应以抢劫罪一罪论处；共同犯罪中，行为人仅参与其谋而无实行行为的，以认定为犯罪预备为宜；行为人系犯罪策划人和主要实施者，犯罪手段残忍，后果严重，但有重大立功表现的，也可以对其从宽处罚。

【案号】一审：（2007）锡初字第 51 号

二审：（2008）苏刑三终字第 0002 号

复核：（2008）刑五复 33467558 号

15. 非法拘禁罪结果加重犯与转化犯的区别及量刑（《人民司法》2009 年第 12 期，第 16 页）

【裁判要旨】非法拘禁致人重伤、死亡的，是指非法拘禁行为本身是致被害人重伤、死亡（包括被害人自伤、自杀）的主要原因，行为人对该重伤、死亡结果是出于过失，此为非法拘禁罪的结果加重犯；非法拘禁，使用暴力致人伤残、死亡的，是指行为人使用超出非法拘禁行为本身（因为非法拘禁行为本身也可能会表现为一定暴力）的暴力致人伤残、死亡的，行为人主观上是出于故意，应按照故意伤害罪、故意杀人罪定罪处罚，此为非法拘禁罪的转化犯。《刑法》第 63 条第 2 款规定的"案件的特殊情况"，主要是指案件中客观存在的，足以影响并可以起到减轻处罚作用的犯罪的社会危害性或犯罪人的人身危险性方面较为特殊和特别的事实情况。这种特殊情况应当比酌定从轻、从重情节所具有的一般情况更要特殊、更为特别、更为重大。是否符合特殊情况，一般应综合犯罪的起因、犯罪的动机、犯罪的手段、犯罪的时空环境、犯罪造成的损害结果、犯罪的对象、犯罪分子的一贯表现和犯罪后的认罪、悔罪态度等方面加以全面考虑，综合认定。

【案号】一审：（2007）澄刑初字第 892 号

二审：（2008）锡刑终字第 17 号

复核：（2008）苏刑三复字第 0032 号

重审：（2008）澄刑初字第 892 - 1 号

16. 婚姻家庭纠纷引发的故意杀人犯罪的死刑适用（《人民司法》2009 年第 14 期，第 4 页）

【裁判要旨】对于因婚姻家庭纠纷引发的故意杀人犯罪，量刑时应与严重危害社会治安的其他故意杀人犯罪案件有所区别。对于被害人一方有明显过错或对矛盾激化负有直接责任的，一般不应判处死刑立即执行。

【案号】一审：（2007）恩中刑初字第 10 号

二审：（2007）鄂刑一终字第 79 号

复核：（2008）刑五复 21146050 号

重审：（2008）鄂刑一终字第 169 号

17. 自陷行为致精神障碍后犯罪之刑事责任界定（《人民司法》2012 年第 18 期，第 14 页）

【裁判要旨】自陷行为，在刑法理论上又名原因自由行为，是指行为人在具有行为能力时，故意或过失地使自己陷于无责任能力或限定责任能力状态而实施危害行为，并导致危害结果的发生。只要被告人是起因于自陷行为，无论本人处于何种精神状态，均不得免责。

【案号】一审：（2011）沪二中刑初字第 60 号

二审：（2011）沪高刑终字第 123 号

复核审：（2012）刑四复 81195210 号

18. 王征宇故意杀人案——驾车致人死亡的行为如何定罪？（刑事审判参考第 9 号）

【裁判要旨】交通肇事罪是过失犯罪，即行为人违反交通运输法规，应当预见到自己的行为可能发生危害社会的结果，因疏忽大意而没有预见或者轻信能够避免。如果主观上具有间接杀人的故意，客观上造成了死亡的结果，其行为符合间接故意杀人罪的特征，故应对其以故意杀人罪定罪。

19. 宋有福、许朝相故意杀人案——农村邻里纠纷引发的故意不明确的侵犯人身权利案件应如何定性？农村邻里纠纷引发的间接故意杀人如何量刑？（刑事审判参考第35号）

【裁判要旨】农村因邻里纠纷引发的间接故意杀人，如果不是手段特别残忍、情节特别恶劣，可以不判处死刑立即执行。

20. 王彬故意杀人案——盗窃自己被公安机关依法查扣的机动车辆的过程中致人伤亡应如何定性？（刑事审判参考第104号）

【裁判要旨】行为人在盗取自己被公安机关依法查扣的机动车辆过程中致人伤亡的，不构成抢劫罪，可视行为人主观故意情况按故意杀人罪或故意伤害罪处理。

21. 曹成金故意杀人案——间接故意犯罪是否存在未遂形态？（刑事审判参考第132号）

【裁判要旨】间接故意犯罪不存在未遂形态。

22. 计永欣故意杀人案——故意杀人后又取走被害人财物的如何定性？（刑事审判参考第153号）

【裁判要旨】行为人未以抢劫为目的，故意杀人后，临时起意，窃取被害人财物的，应当以故意杀人罪与盗窃罪数罪并罚。

23. 李春林故意杀人案——为逃避债务故意杀人后又拿走被害人财物的行为如何定性？（刑事审判参考第171号）

【裁判要旨】为逃避债务故意杀人的行为构成故意杀人罪，而非抢劫罪。事后临时起意非法占有被害人财物的，应定盗窃罪。上述情形可按故意杀人罪、盗窃罪数罪并罚。

24. 王志峰、王志生故意杀人、保险诈骗案——为骗取保险金而抢劫、杀人的应如何定罪？（刑事审判参考第198号）

【裁判要旨】投保人、受益人故意杀害被保险人，骗取保险金的，应当以保险诈骗罪和故意杀人罪，实行数罪并罚。如果投保人、受益人故意杀害非被保险人，骗取保险金的，构成保险诈骗罪与故意杀人罪的牵连犯，应从一重处，即以故意杀人罪论处。

25. 吴江故意杀人案——如何处理因恋爱矛盾激化引发的故意杀人犯罪？（刑事审判参考第474号）

【裁判要旨】对因恋爱矛盾激化引发的故意杀人案件，可以参照因婚姻家庭矛盾激化引发的故意杀人案件予以处理。此类案件适用死刑标准的考量因素有：第一，产生矛盾的原因是否可以归责于被害人，即被害人一方是否有明显过错或对矛盾激化负有直接责任。第二，行为人是否具有法定或酌定从轻处罚的情节。此外，以下情节，也是考量此类案件是否适用死刑的重要因素：一是行为人的一贯表现；二是行为人行为时的主观故意内容；三是行为人的行为方式；四是行为人的悔罪表现。

26. 肖明明故意杀人案——在盗窃过程中为灭口杀害被害人的应如何定性？（刑事审判参考第 490 号）

【裁判要旨】行为人在盗窃时被人发现，恐事情败露，杀人灭口的，应当以故意杀人罪追究其刑事责任，不构成抢劫罪。

27. 赵东波、赵军故意杀人、抢劫案——预谋并实施抢劫及杀人灭口行为的应如何定性？（刑事审查参考第 506 号）

【裁判要旨】预谋并实施抢劫及杀人灭口行为的，应以抢劫罪和故意杀人罪实行并罚。

28. 王乾坤故意杀人案——聚众斗殴既致人死亡又致人轻伤的，如何定罪处罚？（刑事审判参考第 521 号）

【裁判要旨】聚众斗殴转化定罪的前提是主客观条件都发生转化。所谓转化犯，是指行为人在实施某一较轻的犯罪时，由于具备了某种情形，刑法明文规定不再以本罪论处，而是按照刑法另一条文规定的较重的犯罪论处的情况。不以聚众斗殴转化而以故意杀人、故意伤害定罪，就是转化定罪的典型立法例。我国刑法第二百九十二条第二款规定："聚众斗殴，致人重伤、死亡的，依照本法第二百三十四条、第二百三十二条的规定定罪处罚。"这是聚众斗殴行为转化定罪的法律依据。即对于在聚众斗殴行为中，致人重伤、死亡的，不再以聚众斗殴罪论处，而以故意伤害罪、故意杀人罪定罪处罚。

29. 胡忠、胡学飞、童峰峰故意杀人案——如何确定雇凶者与受雇者的罪责？（刑事审判参考第 555 号）

【裁判要旨】雇凶者和被雇佣者所处的地位和所起的作用，应当根据雇凶者雇凶犯罪的目的和意图、希望达到的结果、是否直接实施犯罪行为以及参与实施犯罪的程度，被雇佣者实施犯罪行为的手段、情节以及犯罪实际造成的危害后果等综合考虑决定，不能片面判断。从审判实际看，雇凶犯罪不外乎有两种形式：一是"只动口不动手"的情形，二是"既动口又动手"的情形。

"只动口不动手"的雇凶者一般要比实施犯罪行为的被雇佣者的罪责要小，但也不完全排除某些情况下雇凶者的罪责也是极其严重的，如雇凶者出于极其卑劣的动机、不惜巨资、杀害多人或伤害致多人死亡的，在这种情况下，尽管被雇佣者的罪责最重，但并不能因此而减轻雇凶者的罪责。对于"既动口又动手"的雇凶者，如果雇凶者与被雇佣者都积极实施致人死亡的犯罪行为，那么，雇凶者既是犯意提起者，又是行为实施者，在致人死亡的罪责相当或者确难以分清的情况下，其罪责显然要比被雇佣者重。

30. 刘宝利故意杀人案——如何认定被害人过错？（刑事审判参考第 556 号）

【裁判要旨】被害人过错需要具备的条件主要有：（1）过错方系被害人，被告人的犯罪行为针对的必须是有过错行为的被害人。（2）被害人必须出于故意，由于被害人过错通常出现在互动性明显的故意杀人、故意伤害等犯罪中，单纯的过失行为或者不可归咎于被害人的其他行为，不能认定为被害人过错。（3）被害人须实施了较为严重的违背社会伦理或违反法律的行为。"明显过错"是否明显，通常应以社会一般人的认识判断为标准。（4）被害人的过错行为须侵犯了被告人的合法权利或者正当利益。（5）被害人的过错行为须引起被告人实施了犯罪行为或者激化了加害行为的危害程度。诸如被害人疏于防范、误入犯罪圈套等行为，不属于刑法意义上的被害人过错。确认被害人过错时，不仅要分析是否具备以上五点，还应当全面考察案件的来龙去脉、发案背景，具体情况具体分析，不可简单套用。

31. 侯卫春故意杀人案——在故意杀人犯罪中醉酒状态能否作为酌定从轻处罚情节？（刑事审判参考第 610 号）

【裁判要旨】对醉酒状态下实施故意杀人行为的人一般情况下应严格控制死刑的适用，但单纯的醉酒状态不足以作为一个酌定从轻处罚情节，是否予以从轻处罚，应结合其他认罪、悔罪等情节予以综合认定。

32. 张静故意杀人案——玩"危险游戏"致人死亡案件中行为人主观心态的认定？（刑事审判参考第 1045 号）

【裁判要旨】被告人与被害人相约做"用绳子勒脖子产生快感"的游戏，被告人作为成年人，理应对勒颈可致人死亡的常识有所认识，且当被害人被勒颈时反应激烈，伴有脚踢床板、喊叫救命等行为时，更应明知其行为可能会产生致人死亡的结果，但其仍放任被害人死亡结果的发生，其行为符合故意杀人罪的特征，应当以（间接）故意杀人罪对其定罪处罚。

33. 郭光伟、李涛抢劫案——共同致一人死亡的案件中，如何认定罪责最严重的主犯？（刑事审判参考第 1224 号）

【裁判要旨】在雇凶杀人、伤害案中如何认定罪责最严重的主犯？
（1）在雇凶杀人、伤害致一人死亡的案件中，一般不宜同时判处雇凶者与受雇者死刑立即执行，应根据雇凶犯罪的不同情况，准确认定罪责最严重的主犯。

（2）下列情形可以认定雇凶者是罪责最严重的主犯：a. 雇凶者不仅雇用他人犯罪，而且与受雇者共同直接实施；b. 雇凶者虽没有直接实施犯罪，但参与了共同犯罪的策划，实施了具体组织、指挥行为的；c. 雇凶者雇用未成年人实施犯罪的；d. 多名受雇者地位作用相当，责任相对分散或者责任难以分清，雇凶者应对全案负责，应认定雇凶者为罪行最严重的主犯。

（3）下列情形可以认定受雇者是罪责最严重的主犯：a. 雇凶者只是笼统提出犯意，没有实施组织、指挥行为，而系受雇者积极主动实施杀人、伤害行为的；b. 受雇者明显超出雇凶者授意范围实施故意杀人、故意伤害犯罪，因行为过限造成更严重危害后果的。

34. 吴某某、郑某某故意杀人案——被告人因本人及家人长期遭受被害人家庭暴力而不堪忍受，在被害人再次实施家庭暴力时杀害被害人，能否认定为故意杀人罪情节较轻的情形？（刑事审判参考第1124号）

【裁判要旨】理论界和实务界通常将以下情形视为"情节较轻"：（1）防卫过当的故意杀人，指正当防卫超过必要限度而故意将不法侵害者杀死的情形。（2）义愤杀人，指行为人或者其近亲属受被害人的虐待、侮辱或迫害，因不能忍受，为摆脱所受的虐待、侮辱、迫害而实施故意杀人的行为。（3）激情杀人，即本无杀人故意，因被害人的严重过错，在被害人的刺激、挑逗下而失去理智，当场实施故意杀人的行为。（4）受嘱托帮助他人自杀，即基于被害人的请求、自愿而帮助其自杀的行为。（5）生父母溺婴，即父母出于无力抚养、怜悯等不太恶劣的主观动机而将亲生婴儿杀死的行为。上述五种情形又以前三种较为常见和值得探讨，这三类情形有一个共通点，即被害人在案发起因上有严重过错。具体而言，是指被害人出于主观上的故意或过失，侵犯他人合法权益，对诱发被告人的犯意、激发被告人实施犯罪具有直接或间接作用。

对于激情杀人或者义愤杀人等情形，能否认定为"情节较轻"通常要考虑以下几个因素：一是被告人的主观恶性，包括被害人在案发起因上是否有重大过错、被告人犯罪动机是否卑劣等；二是杀人手段属于一般还是残忍，如以特别残忍手段杀人，则通常不宜认定为"情节较轻"；三是犯罪后果是否严重，如导致二人以上死亡的严重后果，通常不能认定为"情节较轻"；四是被害方及社会公众特别是当地群众对被告人行为作出的社会评价。

35. 吴金艳故意杀人案（《人民法院案例选》2007年第3辑）

【裁判要旨】（1）男子深夜闯入女性住所实施的暴力及侮辱行为，在具有实施拘禁、强奸、伤害等数个故意犯罪可能性的情况下，虽未实施具体犯罪行为,也应认定为行凶,可以对其实行正当防卫。(2)在暴力行为人为男性、被害人为女性的案件中,在判断正当防卫的必要限度时应当特别考虑性别差异给被害人造成的心理恐慌程度。

36. 龚世义等人故意杀人、包庇案(《人民法院案例选》2007年第2辑)

【裁判要旨】(1)故意杀人后为掩盖罪行而毁坏、抛弃尸体的,应以故意杀人罪一罪论处。(2)被害人有重大过错的故意杀人行为,应以情节较轻的故意杀人罪论处。

37. 王金良故意杀人、非法拘禁案(《人民法院案例选》2007年第2辑)

【裁判要旨】被采取强制措施的犯罪嫌疑人,如实供述办案民警所在的公安机关还未掌握,但是其他地区的公安机关已经掌握的本人其他罪行的,也应以自首论。

38. 夏锡仁故意杀人案(《人民法院案例选》2006年第1辑)

【裁判要旨】帮助意图自杀的人实现自杀意图的,应以故意杀人罪论处,但应当从轻处罚。

39. 钟长注故意杀人案(《人民法院案例选》2006年第4辑)

【裁判要旨】在实施其他犯罪的过程中,因受到严重危及人身安全的暴力犯罪而采取必要的防卫行为的,成立正当防卫。

40. 李超故意杀人案(《人民法院案例选》2006年第2辑)

【裁判要旨】(1)主观故意不明确、不坚定,带有假想前提条件的,应当依据犯罪行为的具体表现形式与犯罪后果,确定主观罪过形式。(2)在犯罪过程中主动投案,但之后又继续实施犯罪行为的,不能认定自首。

41. 孙习军故意杀人案(《人民法院案例选》2006年第2辑)

【裁判要旨】(1)以一般人难以接受的方法杀人的,可以认定为故意杀人罪的手段特别残忍。(2)故意杀人罪适用死刑,不仅应当根据行为的客观危害性,还应当考察行为人的主观恶性和人身危险性。(3)在罪行极其严重的共同犯罪中,主犯不能一概判处死刑立即执行,而应当根据其在共同犯罪中的地位、作用的不同,体现量刑上的区别。

42. 蔡超故意杀人案(《人民法院案例选》2008年第1辑)

【裁判要旨】故意杀人(未遂)手段特别残忍、后果特别严重,罪当判处死刑立即执行,但在二审期间被告人真诚悔罪,其亲属代为赔偿被害人的经济损失,并由此获得了被害人及其亲属的谅解而达成和解协议的,可以改判死刑缓期二年执行。

43. 王建辉故意杀人、抢劫案（《刑事审判参考》总第 48 集第 380 号）

【裁判要旨】数个主犯参与共同犯罪应当判决死刑的，只对其中起最大作用的主犯判处死刑。

44. 彭柏松故意杀人案（《人民法院案例选》2009 年第 2 辑）

【裁判要旨】因吸毒使本人陷入无刑事责任能力状态而犯罪的，不能减轻刑事责任。

45. 闫新华故意杀人、盗窃案（《人民法院案例选》2005 年第 3 辑）

【裁判要旨】在羁押期间主动供述司法机关尚未掌握的其他罪行，构成自首的，即使其供述的罪行达到及其严重的程度，也可以根据案情不判处死刑立即执行。

46. 张志信故意杀人案（《人民法院案例选》2006 年第 3 辑）

【裁判要旨】被害人的严重过错导致行为人义愤杀人或者大义灭亲的，一般应认定为情节较轻的故意杀人罪，符合法定条件的，可以适用缓刑。

47. 胡时散等故意杀人案（《人民法院案例选》2006 年第 3 辑）

【裁判要旨】已满 14 周岁不满 16 周岁的人绑架并杀害被绑架人的，不构成绑架罪，应以故意杀人罪论处。

48. 王斌余故意杀人案（《人民法院案例选》2005 年第 2 辑）

【裁判要旨】实施极其严重的犯罪后，具有法定和酌定从轻处罚情节的，一般情况下应当考虑从轻处罚，具有特殊情况下，也可以不从轻处罚。

（四）证据指引

1. 勘验、检查、辨认笔录

（1）《现场勘验检查笔录》（犯罪遗留物勘验、犯罪痕迹勘验、尸体检验、提取相关物品进行比对、鉴定）、现场方位图及照片、搜查笔录、人身照片、检查笔录、辨认笔录及照片（被害人、证人、犯罪嫌疑人对犯罪现场、犯罪嫌疑人、与犯罪相关的场所、物品等的辨认）；

（2）多个现场的，每个都要有现场勘查笔录，比如藏尸现场、碎尸现场等；

（3）死亡的被害人应经亲属或熟人的辨认。

2. 鉴定意见

（1）法医鉴定：尸体、活体、血迹、毛发、骨骼、人体分泌物、排泄物、胃存物、呕吐物、烟头等鉴定，如《DNA 检验鉴定书》《法医学人体损伤程度鉴定书》《人身损害伤残程度等事项司法鉴定意见书》等；

（2）物证理化鉴定：有毒物、各种非生物性的物质和微量物，如《整体分离痕迹鉴定意见书》等；

（3）刑事技术鉴定：痕检（指纹、足迹、压痕、蹭痕、弹痕、齿痕等）、文检等；

（4）死亡的被害人应做尸源DNA鉴定；

（5）其他鉴定，如价格鉴定、司法精神病鉴定、血型鉴定、电子数据鉴定、危险品鉴定等。

3. 视听资料、电子数据

（1）记载犯罪嫌疑人犯罪情况的现场监控录像、录音资料；

（2）现场当事人、证人用手机、相机等设备拍摄的反映案件情况的资料。

（3）犯罪嫌疑人注册的社交网站、使用的手机应用中与案件有关的资料；

（4）调取的证据要程序合法，证人提供的录音等要有来源说明。

4. 物证、书证

（1）包括衣物（如上衣、衬衣、裤子等）、作案工具（如菜刀、匕首、斧头、棍、棒、铁管、砖块、绳索、猎枪、手枪、步枪等）、血衣、手套、鞋、帽、现场遗留物如手机、纽扣、项链、鞋袜等；

（2）受案登记表、立案决定书、电话记录、抓获经过、扣押清单、发还清单、犯罪嫌疑人户籍信息、身份证、人口信息查询表、工作证、户籍证明信、书信、字条、日记、购买作案工具的发票（收据）、借条、收据、收缴证明、病历、医疗诊断结论、书面材料等；

（3）有前科的，应调取法院判决书、行政处罚决定书、释放证明书。

（4）犯罪嫌疑人有投案自首、立功表现的，公安机关出具的是否成立自首、立功的书面说明等有效法律文件；

（5）被害人户籍信息、病历、死亡证明等；

（6）犯罪嫌疑人涉及未成年人的，要收集医院的出生证明，入学、入伍等登记中及个人履历表中有关年龄证明，出生地同一区域邻居中同年、月、日出生者的父母或其他亲友证词，其他证人对犯罪嫌疑人日常生活、举止是否正常的证言，以及骨龄鉴定等证据；

（7）抓获经过、出警经过、报案材料、各种说明材料等。

5. 犯罪嫌疑人供述和辩解

（1）犯罪嫌疑人的基本情况，问明姓名、别名、曾用名、出生年月日、户籍所在地、暂住地、籍贯、出生地、民族、职业、文化程度、家庭情况、社会经历、是否受过刑事处罚或者行政处理等问题；

（2）作案时间。应准确到日、时，如不能确定，可固定一时间段后，以特别日期（节假日、生日）为基点综合案发当天的天气等因素进行推算。

（3）作案地点。入室的，应问明房间号、室内结构、物品摆设等详细特征。如不确定可尽量说明可确定的附近参照物。室外的，问明地名、方位、环境特征、明显标志物等。杀人后转移尸体的，问清每一个现场的情况。

（4）杀人的动机、目的，案件的起因。有无预谋，如有，何时起意要杀人，为实施杀人做了哪些准备，准备如何杀人、如何逃跑、毁灭罪证；

（5）杀人的具体经过和方法手段。作案凶器或药物的种类、数量、特征，使用的方法如侵害的部位、打击的次数和强度等实施过程中的细微情节，杀人过程的持续时间，现场的遗留物，犯罪嫌疑人和被害人的衣着、体貌特征，造成的后果，犯罪嫌疑人的反侦查行为以及涉及的其他人、事、物；

（6）杀人的犯罪故意：实施故意杀人行为时的主观心理状态，犯罪嫌疑人对发生死亡结果的心理状态，对造成他人死亡的结果是否"明知"并且"希望或放任"此结果的发生。杀人后的表现情况，是否有积极抢救被害人的行为，是否有逃跑、报复证人、威胁被害人亲属、毁灭证据、串供或威胁证人、胁迫他人作伪证的行为等，了解是否有加重或减轻处罚的情节；

（7）共同犯罪的，应查明犯意的提起、策划、联络、分工、实施、分赃等情况，以及每一人在共同犯罪中所起的地位和作用；

（8）作案工具种类、数量、来源及下落、涉案物品情况；

（9）犯罪是否有他人目睹或知情，是否有其他旁证等；

（10）归案情况，有否投案自首情况等；

（11）犯罪后是否有他人包庇、窝藏；

（12）有否其他犯罪事实，有无检举、揭发其他犯罪嫌疑人的犯罪事实和线索；

（13）对犯罪嫌疑人提到被害人有错在先的，要结合其他证据予以查明；

（14）亲笔供词。

6. 被害人陈述

（1）听取被害人陈述，详细问明案件具体情况及因果关系等（参照犯罪嫌疑人供述），生命垂危的被害人要问少、问精，最好在进入抢救室前签字或者在提问时录音录像；

（2）了解被害人受伤给其本人或家庭造成的危害后果，告知被害人或家属附带民事诉讼及准备相关材料。

7. 证人证言

（1）现场走访发现人、目睹人、周围知情人、被害人、家属、侦查人员、鉴定人、扭送人、邻居、被害人与犯罪嫌疑人的单位、基层组织等的证言；

（2）了解案发时间、地点和详细经过，犯罪嫌疑人情况，作案工具及涉案物品，危害后果，被害人情况，因果关系等；

（3）了解被害人受伤给其本人或家庭造成的危害后果，告知被害人或家属附带民事诉讼及准备相关材料。

8. 其他证据材料

三、故意伤害罪认定及案例精解

一、个罪概述

（一）个罪概念及构成要件

故意伤害罪，是指故意伤害他人身体的行为。

1. 客体要件：本罪侵犯的客体是他人的身体权，所谓身体权是指自然人以保持其肢体、器官和其他组织的完整性为内容的人格权。故意伤害自己的身体，一般不认为是犯罪。只有当自伤行为是为了损害社会利益而触犯有关刑法规范时，才构成犯罪。例如，军人战时自伤，以逃避履行军事义务的，应按《刑法》第434条追究刑事责任。

2. 客观要件：本罪在客观方面表现为实施了非法损害他人身体的行为。

首先，要有损害他人身体的行为。损害他人身体的行为的方式，包括作为和不作为。前者如拳打脚踢、刀砍枪击等；后者则如负有保护幼儿责任的保姆不负责任，见幼儿拿刀往身上乱戳仍然不管，结果幼儿将自己眼睛刺瞎的行为，就可构成本罪。既可以由自己实施，又可以利用他人如未成年人、精神病人实施，还可以利用驯养的动物如狼犬等实施。无论是直接由本人实施还是间接实施，亦无论是针对何种部位，采取什么样的方式，只要出于故意，能造成他人的人身健康伤害，即可构成本罪。

其次，损害他人身体的行为是非法的。合法行为损害他人身体的，不构犯罪，如正当防卫造成伤害而未过当的。

最后，损害他人身体的行为造成他人人身一定程度的损害，才能构成本罪。本罪的损害结果包括轻伤（包括轻伤一级和轻伤二级）、重伤（包括重伤一级和重伤二级）或死亡。如果没有造成轻伤以上的伤害，则不能以本罪论处。具体轻伤、重伤标准，以《人体损伤程度鉴定标准》为依据。严重残疾等级的确定，以《人体损伤致残程度分级》为标准。

3. 主体要件：本罪的主体为一般主体。凡达到刑事责任年龄并具备刑事责任能力的自然人均能构成本罪，其中，已满14周岁未满16周岁的自然人有故意伤害致人重伤或死亡行为的，应当负刑事责任。

4. 主观要件：本罪在主观方面表现为故意。在故意伤害致死情况下，行为人对伤害结果出于故意,而对死亡结果则必须是过失的心理态度,即属于复杂罪过的情况。需注意的是,在间接故意的情况下,只能是放任对他人身体损害结果的发生,而不能是放任死亡结果。否则,应构成故意杀人罪。伤害的动机不影响本罪的成立,只是量刑情节。

(二) 个罪辨析

1. 本罪与非罪的界限

构成本罪除有故意伤害他人的行为,还必须有因伤害行为造成轻伤以上的结果。如果行为人有殴打他人的行为,只造成人体暂时性的疼痛或神经轻微刺激,并不伤及人体的健康,不以故意伤害罪论处。

2. 本罪与其他罪名的界限

(1) 故意伤害罪与故意杀人未遂的界限。区分两者的关键是查明行为人主观故意的内容。如果行为人只具有伤害他人身体健康的故意,对死亡结果的发生主观上是过失,属故意伤害罪。如行为人主观上具有非法剥夺他人生命的故意,客观上未造成被害人死亡结果的发生,属故意杀人未遂。

(2) 故意伤害致死与故意杀人既遂的界限。有无剥夺他人生命的故意内容,是区别的关键。故意伤害致死行为人有致人伤害的故意而无致人死亡的故意。故意杀人则是具有致人死亡的故意。实践中一些致人死亡的犯罪是故意杀人还是故意伤害往往难以区分,正确判定故意的具体内容,要综合考虑案件起因、作案工具、打击的部位、打击力度、行为人一贯的表现等因素进行判断。对于民间纠纷引发的案件,如果难以区分是故意杀人还是故意伤害时,一般定故意伤害罪。

(3) 故意伤害致死与过失致人死亡的区别。关键在于行为人主观上有无伤害的故意。故意伤害致死以具有伤害的故意为前提。过失致人死亡行为人主观上既无杀人故意,也无伤害故意。如果行为人只具有一般殴打的意图,并无伤害的故意,出于某种原因或条件引起死亡结果,就不能认定为故意伤害致死;如果行为人主观上对伤害、死亡结果具有过失,就应认定为过失致人死亡罪。

二、实务操作

(一) 刑法条文

第二百三十四条【故意伤害罪】 故意伤害他人身体的,处三年以下有期徒刑、拘役或者管制。

犯前款罪,致人重伤的,处三年以上十年以下有期徒刑;致人死亡或者以特别残忍手段致人重伤造成严重残疾的，处十年以上有期徒刑、无期徒刑或者死刑。本法另有规定的，依照规定。

（二）司法解释及指导性文件

1. 最高人民法院全国法院维护农村稳定刑事审判工作座谈会纪要（1999年10月27日　法〔1999〕217号）

要准确把握故意杀人犯罪适用死刑的标准。对故意杀人犯罪是否判处死刑，不仅要看是否造成了被害人死亡结果，还要综合考虑案件的全部情况。对于因婚姻家庭、邻里纠纷等民间矛盾激化引发的故意杀人犯罪，适用死刑一定要十分慎重，应当与发生在社会上的严重危害社会治安的其他故意杀人犯罪案件有所区别。对于被害人一方有明显过错或对矛盾激化负有直接责任，或者被告人有法定从轻处罚情节的，一般不应判处死刑立即执行。

要注意严格区分故意杀人罪与故意伤害罪的界限。在直接故意杀人与间接故意杀人案件中，犯罪人的主观恶性程度是不同的，在处刑上也应有所区别。间接故意杀人与故意伤害致人死亡，虽然都造成了死亡后果，但行为人故意的性质和内容是截然不同的。不注意区分犯罪的性质和故意的内容，只要有死亡后果就判处死刑的做法是错误的，这在今后的工作中，应当予以纠正。对于故意伤害致人死亡，手段特别残忍，情节特别恶劣的，才可以判处死刑。

2. 最高人民法院关于审理交通肇事刑事案件具体应用法律若干问题的解释（2000年11月21日　法释〔2000〕33号）

第六条　行为人在交通肇事后为逃避法律追究，将被害人带离事故现场后隐藏或者遗弃，致使被害人无法得到救助而死亡或者严重残疾的，应当分别依照刑法第二百三十二条、第二百三十四条第二款的规定，以故意杀人罪或者故意伤害罪定罪处罚。

3. 最高人民法院关于审理偷税抗税刑事案件具体应用法律若干问题的解释（2002年11月7日　法释〔2002〕33号）

第六条第一款　实施抗税行为致人重伤、死亡，构成故意伤害罪、故意杀人罪的，分别依照刑法第二百三十四条第二款、第二百三十二条的规定定罪处罚。

4. 最高人民法院、最高人民检察院关于办理妨害预防、控制突发传染病疫情等灾害的刑事案件具体应用法律若干问题的解释（2003年5月15日　法释〔2003〕8号）

第九条　在预防、控制突发传染病疫情等灾害期间，聚众"打砸抢"，致人伤残、死亡的，依照刑法第二百八十九条、第二百三十四条、第二百三十二条的规定，以故意伤害罪或者故意杀人罪定罪，依法从重处罚。对毁坏或者抢走公私财物的首要分子，依照刑法第二百八十九条、第二百六十三条的规定，以抢劫罪定罪，依法从重处罚。

5. 最高人民法院关于审理抢劫、抢夺刑事案件适用法律若干问题的意见（2005年6月8日　法发〔2005〕8号）

九、关于抢劫罪与相似犯罪的界限

5. 抢劫罪与故意伤害罪的界限

行为人为索取债务，使用暴力、暴力威胁等手段的，一般不以抢劫罪定罪处罚。构成故意伤害等其他犯罪的，依照刑法第二百三十四条等规定处罚。

6. 最高人民法院、最高人民检察院、公安部、司法部关于依法惩治性侵害未成年人犯罪的意见（2013年10月23日　法发〔2013〕12号）

三、准确适用法律

22. 实施猥亵儿童犯罪，造成儿童轻伤以上后果，同时符合刑法第二百三十四条或者第二百三十二条的规定，构成故意伤害罪、故意杀人罪的，依照处罚较重的规定定罪处罚。

对已满十四周岁的未成年男性实施猥亵，造成被害人轻伤以上后果，符合刑法第二百三十四条或者第二百三十二条规定的，以故意伤害罪或者故意杀人罪定罪处罚。

7. 最高人民法院、最高人民检察院关于办理组织、利用邪教组织破坏法律实施等刑事案件适用法律若干问题的解释（2017年2月1日　法释〔2017〕3号）

第十一条　组织、利用邪教组织，制造、散布迷信邪说，组织、策划、煽动、胁迫、教唆、帮助其成员或者他人实施自杀、自伤的，依照刑法第二百三十二条、第二百三十四条的规定，以故意杀人罪或者故意伤害罪定罪处罚。

8. 最高人民法院、最高人民检察院、公安部、司法部关于依法办理家庭暴力犯罪案件的意见（2015年3月2日　法发〔2015〕4号）

发生在家庭成员之间，以及具有监护、扶养、寄养、同居等关系的共同生活人员之间的家庭暴力犯罪，严重侵害公民人身权利，破坏家庭关系，影响社会和谐稳定。人民法院、人民检察院、公安机关、司法行政机关应当严格履行职责，充分运用法律，积极预防和有效惩治各种家庭暴力犯罪，切实保障人权，维护社会秩序。为此，根据刑法、刑事诉讼法、婚姻法、未成年人保护法、老年人权益保障法、妇女权益保障法等法律，结合司法实践经验，制定本意见。

……准确区分虐待犯罪致人重伤、死亡与故意伤害、故意杀人犯罪致人重伤、死亡的界限，要根据被告人的主观故意、所实施的暴力手段与方式、是否立即或者直接造成被害人伤亡后果等进行综合判断。对于被告人主观上不具有侵害被害人健康或者剥夺被害人生命的故意，而是出于追求被害人肉体和精神上的痛苦，长期或者多次实施虐待行为，逐渐造成被害人身体损害，过失导致被害人重伤或者死亡的；或者因虐待致使被害人不堪忍受而自残、自杀，导致重伤或者死亡的，属于刑法第二百六十条第二款规定的虐待"致使被害人重伤、死亡"，应当以虐待罪定罪处罚。对于被告人虽然实施家庭暴力呈现出经常性、持续性、反复性的特点，但其主观上具有希望或者放任被害人重伤或者死亡的故意，持凶器实施暴力，暴力手段残忍，暴力程度较强，直接或者立即造成被害人重伤或者死亡的，应当以故意伤害罪或者故意杀人罪定罪处罚。

……对于长期遭受家庭暴力后，在激愤、恐惧状态下为了防止再次遭受家庭暴力，或者为了摆脱家庭暴力而故意杀害、伤害施暴人，被告人的行为具有防卫因素，施暴人在案件起因上具有明显过错或者直接责任的，可以酌情从宽处罚。对于因遭受严重家庭暴力，身体、精神受到重大损害而故意杀害施暴人；或者因不堪忍受长期家庭暴力而故意杀害施暴人，犯罪情节不是特别恶劣，手段不是特别残忍的，可以认定为刑法第二百三十二条规定的故意杀人"情节较轻"。在服刑期间确有悔改表现的，可以根据其家庭情况，依法放宽减刑的幅度，缩短减刑的起始时间与间隔时间；符合假释条件的，应当假释。被杀害施暴人的近亲属表示谅解的，在量刑、减刑、假释时应当予以充分考虑。

9. 最高人民法院、最高人民检察院关于办理危害生产安全刑事案件适用法律若干问题的解释（2015年12月16日　法释〔2015〕22号）

第十条　在安全事故发生后，直接负责的主管人员和其他直接责任人员故意阻挠开展抢救，导致人员死亡或者重伤，为了逃避法律追究，对被害人进行隐藏、遗弃，致使被害人无法得到救助而死亡或者重度残疾的，分别依照刑法第二百三十二条、第二百三十四条的规定，以故意杀人罪或者故意伤害罪定罪处罚。

10. 最高人民法院、最高人民检察院、公安部、司法部、国家卫生和计划生育委员会关于依法惩处涉医违法犯罪维护正常医疗秩序的意见（2014年4月22日法发〔2014〕5号）

为依法惩处涉医违法犯罪，维护正常医疗秩序，构建和谐医患关系，根据《中华人民共和国刑法》《中华人民共和国治安管理处罚法》等法律法规，结合工作实践，制定本意见。

……
二、严格依法惩处涉医违法犯罪
……

（一）在医疗机构内殴打医务人员或者故意伤害医务人员身体、故意损毁公私财物，尚未造成严重后果的，分别依照治安管理处罚法第四十三条、第四十九条的规定处罚；故意杀害医务人员，或者故意伤害医务人员造成轻伤以上严重后果，或者随意殴打医务人员情节恶劣、任意损毁公私财物情节严重，构成故意杀人罪、故意伤害罪、故意毁坏财物罪、寻衅滋事罪的，依照刑法的有关规定定罪处罚。

11. 在审理故意杀人、伤害及黑社会性质组织犯罪案件中切实贯彻宽严相济刑事政策（2010年4月14日　最高人民法院刑三庭）

2010年2月8日印发的《最高人民法院关于贯彻宽严相济刑事政策的若干意见》（以下简称《意见》），是人民法院刑事审判工作的重要指南。现结合审判实践，就故意杀人、伤害及黑社会性质组织犯罪案件审判中如何贯彻《意见》的精神作简要阐释。

一、在三类案件中贯彻宽严相济刑事政策的总体要求

在故意杀人、伤害及黑社会性质组织犯罪案件的审判中贯彻宽严相济刑事政策，要落实《意见》第1条规定：根据犯罪的具体情况，实行区别对待，做到该宽则宽，当严则严宽严相济，罚当其罪。落实这个总体本要求，要注意把握以下几点：

1. 正确把握宽与严的对象。故意杀人和故意伤害犯罪的发案率高，社会危害，是各级法院刑事审判工作的重点。黑社会性质组织犯罪在我国自20世纪80年代末出现以来，长时间保持快速发展势头，严厉打击黑社会性质组织犯罪，是法院刑事审判在当前乃至今后相当长段时期内的重要任务。因此，对这三类犯罪总体上应坚持从严惩处的方针。但是在具体案件的处理上，也要分别案件的性质、情节和行为人的主观恶性、人身危险性等情况，把握宽严的范围。在确定从宽与从严的对象时，还应当注意审时度势，对经济社会的发展和治安形势的变化作出准确判断，为构建社会主义和谐社会的目标服务。

2. 坚持严格依法办案。三类案件的审判中，无论是从宽还是从严，都必须严格依照法律规定进行，做到宽严有据，罚当其罪，不能为追求打击效果，突破法律界限。比如在黑社会性质组织犯罪的审理中，黑社会性质组织的认定必须符合法律和立法解释规定的标准，既不能降格处理，也不能拔高认定。

3. 注重法律效果与社会效果的统一。严格依法办案，确保良好法律效果的同时，还应当充分考虑案件的处理是否有利于赢得人民群众的支持和社会稳

定，是否有利于瓦解犯罪，化解矛盾，是否有利于罪犯的教育改造和回归社会，是否有利于减少社会对抗，促进社会和谐，争取更好的社会效果。比如，在刑罚执行过程中，对于故意杀人、伤害犯罪及黑社会性质组织犯罪的领导者、组织者和骨干成员就应当从严掌握减刑、假释的适用，其他主观恶性不深、人身危险性不大的罪犯则可以从宽把握。

二、故意杀人、伤害案件审判中宽严相济的把握

1. 注意区分两类不同性质的案件。故意杀人、故意伤害侵犯的是人的生命和身体健康，社会危害大，直接影响到人民群众的安全感，《意见》第7条将故意杀人、故意伤害致人死亡犯罪作为严惩的重点是十分必要的。但是，实践中的故意杀人、伤害案件复杂多样，处理时要注意分别案件的不同性质，做到区别对待。

实践中，故意杀人、伤害案件从性质上通常可分为两类：一类是严重危害社会治安、严重影响人民群众安全感的案件，如极端仇视国家和社会，以不特定人为行凶对象的；一类是因婚姻家庭、邻里纠纷等民间矛盾激化引发的案件。对于前者应当作为严惩的重点，依法判处被告人重刑直至判处死刑。对于后者处理时应注意体现从严的精神，在判处重刑尤其是适用死刑特别慎重，除犯罪情节特别恶劣、犯罪后果特别严重、人身危险性极大的被告人外，一般不应当判处死刑。对于被害人在起因上存在过错，或者是被告人案发后积极赔偿，真诚悔罪，取得被害人或其家属谅解的，应依法从宽处罚，对同时有法定从轻、减轻处罚情节的，应考虑在无期徒刑以下刑罚。同时应重视此类案件中的附带民事调解工作，努力化解双方矛盾，实现"案结事了"，增进社会和谐，达成法律效果与社会发实局村机统一。《意见》第23条是对此审判经验的总结。

此外，实践中一些致人死亡的犯罪是故意杀人还是故意伤害往往难以区分，在认定时除从作案工具、打击的部位、力度等方面进行判断外，也要注意考虑犯罪的起因等因素。对于民间纠纷引发的案件，如果难以区分是故意杀人还是故意伤害时，一般可考虑定故意伤害罪。

2. 充分考虑各种犯罪情节。犯罪情节包括犯罪的动机、手段、对象、场所及造成的后果等，不同的犯罪情节反映不同的社会危害性。犯罪情节多属酌定量刑情节，法律往往未作明确的规定，但犯罪情节是适用刑罚的基础，是具体案件决定从严或从宽处罚的基本依据，需要在案件审理中进行仔细甄别，以准确判断犯罪的社会危害性。有的案件犯罪动机特别卑劣，比如为了铲除政治对手而雇凶杀人的，也有一些人犯罪是出于义愤，甚至是"大义灭亲""为民除害"的动机杀人。有的案件犯罪手段特别残忍比如采取放火、泼硫酸等方

法把人活活烧死的故意杀人行为。犯罪后果也可以分为一般、严重和特别严重几档。在实际中一般认为故意杀人、故意伤害一人死亡的为后果严重，致二人以上死亡的为犯罪后果特别严重。特定的犯罪对象和场所也反映社会危害性的不同，如针对妇女、儿童等弱势群体或在公共场所实施的杀人、伤害，就具有较大的社会危害性。以上犯罪动机卑劣，或者犯罪手段残忍，或者犯罪后果严重，或者针对妇女、儿童等弱势群体作案等情节恶劣的，又无其他法定或酌定从轻情节应当依法从重判处。如果犯罪情节一般，被告人真诚悔罪，或有立功、自首等法定从轻情节的，一般应考虑从宽处罚。

实践中，故意杀人、伤害案件的被告人既有法定或酌定的从宽情节，又有法定或酌定从严情节的情形比较常见，此时，就应当根据《意见》第28条，在全面考察犯罪的事实性质、情节和对社会危害程度的基础上，结合被告人的主观恶性、人身危险性、社会治安状况等因素，综合作出分析判断。

3. 充分考虑主观恶性和人身危险性。《意见》第10条、第16条明确了被告人主观恶性和人身危险性是从严和从宽的重要依据，在适用刑罚时必须充分考虑。主观恶性是被告人对自己行为及社会危害性所抱的心理态度，在一定程度上反映被告人的改造可能性。一般来说，经过精心策划的、有长时间计划的杀人伤害，显示被告人的主观恶性深；激情犯罪，临时起意的犯罪，因被害人的过错行为引发的犯罪，显示的主观恶性较小。对主观恶性深的被告人要从严惩处，主观恶性较小的被告人则可考虑适用较轻的刑罚。

人身危险性即再犯可能性，可从被告人有无前科、平时表现及悔罪情况等方面综合判断。人身危险性大的被告人，要依法从重处罚。如累犯中前罪系暴力犯罪，或者曾因暴力犯罪被判重刑后又犯故意杀人、故意伤害致人死亡的；平时横行乡里，寻衅滋事杀人、伤害致人死亡的，应依法从重判处。人身危险性小的被告人，应依法体现从宽精神。如被告人平时表现较好，激情犯罪，系初犯、偶犯的；被告人杀人或伤人后有抢救被害人行为的，在量刑时应该酌情予以从宽处理。

未成年人及老年人的故意杀人、伤害犯罪与一般人犯罪相比，主观恶性和人身危险性等方面有一定特殊性，在处理时应当依据《意见》的第20条、第21条考虑从宽。对犯故意杀人、伤害罪的未成年人，要坚持"教育为主，惩罚为辅"的原则和"教育、感化、挽救"的方针进行处罚。对于情节较轻、后果不重的伤害案件，可以依法适用缓刑或者判处管制、单处罚金等非监禁刑。对于情节严重的未成年人，也应当从轻或减轻处罚。对于已满14周岁不满16周岁的未成年人，一般不判处无期徒刑。对于70周岁以上的老年人犯故意杀人、伤害罪的，由于其已没有再犯罪的可能，在综合考虑其犯罪情节和主观恶性、人身危险性的基础上，一般也应酌情从宽处罚。

4. 严格控制和慎重适用死刑。故意杀人和故意伤害犯罪在判处死刑的案件中所占比例最高，审判中要按照《意见》第 29 条的规定，准确理解和严格执行"保留死刑，严格控制和慎重适用死刑"的死刑政策，坚持统一的死刑适用标准，确保死刑只适用于极少数罪行极其严重的犯罪分子；坚持严格的证据标准，确保把每一起判处死刑的案件都办成铁案。对于罪行极其严重，但只要有法定、酌定从轻情节，依法可不立即执行的，就不应当判处死刑立即执行。

对于自首的故意杀人、故意伤害致人死亡的被告人，除犯罪情节特别恶劣，犯罪后果特别严重的，一般不应考虑判处死刑立即执行。对亲属送被告人归案或协助抓获被告人的，也应视为自首，原则上应当从宽处罚。对具有立功表现的故意杀人、故意伤害致死的被告人，一般也应当体现从，可考虑不判处死刑立即执行。但如果犯罪情节特别恶劣，犯罪后果特别严重的，即使有立功情节，也可以不予从轻处罚。

共同犯罪中，多名被告人共同致死一名被害人的，原则上只判处一人死刑，处理时，根据案件的事实和证据能分清主从犯的，都应当认定主从犯；有多名主犯的，应当在主犯中进一步区分出罪行最为严重者和较为严重者，不能以分不清主次为由，简单地一律判处死刑。

12. 最高人民法院、最高人民检察院关于办理组织、强迫、引诱、容留、介绍卖淫刑事案件适用法律若干问题的解释（2017 年 7 月 21 日　法释〔2017〕13 号）

第十二条　明知自己患有艾滋病或者感染艾滋病病毒而卖淫、嫖娼的，依照刑法第三百六十条的规定，以传播性病罪定罪，从重处罚。

具有下列情形之一，致使他人感染艾滋病病毒的，认定为刑法第九十五条第三项"其他对于人身健康有重大伤害"所指的"重伤"，依照刑法第二百三十四条第二款的规定，以故意伤害罪定罪处罚：

（一）明知自己感染艾滋病病毒而卖淫、嫖娼的；

（二）明知自己感染艾滋病病毒，故意不采取防范措施而与他人发生性关系的。

（三）裁判要旨

1. 郭明先参加黑社会性质组织、故意杀人、故意伤害案（最高检指导性案例 18 号）

【裁判要旨】死刑依法只适用于罪行极其严重的犯罪分子。对故意杀人、故意伤害、绑架、爆炸等涉黑、涉恐、涉暴刑事案件中罪行极其严重，严重危害国家安全和公共安全、严重危害公民生命权,或者严重危害社会秩序的被告人,依法应当判处死刑,人民法院未判处死刑的,人民检察院应当依法提出抗诉。

2. 丁国山等（故意伤害）核准追诉案（最高检指导性案例21号）

【裁判要旨】涉嫌犯罪情节恶劣、后果严重,并且犯罪后积极逃避侦查,经过二十年追诉期限,犯罪嫌疑人没有明显悔罪表现,也未通过赔礼道歉、赔偿损失等获得被害方谅解,犯罪造成的社会影响没有消失,不追诉可能影响社会稳定或者产生其他严重后果的,对犯罪嫌疑人应当追诉。

3. 原因自由行为的处罚依据及刑罚适用（《人民司法》2017年第2期,第43页）

【裁判要旨】对于被告人基于故意或过失心态实施吸毒、醉酒等原因行为,自陷于限制或无责任能力状态,进而实施犯罪的涉原因自由行为案件,应当依据我国刑法中关于原因自由行为的规范及相关理论,通过对原因自由行为的含义、罪过形式及处罚依据进行分析,准确认定行为人的行为性质、可罚性,并进行罪责刑相适应的刑罚适用和配置。

【案号】一审：（2015）佛中法刑一初字第118号

二审：（2016）粤刑终329号

4. 刑罚惩罚与家庭修复功能的衡平（《人民司法》2017年第2期,第43页）

【裁判要旨】因家庭矛盾引发,成年人故意伤害或杀害新生婴儿,在判处刑罚时,应综合考虑被告人认罪悔罪态度、案发前后的精神状况、家庭成员关系融洽程度、是否取得谅解,以及是否具有坦白或者自首等法定或酌定从宽处罚情节,除应体现惩罚、警示功能,还应注重修复受损的家庭关系,以利于被告人的回归。

【案号】一审：（2016）苏06刑初38号

5. 多因一果故意伤害致死的量刑（《人民司法》2017年第8期,第25页）

【裁判要旨】在故意伤害案件中,多因一果致使被害人死亡,除非被告人伤害行为之外的其他因素占有绝对的原因力,否则,均不得在法定刑以下量刑,只能在法定刑幅度以内根据原因力大小予以处罚。

【案号】一审：（2015）崇刑初字第110号

二审：（2015）锡刑终字第00165号

6. 故意伤害致人死亡案件的因果关系判断（《人民司法》2017年第11期,第48页）

【裁判要旨】被告人先前的故意伤害行为已经致被害人严重残疾,被害人虽经长时间治疗后死亡，但其间并不存在诸如医疗事故等中断因素，故先前伤害行为与死亡结果之间的因果关系并不中断，被告人仍需对死亡结果承担责任。

【案号】一审：（2015）浙杭刑初字第 120 号

二审：（2015）浙刑三终字第 196 号

7. 不满治疗效果而伤害相对特定医务人员构成故意伤害罪（《人民司法》2014 年第 20 期，第 27 页）

【裁判要旨】对于因不满医院治疗效果而报复行凶，伤害相对特定医务人员的行为，应当结合案发起因、犯罪对象、侵犯客体等因素进行判断，一般情况下构成故意伤害罪。行为人经有关部门批评制止或者处理处罚后拒不改正，继续伤害医务人员，破坏社会秩序的，可认定构成寻衅滋事罪。

【案号】一审：（2014）岳刑初字第 100 号

8. 基于变态心理多次刺击女性造成严重后果的定罪量刑（《人民司法》2012 年第 2 期，第 7 页）

【裁判要旨】被告人基于变态心理，多次用锐器刺击女性胸部，并造成多人伤亡的严重后果，其行为构成故意伤害罪而非以危险方法危害公共安全罪。法官可以而且应该根据掌握的精神疾病方面的常识，就被告人的辨认和控制能力作出基本的审查判断，从而决定是否接受对被告人做精神病鉴定的申请。对于具有完全刑事责任能力，犯罪后果特别严重、手段特别残忍、情节特别恶劣的故意伤害罪的被告人，可依法适用死刑立即执行。

【案号】一审：（2010）郴刑一初字第 15 号

二审：（2010）湘高法刑一复字第 16 号

复核审：（2011）刑一复 02441413 号

9. 教唆犯撤回教唆行为的定性与量刑（《人民司法》2012 年第 18 期，第 57 页）

【裁判要旨】故意伤害共同犯罪中，教唆犯在实行犯开始实施故意伤害行为之前及过程中，撤回教唆意思并极力进行拦阻的，如果未能避免损害后果的发生，仍应当认定为犯罪既遂，但在量刑时可酌情考虑。

【案号】一审：（2010）厦刑初字第 06 号

二审：（2010）闽刑终字第 302 号

10. 聚众斗殴致人伤亡应依据行为人的主观犯意转化定罪（《人民司法》2011 年第 4 期，第 7 页）

【裁判要旨】在聚众斗殴中致人伤亡，对行为人应依法转化定罪，但不能简单以结果论,应当具体分析行为人的主观故意,按照主、客观相一致的原则区别认定故意伤害罪或故意杀人罪。对于聚众斗殴致人死亡的情形,如果行为人主观上仅具有损害他人身体健康故意而没有非法剥夺他人生命故意,客观上致人死亡,符合故意伤害(致人死亡)罪的构成要件,应认定行为人转化构成故意伤害罪而非故意杀人罪。

【案号】一审:(2009)扬刑一初字第 0005 号

二审:(2009)苏刑终字第 0080 号

11. 强制猥亵致人死亡应以故意伤害罪从重判处(《人民司法》2011 年第 18 期,第 16 页)

【裁判要旨】强制猥亵妇女致人死亡行为具有故意伤害与强制猥亵妇女行为部分重合的特征,既不属于一行为触犯数罪名的想象竞合犯,也不属于手段与目的行为各自独立成罪的牵连犯,而是具有结果加重的特点。对于此种针对同一被害人实施的两种部分行为交叉重合的加害行为如何定罪处罚,在立法尚无明确规定的情况下,采用重度行为吸收轻度行为的方法,以故意伤害(致死)罪从重处罚,既符合罪刑法定原则,也有利于实现罪刑均衡,还可以达成避免重复评价与实现充分评价的有机统一。

【案号】一审:(2010)沪一中刑初字第 192 号

二审:(2010)沪高刑终字第 191 号

12. 寻衅滋事造成不同伤亡后果的定性(《人民司法》2010 年第 6 期,第 60 页)

【裁判要旨】寻衅滋事过程中致人轻伤的,按寻衅滋事罪与故意伤害罪的想象竞合来处理,定寻衅滋事罪;致人重伤或死亡的,依据故意的内容及其他情节,定故意伤害罪或故意杀人罪。共同犯罪在客观方面允许各个犯罪人有不同分工,起不同的作用;在主观方面允许存在概括的、大致的共同犯罪故意。共同犯罪实行"一人使犯罪既遂,则共犯整体既遂"的原则,各个犯罪人应对共同犯罪行为造成的后果承担相应的责任。

【案号】一审:(2009)杭萧刑初字第 1263 号

二审:(2009)浙杭刑终字第 386 号

13. 追打他人致其溺水死亡构成故意伤害罪(《人民司法》2010 年第 8 期,第 60 页)

【裁判要旨】追打他人致其跳河逃避与被害人的死亡后果之间存在刑法上的因果关系,应当以故意伤害罪追究被告人的刑事责任。对于危害行为与危害结果之间是否存在因果关系,应当采纳条件说的标准,只要危害行为是导致危害结果产生的必要条件，即可认为行为与结果之间存在刑法上的因果关系。如果因果关系中的介入因素是不独立的、非异常的，那么就没有切断危害行为与危害结果的因果关系。

【案号】一审：（2009）锡法刑初字第0046号
二审：（2009）锡刑终字第22号

14. 非法拘禁罪结果加重犯与转化犯的区别及量刑（《人民司法》2009年第12期，第16页）

【裁判要旨】非法拘禁致人重伤、死亡的，是指非法拘禁行为本身是致被害人重伤、死亡（包括被害人自伤、自杀）的主要原因，行为人对该重伤、死亡结果是出于过失，此为非法拘禁罪的结果加重犯；非法拘禁，使用暴力致人伤残、死亡的，是指行为人使用超出非法拘禁行为本身（因为非法拘禁行为本身也可能会表现为一定暴力）的暴力致人伤残、死亡的，行为人主观上是出于故意，应按照故意伤害罪、故意杀人罪定罪处罚，此为非法拘禁罪的转化犯。《刑法》第63条第2款规定的"案件的特殊情况"，主要是指案件中客观存在的、足以影响并可以起到减轻处罚作用的犯罪的社会危害性或犯罪人的人身危险性方面较为特殊和特别的事实情况。这种特殊情况应当比酌定从轻、从重情节所具有的一般情况更为特殊、更为特别、更为重大。是否符合特殊情况，一般应综合犯罪的起因、犯罪的动机、犯罪的手段、犯罪的时空环境、犯罪造成的损害结果、犯罪的对象、犯罪分子的一贯表现和犯罪后的认罪、悔罪态度等方面加以全面考虑，综合认定。

【案号】一审：（2007）澄刑初字第892号
二审：（2008）锡刑终字第17号
复核：（2008）苏刑三复字第0032号
重审：（2008）澄刑初字第892-1号

15. 施某某等17人聚众斗殴案（最高检指导性案例1号）

【裁判要旨】检察机关办理群体性事件引发的犯罪案件，要从促进社会矛盾化解的角度，深入了解案件背后的各种复杂因素，依法慎重处理，积极参与调处矛盾纠纷，以促进社会和谐，实现法律效果与社会效果的有机统一。

16. 陈某正当防卫案（检例第45号）

【裁判要旨】在被人殴打、人身权利受到不法侵害的情况下，防卫行为虽然造成了重大损害的客观后果，但是防卫措施并未明显超过必要限度的，不属于防卫过当，依法不负刑事责任。

17. 朱凤山故意伤害（防卫过当）案（检例第46号）

【裁判要旨】在民间矛盾激化过程中，对正在进行的非法侵入住宅、轻微人身侵害行为，可以进行正当防卫，但防卫行为的强度不具有必要性并致不法侵害人重伤、死亡的，属于明显超过必要限度造成重大损害，应当负刑事责任，但是应当减轻或者免除处罚。

18. 于海明正当防卫案（检例第47号）

【裁判要旨】对于犯罪故意的具体内容虽不确定，但足以严重危及人身安全的暴力侵害行为，应当认定为刑法第二十条第三款规定的"行凶"。行凶已经造成严重危及人身安全的紧迫危险，即使没有发生严重的实害后果，也不影响正当防卫的成立。

19. 侯雨秋正当防卫案（检例第48号）

【裁判要旨】单方聚众斗殴的，属于不法侵害，没有斗殴故意的一方可以进行正当防卫。单方持械聚众斗殴，对他人的人身安全造成严重危险的，应当认定为刑法第二十条第三款规定的"其他严重危及人身安全的暴力犯罪"。

20. 于欢故意伤害案（最高法指导案例93号）

【裁判要旨】（1）对正在进行的非法限制他人人身自由的行为，应当认定为刑法第二十条第一款规定的"不法侵害"，可以进行正当防卫。

（2）对非法限制他人人身自由并伴有侮辱、轻微殴打的行为，不应当认定为刑法第二十条第三款规定的"严重危及人身安全的暴力犯罪"。

（3）判断防卫是否过当，应当综合考虑不法侵害的性质、手段、强度、危害程度，以及防卫行为的性质、时机、手段、强度、所处环境和损害后果等情节。对非法限制他人人身自由并伴有侮辱、轻微殴打，且并不十分紧迫的不法侵害，进行防卫致人死亡重伤的，应当认定为刑法第二十条第二款规定的"明显超过必要限度造成重大损害"。

（4）防卫过当案件，如系因被害人实施严重贬损他人人格尊严或者亵渎人伦的不法侵害引发的，量刑时对此应予充分考虑，以确保司法裁判既经得起法律检验，也符合社会公平正义观念。

（四）证据指引

1. 勘验、检查、辨认笔录

（1）《现场勘验检查笔录》（犯罪遗留物勘验，犯罪痕迹勘验，尸体检验，被害人死（伤）原因提取口中、指甲缝中、衣袋中等部位中的血迹、毛发、皮屑等相关物品进行比对、鉴定）、现场方位图及照片；

（2）搜查笔录、人身照片、检查笔录；

（3）辨认笔录及照片（被害人、证人、犯罪嫌疑人对犯罪现场、犯罪嫌疑人、与犯罪相关的场所、物品等的辨认）；

（4）死亡的被害人应经亲属或熟人的辨认。

2. 鉴定意见

（1）法医鉴定：尸体、活体、血迹、毛发、骨骼、人体分泌物、排泄物、胃存物、呕吐物、烟头等鉴定，如《DNA 检验鉴定书》《法医学人体损伤程度鉴定书》《人身损害伤残程度等事项司法鉴定意见书》等，应通过尸检确定致死原因，以及受损伤程度是否与凶器相吻合；

（2）物证理化鉴定：有毒物、各种非生物性的物质和微量物，如《整体分离痕迹鉴定意见书》等；

（3）刑事技术鉴定：痕检（指纹、足迹、压痕、蹭痕、弹痕、齿痕等）、文检等；

（4）死亡的被害人应做尸源 DNA 鉴定；

（5）其他鉴定，如伤情鉴定、价格鉴定、司法精神病鉴定、血型鉴定、电子数据鉴定、危险品鉴定等。

3. 视听资料、电子数据

（1）记载犯罪嫌疑人犯罪情况的现场监控录像、录音资料；

（2）现场当事人、证人用手机、相机等设备拍摄的反映案件情况的资料；

（3）犯罪嫌疑人注册的社交网站、使用的手机应用中与案件有关的资料；

（4）调取的证据要程序合法，证人提供的录音等要有来源说明。

4. 物证、书证

（1）包括衣物（如上衣、衬衣、裤子等）、作案工具（如菜刀、匕首、斧头、棍、棒、铁管、砖块、绳索、猎枪、手枪、步枪等）、血衣、手套、鞋、帽、现场遗留物如手机、纽扣、项链、鞋袜等；

（2）受案登记表、立案决定书、电话记录、抓获经过、扣押清单、发还清单、犯罪嫌疑人户籍信息、身份证、人口信息查询表、工作证、户籍证明信、书信、字条、日记、购买作案工具的发票（收据）、借条、收据、收缴证明、病历、医疗诊断结论、书面材料等；

（3）有前科的，应调取法院判决书、行政处罚决定书、释放证明书；

（4）犯罪嫌疑人有投案自首、立功表现的，公安机关出具的是否成立自首、立功的书面说明等有效法律文件；

（5）被害人户籍信息、病历、死亡证明等；

（6）犯罪嫌疑人涉及未成年人的，要收集医院的出生证明，入学、入伍等登记中及个人履历表中有关年龄证明，出生地同一区域邻居中同年、月、日出生者的父母或其他亲友证词，其他证人对犯罪嫌疑人日常生活、举止是否正常的证言，以及骨龄鉴定等证据；

（7）抓获经过、出警经过、报案材料、各种说明材料等。

5. 犯罪嫌疑人供述和辩解

（1）犯罪嫌疑人的基本情况，问明姓名、别名、曾用名、出生年月日、户籍所在地、暂住地、籍贯、出生地、民族、职业、文化程度、家庭情况、社会经历、是否受过刑事处罚或者行政处理等问题；

（2）作案时间。应准确到日、时，如不能确定，可固定一时间段后，以特别日期（节假日、生日）为基点综合案发当天的天气等因素进行推算；

（3）作案地点。入室的，应问明房间号、室内结构、物品摆设等详细特征。如不确定可尽量说明可确定的附近参照物。室外的，问明地名、方位、环境特征、明显标志物等。杀人后转移尸体的，问清每一个现场的情况；

（4）故意伤害的动机、目的，案件的起因。有无预谋，如有，做了哪些准备；

（5）故意伤害的具体经过和方法手段。作案凶器的种类、数量、特征，使用的方法如侵害的部位、打击的次数和强度等实施过程中的细微情节，伤害过程的持续时间，现场的遗留物，犯罪嫌疑人和被害人的衣着、体貌特征，造成的后果，犯罪嫌疑人的反侦查行为以及涉及的其他人、事、物；

（6）伤害的犯罪故意：实施伤害行为时的主观心理状态，犯罪嫌疑人对发生死亡结果的心理状态，对造成他人死亡的结果是否"明知"并且"希望或放任"此结果的发生。伤害后的表现情况，是否有积极抢救被害人的行为，是否有逃跑、报复证人、威胁被害人亲属、毁灭证据、串供或威胁证人、胁迫他人作伪证的行为等，了解是否有加重或减轻处罚的情节；

（7）共同犯罪的，应查明犯意的提起、策划、联络、分工、实施、分赃等情况，以及每一人在共同犯罪中所起的地位和作用；

（8）作案工具种类、数量、来源及下落、涉案物品情况；

（9）犯罪是否有他人目睹或知情，是否有其他旁证等；

（10）归案情况，有否投案自首情况等；

（11）犯罪后是否有他人包庇、窝藏；

（12）有否其他犯罪事实，有无检举、揭发其他犯罪嫌疑人的犯罪事实和线索；

（13）亲笔供词；

（14）对犯罪嫌疑人提到被害人有错在先的，要结合其他证据予以查明；

（15）故意伤害致人重伤、死亡与故意杀人极为类似，犯罪故意是分别两罪的重要手段。而故意伤害的具体经过和方法手段是佐证其犯罪故意的重要证据，一定要问细、问实，最好以亲笔供词形式固定证据。

6. 被害人陈述

（1）听取被害人陈述，详细问明案件具体情况及因果关系等（参照犯罪嫌疑人供述），生命垂危的被害人要问少、问精，最好在进入抢救室前签字或者在提问时录音录像；

（2）了解被害人受伤给其本人或家庭造成的危害后果，告知被害人或家属附带民事诉讼及准备相关材料。

7. 证人证言

（1）现场走访发现人、目睹人、周围知情人、被害人、家属、侦查人员、鉴定人、扭送人、邻居、被害人与犯罪嫌疑人的单位、基层组织等的证言；

（2）了解案发时间、地点和详细经过，犯罪嫌疑人情况，作案工具及涉案物品，危害后果，被害人情况，因果关系等；

（3）加害人为多人的，问清各个加害人的具体语言及行为，在伤害过程中有无透露伤害原因的语言；

（4）了解被害人受伤给其本人或家庭造成的危害后果，告知被害人或家属附带民事诉讼及准备相关材料。

8. 其他证据材料。

四、非法拘禁罪认定及案例精解

一、个罪概述

（一）个罪概念及构成要件

非法拘禁罪是指以拘押、禁闭或者其他强制方法，非法剥夺他人人身自由的犯罪行为。

1. 客体要件：本罪侵犯的客体是公民的人身自由权利，通常认为，本罪所指的人身自由是狭义的，仅指公民的身体在不受束缚的条件下，在法律允许的范围内，按照自己的意识、在任意的时间、空间内自由支配自己行动的权利。

2. 客观要件：本罪在客观方面主要证明行为人实施了非法拘禁或者其他方法，非法剥夺他人人身自由的犯罪行为。本罪是继续犯，即该行为自控制被害人开始至被害人恢复自由，始终处于继续状态。

3. 主体要件：本罪的主体既可以是国家工作人员，也可以是一般公民。从实际发生的案件来看，多为掌握一定职权的国家工作人员或基层农村干部。另外，这类案件往往涉及的人员较多。有的是经干部会议集体讨论决定的；有的是经上级领导同意或默许的；有的是直接策划、指挥者，有的是动手捆绑、奉命看守者。因此，处理时要注意，依法应当追究刑事责任的，只是其中的直接责任者和出于陷害、报复和其他卑鄙动机的人员。对其他人员应实行区别对待，一般不追究刑事责任。

4. 主观要件：本罪在主观方面表现为故意，并以剥夺他人人身自由为目的。过失不构成非法拘禁罪。非法拘禁他人的动机是多种多样的。有的因法治观念差，把非法拘禁视为合法行为；有的出于泄愤报复，打击迫害；有的是不调查研究，主观武断、逼取口供；有的是闹特权、耍威风；有的是滥用职权、以势压人；也有的是居心不良，另有所图。不管出于什么动机，只要具有非法剥夺他人人身自由的目的，故意实施了非法拘禁他人，即构成非法拘禁罪，如果非法剥夺他人身自由是为了其他犯罪目的，其他犯罪比非法拘禁罪处罚更重的，应以其他罪论处。

(二) 个罪辨析

1. 非法拘禁罪与非罪的界限

非法拘禁行为与非法拘禁犯罪,主要看程度的严重,结合案情分析情节轻重、危害大小、动机为私为公、拘禁时间长短等因素,综合分析,来确定非法拘禁行为的性质。需要注意的是,司法实践中,司法人员在依照法定职权和条件的情况决定、批准、执行拘捕时,违反法律规定的有关程序、手续和时限,如一般的超时限报捕、批捕;未及时办理、出示拘留、逮捕证;未依法及时通知犯罪嫌疑人家属或单位;未先办理延期手续而超期羁押人犯的等,均不具有非法拘禁的动机和目的,所以一般都不构成非法拘禁罪。但是,如果已经检察机关或者人民法院依法决定解除强制措施,有关执法人员仍拒不释放或者拖延释放的,则应视为非法拘禁的行为。

2. 非法拘禁罪与其他罪名的区别

(1) 非法拘禁罪与妨害公务罪的界定。司法实践中,往往有以捆绑等非法拘禁的方法妨害公务的案件发生。这实际上是一行为同时触犯两个罪名,属于想象竞合犯,对此应择一重罪从重处罚。非法拘禁罪和妨害公务罪基本构成的法定刑设置基本相同,这就涉及究竟应以哪个罪名对行为人定罪处罚的问题。我们认为,应以妨害公务罪定罪处罚,这样可以更好地反映行为的整体性质和本质特征。当然,如果在非法拘禁妨害公务中过失致人重伤或死亡的,应当依照非法拘禁罪定罪处罚,因为本条对非法拘禁致人重伤、死亡的规定了结果加重犯的法定刑。不过,如是故意致人重伤、死亡,则对行为人应定故意伤害罪或故意杀人罪,不再以非法拘禁或妨害公务罪定性。

(2) 非法拘禁罪与暴力干涉婚姻自由罪的界定。暴力干涉婚姻自由罪在我国刑法上规定为"告诉的才处理",而非法拘禁罪却无此规定,这样,当两个罪名在特定情况下发生竞合关系时,应分不同情况予以分析:

第一,如果以非法拘禁干涉他人婚姻自由,尚未造成严重后果,且被害人未向司法机关告发的,不宜追究被告人的刑事责任。由于本法规定了告诉才处理的原则,在处理暴力干涉婚姻自由罪与非法拘禁罪的想象竞合时,如果当事人未告诉,就不宜按通常的处理原则适用非法拘禁罪;如果当事人已告诉,则应按想象竞合犯处理,以非法拘禁罪论处。

第二,如果以非法拘禁方法干涉他人婚姻自由,引起被害人死亡的,应以想象竞合犯的原则追究被告人的刑事责任。这是因为,《刑法》第 257 条规定,暴力干涉他人婚姻自由引起被害人死亡的,不在"告诉的才处理"之列。因此,出现这种情况的,应以想象竞合犯的原则处理。不过本条规定非法拘禁致人死亡的,处 10 年以上有期徒刑,《刑法》第 257 条规定暴力干涉婚姻自由致人死亡的，法定刑为2年以上7年以下有期徒刑，二者相比较，前者为重，因此应适用非法拘禁罪的条款。但是，考虑到前者重得多，而且考虑到《刑法》第257条的立法精神，在适用非法拘禁"致人死亡"的法定刑时，可适当取其轻者。

第三，以非法拘禁方法干涉他人婚姻自由，致人重伤的，应视当事人是否告诉而分别处理：其一，当事人向司法机关告诉的，应按想象竞合犯的原则，以非法拘禁罪的基本构成的法定刑追究被告人的刑事责任，而不能以非法拘禁"致人重伤"的法定刑处理。这时因为《刑法》第257条虽未指明暴力干涉婚姻自由致人重伤的应如何处理，但从该条第2款的规定看，只把"致使被害人死亡"这一情节作为加重构成，所以根据其立法原意，致人重伤的，也包括在《刑法》第257条第1款即暴力干涉婚姻自由罪的基本构成中，属于"告诉的才处理"的范畴。其二，如果当事人未告诉的，就不应追究行为人的刑事责任。

（3）非法拘禁罪与刑讯逼供罪的区别。两者的区别在于：第一，主体要件不同。前者是一般主体，后者只能是特殊主体即国家司法工作人员。第二，犯罪对象不同。前者是一般公民，后者只能是被控有违法犯罪行为的犯罪嫌疑人。第三，犯罪行为表现和目的不同。前者是以拘禁或者其他强制方法非法剥夺他人人身自由，后者是对犯罪嫌疑人使用肉刑或者变相肉刑逼取口供。如果两罪一起发生，互有关联的，一般应按牵连犯罪从一重罪处理。非国家工作人员有类似"刑讯逼供"等关押行为的，不定刑讯逼供罪，可以非法拘禁罪论处。

司法实践中，非法拘禁罪与故意杀人罪、故意伤害罪、刑讯逼供罪及暴力取证罪的牵连、竞合。非法拘禁罪与故意杀人罪、故意伤害罪的牵连，通常表现为在非法拘禁过程中，行为人对被害人进行暴力加害，或者行为人用非法拘禁方法故意使被害人因冻饿等原因而死亡、受伤等。对于在非法拘禁中对被害人加害的情况，应当注意，非法拘禁"使用暴力致人伤残、死亡的"，依照故意伤害罪、故意杀人罪定罪处罚。因此，一方面对于这种情况只应按一重罪即故意伤害罪或故意杀人罪定罪处罚；另一方面要注意其适用的条件，即必须是在非法拘禁中"使用暴力"且"致人伤残、死亡"。这里的"伤残"不包括轻伤，而是指重伤，但不限于肢体残废的情形，而是包括各种对于人身健康有重大伤害的情形在内。至于上述后一种情况，即行为人目的即在于故意伤害、故意杀害被害人，只不过其方法采用了非法拘禁而已，自然应按牵连犯的处罚原则，从一重罪定罪处罚，即按故意伤害罪或故意杀人罪定罪处罚。非法拘禁罪与刑讯逼供罪、暴力取证罪形成牵连犯形态或想象竞合犯形态的情况，表现为司法工作人员非法将犯罪嫌疑人、被告人或证人拘禁，在此过程中又进行刑讯逼供或暴力逼取证言的行为。对于这种情形，应按刑讯逼供罪或暴力取证罪对行为人定罪处罚。当然，如果行为人在拘禁他人进行刑讯逼供、暴力逼取证言过程中致人伤残、死亡的，应以故意伤害罪、故意杀人罪定罪处罚。

二、实务操作

（一）刑法条文

第二百三十八条【非法拘禁罪】 非法拘禁他人或者以其他方法非法剥夺他人人身自由的，处三年以下有期徒刑、拘役、管制或者剥夺政治权利。具有殴打、侮辱情节的，从重处罚。

犯前款罪，致人重伤的，处三年以上十年以下有期徒刑；致人死亡的，处十年以上有期徒刑。使用暴力致人伤残、死亡的，依照本法第二百三十四条、第二百三十二条的规定定罪处罚。

为索取债务非法扣押、拘禁他人的，依照前两款的规定处罚。

国家机关工作人员利用职权犯前三款罪的，依照前三款的规定从重处罚。

（二）司法解释及指导性文件

1. 最高人民检察院关于人民检察院直接受理立案侦查案件立案标准的规定（试行）（1999年9月16日 高检发释字〔1999〕2号）

三、国家机关工作人员利用职权实施的侵犯公民人身权利、民主权利犯罪案件

（一）国家机关工作人员利用职权实施的非法拘禁案（第238条）

非法拘禁罪是指以拘禁或者其他强制方法非法剥夺他人人身自由的行为。

国家机关工作人员涉嫌利用职权非法拘禁，具有下列情形之一的，应予立案：

1. 非法拘禁持续时间超过24小时的；
2. 3次以上非法拘禁他人，或者一次非法拘禁3人以上的；
3. 非法拘禁他人，并实施捆绑、殴打、侮辱等行为的；
4. 非法拘禁，致人伤残、死亡、精神失常的；
5. 为索取债务非法扣押、拘禁他人，具有上述情形之一的；
6. 司法工作人员对明知是无辜的人而非法拘禁的。

2. 最高人民法院关于对为索取法律不予保护的债务非法拘禁他人行为如何定罪问题的解释（2000年7月19日 法释〔2000〕19号）

为了正确适用刑法，现就为索取高利贷、赌债等法律不予保护的债务，非法拘禁他人行为如何定罪问题解释如下：

行为人为索取高利贷、赌债等法律不予保护的债务，非法扣押、拘禁他人的，依照刑法第二百三十八条的规定定罪处罚。

3. 人民检察院刑事诉讼规则（试行）（2013年1月1日 高检发释字〔2012〕2号）

第八条 国家机关工作人员利用职权实施的侵犯公民人身权利和民主权利的犯罪案件包括：

（一）非法拘禁案（刑法第二百三十八条）；

第九条 国家机关工作人员利用职权实施的其他重大犯罪案件，需要由人民检察院直接受理的时候，经省级以上人民检察院决定，可以由人民检察院立案侦查。

4. 最高人民检察院关于渎职侵权犯罪案件立案标准的规定（2006年7月26日 高检发释字〔2006〕2号）

非法拘禁罪是指以拘禁或者其他方法非法剥夺他人人身自由的行为。

国家机关工作人员利用职权非法拘禁，涉嫌下列情形之一的，应予立案：

1. 非法剥夺他人人身自由24小时以上的；

2. 非法剥夺他人人身自由，并使用械具或者捆绑等恶劣手段，或者实施殴打、侮辱、虐待行为的；

3. 非法拘禁，造成被拘禁人轻伤、重伤、死亡的；

4. 非法拘禁，情节严重，导致被拘禁人自杀、自残造成重伤、死亡，或者精神失常的；

5. 非法拘禁3人次以上的；

6. 司法工作人员对明知是没有违法犯罪事实的人而非法拘禁的；

7. 其他非法拘禁应予追究刑事责任的情形。

5. 最高人民检察院关于已满十四周岁不满十六周岁的人承担刑事责任范围问题的复函（2002年8月9日 高检发研字〔2002〕17号）

四川省人民检察院：

你院关于已满十四周岁不满十六周岁的人承担刑事责任范围问题的请示（川检发研〔2001〕13号）收悉。我们就此问题询问了全国人民代表大会常务委员会法制工作委员会，现将全国人民代表大会常务委员会法制工作委员会的答复意见转发你院，请遵照执行。

附：全国人民代表大会常务委员会法制工作委员会关于已满十四周岁不满十六周岁的人承担刑事责任范围问题的答复意见（2002年7月24日法工委复字〔2002〕12号）

最高人民检察院：

关于你单位4月8日来函收悉，经研究，现答复如下：

刑法第十七条第二款规定的八种犯罪，是指具体犯罪行为而不是具体罪名。对于刑法第十七条中规定的"犯故意杀人、故意伤害致人重伤或者死亡"，是指只要故意实施了杀人、伤害行为并且造成了致人重伤、死亡后果的，都应负刑事责任。而不是指只有犯故意杀人罪、故意伤害罪的，才负刑事责任，绑架撕票的，不负刑事责任。对司法实践中出现的已满十四周岁不满十六周岁的人绑架人质后杀害被绑架人、拐卖妇女、儿童而故意造成被拐卖妇女、儿童重伤或死亡的行为，依据刑法是应当追究其刑事责任的。

6. 最高人民检察院关于相对刑事责任年龄的人承担刑事责任范围有关问题的答复（2003年4月18日　〔2003〕高检研发第13号）

四川省人民检察院研究室：

你院关于相对刑事责任年龄的人承担刑事责任范围问题的请示（川检发办〔2002〕47号）收悉。经研究，答复如下：

一、相对刑事责任年龄的人实施了刑法第十七条第二款规定的行为，应当追究刑事责任的，其罪名应当根据所触犯的刑法分则具体条文认定。对于绑架后杀害被绑架人的，其罪名应认定为绑架罪。

二、相对刑事责任年龄的人实施了刑法第二百六十九条规定的行为的，应当依照刑法第二百六十三条的规定，以抢劫罪追究刑事责任。但对情节显著轻微，危害不大的，可根据刑法第十三条的规定，不予追究刑事责任。

7. 部分罪案审查逮捕证据参考标准（试行）（2003年11月27日　高检侦监发〔2003〕107号）

七、非法拘禁罪案审查逮捕证据参考标准

非法拘禁罪，是指触犯（刑法）第238条的规定，以拘禁或者其他强制方法，非法剥夺他人人身自由的行为。其他以非法拘禁罪定罪处罚的有：收买被拐卖的妇女、儿童，非法剥夺、限制其人身自由的。

8. 最高人民法院关于常见犯罪的量刑指导意见（2017年4月1日　法发〔2017〕7号）

（四）非法拘禁罪

1. 构成非法拘禁罪的，可以根据下列不同情形在相应的幅度内确定量刑起点：

（1）犯罪情节一般的，可以在一年以下有期徒刑、拘役幅度内确定量刑起点。

（2）致一人重伤的，可以在三年至五年有期徒刑幅度内确定量刑起点。

（3）致一人死亡的，可以在十年至十三年有期徒刑幅度内确定量刑起点。

2. 在量刑起点的基础上，可以根据非法拘禁人数、拘禁时间、致人伤亡后果等其他影响犯罪构成的犯罪事实增加刑罚量，确定基准刑。

非法拘禁多人多次的，以非法拘禁人数作为增加刑罚量的事实，非法拘禁次数作为调节基准刑的量刑情节。

3. 有下列情节之一的，可以增加基准刑的10%—20%：
(1) 具有殴打、侮辱情节的。
(2) 国家机关工作人员利用职权非法扣押、拘禁他人的。

9. 人民检察院直接受理立案侦查的渎职侵权重特大案件标准（试行）（2002年1月1日　高检发〔2001〕13号）

三十四、国家机关工作人员利用职权实施的非法拘禁案
(一) 重大案件
1. 致人重伤或者精神失常的；
2. 明知是人大代表而非法拘禁的，或者明知是无辜的人而非法拘禁的；
3. 非法拘禁持续时间超过一个月，或者一次非法拘禁十人以上的。
(二) 特大案件
非法拘禁致人死亡的。

10. 最高人民法院、最高人民检察院、公安部、司法部关于办理黑恶势力犯罪案件若干问题的指导意见（2018年1月16日　法发〔2018〕1号）

四、依法惩处利用"软暴力"实施的犯罪

18. 黑恶势力有组织地多次短时间非法拘禁他人的，应当认定为《刑法》第二百三十八条规定的"以其他方法非法剥夺他人人身自由"。非法拘禁他人三次以上、每次持续时间在四小时以上，或者非法拘禁他人累计时间在十二小时以上的，应以非法拘禁罪定罪处罚。

11. 最高人民法院、最高人民检察院、公安部、司法部、国家卫生和计划生育委员会关于依法惩治涉医违法犯罪维护正常医疗秩序的意见（2014年4月22日　法发〔2014〕5号）

二、严格依法惩处涉医违法犯罪

(三) 以不准离开工作场所等方式非法限制医务人员人身自由的，依照治安管理处罚法第四十条的规定处罚；构成非法拘禁罪的，依照刑法的有关规定定罪处罚。

(三) 裁判要旨

1. 黄永柱非法拘禁案（《最高人民法院公报》2001年第6期，总第74期）
【裁判要旨】是否存在债务是区别绑架罪与非法拘禁罪的重要标准，而非

以判断债务是否合法来确定。对于被告人为索要不受法律保护的非法债务而控制他人身体自由权的，只要被告人是以索要债务为目的，以强制的方法实施了非法剥夺他人人身自由的行为，那么即使其索要的债务是非法的，也应当以非法拘禁罪论处。

2. 罗立新非法拘禁案

【裁判要旨】毫无根据地以勒索钱财为目的与没有超出债权数额的索取债务应当区别，行为人索取债务债务，非法扣押、拘禁他人的，应当认定为非法拘禁罪。

【案号】（1999）长中刑终字第 222 号

3. 禹作敏等 8 人非法管制、非法拘禁、窝藏、妨害公务、行贿案案件（《最高人民检察院公报》1994 年第 2 期）

【裁判要旨】非法拘禁罪是指故意非法剥夺他人人身自由的行为。非法限制他人人身自由明显属于非法剥夺他人人身自由的行为，达到入罪标准，构成非法拘禁罪。

（四）证据指引

1. 证明非法拘禁案件发生的证据

报案登记、受案登记、立案决定书及破案经过等材料，报案人证言、受害人陈述、抓获人证言、扭送人证言等。

2. 证明非法拘禁案发现场状况的证据

勘验笔录、案发现场示意图、现场照片、案发现场附近的监控视频、被害人陈述、犯罪嫌疑人的供述和辩解，证人关于现场的证言、扣押提取笔录及相关书证、物证。

3. 证明非法限制剥夺他人人身自由持续时间的证据

被害人陈述、犯罪嫌疑人的供述和辩解；相关视听资料、书证等。

4. 证明使用戒具或者捆绑等恶劣手段或其他行为的证据

被害人的身体检查笔录、伤情照片、医院病历、住院记录和手术记录等书证；殴打或捆绑的戒具、绳索等物证；鉴定意见；证人证言、被害人陈述、犯罪嫌疑人的供述和辩解。

5. 证明非法拘禁造成被害人轻伤、重伤、死亡的证据

被害人的身体检查笔录、伤情照片、医院病历、住院记录和手术记录等；鉴定意见关于被害人死亡的具体原因或出现伤亡的后果与非法拘禁行为是否有因果关系。

6. 证明犯罪嫌疑人在现场实施或者虽然未在现场但是策划、指使、教唆

他人实施了非法拘禁的行为的证据

证人证言、被害人陈述、犯罪嫌疑人的供述和辩解；相关视听资料、书证及相关电子证据等。

7. 证明犯罪嫌疑人具有非法拘禁的主观故意

犯罪嫌疑人的供述和辩解。是否为婚恋、家庭、邻里矛盾等民间纠纷。犯罪嫌疑人的供述和辩解的作案动机是否符合常理。

五、绑架罪认定及案例精解

一、个罪概述

（一）个罪概念及构成要件

绑架罪，是指以勒索财物或者满足其他不法要求为目的，绑架他人或者绑架他人作为人质的行为。

1. 客体要件：本罪侵犯的客体是他人的身体健康权、生命权、人身自由权。

2. 客观要件：本罪在客观方面表现为以暴力、胁迫、麻醉或其他方法劫持他人的行为。

3. 主体要件：本罪的主体为一般主体，凡达到刑事责任年龄并具有刑事责任能力的自然人均能构成本罪。

4. 主观要件：本罪在主观方面表现为直接故意，且以勒索他人财物为目的或者以他人作为人质为目的。

（二）个罪辨析

1. 本罪与非法拘禁罪的界限

简言之，绑架罪＝非法拘禁＋敲诈勒索。绑架罪使用控制人质的行为的同时有向第三人索要财物的目的或者其他目的，而非法拘禁罪则无此目的。

2. 本罪与敲诈勒索罪的界限

简言之，绑架罪＝非法拘禁＋敲诈勒索。

具体而言，绑架罪和敲诈勒索罪的区别是：

（1）勒索财物的手段不一样。绑架罪使用了控制人质的行为，而敲诈勒索罪使用的则是扣押人质以外的其他方式来勒索财物。

（2）索取财物的对象不一样。绑架罪是向第三人索要财物或者实现其他目的（存在两个以上受害方），而敲诈勒索罪是向敲诈的对象本人勒索财物（只存在一个受害方）。

3. 本罪与抢劫罪的界限。

简言之，绑架罪＝非法拘禁＋敲诈勒索，抢劫罪＝当场暴力＋当场取财。

具体而言，绑架罪和抢劫罪的区别是：

（1）暴力和取财的时间不同。绑架罪在绑架人质后勒索财物，并不当场取得财物；而抢劫罪是当场使用暴力、当场劫取财物。

（2）勒索财物针对的对象不同。绑架罪是在绑架人质后，利用第三人对被绑架人的安危的担忧，向第三人索要财物；而抢劫罪是直接向暴力胁迫的对象（即被害人）索要财物。

二、实务操作

（一）刑法条文

第二百三十九条【绑架罪】 以勒索财物为目的绑架他人的，或者绑架他人作为人质的，处十年以上有期徒刑或者无期徒刑，并处罚金或者没收财产；情节较轻的，处五年以上十年以下有期徒刑，并处罚金。

犯前款罪，杀害被绑架人的，或者故意伤害被绑架人，致人重伤、死亡的，处无期徒刑或者死刑，并处没收财产。

以勒索财物为目的偷盗婴幼儿的，依照前两款的规定处罚。

（二）司法解释及指导性文件

1. 最高人民法院关于对在绑架过程中以暴力、胁迫等手段当场劫取被害人财物的行为如何适用法律问题的答复（2001年11月8日　法函〔2001〕68号）

福建省高级人民法院：

你院闽高法〔2001〕128号《关于在绑架过程中实施暴力或以暴力相威胁当场劫取被害人财物的行为如何适用法律问题的请示》收悉。经研究，答复如下：

行为人在绑架过程中，又以暴力、胁迫等手段当场劫取被害人财物，构成犯罪的，择一重罪处罚。

2. 最高人民法院关于审理未成年人刑事案件具体应用法律问题若干问题的解释（2006年1月23日　法释〔2006〕号）

第五条 已满十四周岁不满十六周岁的人实施刑法第十七条第二款规定以外的行为，如果同时触犯了刑法第十七条第二款规定的，应当依照刑法第十七条第二款的规定确定罪名，定罪处罚。

（三）裁判要旨

1. 忻某绑架案（最高检指导性案例2号）

【裁判要旨】对于死刑案件的抗诉，要正确把握适用死刑的条件，严格证明标准，依法履行刑事审判法律监督职责。

2. 行为手段的当场性并非区分抢劫罪与绑架罪的标准（《人民司法》2016 年第 2 期，第 23 页）

【裁判要旨】行为手段是否具有当场性不是区分抢劫罪与绑架罪的科学标准，应以被告人胁迫的对象是被其控制而失去人身自由的人质还是人质之外的第三人来界定。如果是失去人身自由的人质，就构成抢劫罪；如果是人质之外的第三人，则构成绑架罪，财物是否当场交付在所不问。本案被告人将未成年人作为人质，逼迫人质的亲属当场交付财物，构成绑架罪而非抢劫罪。

【案号】一审：（2013）大刑一初字第 196 号
二审：（2014）辽刑三终字第 9 号

3. 对吸毒致幻情形下绑架行为的处罚（《人民司法》2016 年第 2 期，第 25 页）

【裁判要旨】行为人因故意或者过失而使自己陷入无责任能力或者限制责任能力状态，然后在此无责任能力或者限制责任能力状态下实施了符合犯罪构成的行为，是原因自由行为。根据原因自由行为理论，吸毒者应对其在吸毒致幻情形下所实施的绑架行为承担刑事责任。

【案号】一审：（2015）狮刑初字第 900 号
二审：（2015）泉刑终字第 899 号

4. 故意杀害被绑架人但未找到尸体的死刑适用（《人民司法》2015 年第 10 期，第 15 页）

【裁判要旨】《刑法》第 239 条第 1 款中规定"杀害被绑架人"，既包括故意杀害被绑架人并致人死亡的情形，也包括未发生死亡结果的情形在内。但在对被绑架人未死亡的情形具体量刑时，应区别对待以贯彻罪刑相适应原则：对那些杀害被绑架人情节恶劣的情形，应判处死刑；对于那些情节并非特别恶劣，后果也并非特别严重的，可考虑判处死刑的同时宣告缓期 2 年执行；对于那些停止在杀人预备及中止阶段的案件，则需要依照《刑法》第 63 条之规定，经最高人民法院核准，在法定刑以下给予更大幅度的减轻处罚。

5. 中国公民在中国领域外犯罪的管辖与审判（《人民司法》2014 年第 22 期，第 21 页）

【裁判要旨】中国公民在中国领域外绑架中国公民作为人质，勒索巨额财物，构成绑架罪的，依照《刑法》第 7 条第 1 款的规定，中国具有刑事司法管辖权，可依法追究涉案行为人的刑事责任；案件可由被告人入境地或者离境前居住地的人民法院管辖，或由被害人离境前居住地的人民法院管辖。

【案号】一审：（2013）通中刑初字第 0027 号
二审：（2014）苏刑三终字第 0017 号

6. 受雇劫持他人后又向雇主勒索钱财构成绑架罪（《人民司法》2013 年第 8 期，第 15 页）

【裁判要旨】非法拘禁罪与绑架罪都有非法剥夺他人人身自由的行为表现，但前者仅以剥夺他人人身自由为已足，后者则以严重危及被害人人身安全为特质，通常表现为直接加害被害人人身，并借此勒索他人财物或提出非法要求。为非法取酬而暴力劫持他人交雇主处置的行为，不仅严重侵害被害人人身安全，而且以人质为筹码向第三人（即雇主）勒索钱财，其行为符合绑架罪的主客观事实特征，应当认定为绑架罪。

【案号】一审：（2010）沪一中刑初字第 180 号

复核审：（2011）沪高刑复字第 14 号

7. 绑架罪中以勒索财物为目的的认定及情节较轻条款的适用（《人民司法》2013 年第 20 期，第 13 页）

【裁判要旨】司法实践中，绑架罪要求行为人必须要有向他人勒索财物之行为或证明存在勒索财物目的的证据，如行为人没有勒索行为，现有证据亦不能证明有勒索目的，不能认定绑架罪。绑架罪情节较轻的衡量标准应是司法者运用一定的价值标准对确定的事实基础进行综合判断所得出的结论，犯罪未遂等刑法总则规定的从轻量刑情节基于刑事立法模式以及禁止重复评价原则，不应适用。共同犯罪致一人死亡的，判处罪行极其严重的两名或更多犯罪人死刑符合正义原则。

【案号】一审：（2011）沪一中刑初字第 80 号

二审：（2012）沪高刑终字第 2 号

复核：（2012）刑四复 97458757 号

8. 当面勒索与当场抢劫的区分（《人民司法》2011 年第 14 期，第 11 页）

【裁判要旨】被告人绑架他人后，挟人质至被害人亲属住所，仅以人质的人身安危相威胁，逼迫其亲属交付一定数额财物，并未对亲属的人身及其家中财产安全造成直接的威胁，应认定为绑架罪。

【案号】一审：（2010）0 海刑初字第 99 号

二审：（2011）连刑终字第 0002 号

9. 索债型非法拘禁罪与绑架罪之区分（《人民司法》2010 年第 2 期，第 41 页）

【裁判要旨】被告人事先预谋，引诱被害人赌博并通过"出老千"使其欠下巨额赌债，再以追索赌债为名拘禁被害人，索要被害人及其家属的财物。被告人设立赌债圈套的行为，应视为勒索财物的一种手段，借以掩盖其勒索财物的真实目的，该拘禁行为应定绑架罪而非索债型非法构禁罪。

【案号】一审：（2009）东二法刑初字第 400 号

二审：（2009）东中法刑终字第 299 号

10. 郭明先参加黑社会性质组织、故意杀人、故意伤害案（最高检指导性案例 18 号）

【裁判要旨】死刑依法只适用于罪行极其严重的犯罪分子。对故意杀人、故意伤害、绑架、爆炸等涉黑、涉恐、涉暴刑事案件中罪行极其严重，严重危害国家安全和公共安全、严重危害公民生命权，或者严重危害社会秩序的被告人，依法应当判处死刑，人民法院未判处死刑的，人民检察院应当依法提出抗诉。

11. 马世龙（抢劫）核准追诉案（检例第 20 号）

【裁判要旨】故意杀人、抢劫、强奸、绑架、爆炸等严重危害社会治安的犯罪，经过二十年追诉期限，仍然严重影响人民群众安全感，被害方、案发地群众、基层组织等强烈要求追究犯罪嫌疑人刑事责任，不追诉可能影响社会稳定或者产生其他严重后果的，对犯罪嫌疑人应当追诉。

（四）证据指引

本罪的证据指引

1. 犯罪嫌疑人供述与辩解

（1）犯罪嫌疑人的基本情况；

（2）犯罪嫌疑人实施绑架的动机、目的、持续时间、关押地点、参与人、后果等；

（3）作案的方式和手段、具体详细的犯罪经过等；作案工具的来源、数量、特征和下落；

（4）获得财物的数量、种类、特征和去向；

（5）多人共同犯罪的，应查明共犯的起意、分工、实施情况，查清每一打击部位，关键伤害或致命伤害的犯罪嫌疑人，以及每一人在共同犯罪中所起的地位和作用。

2. 被害人陈述

（1）被害人的基本情况；

（2）案发的时间、地点、经过、手段、结果等；

（3）犯罪嫌疑人的身体、面部、衣着特征。

3. 证人证言

（参照被害人陈述）

4. 物证、书证

（1）实物和照片，作案工具（棍、棒、麻袋、等）、现场遗留痕迹（指纹、脚印、血衣、毛发等)、实施勒索所得的赃款、财物等；

（2）电话记录、信件、遗书、收据、保证书、协议、合同、欠条等。

5. 鉴定结论

法医鉴定、文检鉴定、痕迹鉴定、声纹鉴定等。

6. 视听资料、电子数据

监控录像、录音等。

7. 勘验、检查笔录

（1）现场勘查图、现场照片等；

（2）作案工具等物证现场勘验、检查笔录和照片。

8. 被害人的辨认笔录

9. 其他证据材料

（1）嫌疑人的身份材料、户籍证明、有前科劣迹，应调取法院判决书、行政处罚决定书、释放证明书、犯罪嫌疑人有投案自首、立功表现的，公安机关出具的是否成立自首、立功的书面说明等有效法律文件；

（2）抓获经过、出警经过、报案材料等。

六、抢劫罪认定及案例精解

一、个罪概述

（一）个罪概念与构成要件

抢劫罪，是指以非法占有为目的，以暴力、胁迫或者其他方法，强取公私财物的行为。

1. 客体要件：本罪侵犯的客体是公私财物的所有权和公民的人身权利。

对于抢劫犯来说，虽然是侵犯财产犯罪，但同时具有侵害他人生命、身体、自由的性质。因为抢劫罪主要侵犯的是财产权，刑法将抢劫罪规定在侵犯财产罪这一章。由于规定抢劫罪既保护财产法益，也保护人身法益，因此无论犯罪嫌疑人是否取得财物，也不论被抢财物价值的大小，只要是以非法占有为目的，并当场采取暴力或暴力相威胁手段，就构成抢劫罪。"数额特别巨大"和"致人特别严重伤残或死亡"只是本罪从重处罚的两个情节。

2. 客观要件：本罪在客观方面表现为对被害人当场使用暴力、胁迫或者其他强制方法，强取公私财物。这种当场对被害人身体实施强制的犯罪手段，是抢劫罪的本质特征，也是它区别于盗窃罪、诈骗罪、抢夺罪和敲诈勒索罪的最显著特点。

判断犯罪行为是否构成抢劫罪，应以犯罪人是否基于非法占有财物为目的，当场是否实际采取了暴力、胁迫或者其他方法为标准，不是以其事先预备为标准。

所谓暴力，是指行为人对被害人的身体实行打击或者强制。抢劫罪的暴力，是指对被害人的身体施以打击或强制，借以排除被害人的反抗，从而劫取他人财物的行为。这里的其他方法，是指行为人实施暴力、胁迫方法以外的其他使被害人不知反抗或不能反抗的方法。

所谓胁迫，是指对被害人以当场实施暴力相威胁，进行精神强制，从而使其产生恐惧而不敢反抗，任其抢走财物或者被迫交出财物的行为，胁迫的内容是当场对被害人施以暴力。胁迫的方式则多种多样，有的是语言，有的是动作如拔出身带之刀；有的还可能是利用特定的危险环境进行胁迫，如在夜间偏僻的地区，喝令他人"站住，交出钱来"，使被害人产生恐惧，不敢反抗，亦可构成本罪的威胁。胁迫必须是向被害人当面发出。如果不是向被害人当面发出，而是通过书信或者他人转告的方式让被害人得知，则亦不是本罪的胁迫。

所谓其他方法，是指使用暴力、胁迫以外的方法使得被害人不知反抗或无法反抗，而当场劫取财物的行为。如用酒灌醉、用药物麻醉、利用催眠术催眠、将清醒的被害人乘其不备锁在屋内致其与财产隔离等方法劫取他人财物。行为人如果没有使他人处于不知反抗或无法反抗的状态，而是借用了被害人自己因患病、醉酒、熟睡或他人致使其死亡、昏迷等而不知反抗或无法反抗的状态拿走或夺取财物的，不构成本罪。

抢劫罪的目的行为是强行劫取公私财物。强行劫取财物主要表现为两种情形：一是当场直接夺取被害人占有的财物；二是逼迫被害人当场交出财物。

抢劫罪犯罪行为的实施现场，无论是路上、室内、公共场所，均不影响抢劫罪的成立。

3. 主体要件：本罪的主体为一般主体。依《刑法》第17条规定，年满14周岁并具有刑事责任能力的自然人，均能成为该罪的主体。

4. 主观要件：本罪在主观方面表现为直接故意，即非法占有公私财物的故意。如果行为人只抢回自己赌博输掉的财物、被骗的财物、被偷的财物等属于自己合法所有或占有的财物，不具有非法占有他人财物的目的，不构成抢劫罪。

（二）个罪辨析

1. 本罪与非罪的界限

（1）抢劫罪是侵犯财产罪中危害性最大、性质最严重的犯罪。在一般情况下，凡是以非法占有为目的，用暴力、胁迫或者其他方法，强行夺取公私财物的行为，就具备了抢劫罪的基本特征，构成了抢劫罪。立法上没有抢劫的数额和情节的限制性规定。但是依照《刑法》第13条的规定，情节显著轻微危害不大的行为，不认为构成了抢劫罪。例如，青少年偶尔进行恶作剧式的抢劫，行为很有节制、数额极其有限，如强索少量财物，抢吃少量食品等，由于情节显著轻微，危害不大，属于一般违法行为，尚不构成抢劫罪。

（2）因为婚姻、家庭纠纷，一方抢回彩礼、陪嫁物，或者强行分割并拿走家庭共有财产的，即使抢回、拿走的份额多了，以及类似的民事纠纷，也属于民事、婚姻纠纷中处理方法不当的问题，不具有非法强占他人财物的目的，不构成抢劫罪。

（3）为子女离婚、出嫁女儿暴死等事情所激怒，而纠集亲友多人去砸毁对方家庭财物，抢吃粮菜鸡猪，属于婚姻家庭纠纷中的泄愤、报复行为，一般应做好调解工作，妥善处理，不要作为抢劫论处。

（4）根据《最高人民法院关于审理抢劫、抢夺刑事案件适用法律若干问题的意见》第7条第2款规定："抢劫赌资、犯罪所得的赃款赃物的，以抢劫罪定罪，但行为人仅以其所输赌资或所赢赌债为抢劫对象，一般不以抢劫罪定罪处罚。构成其他犯罪的，依照刑法的相关规定处罚。"即行为人仅以所输赌资或所赢赌资作为抢劫对象的，不构成抢劫罪。

2. 抢劫罪与故意杀人罪的界限

抢劫罪与故意杀人罪，是两个性质不同的犯罪。它们之间的主要区别在于：

（1）客体要件不同。前者的客体是复杂客体，既侵犯了公私财产所有权，又侵害了公民的人身权利；后者的客体是单一客体，即公民的生命权。

（2）犯罪目的不同。前者是为了非法占有公私财物，侵犯公民的人身权利，是非法占有公私财物的一种手段，二者之间存在目的与手段的内在联系；后者的犯罪目的，是非法剥夺他人的生命权利。由于这些区别的存在，在司法实践中，二者的界限一般是不会发生混淆的。但二者之间又存在一定的联系，主要表现在：

（1）抢劫罪虽然主要是侵犯公私财产的所有权，但同时又侵犯了公民的人身权利，而公民的人身权利包括公民的生命权，因此，抢劫罪的客体要件与故意杀人罪的客体要件存在包容关系。

（2）抢劫罪的行为方式是暴力、胁迫或者其他方法，故意杀人罪的行为方式，可以是暴力的，也可以是非暴力的，因此，在犯罪的行为方式方面，二者也存在交叉关系。

（3）抢劫罪一般是先使用暴力、胁迫或者其他方法，而后取得财物，使用暴力、劫取财物者是故意的；故意杀人罪，行为人杀人后，劫走被害人的财物的情况也是很常见的，其杀人、劫物也都是故意的。因此，在这方面二者也有相似之处。对抢劫杀人案件的定性，要根据案件的特点，具体案件具体分析，不能一概而论。从司法实践看，抢劫杀人案件主要有三种情况：

第一，先杀人后拿取财物的案件，即事先只有非法剥夺他人生命的目的，而无抢劫他人财物的目的。杀人以后，见财起意又将被害人财物拿走的案件，应以故意杀人罪和盗窃罪定罪处罚。

第二，在实施抢劫财物过程中先杀人后劫物的案件，即在抢劫财物过程中，先将财物的所有人、经管人杀死，剥夺其反抗能力，当场劫走其财物，杀人是劫走财物的必要手段的案件。虽杀人在先，劫取财物在后，但都发生在抢劫过程中，而且杀人是劫取购物的必要手段。因此，应定抢劫罪。

第三，抢劫以后又杀人的案件，即抢劫财物后，为了保护赃物、抗拒逮捕、毁灭罪证，当场又杀人的，或者为杀人灭口而杀死被害人的案件。杀人灭口行为，与抢劫没有内在联系，因此是两个独立的犯罪，应分别定抢劫罪和故意杀人罪，实行两罪并罚。至于抢劫后为了护赃等而当场使用暴力杀人的，应视为抢劫行为的继续，仍只能定为抢劫罪，为护赃而当场行凶杀人，可作为从重处罚情节。

根据上述分析，对于抢劫杀人案件的定性要把握两条界限：一是杀人是否发生在抢劫财物过程中；二是杀人是不是抢劫财物的必要手段，是否与非法占有公私财物之间存在目的与手段的内在联系。如果杀人行为发生在抢劫过程中，而且是抢劫财物的必要手段，应定抢劫罪；如果杀人行为发生在抢劫财物过程之外，或者虽与抢劫财物过程有联系，但与抢劫财物无内在联系，应定故意杀人罪。

3. 本罪与抢夺罪的界限

（1）客体要件不同。抢劫罪侵犯的是复杂客体，即公私财产所有权和公民的人身权利；抢夺罪侵犯的是单一客体，即公私财产的所有权。

（2）犯罪客观方面不同。抢劫罪在客观方面表现为使用暴力胁迫或者其他方法劫取公私财产的行为，劫取公私财物的数额不限；抢夺罪在客观方面表现为公然夺取公私财物数额较大的行为。这些区别为我们区别抢劫罪与抢夺罪的界限提供了客观标准。但由于抢劫罪与抢夺罪同属侵犯财产的犯罪，彼此之间存在紧密的联系，主要表现在：第一，在客体要件上，二者都侵犯了公私财产所有权。第二，在客观方面，虽然抢劫罪使用的是暴力、胁迫或者其他方法，往往造成被害人伤亡；抢夺罪使用的是强力夺取的方法，直接作用于被抢夺的财物，但有时也会发生致人重伤死亡的结果。暴力和强力性质不同，但从一定意义上说，暴力也是一种强力。因此，二者在客观方面，不仅行为方式有相似之处，而且危害结果也可能相同。第三，在一定条件下，抢劫罪和抢夺罪可以相互转化。《刑法》第269条的规定，其中包括了犯抢夺罪转化为抢劫罪的情况。另外，在司法实践中，有的犯罪分子为了达到非法占有公私财物的目的，往往作了几手准备，哪种手段能达到目的，就使用哪种手段。有的犯罪分子出于抢劫的故意，身带凶器，准备使用暴力、胁迫手段，到作案现场后，发现不需要实施暴力、胁迫方法，由抢而变为偷。有的犯罪分子出于盗窃的故意，在实施盗窃行为时被人发觉，遇到反抗，继而使用暴力、胁迫方法，则由暗偷转化为明抢。在处理此类案件时亦应具体问题具体分析。

4. 本罪与敲诈勒索罪的界限

（1）抢劫罪的"威胁"是当着被害人的面，由行为人直接发出的；敲诈勒索罪的"威胁"，可以是当面发出的，也可以是通过书信、电话、电报等形式发出，可以是行为人本人发出，也可以通过第三人发出。

（2）抢劫罪是迫使被害人当场交出财物；敲诈勒索罪迫使被迫交出财物的时间、地点，可以是当场，也可以是在以后指定的时间、地点交出。

（3）抢劫罪占有的财物只能是动产；敲诈勒索罪占有的财物可以是动产，也可以是不动产。

（4）抢劫罪除使用威胁手段外，还使用暴力或者其他方法，因而往往同时侵害了被害人的人身权利；敲诈勒索罪，不使用暴力或者"其他方法"，因而不侵害公民的人身权利。

（5）主观故意的内容不同。抢劫罪故意的内容是抢劫；敲诈勒索罪故意的内容是敲诈勒索。

5. 本罪与绑架罪的界限

抢劫罪与绑架罪的主要区别是：抢劫罪的客观方面表现为行为人对财物的所有人、经管人当场使用暴力、胁迫或者其他手段迫使其当场交出财物或者当场将其财物劫走；绑架罪的客观方面表现为行为人对财物的所有人（不排斥财物所有人）、经管人的亲属使用暴力、胁迫或麻醉手段，将其劫持，利用被绑架人的亲属或者其他有关人员对被绑架人安危的忧虑，迫使被绑架人的亲属或者其他人交出一定的财物，换取被绑架人的人身安全，因此财物不是当场取得，而是在以后的特定的时间、地点取得；不是由被绑架人直接交出财物，而是由被绑架人的亲属或者其他有关人交出。

6. 转化型抢劫罪的认定

我国《刑法》第 267 条第 2 款规定，"携带凶器抢夺的，依照本法第二百六十三条的规定定罪处罚"；第 269 条规定，"犯盗窃、诈骗、抢夺罪，为窝藏赃物、抗拒抓捕或者毁灭罪证而当场使用暴力或以暴力相威胁的，依照本法第二百六十三条的规定定罪处罚"。

可见，转化型抢劫罪分两类：第一类是携带凶器抢夺转化而成的；第二类是犯盗窃、诈骗、抢夺罪后出于某种目的继续实施特定行为转化而成的。在这两类转化型抢劫罪中，第一类是基于前提行为"携带凶器"而转化，第二类是基于后续行为"使用暴力或者以暴力相威胁"而转化，二者相对而言，"携带凶器"是静态的、消极的，而"使用暴力或者以暴力相威胁"是动态的、积极的。为便于阐述，将第一类称为消极转化型抢劫罪，将第二类称为积极转化型抢劫罪。

二、实务操作

（一）刑法条文

第二百六十三条【抢劫罪】 以暴力、胁迫或者其他方法抢劫公私财物的，处三年以上十年以下有期徒刑，并处罚金；有下列情形之一的，处十年以上有期徒刑、无期徒刑或者死刑，并处罚金或者没收财产：

（一）入户抢劫的；

（二）在公共交通工具上抢劫的；

（三）抢劫银行或者其他金融机构的；

（四）多次抢劫或者抢劫数额巨大的；

（五）抢劫致人重伤、死亡的；

（六）冒充军警人员抢劫的；

（七）持枪抢劫的；

（八）抢劫军用物资或者抢险、救灾、救济物资的。

（二）司法解释及指导性文件

1. 最高人民法院关于审理抢劫案件具体应用法律若干问题的解释（2000年11月28日　法释〔2000〕35号）

为依法惩处抢劫犯罪活动，根据刑法的有关规定，现就审理抢劫案件具体应用法律的若干问题解释如下：

第一条　刑法第二百六十三条第（一）项规定的"入户抢劫"，是指为实施抢劫行为而进入他人生活的与外界相对隔离的住所，包括封闭的院落、牧民的帐篷、渔民作为家庭生活场所的渔船、为生活租用的房屋等进行抢劫的行为。

对于入户盗窃，因被发现而当场使用暴力或者以暴力相威胁的行为，应当认定为入户抢劫。

第二条　刑法第二百六十三条第（二）项规定的"在公共交通工具上抢劫"，既包括在从事旅客运输的各种公共汽车、大、中型出租车，火车，船只，飞机等正在运营中的机动公共交通工具上对旅客、司售、乘务人员实施的抢劫，也包括对运行途中的机动公共交通工具加以拦截后，对公共交通工具上的人员实施的抢劫。

第三条　刑法第二百六十三条第（三）项规定的"抢劫银行或者其他金融机构"，是指抢劫银行或者其他金融机构的经营资金、有价证券和客户的资金等。

抢劫正在使用中的银行或者其他金融机构的运钞车的，视为"抢劫银行或者其他金融机构"。

第四条　刑法第二百六十三条第（四）项规定的"抢劫数额巨大"的认定标准，参照各地确定的盗窃罪数额巨大的认定标准执行。

第五条　刑法第二百六十三条第（七）项规定的"持枪抢劫"，是指行为人使用枪支或者向被害人显示持有、佩带的枪支进行抢劫的行为。"枪支"的概念和范围，适用《中华人民共和国枪支管理法》的规定。

第六条　刑法第二百六十七条第二款规定的"携带凶器抢夺"，是指行为人随身携带枪支、爆炸物、管制刀具等国家禁止个人携带的器械进行抢夺或者为了实施犯罪而携带其他器械进行抢夺的行为。

2. 最高人民法院关于抢劫过程中故意杀人案件如何定罪问题的批复（2001年5月26日　法释〔2001〕16号）

行为人为劫取财物而预谋故意杀人，或者在劫取财物过程中，为制服被害人反抗而故意杀人的，以抢劫罪定罪处罚。

行为人实施抢劫后，为灭口而故意杀人的，以抢劫罪和故意杀人罪定罪，实行数罪并罚。

3. 最高人民检察院关于强迫借贷行为适用法律问题的批复（2014年4月17日　高检发释字〔2014〕1号）

以非法占有为目的，以借贷为名采用暴力、胁迫手段获取他人财物，符合刑法第二百六十三条或者第二百七十四条规定的，以抢劫罪或者敲诈勒索罪追究刑事责任。

4. 最高人民法院、最高人民检察院关于办理与盗窃、抢劫、诈骗、抢夺机动车相关刑事案件具体应用法律若干问题的解释（2007年5月11日　法释〔2007〕11号）

为依法惩治与盗窃、抢劫、诈骗、抢夺机动车相关的犯罪活动，根据刑法、刑事诉讼法等有关法律的规定，现对办理这类案件具体应用法律的若干问题解释如下：

第一条　明知是盗窃、抢劫、诈骗、抢夺的机动车，实施下列行为之一的，依照刑法第三百一十二条的规定，以掩饰、隐瞒犯罪所得、犯罪所得收益罪定罪，处三年以下有期徒刑、拘役或者管制，并处或者单处罚金：

（一）买卖、介绍买卖、典当、拍卖、抵押或者用其抵债的；

（二）拆解、拼装或者组装的；

（三）修改发动机号、车辆识别代号的；

（四）更改车身颜色或者车辆外形的；

（五）提供或者出售机动车来历凭证、整车合格证、号牌以及有关机动车的其他证明和凭证的；

（六）提供或者出售伪造、变造的机动车来历凭证、整车合格证、号牌以及有关机动车的其他证明和凭证的。

实施第一款规定的行为涉及盗窃、抢劫、诈骗、抢夺的机动车五辆以上或者价值总额达到五十万元以上的，属于刑法第三百一十二条规定的"情节严重"，处三年以上七年以下有期徒刑，并处罚金。

第二条 伪造、变造、买卖机动车行驶证、登记证书，累计三本以上的，依照刑法第二百八十条第一款的规定，以伪造、变造、买卖国家机关证件罪定罪，处三年以下有期徒刑、拘役、管制或者剥夺政治权利。

伪造、变造、买卖机动车行驶证、登记证书，累计达到第一款规定数量标准五倍以上的，属于刑法第二百八十条第一款规定中的"情节严重"，处三年以上十年以下有期徒刑。

第三条 国家机关工作人员滥用职权，有下列情形之一，致使盗窃、抢劫、诈骗、抢夺的机动车被办理登记手续，数量达到三辆以上或者价值总额达到三十万元以上的，依照刑法第三百九十七条第一款的规定，以滥用职权罪定罪，处三年以下有期徒刑或者拘役：

（一）明知是登记手续不全或者不符合规定的机动车而办理登记手续的；

（二）指使他人为明知是登记手续不全或者不符合规定的机动车办理登记手续的；

（三）违规或者指使他人违规更改、调换车辆档案的；

（四）其他滥用职权的行为。

国家机关工作人员疏于审查或者审查不严，致使盗窃、抢劫、诈骗、抢夺的机动车被办理登记手续，数量达到五辆以上或者价值总额达到五十万元以上的，依照刑法第三百九十七条第一款的规定，以玩忽职守罪定罪，处三年以下有期徒刑或者拘役。

国家机关工作人员实施前两款规定的行为，致使盗窃、抢劫、诈骗、抢夺的机动车被办理登记手续，分别达到前两款规定数量、数额标准五倍以上的，或者明知是盗窃、抢劫、诈骗、抢夺的机动车而办理登记手续的，属于刑法第三百九十七条第一款规定的"情节特别严重"，处三年以上七年以下有期徒刑。

国家机关工作人员徇私舞弊，实施上述行为，构成犯罪的，依照刑法第三百九十七条第二款的规定定罪处罚。

第四条 实施本解释第一条、第二条、第三条第一款或者第三款规定的行为,事前与盗窃、抢劫、诈骗、抢夺机动车的犯罪分子通谋的,以盗窃罪、抢劫罪、诈骗罪、抢夺罪的共犯论处。

第五条 对跨地区实施的涉及同一机动车的盗窃、抢劫、诈骗、抢夺以及掩饰、隐瞒犯罪所得、犯罪所得收益行为,有关公安机关可以依照法律和有关规定一并立案侦查,需要提请批准逮捕、移送审查起诉、提起公诉的,由该公安机关所在地的同级人民检察院、人民法院受理。

第六条 行为人实施本解释第一条、第三条第三款规定的行为,涉及的机动车有下列情形之一的,应当认定行为人主观上属于上述条款所称"明知":

(一)没有合法有效的来历凭证;

(二)发动机号、车辆识别代号有明显更改痕迹,没有合法证明的。

5. 最高人民法院关于审理抢劫、抢夺刑事案件适用法律若干问题的意见

(2005年6月8日 法发〔2005〕8号)

一、关于"入户抢劫"的认定

根据《抢劫解释》第一条规定,认定"入户抢劫"时,应当注意以下三个问题:一是"户"的范围。"户"在这里是指住所,其特征表现为供他人家庭生活和与外界相对隔离两个方面,前者为功能特征,后者为场所特征。一般情况下,集体宿舍、旅店宾馆、临时搭建工棚等不应认定为"户",但在特定情况下,如果确实具有上述两个特征的,也可以认定为"户"。二是"入户"目的的非法性。进入他人住所须以实施抢劫等犯罪为目的。抢劫行为虽然发生在户内,但行为人不以实施抢劫等犯罪为目的进入他人住所,而是在户内临时起意实施抢劫的,不属于"入户抢劫"。三是暴力或者暴力胁迫行为必须发生在户内。入户实施盗窃被发现,行为人为窝藏赃物、抗拒抓捕或者毁灭罪证而当场使用暴力或者以暴力相威胁的,如果暴力或者暴力胁迫行为发生在户内,可以认定为"入户抢劫";如果发生在户外,不能认定为"入户抢劫"。

二、关于"在公共交通工具上抢劫"的认定

公共交通工具承载的旅客具有不特定多数人的特点。根据《抢劫解释》第二条规定,"在公共交通工具上抢劫"主要是指在从事旅客运输的各种公共汽车、大、中型出租车、火车、船只、飞机等正在运营中的机动公共交通工具上对旅客、司售、乘务人员实施的抢劫。在未运营中的大、中型公共交通工具上针对司售、乘务人员抢劫的,或者在小型出租车上抢劫的,不属于"在公共交通工具上抢劫"。

三、关于"多次抢劫"的认定

刑法第二百六十三条第(四)项中的"多次抢劫"是指抢劫三次以上。对于"多次"的认定,应以行为人实施的每一次抢劫行为均已构成犯罪

为前提,综合考虑犯罪故意的产生、犯罪行为实施的时间、地点等因素,客观分析、认定。对于行为人基于一个犯意实施犯罪的,如在同一地点同时对在场的多人实施抢劫的;或基于同一犯意在同一地点实施连续抢劫犯罪的,如在同一地点连续地对途经此地的多人进行抢劫的;或在一次犯罪中对一栋居民楼房中的几户居民连续实施入户抢劫的,一般应认定为一次犯罪。

四、关于"携带凶器抢夺"的认定

《抢劫解释》第六条规定,"携带凶器抢夺",是指行为人随身携带枪支、爆炸物、管制刀具等国家禁止个人携带的器械进行抢夺或者为了实施犯罪而携带其他器械进行抢夺的行为。行为人随身携带国家禁止个人携带的器械以外的其他器械抢夺,但有证据证明该器械确实不是为了实施犯罪准备的,不以抢劫罪定罪;行为人将随身携带凶器有意加以显示、能为被害人察觉到的,直接适用刑法第二百六十三条的规定定罪处罚;行为人携带凶器抢夺后,在逃跑过程中为窝藏赃物、抗拒抓捕或者毁灭罪证而当场使用暴力或者以暴力相威胁的,适用刑法第二百六十七条第二款的规定定罪处罚。

五、关于转化抢劫的认定

行为人实施盗窃、诈骗、抢夺行为,未达到"数额较大",为窝藏赃物、抗拒抓捕或者毁灭罪证当场使用暴力或者以暴力相威胁,情节较轻、危害不大的,一般不以犯罪论处;但具有下列情节之一的,可依照刑法第二百六十九条的规定,以抢劫罪定罪处罚:

(1)盗窃、诈骗、抢夺接近"数额较大"标准的;

(2)入户或在公共交通工具上盗窃、诈骗、抢夺后在户外或交通工具外实施上述行为的;

(3)使用暴力致人轻微伤以上后果的;

(4)使用凶器或以凶器相威胁的;

(5)具有其他严重情节的。

六、关于抢劫犯罪数额的计算

抢劫信用卡后使用、消费的,其实际使用、消费的数额为抢劫数额;抢劫信用卡后未实际使用、消费的,不计数额,根据情节轻重量刑。所抢信用卡数额巨大,但未实际使用、消费或者实际使用、消费的数额未达到巨大标准的,不适用"抢劫数额巨大"的法定刑。

为抢劫其他财物,劫取机动车辆当作犯罪工具或者逃跑工具使用的,被劫取机动车辆的价值计入抢劫数额;为实施抢劫以外的其他犯罪劫取机动车辆的,以抢劫罪和实施的其他犯罪实行数罪并罚。

抢劫存折、机动车辆的数额计算,参照执行《关于审理盗窃案件具体应用法律若干问题的解释》的相关规定。

七、关于抢劫特定财物行为的定性

以毒品、假币、淫秽物品等违禁品为对象，实施抢劫的，以抢劫罪定罪；抢劫的违禁品数量作为量刑情节予以考虑。抢劫违禁品后又以违禁品实施其他犯罪的，应以抢劫罪与具体实施的其他犯罪实行数罪并罚。

抢劫赌资、犯罪所得的赃款赃物的，以抢劫罪定罪，但行为人仅以其所输赌资或所赢赌债为抢劫对象，一般不以抢劫罪定罪处罚。构成其他犯罪的，依照刑法的相关规定处罚。

为个人使用，以暴力、胁迫等手段取得家庭成员或近亲属财产的，一般不以抢劫罪定罪处罚，构成其他犯罪的，依照刑法的相关规定处理；教唆或者伙同他人采取暴力、胁迫等手段劫取家庭成员或近亲属财产的，可以抢劫罪定罪处罚。

八、关于抢劫罪数的认定

行为人实施伤害、强奸等犯罪行为，在被害人未失去知觉，利用被害人不能反抗、不敢反抗的处境，临时起意劫取他人财物的，应以此前所实施的具体犯罪与抢劫罪实行数罪并罚；在被害人失去知觉或者没有发觉的情形下，以及实施故意杀人犯罪行为之后，临时起意拿走他人财物的，应以此前所实施的具体犯罪与盗窃罪实行数罪并罚。

九、关于抢劫罪与相似犯罪的界限

1. 冒充正在执行公务的人民警察、联防人员，以抓卖淫嫖娼、赌博等违法行为为名非法占有财物的行为定性

行为人冒充正在执行公务的人民警察"抓赌"、"抓嫖"，没收赌资或者罚款的行为，构成犯罪的，以招摇撞骗罪从重处罚；在实施上述行为中使用暴力或者暴力威胁的，以抢劫罪定罪处罚。行为人冒充治安联防队员"抓赌"、"抓嫖"、没收赌资或者罚款的行为，构成犯罪的，以敲诈勒索罪定罪处罚；在实施上述行为中使用暴力或者暴力威胁的，以抢劫罪定罪处罚。

2. 以暴力、胁迫手段索取超出正常交易价钱、费用的钱财的行为定性

从事正常商品买卖、交易或者劳动服务的人，以暴力、胁迫手段迫使他人交出与合理价钱、费用相差不大钱物，情节严重的，以强迫交易罪定罪处罚；以非法占有为目的，以买卖、交易、服务为幌子采用暴力、胁迫手段迫使他人交出与合理价钱、费用相差悬殊的钱物的，以抢劫罪定罪处刑。在具体认定时，既要考虑超出合理价钱、费用的绝对数额，还要考虑超出合理价钱、费用的比例，加以综合判断。

3. 抢劫罪与绑架罪的界限

绑架罪是侵害他人人身自由权利的犯罪，其与抢劫罪的区别在于：第一，

主观方面不尽相同。抢劫罪中,行为人一般出于非法占有他人财物的故意实施抢劫行为,绑架罪中,行为人既可能为勒索他人财物而实施绑架行为,也可能出于其他非经济目的实施绑架行为;第二,行为手段不尽相同。抢劫罪表现为行为人劫取财物一般应在同一时间、同一地点,具有"当场性";绑架罪表现为行为人以杀害、伤害等方式向被绑架人的亲属或其他人或单位发出威胁,索取赎金或提出其他非法要求,劫取财物一般不具有"当场性"。

绑架过程中又当场劫取被害人随身携带财物的,同时触犯绑架罪和抢劫罪两罪名,应择一重罪定罪处罚。

4. 抢劫罪与寻衅滋事罪的界限

寻衅滋事罪是严重扰乱社会秩序的犯罪,行为人实施寻衅滋事的行为时,客观上也可能表现为强拿硬要公私财物的特征。这种强拿硬要的行为与抢劫罪的区别在于:前者行为人主观上还具有逞强好胜和通过强拿硬要来填补其精神空虚等目的,后者行为人一般只具有非法占有他人财物的目的;前者行为人客观上一般不以严重侵犯他人人身权利的方法强拿硬要财物,而后者行为人则以暴力、胁迫等方式作为劫取他人财物的手段。司法实践中,对于未成年人使用或威胁使用轻微暴力强抢少量财物的行为,一般不宜以抢劫罪定罪处罚。其行为符合寻衅滋事罪特征的,可以寻衅滋事罪定罪处罚。

5. 抢劫罪与故意伤害罪的界限

行为人为索取债务,使用暴力、暴力威胁等手段的,一般不以抢劫罪定罪处罚。构成故意伤害等其他犯罪的,依照刑法第二百三十四条等规定处罚。

十、抢劫罪的既遂、未遂的认定

抢劫罪侵犯的是复杂客体,既侵犯财产权利又侵犯人身权利,具备劫取财物或者造成他人轻伤以上后果两者之一的,均属抢劫既遂;既未劫取财物,又未造成他人人身伤害后果的,属抢劫未遂。据此,刑法第二百六十三条规定的八种处罚情节中除"抢劫致人重伤、死亡的"这一结果加重情节之外,其余七种处罚情节同样存在既遂、未遂问题,其中属抢劫未遂的,应当根据刑法关于加重情节的法定刑规定,结合未遂犯的处理原则量刑。

十一、驾驶机动车、非机动车夺取他人财物行为的定性

对于驾驶机动车、非机动车(以下简称"驾驶车辆")夺取他人财物的,一般以抢夺罪从重处罚。但具有下列情形之一,应当以抢劫罪定罪处罚:

(1) 驾驶车辆,逼挤、撞击或强行逼倒他人以排除他人反抗,乘机夺取财物的;

(2) 驾驶车辆强抢财物时,因被害人不放手而采取强拉硬拽方法劫取财物的;

（3）行为人明知其驾驶车辆强行夺取他人财物的手段会造成他人伤亡的后果，仍然强行夺取并放任造成财物持有人轻伤以上后果的。

6. 关于审理抢劫刑事案件适用法律若干问题的指导意见（2016年1月6日法发〔2016〕2号）

二、关于抢劫犯罪部分加重处罚情节的认定

1. 认定"入户抢劫"，要注重审查行为人"入户"的目的，将"入户抢劫"与"在户内抢劫"区别开来。以侵害户内人员的人身、财产为目的，入户后实施抢劫，包括入户实施盗窃、诈骗等犯罪而转化为抢劫的，应当认定为"入户抢劫"。因访友办事等原因经户内人员允许入户后，临时起意实施抢劫，或者临时起意实施盗窃、诈骗等犯罪而转化为抢劫的，不应认定为"入户抢劫"。

对于部分时间从事经营、部分时间用于生活起居的场所，行为人在非营业时间强行入内抢劫或者以购物等为名骗开房门入内抢劫的，应认定为"入户抢劫"。对于部分用于经营、部分用于生活且之间有明确隔离的场所，行为人进入生活场所实施抢劫的，应认定为"入户抢劫"；如场所之间没有明确隔离，行为人在营业时间入内实施抢劫的，不认定为"入户抢劫"，但在非营业时间入内实施抢劫的，应认定为"入户抢劫"。

2. "公共交通工具"，包括从事旅客运输的各种公共汽车，大、中型出租车，火车，地铁，轻轨，轮船，飞机等，不含小型出租车。对于虽不具有商业营运执照，但实际从事旅客运输的大、中型交通工具，可认定为"公共交通工具"。接送职工的单位班车、接送师生的校车等大、中型交通工具，视为"公共交通工具"。

"在公共交通工具上抢劫"，既包括在处于运营状态的公共交通工具上对旅客及司售、乘务人员实施抢劫，也包括拦截运营途中的公共交通工具对旅客及司售、乘务人员实施抢劫，但不包括在未运营的公共交通工具上针对司售、乘务人员实施抢劫。以暴力、胁迫或者麻醉等手段对公共交通工具上的特定人员实施抢劫的，一般应认定为"在公共交通工具上抢劫"。

3. 认定"抢劫数额巨大"，参照各地认定盗窃罪数额巨大的标准执行。抢劫数额以实际抢劫到的财物数额为依据。对以数额巨大的财物为明确目标，由于意志以外的原因，未能抢到财物或实际抢得的财物数额不大的，应同时认定"抢劫数额巨大"和犯罪未遂的情节，根据刑法有关规定，结合未遂犯的处理原则量刑。

根据《两抢意见》第六条第一款规定，抢劫信用卡后使用、消费的，以行为人实际使用、消费的数额为抢劫数额。由于行为人意志以外的原因无法实际使用、消费的部分,虽不计入抢劫数额,但应作为量刑情节考虑。通过银行转账或者电子支付、手机银行等支付平台获取抢劫财物的,以行为人实际获取的财物为抢劫数额。

4. 认定"冒充军警人员抢劫",要注重对行为人是否穿着军警制服、携带枪支、是否出示军警证件等情节进行综合审查,判断是否足以使他人误以为是军警人员。对于行为人仅穿着类似军警的服装或仅以言语宣称系军警人员但未携带枪支、也未出示军警证件而实施抢劫的,要结合抢劫地点、时间、暴力或威胁的具体情形,依照常人判断标准,确定是否认定为"冒充军警人员抢劫"。

军警人员利用自身的真实身份实施抢劫的,不认定为"冒充军警人员抢劫",应依法从重处罚。

三、关于转化型抢劫犯罪的认定

根据刑法第二百六十九条的规定,"犯盗窃、诈骗、抢夺罪,为窝藏赃物、抗拒抓捕或者毁灭罪证而当场使用暴力或者以暴力相威胁的",依照抢劫罪定罪处罚。"犯盗窃、诈骗、抢夺罪",主要是指行为人已经着手实施盗窃、诈骗、抢夺行为,一般不考察盗窃、诈骗、抢夺行为是否既遂。但是所涉财物数额明显低于"数额较大"的标准,又不具有《两抢意见》第五条所列五种情节之一的,不构成抢劫罪。"当场"是指在盗窃、诈骗、抢夺的现场以及行为人刚离开现场即被他人发现并抓捕的情形。

对于以摆脱的方式逃脱抓捕,暴力强度较小,未造成轻伤以上后果的,可不认定为"使用暴力",不以抢劫罪论处。

入户或者在公共交通工具上盗窃、诈骗、抢夺后,为了窝藏赃物、抗拒抓捕或者毁灭罪证,在户内或者公共交通工具上当场使用暴力或者以暴力相威胁的,构成"入户抢劫"或者"在公共交通工具上抢劫"。

两人以上共同实施盗窃、诈骗、抢夺犯罪,其中部分行为人为窝藏赃物、抗拒抓捕或者毁灭罪证而当场使用暴力或者以暴力相威胁的,对于其余行为人是否以抢劫罪共犯论处,主要看其对实施暴力或者以暴力相威胁的行为人是否形成共同犯意、提供帮助。基于一定意思联络,对实施暴力或者以暴力相威胁的行为人提供帮助或实际成为帮凶的,可以抢劫共犯论处。

四、具有法定八种加重处罚情节的刑罚适用

1. 根据刑法第二百六十三条的规定,具有"抢劫致人重伤、死亡"等八种法定加重处罚情节的,处十年以上有期徒刑、无期徒刑或者死刑,并处罚金或者没收财产。应当根据抢劫的次数及数额、抢劫对人身的损害、对社会治安的危害等情况,结合被告人的主观恶性及人身危险程度,并根据量刑规范化的有关规定，确定具体的刑罚。判处无期徒刑以上刑罚的，一般应并处没收财产。

2. 具有下列情形之一的，可以判处无期徒刑以上刑罚：

（1）抢劫致三人以上重伤，或者致人重伤造成严重残疾的；

（2）在抢劫过程中故意杀害他人，或者故意伤害他人，致人死亡的；

（3）具有除"抢劫致人重伤、死亡"外的两种以上加重处罚情节，或者抢劫次数特别多、抢劫数额特别巨大的。

3. 为劫取财物而预谋故意杀人，或者在劫取财物过程中为制服被害人反抗、抗拒抓捕而杀害被害人，且被告人无法定从宽处罚情节的，可依法判处死刑立即执行。对具有自首、立功等法定从轻处罚情节的，判处死刑立即执行应当慎重。对于采取故意杀人以外的其他手段实施抢劫并致人死亡的案件，要从犯罪的动机、预谋、实行行为等方面分析被告人主观恶性的大小，并从有无前科及平时表现、认罪悔罪情况等方面判断被告人的人身危险程度，不能不加区别，仅以出现被害人死亡的后果，一律判处死刑立即执行。

4. 抢劫致人重伤案件适用死刑，应当更加慎重、更加严格，除非具有采取极其残忍的手段造成被害人严重残疾等特别恶劣的情节或者造成特别严重后果的，一般不判处死刑立即执行。

5. 具有刑法第二百六十三条规定的"抢劫致人重伤、死亡"以外其他七种加重处罚情节，且犯罪情节特别恶劣、危害后果特别严重的，可依法判处死刑立即执行。认定"情节特别恶劣、危害后果特别严重"，应当从严掌握，适用死刑必须非常慎重、非常严格。

五、抢劫共同犯罪的刑罚适用

1. 审理抢劫共同犯罪案件，应当充分考虑共同犯罪的情节及后果、共同犯罪人在抢劫中的作用以及被告人的主观恶性、人身危险性等情节，做到准确认定主从犯，分清罪责，以责定刑，罚当其罪。一案中有两名以上主犯的，要从犯罪提意、预谋、准备、行为实施、赃物处理等方面区分出罪责最大者和较大者；有两名以上从犯的，要在从犯中区分出罪责相对更轻者和较轻者。对从犯的处罚，要根据案件的具体事实、从犯的罪责，确定从轻还是减轻处罚。对具有自首、立功或者未成年人且初次抢劫等情节的从犯，可以依法免除处罚。

2. 对于共同抢劫致一人死亡的案件，依法应当判处死刑的，除犯罪手段特别残忍、情节及后果特别严重、社会影响特别恶劣、严重危害社会治安的外，一般只对共同抢劫犯罪中作用最突出、罪行最严重的那名主犯判处死刑立即执行。罪行最严重的主犯如因系未成年人而不适用死刑，或者因具有自首、立功等法定从宽处罚情节而不判处死刑立即执行的，不能不加区别地对其他主犯判处死刑立即执行。

3. 在抢劫共同犯罪案件中,有同案犯在逃的,应当根据现有证据尽量分清在押犯与在逃犯的罪责,对在押犯应按其罪责处刑。罪责确实难以分清,或者不排除在押犯的罪责可能轻于在逃犯的,对在押犯适用刑罚应当留有余地,判处死刑立即执行要格外慎重。

六、累犯等情节的适用

根据刑法第六十五条第一款的规定,对累犯应当从重处罚。抢劫犯罪被告人具有累犯情节的,适用刑罚时要综合考虑犯罪的情节和后果,所犯前后罪的性质、间隔时间及判刑轻重等情况,决定从重处罚的力度。对于前罪系抢劫等严重暴力犯罪的累犯,应当依法加大从重处罚的力度。对于虽不构成累犯,但具有抢劫犯罪前科的,一般不适用减轻处罚和缓刑。对于可能判处死刑的罪犯具有累犯情节的也应慎重,不能只要是累犯就一律判处死刑立即执行;被告人同时具有累犯和法定从宽处罚情节的,判处死刑立即执行应当综合考虑,从严掌握。

七、关于抢劫案件附带民事赔偿的处理原则

要妥善处理抢劫案件附带民事赔偿工作。审理抢劫刑事案件,一般情况下人民法院不主动开展附带民事调解工作。但是,对于犯罪情节不是特别恶劣或者被害方生活、医疗陷入困境,被告人与被害方自行达成民事赔偿和解协议的,民事赔偿情况可作为评价被告人悔罪态度的依据之一,在量刑上酌情予以考虑。

7. 最高人民法院研究室关于对在绑架勒索犯罪过程中对同一受害人又有抢劫行为应如何定罪问题的答复(1995年5月30日)

行为人在绑架勒索犯罪过程中,又抢劫同一人被害人财物的,应以绑架勒索罪定罪,从重处罚;同时又抢劫他人财物的,应分别以绑架勒索罪、抢劫罪定罪,实行数罪并罚。

8. 最高人民法院研究室关于对非法占有强迫他人卖血所得款物案件如何定性问题的意见函(1995年10月23日)

被告人以非法占有为目的,强迫被害人卖血后占有卖血所得款物的行为,构成抢劫罪;其间实施的非法剥夺被害人人身自由的行为,应作为抢劫罪从重处罚酌情节予以考虑。

9. 最高人民法院关于常见犯罪的量刑指导意见(2017年4月1日 法发〔2017〕7号)

(五)抢劫罪

1. 构成抢劫罪的,可以根据下列不同情形在相应的幅度内确定量刑起点:

（1）抢劫一次的，可以在三年至六年有期徒刑幅度内确定量刑起点。

（2）有下列情形之一的，可以在十年至十三年有期徒刑幅度内确定量刑起点：入户抢劫的；在公共交通工具上抢劫的；抢劫银行或者其他金融机构的；抢劫三次或者抢劫数额达到数额巨大起点的；抢劫致一人重伤的；冒充军警人员抢劫的；持枪抢劫的；抢劫军用物资或者抢险、救灾、救济物资的。依法应当判处无期徒刑以上刑罚的除外。

2. 在量刑起点的基础上，可以根据抢劫情节严重程度、抢劫次数、数额、致人伤害后果等其他影响犯罪构成的犯罪事实增加刑罚量，确定基准刑。

（三）裁判要旨

1. 董某某、宋某某抢劫案（最高法指导案例14号）

【裁判要旨】对判处管制或者宣告缓刑的未成年被告人，可以根据其犯罪的具体情况以及禁止事项与所犯罪行的关联程度，对其适用"禁止令"。对于未成年人因上网诱发犯罪的，可以禁止其在一定期限内进入网吧等特定场所。

2. 陈邓昌抢劫、盗窃，付志强盗窃案（最高检指导性案例17号）

【裁判要旨】（1）对于入户盗窃，因被发现而当场使用暴力或者以暴力相威胁的行为，应当认定为"入户抢劫"。（2）在人民法院宣告判决前，人民检察院发现被告人有遗漏的罪行可以一并起诉和审理的，可以补充起诉。（3）人民检察院认为同级人民法院第一审判决重罪轻判，适用刑罚明显不当的，应当提出抗诉。

3. 陈祥国绑架案（《最高人民法院公报》2007年第1期，总第123期）

【裁判要旨】行为人以暴力、胁迫的方法要求被害人交出自己的财产，由于被害人的财产不在身边，行为人不得不同意被害人通知其他人送来财产，也不得不与被害人一起等待财产的到来。这种行为不是以被害人为人质向被害人以外的第三人勒索财物，而是符合"使用暴力、胁迫方法当场强行劫取财物"的抢劫罪特征，应当按照《刑法》第263条的规定定罪处罚。

【案号】一审：（2015）沪二中刑初字第82号

4. 朱波伟、雷秀平抢劫案（《最高人民法院公报》2006年第4期，总第114期）

【裁判要旨】强迫交易罪以存在交易关系为前提，侵犯的客体是交易相对方的合法权益和商品交易市场秩序，主观目的是在不合理的价格或不正当的方式下进行交易，而抢劫罪侵犯的客体是公私财物所有权和他人人身权利，主观目的是将公私财物非法占有，在此基础上抢劫罪犯罪人使用的暴力和胁迫的强度都要大于强迫交易罪。据此，出租车驾驶员在正常营运过程中，使用暴力、威胁手段，向乘客索取高额服务费的行为应符合强迫交易罪的犯罪构成，而不构成抢劫罪。

5. 张显辉、张显明、李彦波、李彦斌爆炸、故意杀人、抢劫案（《最高人民检察院公报》2003年第5期，总期76号）

【裁判要旨】在银行附近安放爆炸装置，并趁机持枪抢劫运钞车的行为，已分别构成爆炸罪和抢劫罪。

6. 黄虎、林庆爵、廖树海抢劫、故意杀人、私藏枪支、弹药、窝藏案（《最高人民法院公报》1996年第3期，总第47期）

【裁判要旨】抢劫罪是指以非法占有为目的，当场使用暴力、胁迫或者其他方法，强行立即夺取公私财物的行为。故意杀人罪，是指故意非法剥夺他人生命的行为。二罪既有区别也有联系。司法实践中，对于抢劫杀人案件的定性主要有以下两种情形，即：如果杀人行为发生在抢劫过程中，而且是抢劫财物的必要手段，应定为抢劫罪；如果杀人行为与抢劫财物过程有联系，但与抢劫财物无内在联系，应定为故意杀人罪。对于被告人携带私藏的枪支抢劫他人财物，并在抢劫过程中枪击致财物所有人及他人死伤的，此过程同时包含了以上两种情形，因此对被告人除以抢劫罪认定外，还应以故意杀人罪定罪。同时，由于被告人使用的作案工具为其私藏的枪支，因此被告人同时犯有数罪，应以抢劫、故意杀人、私藏枪支弹药罪数罪并罚。根据罪刑相适应原则，经有死刑复核权限的法院复核，可对被告执行死刑。

7. 吴黎宏、胡志瀚、余爱军抢劫、故意杀人案（《最高人民检察院公报》1995年第3期，总期27号）

【裁判要旨】以伤害他人为手段，而夺取他人钱财，造成他人重伤或死亡的，应当作为抢劫罪的加重结果来处罚。但是对于在抢劫行为已经结束以后，为了杀人灭口而将他人杀害的，致人死亡的危害结果不是实施抢劫的手段行为造成的，而是以灭口为犯罪动机，以剥夺他人生命为目的的故意杀人行为，因此，持械胁迫劫取他人钱财，后又杀人灭口的，应当依照《刑法》第150条和第132条规定的抢劫罪和故意杀人罪数罪并罚。

8. 梁克财等抢劫案（《最高人民法院公报》2010年第6期，总第164期）

【裁判要旨】最高人民法院《关于对为索取法律不予保护的债务非法拘禁他人行为如何定罪问题的解释》规定，行为人为索取高利贷、赌债等法律不予保护的债务，非法扣押、拘禁他人的，依照《刑法》第238条的规定定罪处罚。据此，在上述规定情形下构成非法拘禁罪的前提条件，是实际存在高利贷、赌债等法律不予保护的债务。行为人仅是主观上怀疑受害人在赌局中对其设计骗局，为追回赌资而非法劫持受害人，逼迫受害人交出财物的，不属于上述司法解释规定的情形。其采取非法劫持的手段逼迫他人交出财物的行为，符合抢劫罪的构成要件，应当依照《刑法》第263条的规定进行处罚。

9. 魏培明等人抢劫案（《最高人民法院公报》2005年第4期，总第102期）

【裁判要旨】刑法"入户抢劫"中的"户"，是指公民以居住、生活为目的，与外界相对隔离的场所。根据最高人民法院《关于审理抢劫案件具体应用法律若干问题的解释》规定，"户"为他人生活的与外界相对隔离的住所，包括封闭的院落、牧民的帐篷、渔民作为家庭生活场所的渔船、为生活租用的房屋等。由此可知，认定何为刑法意义上的"户"，应当是以生活为目的或主要以生活为目的设立的场所为标准，为生产、经营、学习设立的场所，则不宜认定为"户"。对于以经营为目的的商店，店中用于生活的区域处于非封闭状态，与经营区域没有明显隔离，不能认定为刑法意义上的"户"。犯罪分子以抢劫商店营业款为目的，进入经营区域和生活区域没有明显隔离的商店实施抢劫，构成抢劫罪，但不能认定为"入户抢劫"。

10. 王顺昌抢劫、盗窃抗诉案（《最高人民检察院公报》2000年第5期，总期58号）

【裁判要旨】入室盗窃，为抗拒抓捕或者毁灭罪证而当场使用暴力或者以暴力相威胁的，属于盗窃罪转化为抢劫罪，以抢劫罪论处。对于犯罪人在入室盗窃时，遇房主回来，遂抢其钱财并杀害的情形，符合我国《刑法》第269条盗窃罪转化为抢劫罪的规定和第263条抢劫罪中，抢劫致人重伤、死亡的加重情节。对犯罪人不以盗窃罪、抢劫罪、故意杀人罪进行数罪并罚，而应以抢劫罪一罪从重处罚。

11. 白雪云等抢劫案（《最高人民法院公报》2008年第5期，总第139期）

【裁判要旨】采用欺骗手段，对被害人实施禁闭控制其人身自由，当场劫取财物，是否构成抢劫罪？根据《刑法》第263条的规定，抢劫罪是指以非法占有为目的，以暴力、胁迫或者其他方法，强行劫取公私财物的行为。所谓"暴力"，是指犯罪人对被害人的身体实施打击或者强制，如杀伤、殴打、捆绑或禁闭等，致使被害人不能反抗、不敢反抗或者丧失反抗能力的犯罪手段。对公私财物的所有者、保管者或者守护者当场施以暴力、胁迫或者其他手段，立即强行劫取公私财物，是构成抢劫罪的客观要件，是抢劫犯罪的重要行为特征。如果犯罪人主观具有强行劫取被害人随身携带的财物的犯罪故意，客观上通过对被害人实施强制禁闭的暴力方法来实现对被害人的财物的实际占有，根据刑法主客观相一致原则，构成抢劫罪。

12. 行为手段的当场性并非区分抢劫罪与绑架罪的标准（《人民司法》2016年第2期，第23页）

【裁判要旨】行为手段是否具有当场性不是区分抢劫罪与绑架罪的科学标准，应以被告人胁迫的对象是被其控制而失去人身自由的人质还是人质之外的第三人来界定。如果是失去人身自由的人质，就构成抢劫罪；如果是人质之外的第三人，则构成绑架罪，财物是否当场交付在所不问。本案被告人将未成年人作为人质，逼迫人质的亲属当场交付财物，构成绑架罪而非抢劫罪。

【案号】一审：（2013）大刑一初字第196号

二审：（2014）辽刑三终字第9号

13. 实施伤害后又拿走财物应数罪并罚（《人民司法》2016年第2期，第27页）

【裁判要旨】对行为人实施伤害行为后，又利用被害人因受到伤害而不敢反抗的处境拿走被害人的财物，应视行为人是否具有非法占有目的，可能分别构成抢劫罪、故意毁坏财物罪，并与此前实施的故意伤害罪并罚。行为人是否具有非法占有目的，应结合行为人的供述及客观行为综合认定。

【案号】一审：（2014）历城刑初字第414号

二审：（2015）济刑一终字第51号

14. 谎称嫖娼进卖淫女房屋抢劫的行为定性（《人民司法》2016年第8期，第14页）

【裁判要旨】被害人通过网络公开招嫖，其居住的房屋虽在物理空间上具有一定的封闭性，但实质上是面向不特定的多数人公开的，未能与外界有效隔离，不属于刑法意义上的户。因此，被告人谎称嫖娼，诱骗被害人开门后实施抢劫的，其行为成立一般抢劫而非入户抢劫。

【案号】一审：（2014）徐刑初字第382号

二审：（2014）沪一中刑终字第1301号

15. 对转化型抢劫中持枪情节的评价（《人民司法》2016年第17期，第31页）

【裁判要旨】作为定罪情节，持枪拒捕在抢劫罪的定罪中使用的是其暴力拒捕的部分，而在抢劫罪的量刑中使用的是持枪部分，二者并行不悖，并不重复。

16. 劫取银行承兑汇票并控制套现构成抢劫罪（《人民司法》2016年第32期，第30页）

【裁判要旨】行为人劫取他人买卖占有的银行承兑汇票，并在控制占有人前提下对票据进行套现，其行为构成抢劫罪。对于被害人的身份认定，应以实际损失主体为判断标准，票据占有人、被套现者均应认定为本案被害人，平等进行保护。

【案号】一审：（2014）扬刑初字第 0002 号

二审：（2014）苏刑一终字第 00162 号

17. 人身危险性极大应依法在判处死缓时限制减刑（《人民司法》2015 年第 4 期，第 19 页）

【裁判要旨】被告人人身危险性大小是适用限制减刑的重要考量因素。抢劫犯罪行为虽未造成死亡等极为严重后果，若被告人人身危险性极大，单纯判处被告人死缓刑明显罪责刑不相当的，应依法限制减刑。

【案号】一审：（2013）浙杭刑初字第 208 号

二审：（2014）浙刑二终字第 1 号

18. 在公共交通工具之外实施暴力不构成在公共交通工具上抢劫（《人民司法》2015 年第 4 期，第 32 页）

【裁判要旨】刑法规定的在公共交通工具上抢劫，要求暴力或者暴力胁迫行为必须发生在公共交通工具之内。如在公共交通工具上犯盗窃、诈骗、抢夺罪，为窝藏赃物、抗拒抓捕或者毁灭罪证而在公共交通工具之外使用暴力或者以暴力相威胁的，不属于在公共交通工具上抢劫。

【案号】一审：（2013）甬北刑初字第 25 号

二审：（2013）浙甬刑二终字第 177 号

19. 转化型抢劫罪的既未遂标准与普通抢劫罪一致（《人民司法》2015 年第 4 期，第 34 页）

【裁判要旨】转化型抢劫罪不仅存在既未遂的犯罪形态，且转化型抢劫罪的既遂与未遂标准应当与普通抢劫罪的既遂与未遂标准一致，即以最终是否取得财物和是否导致他人轻伤以上后果中的任何一种为既遂的标准。

【案号】一审：（2014）户刑初字第 00047 号

二审：（2014）西中刑二终字第 00060 号

20. 驾驶车辆夺取他人财物的刑法评价（《人民司法》2015 年第 10 期，第 28 页）

【裁判要旨】行为人驾驶车辆，瞬间加快车速，逼挤、撞击或强行逼倒他人，排除反抗并乘机夺取财物的，其行为具有直接的人身暴力指向性，属于以暴力、胁迫或其他方法抢劫公私财物，不宜再以是否造成被害人轻伤以上后果区别认定抢夺罪、抢劫罪，而应根据《刑法》第 263 条之规定，直接以抢劫罪定罪处罚。

【案号】一审：（2013）崇刑初字第 0066 号

二审：（2013）通中刑终字第 0036 号

21. 入户盗窃后为抗拒抓捕使用轻微暴力的定性（《人民司法》2015 年第 16 期，第 16 页）

【裁判要旨】入户盗窃少量财物，被发现后为抗拒抓捕在户内使用轻微暴力，没有给被害人造成严重人身伤害的，应当转化为抢劫罪的基本犯，不宜直接以入户抢劫论处。

【案号】一审：（2013）浦刑初字第 3656 号
二审：（2013）沪一中刑终字第 1536 号

22. 怂恿他人持枪抢劫属教唆犯（《人民司法》2015 年第 18 期，第 59 页）

【裁判要旨】行为人在部分实行犯已具有概括犯意的情况下，撮合他人与之共同实施抢劫行为，并促使其采用持枪的加重情节的方式，构成教唆犯而非精神性帮助犯。对此种教唆犯，按照其在案件中所起的地位作用，依照主犯处罚。

【案号】一审：（2014）鼓刑初字第 330 号
二审：（2015）宁刑终字第 34 号

23. 利用抢劫形成的精神强制与被害妇女发生性关系构成强奸罪（《人民司法》2015 年第 22 期，第 16 页）

【裁判要旨】利用先前抢劫行为对被害妇女形成的精神强制，即使被动与被害妇女发生性关系，被告人的行为亦构成强奸罪。

【案号】一审：（2014）锦刑一初字第 30 号
二审：（2014）辽刑一终字第 134 号
复核：（2015）刑五复 60153920 号

24. 扒窃转化型抢劫罪中对公共交通工具不能重复评价（《人民司法》2013 年第 14 期，第 66 页）

【裁判要旨】侵财性转化型抢劫罪的既遂标准为，实施暴力或以暴力相威胁与被害人丧失财物控制及被告人劫取财物之间存在直接关联，即被告人因实施暴力（或以暴力相威胁后）而最终取得了对财物的控制，为既遂。在公共交通工具上盗窃已作为扒窃型盗窃罪的定罪条件进行评价后，不能再次作为转化型抢劫罪的加重量刑情节进行重复评价。

【案号】一审：（2013）东刑初字第 00135 号

25. 多次抢劫的犯罪形态（《人民司法》2013 年第 22 期，第 66 页）

【裁判要旨】多次抢劫是我国刑法规定的加重情节之一，只要被告人实施抢劫3次以上，且每次行为均构成犯罪即可。多次抢劫的犯罪形态的认定，应当体现从严惩处的精神，只有所有抢劫行为均未遂的，才能以抢劫（未遂）论处。

【案号】一审：（2012）永法刑初字第00577号

26. 基于其他目的实施暴力后索取财物应以抢劫罪定性（《人民司法》2013年第24期，第63页）

【裁判要旨】在行为人基于其他原因，限制被害人的人身自由，并对被害人实施暴力行为，被害人为免受伤害主动提出给付行为人财物，行为人也予以接受的行为模式中，行为人实施暴力时主观上虽然不以取财为目的，但其在实施取财行为时利用了之前暴力行为所形成的威慑，被害人主动给付财物也是基于之前遭受的暴力行为所形成的心理强制，因此，应以抢劫罪定性。

【案号】一审：（2012）渝北法刑初字第00228号
二审：（2012）渝一中法刑终字第00201号

27. 暴力威慑下的抢劫罪认定（《人民司法》2012年第6期，第76页）

【裁判要旨】抢劫罪中的暴力必须是为了压制被害人反抗而实施的人身伤害行为，单纯的故意伤害行为不足以认定为抢劫罪的暴力行为。行为人先前故意伤害行为形成了客观暴力威慑并致被害人不敢反抗，行为人借此而当场劫取被害人财物的，属于以胁迫方法抢劫财物，应当认定为抢劫罪。

【案号】一审：（2011）虹刑初字第845号
二审：（2011）沪二中刑终字第706号

28. 以麻醉方法抢劫的审查和认定（《人民司法》2012年第8期，第70页）

【裁判要旨】被告人到案后即如实供述给被害人食用了投放有安眠药的蛋挞后抢劫其财物，但鉴定结论表明没有从被害人尿样中检出安眠药成分，此时应当认真审查鉴定结论并综合全案证据来分析认定。

【案号】一审：（2011）虹刑初字第378号
二审：（2011）沪二中刑终字第526号

29. 应当免除处罚的犯罪中止不应计入犯罪次数（《人民司法》2012年第22期，第14页）

【裁判要旨】犯罪中止是否免除处罚的标准是有无造成刑法意义上的损害，即行为人的行为所触犯的本罪名以外的刑法所规定的作为其他犯罪的构成要件的危害结果；对于刑法规定的多次抢劫应当从严掌握，应以多次抢劫中的每一次抢劫均构成犯罪且应当处以刑罚为要件，而不应包括应当免除处罚的犯罪中止。

【案号】一审：(2011) 徐刑初字第 550 号
二审：(2011) 沪一中刑终字第 714 号

30. 因抢劫致被害人被过往车辆撞死应认定为抢劫致人死亡（《人民司法》2012 年第 22 期，第 56 页）

【裁判要旨】行为人在高速公路上持刀抢劫，致被害人弃车逃跑呼救过程中被过往车辆撞死，其暴力抢劫行为是被害人死亡结果得以发生的内在支配因素，两者之间具有刑法上的因果关系。该行为符合抢劫罪结果加重犯的犯罪构成，应当认定为抢劫致人死亡。

【案号】一审：(2012) 丹刑初字第 189 号

31. 盗窃后持枪抗拒抓捕属于持枪抢劫（《人民司法》2011 年第 2 期，第 68 页）

【裁判要旨】在实施转化型抢劫的暴力行为过程中伴随有持枪的情形，故属于持枪抢劫，并致他人轻伤，情节严重，该行为的社会危害性明显大于普通的抢劫行为的社会危害性，故属于持枪抢劫。

【案号】一审：(2009) 汇刑初字第 536 号
二审：(2009) 沪一中刑终字第 726 号

32. 当面勒索与当场抢劫的区分（《人民司法》2011 年第 14 期，第 11 页）

【裁判要旨】被告人绑架他人后，挟人质至被害人亲属住所，仅以人质的人身安危相威胁，逼迫其亲属交付一定数额财物，并未对亲属的人身及其家中财产安全造成直接的威胁，应认定为绑架罪。

【案号】一审：(2010) 海刑初字第 99 号
二审：(2011) 连刑终字第 0002 号

33. 未实际抢得财物情形下抢劫数额巨大情节加重处罚条款的适用（《人民司法》2011 年第 14 期，第 48 页）

【裁判要旨】被告人霍刚、王鑫合谋随机抢劫，致受害人轻伤，但由于受害人反抗而未实际抢得财物。被告人霍刚、王鑫在实施抢劫时并不知道被害人林某的财物达到数额巨大，但被害人林某被抢劫的裤袋内和挂包内的财物达到数额巨大。笔者认为被告人霍刚、王鑫构成抢劫犯罪既遂毫无异议，但被告人霍刚、王鑫没有抢劫数额巨大财物的主观故意，也没有明知是数额巨大的财物而实施抢劫，最后也没有抢得数额巨大的财物，依据犯罪主客观相一致和刑罚罪刑相一致原则的精神，不应当对被告人霍刚、王鑫适用抢劫数额巨大情节的加重处罚条款。

【案号】一审：(2010) 东二法刑初字第 192 号
二审：(2010) 东中法刑终字第 167 号

34. 未成年人抢劫、寻衅滋事等罪名之辨（《人民司法》2011 年第 14 期，第 51 页）

【裁判要旨】未成年人以大欺小、以强凌弱或者寻求精神刺激，随意殴打，以轻微暴力索要少量财物，不构成抢劫罪，扰乱公共场所秩序情节严重的，可以寻衅滋事罪定罪处罚。

【案号】一审：（2009）普少刑初字第 183 号

35. 对行驶中车辆实施砸车抢钱行为构成抢劫罪（《人民司法》2011 年第 22 期，第 56 页）

【裁判要旨】汽车本身是一个相对封闭的空间，驾驶者精神高度集中，被告人对行驶中汽车实施砸车抢夺财物的行为，必然会给驾驶者带来恐惧、紧张的心理刺激，实质上对其造成了精神上的强制。被告人为实施抢夺行为而携带并在抢夺过程中使用了凶器的，即使凶器没有外露或被害人没有看见，也不影响抢夺行为转化为抢劫行为。结合宽严相济的刑事政策，这一砸车抢钱行为较普通的飞车行抢具有更严重的社会危害性，应依法从严惩处。因此，认定被告人的行为构成抢劫罪。

【案号】一审：（2011）云刑初字第 241 号
二审：（2011）穗中法刑二终字第 244 号

36. 入户抢劫中入户目的非法性的把握（《人民司法》2011 年第 22 期，第 63 页）

【裁判要旨】入户抢劫中入户目的的非法性，是指进入他人住所须以实施抢劫、盗窃、诈骗、抢夺犯罪为目的。被告人以实施强奸犯罪为目的进入被害人房间，在户内临时起意实施抢劫行为，不属入户抢劫。

【案号】一审：（2011）昆刑初字第 0166 号
二审：（2011）苏中刑终字第 110 号

37. 运赃途中抗拒抓捕不构成转化型抢劫（《人民司法》2010 年第 6 期，第 13 页）

【裁判要旨】盗窃构成转化型抢劫，行为人的暴力或者以暴力相威胁行为必须是当场实施。在盗窃现场未被发觉，在运赃途中被发觉，为抗拒抓捕而杀人，不能认定转化为抢劫罪。

【案号】一审：（2009）沪一中刑初字第 21 号
复核：（2009）沪高刑复字第 50 号

38. 进入卖淫女住所嫖宿数天后再行抢劫之定性（《人民司法》2010 年第 10 期，第 67 页）

【裁判要旨】对于用于非法营利活动的住所，其实际承载的功能应成为决定该住所是否为户的关键因素；对于在客观层面上以平和方式貌似合法地进入他人住宅后再实施抢劫的，只有当行为人被证实在入户前在主观上即具备侵犯抢劫罪所保护的法益时，才构成入户抢劫。

【案号】一审：（2009）黄刑初字第 236 号

二审：（2009）沪二中刑终字第 495 号

39. 意图入户抢劫途中被抓获不能认定为入户抢劫（《人民司法》2010 年第 16 期，第 51 页）

【裁判要旨】在情节加重犯中，基本犯与加重情节是平等、并列关系，二者是两个不同层面的问题：犯罪的未完成形态只与基本犯罪行为有关，加重情节是量刑情节，只有具备与否的问题，与犯罪形态无直接联系。情节加重犯的理论构造是：加重犯罪＝基本犯的犯罪形态＋加重情节。在这一结构下，加重情节仅仅是加重法定刑的条件，只有条件具备与否的问题；犯罪的停止形态取决于基本犯的停止形态，随着基本犯的停止形态变化而变化。加重情节决定着最终适用的法定刑幅度，但与犯罪的预备、未遂、既遂等停止形态毫无关系和影响。

【案号】一审：（2009）北刑初字第 190 号

40. 以暴力威胁手段逼写借条是否构成抢劫罪（《人民司法》2010 年第 20 期，第 50 页）

【裁判要旨】一般认为，抢劫罪必须具备两个当场性：当场实施暴力威胁和当场取得财物。多数情况下两个当场性是同时满足的，但在一些特殊抢劫案件中，只需要具备手段行为的当场性，而不需要具备占有行为的当场性。本案中，行为人先以暴力威胁逼迫被害人写下退资 20 万元的凭证，被害人被迫汇款 8 万元，后因实在无钱，又重新写下 12 万元的借条并承诺日后履行才得以被释放。对行为人的行为应定抢劫罪，抢劫 8 万元属数额巨大，未得的 12 万元只能作为一个量刑情节考虑，而不成立敲诈勒索罪实行数罪并罚。

【案号】一审：（2010）虎刑初字第 0046 号

二审：（2010）苏中刑终字第 0106 号

41. 在同一地点、较短的时间段连续抢劫的次数认定（《人民司法》2010 年第 22 期，第 50 页）

【裁判要旨】在同一地点、较短的时间段发生的连续抢劫是按一次抢劫犯罪来评价，还是认定为多次抢劫，应结合案情，从犯罪对象、犯罪行为持续状态和犯罪的客观条件同一性三个方面来综合分析。

【案号】一审：（2009）婺刑初字第 98 号

二审：（2009）饶中刑二终字第 74 号

42. 共同犯罪中数行为的吸收（《人民司法》2009 年第 2 期，第 20 页）

【裁判要旨】抢劫行为人按照预谋方案实施劫财、故意杀人、故意毁坏财物行为的，应以抢劫罪一罪论处；共同犯罪中，行为人仅参与其谋而无实行行为的，以认定为犯罪预备为宜；行为人系犯罪策划人和主要实施者，犯罪手段残忍，后果严重，但有重大立功表现的，也可以对其从宽处罚。

【案号】一审：（2007）锡初字第 51 号

二审：（2008）苏刑三终字第 0002 号

复核：（2008）刑五复 33467558 号

43. 以胁迫方式抢劫中"当场"的法律分析（《人民司法》2009 年第 10 期，第 37 页）

【裁判要旨】以胁迫方式抢劫的最主要特点在于以当场实施暴力相威胁、当场取得财物，两"当场"特征缺一不可。对于当场的含义，应作扩张性解释，即对使用胁迫手段抢劫中"当场"的理解不能仅仅局限在暴力胁迫的现场，应该允许在时间和空间上有一定限度的延续。

【案号】一审：（2008）溧刑初字第 207 号

二审：（2008）宁刑终字第 450 号

44. 广东省肇庆市人民检察院诉梁克财等抢劫案（《最高人民法院公报》2010 年第 6 期）

【裁判要旨】最高人民法院《关于对为索取法律不予保护的债务非法拘禁他人行为如何定罪问题的解释》规定，行为人为索取高利贷、赌债等法律不予保护的债务，非法扣押、拘禁他人的，依照《刑法》第 238 条的规定定罪处罚。据此，在上述规定情形下构成非法拘禁罪的前提条件，是实际存在高利贷、赌债等法律不予保护的债务。行为人仅是主观上怀疑受害人在赌局中对其设计骗局，为追回赌资而非法劫持受害人，逼迫受害人交出财物的，不属于上述司法解释规定的情形。根据《刑法》第 263 条的规定，抢劫罪是指以非法占有为目的，对财物的所有人、保管人当场使用暴力、胁迫或其他方法，强行将公私财物抢走的行为。行为人当场使用暴力控制受害人，迫使受害人通过网上银行转账的形式将钱款转入行为人指定的账户，其行为属于迫使受害人当场交出财物，符合抢劫罪的犯罪构成，应依照《刑法》第 263 条的规定定罪处罚。

（四）证据指引

1. 犯罪嫌疑人供述和辩解

（1）犯罪嫌疑人的基本情况；

（2）问清作案时间、地点、环境；目的、动机、手段，如暴力捆绑、殴打、伤害、胁迫威逼以及用酒、药物麻醉等，持有或使用何种凶器、物品，其特征来源和下落情况；

（3）抢劫的情节，如基本事实、作案次数、活动范围、活动场所、实施犯罪的对象、作案时衣着、抢劫的物品下落、被害人体貌特征等；

（4）共同犯罪的，应查明犯意的提起、策划、联络、分工、实施、分赃等情况，以及每一人在共同犯罪中所起的地位和作用。

2. 被害人陈述

（1）问清被害人被抢的准确时间、地点、周围环境；

（2）嫌疑人的体貌特征，实施抢劫的手段及是否使用威胁语言，持何种凶器，抢劫的人数及作案分工情况，逃走去向；

（3）问清被抢物品特征、数量、价值、购买年限，被害程度，被害人衣着等。

3. 证人证言

（1）当事人、目击者、知情人，获取案件的有关证据；

（2）询问知情者关于犯罪嫌疑人作案动机、目的，具体作案时间，作案经过以及作案后表现等方面证言；

（3）其他了解案情者的证言。

4. 物证、书证

（1）收集犯罪工具，如刀、匕首、斧头、棍、棒、毒物、爆炸物，交通、通讯工具等实物和照片（刀、匕首的照片放比例尺）；

（2）病历、诊断书、字条、日记等书面材料等；

（3）其他。

5. 鉴定结论

估价鉴定、技术鉴定等。

6. 视听资料、电子数据

监控录像、犯罪嫌疑人的供述经过的录音、录像资料等。

7. 勘验、检查笔录

现场勘查图、现场照片、录像，现场勘验、检查笔录（含提取、扣押现场遗留的可能与案件有关的痕迹、物品、文件清单）等。

8. 其他证据材料

（1）嫌疑人的身份材料、户籍信息、有前科劣迹，应调取法院判决书、行政处罚决定书、释放证明书、犯罪嫌疑人有投案自首、立功表现的，公安机关出具的是否成立自首、立功的书面说明等有效法律文件；

（2）抓获经过、出警经过、报案材料等。

七、敲诈勒索罪认定及案例精解

一、个罪概述

(一) 个罪概念及构成要件

敲诈勒索罪,是指以非法占有为目的,对被害人实施威胁或恐吓,使得被害人基于恐惧心理处分财产,进而索取公私财物,数额较大或者多次索取的行为。

1. 客体要件:本罪侵犯的是复杂客体,既侵犯他人的财产权,也对他人的人身权利或其他权益造成危险。

2. 客观要件:敲诈勒索罪的客观方面,表现为行为人采用威胁、恐吓等手段,迫使被害人处分较大数额的公私财产,或即便没有使被害人处分较大数额的财产,但实施了多次这种行为。所谓"多次"是指两年内敲诈勒索3次以上。

敲诈勒索行为人威胁、恐吓的内容和种类可以多种多样,包括对被害人及其利害关系人(亲友、亲属、有利益关系)的人等人身权、财产权、名誉权、自由权进行威胁。其结果是被害人为了保护自己更大的利益而处分自己的财产利益。关于威胁、恐吓内容,应重点掌握以下几点"不论":

第一,不论所威胁、恐吓的内容是否违法。例如,行为人抓到被害人违法犯罪的把柄,其向司法机关检举揭发是合法的,但若行为人以此来威胁、恐吓达到索取财物的目的,就能够成立敲诈勒索罪。

第二,不论威胁、恐吓的方式。威胁、恐吓的方式可以是明示的,也可以是暗示的;可以是直接针对被害人实施威胁、恐吓,也可以是通过第三人通告被害人以达到威胁、恐吓的目的;可以是语言上的,也可以是行为上的。值得注意的是,威胁、恐吓行为中可以包含一定的暴力行为,但这种暴力的目的是让对方产生恐惧心理,如果其暴力的程度达到了足以压制他人反抗的程度,就有可能构成抢劫罪。

第三,不论被害人交付财产的方式。可以是被害人直接交付财产,也可以是其他人基于被害人处分财产的意思交付财产。

此外,敲诈勒索行为只有数额较大时才构成犯罪。数额巨大、数额特别巨大或者其他严重情节,是本罪的加重情节。根据最高人民法院、最高人民检察院《关于办理敲诈勒索刑事案件适用法律若干问题的解释》第 1 条，敲诈勒索公私财物价值 2000 元至 5000 元以上的，属于"数额较大"；3 万元至 10 万元以上，属于"数额巨大"；30 万元至 50 万元以上，属于"数额特别巨大"。至于更具体的数额标准，各省、自治区、直辖市高级人民法院、人民检察院可以根据本地区经济发展状况和社会治安状况，在上述数额幅度内，共同研究确定本地区的执行标准，并报最高人民法院、最高人民检察院批准。

3. 主体要件：本罪主体为一般主体，即年满 16 周岁且具备刑事责任能力的自然人。

4. 主观要件：主观上是故意，必须具有非法占有他人财物的目的。

（二）个罪辨析

1. 敲诈勒索罪的认定

（1）构成本罪注意以下几点：

第一，侵害的财产数额必须达到数额标准。

第二，即便侵犯的财产数额没有达到数额标准，但若两年内实施 3 次以上，也构成本罪。

第三，要构成本罪，要求行为人主观上必须具有非法占有他人财物的目的。如果行为人通过威胁、恐吓等方式索取财物的目的并不违法，则不构成本罪。例如，债权人为了从债务人处讨还久欠不还的债务而使用了威胁、恐吓等方式的，不构成本罪，但要根据具体实际发生的损害结果或造成的危险，可能构成其他犯罪。

（2）本罪既遂与未遂的界限。本罪的既遂标准是被害人基于行为人的敲诈勒索，为保住自己更大的利益而处分了财产利益。因此如果在结果上被害人没有处分自己的财产利益，那么则属于本罪的未遂。

2. 本罪与其他罪名的区别

（1）与抢劫罪的区别。二者的区别主要表现在以下几方面：

首先，在暴力、胁迫程度上有区别。抢劫罪的暴力、胁迫程度必须达到足以压制他人反抗的程度；而敲诈勒索罪中的暴力、胁迫程度，只需达到使被害人产生恐惧心理即可。

其次，在实现威胁、恐吓的方式、时间、地点上，抢劫罪通常是当着被害人实施直接的威胁，而敲诈勒索罪中的威胁可以通过电话、网络等不与被害人直接接触的情况下，进行直接或间接的威胁。且抢劫罪通常会扬言要当场实现威胁内容，而敲诈勒索罪中行为人可以以事后实现的威胁内容要挟、胁迫被害人。

再次，从非法占有财物的时间来看，抢劫罪通常是当场就非法占有被害人处分的财产，而敲诈勒索可以在当场，也可以在事后非法占有被害人处分的财产。

最后，敲诈勒索罪的构成有数额和次数的额度标准，而抢劫罪并没有数额或次数的规制，即便抢劫 1 分钱，也构成抢劫罪。

综上所述，敲诈勒索罪与抢劫罪并不是对立关系，而是互有联系，如果案件事实符合上述抢劫威胁的各特点，那么以抢劫罪论处，如果其中一条不符合，则以敲诈勒索罪论处。

（2）与招摇撞骗罪的区别。敲诈勒索行为中可能含有欺骗成分，但仍以威胁、恐吓为主要特征，是让被害人基于恐惧而不得已的处分财产利益。而招摇撞骗行为主要特征是欺骗，通过用假象蒙蔽被害人使被害人基于认识错误自愿交出财产利益或让出其他权益。两个罪名的区分主要在于：

第一，行为特征不同。敲诈勒索罪的主要行为特征是威胁、恐吓；招摇撞骗罪的主要行为特征是欺骗。

第二，被害人处分财产的主观意志不同。敲诈勒索罪中的被害人，是基于恐惧或为保护更有价值的利益，而不得不被迫处分财产利益。而招摇撞骗罪中的被害人，是在受骗后基于错误认识，主动自愿的处分自己的财产利益或让渡其他权益。

第三，获得利益的范围和种类不同。通过敲诈勒索所获得的仅限于财物。而招摇撞骗罪所获取利益的范围和种类比较广泛，除了财产性利益之外也可以包括非财产性利益，例如骗取政治待遇、荣誉称号、职称职务等。

第四，侵犯的客体不同。敲诈勒索罪侵犯的是财产权利和人身权利，而招摇撞骗罪所侵犯的客体是国家机关的威信及社会管理秩序。

二、实务操作

（一）刑法条文

第二百七十四条【敲诈勒索罪】 敲诈勒索公私财物，数额较大或者多次敲诈勒索的，处三年以下有期徒刑、拘役或者管制，并处或者单处罚金；数额巨大或者有其他严重情节的，处三年以上十年以下有期徒刑，并处罚金；数额特别巨大或者有其他特别严重情节的，处十年以上有期徒刑，并处罚金。

（二）司法解释及指导性文件

1. 最高人民法院、最高人民检察院关于办理敲诈勒索刑事案件适用法律若干问题的解释（2013 年 4 月 27 日　法释〔2013〕10 号）

为依法惩治敲诈勒索犯罪，保护公私财产权利，根据《中华人民共和国刑法》、《中华人民共和国刑事诉讼法》的有关规定，现就办理敲诈勒索刑事案件适用法律的若干问题解释如下：

第一条 敲诈勒索公私财物价值二千元至五千元以上、三万元至十万元以上、三十万元至五十万元以上的，应当分别认定为刑法第二百七十四条规定的"数额较大"、"数额巨大"、"数额特别巨大"。

各省、自治区、直辖市高级人民法院、人民检察院可以根据本地区经济发展状况和社会治安状况，在前款规定的数额幅度内，共同研究确定本地区执行的具体数额标准，报最高人民法院、最高人民检察院批准。

第二条 敲诈勒索公私财物，具有下列情形之一的，"数额较大"的标准可以按照本解释第一条规定标准的百分之五十确定：

（一）曾因敲诈勒索受过刑事处罚的；

（二）一年内曾因敲诈勒索受过行政处罚的；

（三）对未成年人、残疾人、老年人或者丧失劳动能力人敲诈勒索的；

（四）以将要实施放火、爆炸等危害公共安全犯罪或者故意杀人、绑架等严重侵犯公民人身权利犯罪相威胁敲诈勒索的；

（五）以黑恶势力名义敲诈勒索的；

（六）利用或者冒充国家机关工作人员、军人、新闻工作者等特殊身份敲诈勒索的；

（七）造成其他严重后果的。

第三条 二年内敲诈勒索三次以上的，应当认定为刑法第二百七十四条规定的"多次敲诈勒索"。

第四条 敲诈勒索公私财物，具有本解释第二条第三项至第七项规定的情形之一，数额达到本解释第一条规定的"数额巨大"、"数额特别巨大"百分之八十的，可以分别认定为刑法第二百七十四条规定的"其他严重情节"、"其他特别严重情节"。

第五条 敲诈勒索数额较大，行为人认罪、悔罪，退赃、退赔，并具有下列情形之一的，可以认定为犯罪情节轻微，不起诉或者免予刑事处罚，由有关部门依法予以行政处罚：

（一）具有法定从宽处罚情节的；

（二）没有参与分赃或者获赃较少且不是主犯的；

（三）被害人谅解的；

（四）其他情节轻微、危害不大的。

第六条 敲诈勒索近亲属的财物，获得谅解的，一般不认为是犯罪；认定为犯罪的，应当酌情从宽处理。

被害人对敲诈勒索的发生存在过错的，根据被害人过错程度和案件其他情况，可以对行为人酌情从宽处理；情节显著轻微危害不大的，不认为是犯罪。

第七条 明知他人实施敲诈勒索犯罪,为其提供信用卡、手机卡、通讯工具、通讯传输通道、网络技术支持等帮助的,以共同犯罪论处。

第八条 对犯敲诈勒索罪的被告人,应当在二千元以上、敲诈勒索数额的二倍以下判处罚金;被告人没有获得财物的,应当在二千元以上十万元以下判处罚金。

第九条 本解释公布施行后,《最高人民法院关于敲诈勒索罪数额认定标准问题的规定》(法释〔2000〕11号)同时废止;此前发布的司法解释与本解释不一致的,以本解释为准。

2. 最高人民法院、最高人民检察院关于办理利用信息网络实施诽谤等刑事案件适用法律若干问题的解释(2013年9月10日 法释〔2013〕21号)

第六条 以在信息网络上发布、删除等方式处理网络信息为由,威胁、要挟他人,索取公私财物,数额较大,或者多次实施上述行为的,依照刑法第二百七十四条的规定,以敲诈勒索罪定罪处罚。

3. 最高人民法院关于常见犯罪的量刑指导意见(2014年1月1日 法发〔2013〕14号)

(十)敲诈勒索罪

1. 构成敲诈勒索罪的,可以根据下列不同情形在相应的幅度内确定量刑起点:

(1)达到数额较大起点的,或者两年内三次敲诈勒索的,可以在一年以下有期徒刑、拘役幅度内确定量刑起点。

(2)达到数额巨大起点或者有其他严重情节的,可以在三年至五年有期徒刑幅度内确定量刑起点。

(3)达到数额特别巨大起点或者有其他特别严重情节的,可以在十年至十二年有期徒刑幅度内确定量刑起点。

2. 在量刑起点的基础上,可以根据敲诈勒索数额、次数、犯罪情节严重程度等其他影响犯罪构成的犯罪事实增加刑罚量,确定基准刑。

多次敲诈勒索,数额达到较大以上的,以敲诈勒索数额确定量刑起点,敲诈勒索次数可作为调节基准刑的量刑情节;数额未达到较大的,以敲诈勒索次数确定量刑起点,超过三次的次数作为增加刑罚量的事实。

4. 最高人民法院、最高人民检察院、公安部、司法部关于办理黑恶势力犯罪案件若干问题的指导意见(2018年1月16日 法发〔2018〕1号)

四、依法惩处利用"软暴力"实施的犯罪

17. 黑恶势力为谋取不法利益或形成非法影响,有组织地采用滋扰、纠缠、哄闹、聚众造势等手段侵犯人身权利、财产权利，破坏经济秩序、社会秩序，构成犯罪的，应当分别依照《刑法》相关规定处理：

……

（2）以非法占有为目的强行索取公私财物，有组织地采用滋扰、纠缠、哄闹、聚众造势等手段扰乱正常的工作、生活秩序，同时符合《刑法》第二百七十四条规定的其他犯罪构成条件的，应当以敲诈勒索罪定罪处罚。同时由多人实施或者以统一着装、显露纹身、特殊标识以及其他明示或者暗示方式，足以使对方感知相关行为的有组织性的，应当认定为《关于办理敲诈勒索刑事案件适用法律若干问题的解释》第二条第（五）项规定的"以黑恶势力名义敲诈勒索"。

采用上述手段，同时又构成其他犯罪的，应当依法按照处罚较重的规定定罪处罚。

雇佣、指使他人有组织地采用上述手段强迫交易、敲诈勒索，构成强迫交易罪、敲诈勒索罪的，对雇佣者、指使者，一般应当以共同犯罪中的主犯论处。……为追讨合法债务或者因婚恋、家庭、邻里纠纷等民间矛盾而雇佣、指使，没有造成严重后果的，一般不作为犯罪处理，但经有关部门批评制止或者处理处罚后仍继续实施的除外。

（三）裁判要旨

1. 敲诈勒索罪的行为人主观上具有非法占有的目的

【裁判要旨】被告人占兴国为实现非法占有他人财物的目的，购买了电话卡及他人的信息资料等作案工具，冒充黑社会人员利用手机给天津市的一名受害人打电话，称该名被害人得罪了人，有人雇其要报复该名受害人，并威胁该名受害人欲解决此事得给占兴国一些钱才能了结此事。该名受害人因害怕遂从中国农业银行天津经济技术开发区分行 ATM 机向占兴国为其提供的账户汇入人民币 5000 元，后被告人占兴国将此款取出。被告人占兴国以非法占有为目的，采用威胁、要挟的方法强行索要他人财物数额较大的行为构成敲诈勒索罪。

【案号】（2016）冀 0826 刑初 51 号

2. "多次"敲诈勒索的，不论敲诈勒索的数额大小，构成敲诈勒索罪

【裁判要旨】2014 年 8 月 30 日，被告人吴某某伙同张某等人利用足浴店老板害怕被举报及被敲诈后不愿报警的心理，在滁州市市区范围 7 次敲诈勒索足浴店老板财物共计 100 元。被告人吴某某、高某构成敲诈勒索罪。

【案号】（2016）皖 1102 刑初 79 号

3. 行为人作出索要财物的行为后，应认定为已经着手实施犯罪

【裁判要旨】被告人林某利用短信等方式向被害人蒋某索要人民币 10 万元，时间持续多天，已处敲诈勒索犯罪的实施阶段而非预备阶段；同时，被告人林某并非是认识到自己行为的社会危害性或者怜悯被害人等原因而主动放弃犯罪，而是因为被害人蒋某一直未将钱款汇过来，导致被告人林某的犯罪未能得逞，应属犯罪未遂。

【案号】（2016）浙 0302 刑初 332 号

4. 敲诈勒索他人，因意志以外的原因未获取财物的，系犯罪未遂

【裁判要旨】2015 年 4 月，被告人相某把从被害人刘某甲之夫刘某乙手机上下载的刘某甲穿着情趣内衣的照片，通过手机 QQ 发送给刘某甲，并以把照片发到活跃的 QQ 群相要挟，向刘某甲索要现金 15000 元。后因刘某甲报案，被告人相某未得逞。被告人相某犯罪系未遂，可比照既遂犯从轻处罚。

【案号】（2016）鲁 0724 刑初 68 号

5. 行为人意图敲诈的款项因意志以外的原因未能全部得逞的，系犯罪未遂

【裁判要旨】被告人朱红宇伙同张全红于 2011 年 7 月，因与北京商银信商业信息服务有限责任公司合作中存在经济纠纷，在索取经济损失未果的情况下，以商银信公司在营销购物卡过程中有违规行为要向中国人民银行举报为由，向商银信公司索要人民币 30 余万元。2011 年 7 月 22 日，商银信公司法定代表人林某通过网上银行向张全红个人账户中汇款人民币 3 万元（赃款未收缴）。本案中朱红宇伙同他人意图敲诈钱款 30 余万元，实际索取到 3 万元，其意图敲诈的钱款由于意志以外的原因未全部得逞，系犯罪未遂。对于未遂犯，依法可以比照既遂犯从轻或者减刑处罚。

【案号】（2015）一中刑再终字第 03296 号

6. 事后将财物归还给被害人的，不影响犯罪既遂的成立

【裁判要旨】被告人范某、林晓峰纠集了范少彬等人来到许某经营的棋牌室，以将棋牌室的桌子翻掉，或报警举报棋牌室赌博让棋牌室关门等方式要挟，强行要求许某答应分空股给范某、林晓峰。许某被迫与范某等人达成妥协，给范某等人 12 条硬壳中华香烟。2015 年 5 月 7 日，范某听说许某要去报案，遂通过中间人联系把 12 条硬壳中华香烟归还了许某。法院认定，被告人范某的行为已构成敲诈勒索罪。

【案号】（2016）浙 0702 刑初 400 号

7. 敲诈勒索罪的共同犯罪人需具有主观上的共同故意和客观上的共同行为

【裁判要旨】被告人钟某甲伙同钟付军、钟露福经商量决定敲诈后，便指使他人在北流市六麻镇六美村鸡六坳至高山寨路段挖坑，以此阻止被害人张某运输木材的车辆通行，之后，钟某甲打电话给张某索取该路段的通行费，张某见上述路段已被人挖坑，运输木材的车辆无法通过，被迫在北流市北流镇甘村老马火锅店中支付人民币 17100 元给钟付军。被告人钟某甲及其同伙在主观上有共同敲诈勒索他人财物的故意，在客观上共同实施了敲诈勒索他人财物的犯罪行为，是共同犯罪。

【案号】（2016）桂 0981 刑初 113 号

8. 以借钱为由索要钱财的，应综合考虑行为人的手段行为、还款意愿等多重因素，区别于正常的借贷关系

【裁判要旨】被告人龚某某及涂某、朱某某商议以借钱为由找陈某索要钱财。随后，被告人龚某某一伙驾车来到武汉市蔡甸区张湾街新星酒楼工地，将陈某叫上车，朱某某向陈某索钱未果，即用拳头击打陈某面部，同时以语言相威胁，将陈某带至蔡甸区张湾街上独山村入口处时，涂某下车离开。被告人龚某某及朱某某要挟陈某向新星酒楼老板张某某借款人民币 2000 元，交给了朱某某。龚某某敲诈勒索他人财物，数额较大，其行为已构成敲诈勒索罪，其与同伙在敲诈勒索过程中有殴打行为，应酌情从重处罚。

【案号】（2016）鄂 0114 刑初 92 号

9. 采用打巴掌、言语威胁等轻度暴力的敲诈勒索与抢劫罪的区别在于，二者的威胁内容与取财时间都不相同

【裁判要旨】被告人周某因在被害人朱某的店里更换奥迪 Q7 汽车钥匙外壳后发生故障，于 2015 年 10 月 4 日下午到店里修理，要求被害人朱某排除故障。因被害人朱某一时无法排除故障并修复，被告人周某遂纠集被告人曹某，并通过被告人曹某纠集了被告人杨某甲等人，以被害人朱某将其车钥匙修坏为由，采用打巴掌、言语威胁的方式要求被害人朱某赔偿 20000 元，并强迫被害人朱某写下"赔偿协议书"。被告人周某等人，采用暴力、胁迫等手段，勒索他人财物，数额较大，其行为已构成敲诈勒索罪，系共同犯罪。

【案号】（2016）浙 0109 刑初 262 号

10. 盗窃车牌后对车主进行敲诈的，因二行为间存在牵连关系，一般以敲诈勒索罪论处

【裁判要旨】2015 年 9 月 27 日至 10 月 17 日，被告人谢某先后 19 次盗窃他人车牌，并以此向车主索要财物共计 3550 元。被告人谢某属于以非法占有为目的，敲诈勒索他人财物，数额较大，构成敲诈勒索罪。

【案号】（2016）鲁 0811 刑初 127 号

11. "碰瓷"型的敲诈勒索行为的定性，视行为人的主观犯意而定，但其既未遂形态受被害人的认识内容、认识程度等其他因素影响

【裁判要旨】被告人李某某、李某甲等 5 人经预谋后，以制造假车祸现场的方式企图敲诈勒索他人财物。郭某某驾车将刘某某驾驶的货车往事先伪装在路边骑自行车的李某甲身边逼靠，后李某甲假装被该货车碰住，故意连人带车摔倒在地上，制造假车祸现场，然后薛某趁机在前方将该货车拦停，让货车司机刘某某带李某甲去看病。随后，郭某某、巩某某赶来，以要求刘某某拿出 3000 元来为李某甲看病，否则等李某甲的家人赶来，就走不了互相要挟，被害人刘某某恐于遭受更大损失，遂交出 3000 元后离开现场。本案中，刘某某对被告人的"碰瓷"行为有所认识，为恐遭受更大损失而交付财物，被告人构成敲诈勒索罪的既遂。

【案号】（2016）豫 1122 刑初 53 号

12. 被告人用以威胁的内容系被害人的违法违规行为，并不影响敲诈勒索罪的成立与否

【裁判要旨】被告人张某某多次给绳某某拨打电话，以举报绳某某在其运输的钢材上动手脚为由向其索要钱款，要求其将钱款汇至自己的农业银行卡内。绳某某为避免流言影响其生意进度，在迫于无奈的情况下向张某某提供的银行卡号汇款人民币 5000 元。被告人以非法占有为目的，敲诈勒索他人的事实不受其他因素影响。

【案号】（2016）沪 0117 刑初 422 号

13. 敲诈勒索他人写下欠条且未实际交付财物的，犯罪金额以欠条所记载的数额计，但在量刑时应全面考虑其他从轻、减轻处罚情节

【裁判要旨】被告人郑某因怀疑徐某与其妻子有不正当关系，以赔偿损失为名带领数人驾车将徐某带至衢州市航埠镇万川村至柴家村村道上实施殴打并逼迫徐某交钱。当日 16 时许，被害人徐某被迫誊抄了一份 10 万元借条，被告人郑某等人收到借条后驾车离开。法院认定被告人郑某敲诈勒索财物数额巨大。

【案号】（2016）浙 0802 刑初 99 号

14. 行为人冒充联防队员"抓赌""抓嫖"，没收赌资或罚款的行为，构成犯罪的，以敲诈勒索罪论处

【裁判要旨】2015 年 11 月 4 日 9 时许，被告人曹某某跟踪被害人陆某某至本区奉城镇兰博路、邮电路路口，以被害人陆某某嫖娼为由，冒充联防队员

采用言语威胁等方法,从被害人陆某某处勒索人民币 1 万元。被告人曹某某以非法占有为目的,采用威胁等方法强行索取公民财物,数额较大,其行为显已触犯刑律,构成敲诈勒索罪,依法应予惩处。

【案号】(2016)沪 0120 刑初 380 号

15. 以自身利益遭受损失应获得赔偿为名索要财物的,应以事实为依据,视其是否属于过分索要财物及其所使用的索赔方式等进行综合评价

【裁判要旨】2015 年 10 月 9 日晚,滑县移动公司工作人员王某甲、何某某、张某某在滑县焦虎乡邓庄村东地抢修滑县移动公司通信线路,被告人王某某、祁某某以王某甲等人不听劝阻,趁夜晚进行线路抢修挖其家麦地并踩踏麦田为由,将施工人员所用的熔接机扣留,要求被害人王某甲、何某某、张某某等人赔偿 10000 元损失,否则不予返还扣留的熔接机。被害人因工期紧,需要使用熔接机,无奈共同交付给王某某、祁某某夫妇人民币 9000 元,将熔接机换回。被告人王某某、祁某某以非法占有为目的,以扣留他人仪器相要挟,敲诈勒索公私财物,数额较大,其行为已构成敲诈勒索罪。

【案号】(2016)豫 0526 刑初 174 号

16. 公安机关人员利用职务之便获取个人信息以敲诈勒索的,应当从重处罚

【裁判要旨】被告人吕某甲与被告人邱某某商议后,由吕某甲利用职务的便利,在公安机关人口信息网上及某市某业查询系统等网络平台上,查询女性与男性入住旅馆的情况等个人信息,然后将上述信息告知邱某某,邱某某负责通过发微信、打电话的方式与被害人联系,以掌握对方不雅视频等隐私信息为名敲诈钱财。通过上述方式于 2015 年 4 月 9 日向被害人于某某敲诈人民币 5 万元,于同年 5 月 12 日、13 日向被害人刘某敲诈人民币 5 万元。二被告人以非法手段获取他人隐私勒索他人财物,均酌情从重处罚。

【案号】(2016)辽 0211 刑初 9 号

17. 廖举旺等敲诈勒索案——对农村征地纠纷引发的"索财"行为,不宜一律作为犯罪处理(《刑事审判参考》第 1066 号)

【裁判要旨】廖举旺等被告人以堵井口、公路,让煤矿无法正常生产,把煤矿搞垮,提几十斤汽油焚灭煤矿等语言相威胁,迫使被害人支付了各种赔偿款、补偿款 12 万元,具备敲诈勒索罪的客观要件。但要正确认定被告人的行为性质,关键在于对其主观故意的认定。如果被告人具有非法占有被害人赵成山财物的主观目的,他们的行为构成敲诈勒索罪;如果不具备非法占有的目的,则不能认定其构成敲诈勒索罪。有必要结合农村地区农民的受教育程度和法治观念进行评价。受法治意识淡薄的影响,农村地区的维权方式难免存在不符合法律规定的情形。如果一律将这些行为入罪，难免打击面过于扩大。因此，对于后果不是特别严重，情节不是特别恶劣的，不宜不加区别地一律作为犯罪处理。

18. 雷政富受贿案——以不雅视频相要挟，使他人陷入心理恐惧，向他人提出借款要求且还款期满后有能力归还而不归还的属于敲诈勒索（《刑事审判参考》第885号）

【裁判要旨】肖烨向雷政富提出"借款"，明显是以不雅视频相要挟。雷政富之前与肖烨等人素不相识，对肖烨公司的经营状况、还款能力没有任何了解，雷政富之所以答应帮助肖烨"借款"300万元，并非出于与肖烨个人间的感情或者对肖烨及其公司经营状况的信任，而是出于对其被拍摄性爱视频事情败露的担心，而被迫答应。虽然肖烨并没有直接要求雷政富本人提供资金，而要让雷找人"借款"，但这一要求是在先行实施了偷拍不雅视频、"捉奸"基础上进行的，故是针对雷政富实施的敲诈。对此，雷政富的在案供述也证实，雷对肖烨设局敲诈是明知的。至于真正支付该款的明勇智是否基于雷政富利用职务便利为其谋利的考虑才将300万元出借给肖烨，不影响肖烨行为敲诈勒索性质的认定。

19. 周建平、卫杨林、吴江、刘有志抢劫、敲诈勒索案——抢劫罪与敲诈勒索罪两者都可能使用威胁手段，但在威胁的方式、内容、取得的非法利益、时限、对象上有所不同（《刑事审判参考》第117号）

【裁判要旨】抢劫罪与敲诈勒索罪两者都可能使用威胁手段，但在威胁的方式、内容、取得的非法利益、时限、对象上有所不同。一是从内容上看，抢劫罪是以使用暴力相胁迫，当场劫财，遇有抵抗或为排除抵抗施加暴力。敲诈勒索罪则以暴力加害被害人及其亲属，或者以揭发被害人的隐私、毁坏其财产等相威胁、要挟，逼迫被害人交出财物。二是从方式上看，抢劫罪中暴力或暴力威胁是直接对被害人实施的，而敲诈勒索罪既可以对被害人直接实施，也可以由第三者转达向被害人间接实施，既可以公开，也可以暗示。三是从取得的非法利益上看，抢劫只能取得财物，并且是动产，而敲诈勒索既可以是动产，也可以是不动产，甚至是取得财产性利益。四是从时限上看，抢劫罪中除首先实施暴力排除妨碍外，其暴力威胁表现为如被害人不交出财物，即立即当场付诸实施威胁的内容，且是当时当场取得财物，而敲诈勒索罪中的威胁表现为如被害人不就范，将在此后实施威胁的内容，取得的财物既可以当时当场，也可以事后取得。五是从对象上看，抢劫威胁的对象只能是被害人或在场的亲友、同事，而敲诈勒索不仅限于在场的被害人或其亲属，还包括不在场的其他人。

虽然敲诈勒索罪比抢劫罪威胁的内容要广，但主要对被害人实施心理威胁，相对而言人身危害程度稍轻，时限稍缓。

20. 李彬、袁南京、胡海珍等绑架、非法拘禁、敲诈勒索案——与人质谈好"报酬"后将人质释放，事后索要"报酬"的行为，应当以敲诈勒索罪定罪处罚（《刑事审判参考》第571号）

【裁判要旨】本案中，燕玉峰、刘钰、刘少荣（刘超在释放人质后未继续实施索要"报酬"的行为）在释放人质后，按照与人质约定的协议，向人质索要"报酬"的行为，符合敲诈勒索罪的构罪要件。理由在于：（1）"报酬"协议不合法因而无效。该协议是人质在失去人身自由的情况下被迫与燕玉峰等人达成的，属于非法行为，其取得财物报酬无合法依据。（2）释放人质后，燕玉峰、刘钰、刘少荣索要"报酬"，其实质是敲诈勒索，其手段是人身安全威胁，威胁的内容就是再次让被害人石林清失去人身自由。这一威胁的内容在燕玉峰等人释放人质时就得到体现，即在放被害人之前，燕玉峰曾对被害人讲，"我们能绑你一次，也能绑你第二次"。3月18日下午，刘钰、刘少荣与刘川（在逃）给被害人石林清打电话讲，"我们把你放了，你答应给我们的钱还不兑现吗？"还说，如果不汇钱的话，让被害人自己看着办。这是威胁内容的第二次体现。而威胁的目的，就是得到"报酬"。（3）从被害人石林清的角度看，因为其先前被绑架过，担心不给予"报酬"会再次失去人身自由。为了免受伤害，才在被迫的情况下给了6万元。因此，石林清将6万元汇到刘钰等人指定的账号，是受威胁的结果。（4）燕玉峰、刘钰、刘少荣敲诈勒索石清林的行为是独立的行为，应单独评价，因为非法拘禁罪以被害人被限制人身自由为主要特征，其非法拘禁行为自释放人质时即终止。

21. 夏某理等人敲诈勒索案——拆迁户以举报开发商违法行为为手段索取巨额补偿款不构成敲诈勒索罪（《刑事审判参考》第509号）

【裁判要旨】夏某理等人的行为不构成敲诈勒索罪，主要理由在于：1. 其提出索赔的数额虽然巨大，但是基于民事争议而提出，因而不能认定其具有非法占有之目的；2. 其举报不属于敲诈勒索罪中"威胁、要挟"的手段，而是争取争议民事权利的一种方法，且本案中夏某理等人的索赔不具有主动性，而是开发商主动与夏某理协商的结果。

22. 张舒娟敲诈勒索案——利用被害人年幼将其哄骗至外地继而敲诈其家属钱财的构成敲诈勒索罪，而非绑架罪（《刑事审判参考》第443号）

【裁判要旨】被告人张舒娟主观上敲诈勒索财物的犯罪故意非常明显，客观上实施了用戴磊的安全来对其父母进行恐吓，使其产生恐惧心理，试图敲诈戴磊家里 8 万元的犯罪行为,没有对戴磊进行人身强制,其行为侵害的客体主要应当为戴磊家人的财产权利,因此,被告人张舒娟的行为完全符合敲诈勒索罪的构成特征。只是本案被告人的行为比一般的敲诈勒索犯罪多了一个拐骗戴磊的情节,但这一情节只是其实施敲诈行为的辅助手段,且并未达到完全限制被害人人身自由的实际控制程度,即尚未上升为绑架他人作为人质进行勒索的绑架行为,故对本案被告人的行为以敲诈勒索罪定罪处罚,更符合主客观相一致的原则。

23. 袁才彦编造虚假恐怖信息案——编造虚假恐怖信息的方式实施敲诈勒索的,行为人只实施了一个行为,该行为具有多重属性,触犯了两个罪名,符合想象竞合犯的特征,应按该行为所触犯的罪名中的一个重罪论处(《刑事审判参考》第 372 号)

【裁判要旨】想象竞合犯,也称想象的数罪、观念的竞合、一行为数法,是指一个行为触犯数个罪名的情况,属于"实质的一罪"。想象竞合犯具有两个基本特征:(1)行为人只实施了一个行为。(2)一个行为必须触犯数个罪名。其与牵连犯的区别在于,前者行为人只实施了一个行为,而后者行为人实施了数个行为,数行为之间存在手段行为与目的行为、原因行为和结果行为的牵连关系。判断行为人是否只实施了一个行为,不应以犯罪构成要件为出发点进行评价,而是应该基于自然的观察,从社会的一般观念上作出判断。在以编造虚假恐怖信息的方式实施敲诈勒索的行为中,行为人往往就是打了个电话,编造爆炸威胁、投毒威胁等恐怖信息进行敲诈勒索,从一般普通人的观念认识上进行观察和评价,可以得出行为人只实施了打电话一个行为的结论,不能因为该行为具有多重属性,符合编造虚假恐怖信息罪和敲诈勒索罪的犯罪构成,而机械地分割成编造虚假恐怖信息和勒索财物两个行为。与之相比较,假如,行为人通过投放虚假危险物质的方式实施敲诈勒索,那么基于自然的观察,从时间和空间上看,行为人实际上实施了两个行为,即投放虚假危险物质的行为(手段行为)和威胁他人勒索财物的行为(目的行为),分别触犯了投放虚假危险物质罪和敲诈勒索罪,且具有牵连关系,符合牵连犯的特征。

24. 林华明等敲诈勒索案——抢劫罪与敲诈勒索罪的一个重要区别在于"威胁"的特定内容不同(《刑事审判参考》第 349 号)

【裁判要旨】(1)从威胁的方式看,抢劫罪的威胁是当着被害人的面直接发出的;而敲诈勒索罪的威胁可以当面发出,也可以通过书信、电话或者第三者转达。(2)从威胁的内容看,抢劫罪的威胁表现为如不交出财物,就要当场实施所威胁的内容;而敲诈勒索罪的威胁则一般表现为,如不答应要求,将在以后的某个时间实施威胁的内容。(3) 从威胁的内容看，抢劫罪的威胁是以杀害、伤害等侵害人身相威胁；而敲诈勒索罪的威胁则内容更为广泛，包括对人身的伤害行为或者毁坏财物、名誉等。(4) 从非法取得财物的时间看，抢劫罪是实施威胁当场取得财物，而敲诈勒索罪则既可以当场，也可以在事后取得。可见，这两种犯罪中的威胁既有区别，又有联系，如果案件事实与上述抢劫的各个特征相符合，应以抢劫罪处罚，如果其中有一条不符合，则应以敲诈勒索罪论处。

25. 陈宗发故意杀人、敲诈勒索案——故意杀人后，以绑架为名，向被害人亲属勒索钱款的行为认定为敲诈勒索罪（《刑事审判参考》第259号）

【裁判要旨】诈骗犯罪的被害人是"自愿"地交出其掌有的财物的，其被骗而交出财物的当时是"自愿"的，这是诈骗罪同抢劫罪、盗窃罪、敲诈勒索罪相区别的一个主要特征。本案被告人将被害人杀死后，以绑架为名，向被害人的亲属勒索钱款，其亲属在当时的特定的环境条件下，尽管其完全可能相信被告人虚构的被害人被绑架的事实，但其决不会"自愿"地向被告人交出钱款，如果向被告人交出被索要的钱款，那也只能是在精神上受到胁迫，出于无奈才交出的。所以本案的被告人的行为不构成诈骗罪。本案被告人在自己的暂住处将两被害人杀死后，又通过手机，告知两被害人的亲属李某某："女人和小孩已被绑架，要10万元钱，不能报案，否则撕票。"作为两被害人的利害关系人，李某某深为两被害人的安危而担忧，严重地受到了精神的强制。被告人虚构绑架事实，胁迫李某某，意在勒索其10万元人民币，被告人的行为符合敲诈勒索罪的构成要件。

（四）证据指引

1. 关于本罪主体的证据

本罪的主体为一般主体，即年满十六周岁、具有刑事责任能力的自然人

2. 关于本罪主观方面的证据

（1）犯罪嫌疑人、被告人的供述和解。证实：

①作案的动机、目的。

②犯罪起意的过程，有无策划、策划的具体内容。

③共同犯罪的策划、分工的时间、地点、内容以及在策划下各个人相对应的犯罪行为，并应查明：

a. 事先有无预谋策划，有无事先或事中达成默契，或者曾多次结伙作案的犯罪集团、犯罪团伙成员之间，每次作案前都通过他们之间特定语言、表情、手势等达成默契，形成内容明确的共同敲诈故意；

b. 有无持不同意见或反对意见者，以及对未表示反对或同意意见者，要重点讯问其在案发前、案发时、案发后的语言、行为，以此考察其主观态度；

c. 分赃情况和赃物去向，以此判明各犯罪嫌疑人、被告人的主观目的。

（2）被害人陈述。证实：

①其与行为人是否认识、平日时关系，是否与各行为人有过节、纠纷等；

②行为人在实施蔽诈行为前后和过程中的言行及其所产生的后果，反映其主观故意。

（3）证人证言：

①现场目击证人证言，证实在案发现场所看见、听到的一切与案件事实相关的情况；

②其他知情人的证言。

（4）证明行为人非法占有他人财物的主观目的的其他证据：

①行为人以自己的名义将赃物出让、出借、出卖、典当的书证，如借据、当票等；

②相应的受让人、借入人、买受人、典当行营业人员的证人证言；

③从上述证人处提取的赃物；

④收集犯罪嫌疑人、被告人犯罪前科，尤其是同类犯罪前科的证据、社会生活经验、履历方面的证据，此类证据对证明其犯罪后果认知程度和控制能力起到一定的证明作用。

通过上述证据，证明行为人具有非法强索公私财物，予以非法占有的目的。共同犯罪的，每一个行为人都明知自己的行为是共同犯意支配下犯罪行为的组成部分。

在认定本罪的主观故意时，要注意排除行为人为追回自己的合法债务而对债务人采用带有一定威胁成分的语言或者其他威胁手段，由于不具有非法强索、占有他人财物的目的，故不能构成本罪。

3. 关于本罪客观方面的证据

（1）犯罪嫌疑人、被告人的供述与辩解。证实：

①实施敲诈行为的时间、地点、参与人；

②在具体实施犯罪过程中采用的手段，是威胁，还是要挟，以及威胁、要挟的具体内容；

③同案犯各自使用何种作案工具，作案工具的来源、数量、特征、下落；

④被害人是否反抗、能否反抗，如何排除被害人反抗；

⑤具体、详细的犯罪经过；

⑥共同犯罪的起意、策划、分工、实施等情况，查明每一个犯罪嫌疑人、

被告人在共同犯罪中的地位和作用；

⑦参与犯罪的行为人和被害人的身体特征，包括面部特征、身高、体态以及当时的衣着情况等详细特征；

⑧被敲诈财物的特征，包括外部形态、种类（品种）、颜色、数量等；

⑨犯罪现场是否有围观群众或者其他见证人；

⑩是否获得财物及赃款赃物的处理情况，是自用、出借，还是出售、典当等。

⑪犯罪后的表现情况，如是否积极返赃、退赃，是否赔偿了被害人的经济损失。

(2) 被害人陈述。证实内容同上。

(3) 证人证言。

①现场目击证人证言。证实：

a. 与犯罪嫌疑人、被告人和被害人的关系；

b. 案发时间、地点、原因；

c. 敲诈的经过、被敲诈财物的种类、数量等情况；

d. 发生冲突双方的情况；

e. 在案发现场所看见、听到到的一切与案件事实相关的情况。

②收购、销售被敲诈物品的证人证言。证实：

a. 收购、销售赃物的时间、地点；

b. 出售赃物的人的详细特征，包括面部特征、身高、体态以及当时的衣着情况等；

c. 赃物的特征，包括外部形态、种类（品种）、颜色、重量等；

d. 收购、销售赃物的价格，以及是否明显低于市场价格；

e. 被收购、销售的赃物的去向。

③抓获人、扭送人证言。证实：

a. 如何获知犯罪和犯罪嫌疑人、被告人情况，以及犯罪嫌疑人、被告人被抓获时的身体特征、衣着情况的描述；

b. 抓获犯罪嫌疑人、被告人的时间、地点、过程，以证实犯罪嫌疑人、被告人是否有投案、坦白、立功等情节。

④现场发现人证言，证实其何时、何地、如何发现犯罪现场以及犯罪现场的有关情况。

⑤其他知情人的证言。

(4) 物证、书证

①作案工具，如刀枪、绳绳索等；

②现场遗留痕迹，如指纹、脚印等；
③现场遗留的血衣、血迹、毛发、烟头等；
④赃款赃物，包括现金、物品及股票、债券、存折等有价证券；
⑤书信、日记等，证实行为人实施敲诈行为的时间、地点及经过等情况；
⑥行为人用以敲诈被害人的合同、收据、借条、欠条等；
⑦电信部门提供的（固定、移动）电话通话记录、短信息记录；
⑧民事赔偿调解协议（笔录）等，佐证犯罪嫌疑人、被告人承认其犯罪行为及后果。

（5）鉴定意见
①指纹、脚脚印等痕迹鉴定意见，证实是否是犯罪嫌疑人、被告人或被害人遗留的；
②文检鉴定意见，证实是否是犯罪嫌疑人、被告人或被害人的笔迹、印鉴等；
③血型、DNA鉴鉴定意见，证实犯罪嫌疑人、被告人、被害人身体、衣物或者现场遗留的血衣、血迹、毛发等是否是犯罪嫌疑人、被告人或被害人的；
④估价鉴定意见。

（6）现场勘查笔录、照片。包括敲诈现场、犯罪工具准备、丢弃的现场、提取物证现场等。

（7）视听资料、电子数据。包括电话录音、录像等，证实敲诈的内容、被强索财物数量等情况。

（8）其他证明材料：
①被害人、目击证人辨认犯罪嫌疑人或物证的笔录；
②犯罪嫌疑人、被告人和被害人、证人指认现场笔录；
③搜查笔录、扣押物品清单及照片，证实查获的作案工具及调取的相关物证；
④退赃笔录、起赃笔录、收缴笔录；
⑤报案登记、立案决定书及破案经过等书证，证实案件来源、侦破经过以及犯嫌疑人是否有自首情节等。

（9）对被害人身体造成损害的其他证据
①病历、诊断书、抢救记录、住院治疗记录；
②精神病鉴定意见；
③被害人（试图）自杀、自残的证据，如被害人陈述、证人证言、医院抢救记等；

④被害人亲友对被害人被敲诈前后的身体健康状况如智力状况、后遗症、精神状态等的证言。

通过上述证据证明，行为人实施了对被害人采用威胁或要挟的手段，强行索取他人数额较大财物的行为。威胁或要挟的方式，主要是通过精神强制，使被害人心理上造成恐惧，产生压力，然后向被害人强行索取财物。威胁、要挟是手段，强索财物是目的。

一般说来，威胁、要挟的内容不具有当场性，通常是扬言在以后某个时间付诸实施，而行为人取得财物的时间，可以是当场，也可以是在其规定的期限内。

4. 关于本罪客体的证据

本罪侵犯的客体为复杂客体，既侵犯了公私财产的所有权，又侵犯了被害人的人身权利或者其他权益。犯罪对象是各种公私财产，包括动产和不动产，有形物和无形物。

应注意收集犯罪嫌疑人、被告人供述与辩解、被害人陈述、证人证言，书证、物证等，综合加以证明。

八、故意毁坏财物罪认定及案例精解

一、个罪概述

（一）个罪概念及构成要件

故意毁坏财物罪，是指故意毁灭或者损坏公私财物，数额较大或者有其他严重情节的行为。

1. **客体要件**：本罪侵犯的客体是公私财物的所有权。

犯罪对象可以是各种形式的公私财物，包括生产资料、生活资料；动产、不动产等。但是，如果行为人所故意毁坏的是刑法另有规定的某些特定财物，危害其他客体要件的，应按刑法有关规定处理。例如，破坏交通工具、交通设备、易燃易爆设备、广播电视、电信设施等危害公共安全的，按刑法分则第二章有关罪名论处。

2. **客观要件**：本罪在客观方面表现为毁灭或者损坏公私财物数额较大或者有其他严重情节的行为。毁灭，是指用焚烧、摔砸等方法使物品全部丧失其价值或使用价值；损坏，是指使物品部分丧失其价值或使用价值。毁坏公私财物的方法，有多种多样。但是，如果行为人使用放火、决水、投毒、爆炸等危险方法破坏公私财物，危害公共安全的，应当以刑法分则第二章危害公共安全罪中的有关犯罪论处。

故意毁坏公私财物行为，必须达到数额较大或有其他严重情节的才构成犯罪。所谓情节严重，是指毁坏重要物品损失严重的，毁坏手段特别恶劣的；毁坏急需物品引起严重后果的；动机卑鄙企图嫁祸于人的。故意毁坏公私财物，情节较轻的，是一般违反治安管理行为，应按照治安管理条例处罚。

3. **主体要件**：本罪的主体是一般主体，凡达到刑事责任年龄且具备刑事责任能力的自然人均能构成本罪。

4. **主观要件**：本罪在主观方面表现为故意。

（二）个罪辨析

1. 本罪与非罪的界限

故意毁坏公私财物数额较大或者情节严重的，才构成犯罪。是否数额较大或者情节严重，则是区分罪与非罪的关键。故意毁坏公私财物，数额较小、情节较轻的，系一般违法行为，应当按照《治安管理处罚法》的规定进行处罚。

所谓"情节严重"，一般是指毁灭或损坏重要物品，损失严重的；毁灭或损坏公私财物的手段特别恶劣的；出于嫁祸于人的犯罪动机等。

2. 本罪与其他犯罪的界限

本罪与破坏交通工具罪、破坏交通设备罪、破坏易燃易爆设备罪、破坏通讯设备罪等危害公共安全罪以及破坏社会主义经济秩序犯罪中的破坏生产经营罪的区别在于：后者破坏的是特定的对象，侵犯的是其他独立客体，刑法对于上述犯罪行为已单独规定罪名，司法实践中按刑法有关规定定罪处罚。

二、实务操作

（一）刑法条文

第二百七十五条【故意毁坏财物罪】 故意毁坏公私财物，数额较大或者有其他严重情节的，处三年以下有期徒刑、拘役或者罚金；数额巨大或者有其他特别严重情节的，处三年以上七年以下有期徒刑。

（二）司法解释及指导性文件

1. 最高人民法院关于审理破坏公用电信设施刑事案件具体应用法律若干问题的解释（2005年1月11日 法释〔2004〕21号）

第三条 故意破坏正在使用的公用电信设施尚未危害公共安全，或者故意毁坏尚未投入使用的公用电信设施，造成财物损失，构成犯罪的，依照刑法第二百七十五条规定，以故意毁坏财物罪定罪处罚。

2. 最高人民法院关于审理破坏广播电视设施等刑事案件具体应用法律若干问题的解释（2011年6月13日 法释〔2011〕13号）

第六条 破坏正在使用的广播电视设施未危及公共安全，或者故意毁坏尚未投入使用的广播电视设施，造成财物损失数额较大或者有其他严重情节的，以故意毁坏财物罪定罪处罚。

3. 最高人民检察院、公安部关于公安机关管辖的刑事案件立案追诉标准的规定（一）（2008年6月25日 公通字〔2008〕36号）

第三十三条〔故意毁坏财物案（刑法第二百七十五条）〕 故意毁坏公私财物，涉嫌下列情形之一的，应予立案追诉：

（一）造成公私财物损失五千元以上的；

（二）毁坏公私财物三次以上的；

（三）纠集三人以上公然毁坏公私财物的；

（四）其他情节严重的情形。

（三）裁判要旨

1. 以泄愤为目的擅自买卖他人股票之定性（《人民司法》2009 年第 2 期，第 69 页）

【裁判要旨】被告人主观上为泄私愤，意欲造成他人损失，客观上侵入被害人股票账户后对股票擅自操作，实施抛卖股票和高买低抛的行为，造成被害人损失数万元，符合故意毁坏财物罪的主客观要件，造成损失数额较大的，应当以故意毁坏财物罪定罪。

【案号】一审：（2008）黄刑初字第 119 号

2. 公司人员擅自低价销售产品的行为分析（《人民司法》2012 年第 6 期，第 15 页）

【裁判要旨】公司人员违反公司规定的限价，擅自低于进价销售电脑产品，给所在单位造成经济损失人民币 533 万元，其行为具有一定社会危害性，但不符合《刑法》第 276 条破坏生产经营罪的客观特征，亦不构成《刑法》第 275 条规定的故意毁坏财物罪。

【案号】一审：（2010）静刑初字第 295 号

（四）证据指引

本案的证据指引

1. 犯罪嫌疑人供述和辩解
（1）犯罪嫌疑人的基本情况、前科；
（2）起因、动机、目的；
（3）毁损财物的时间、地点、方式手段、工具、对象、后果等；
（4）毁损物品的名称、数量、价值等。

2. 被害人陈述
（1）被侵害人的基本情况；
（2）犯罪嫌疑人的基本情况；
（3）毁损财物的起因、时间、地点、方式手段、工具、对象、后果等；
（4）毁损物品的名称、数量、价值等。

3. 证人证言
（参照被害人陈述）

4. 物证、书证
（1）被毁坏财物、作案工具的原物及照片；
（2）扣押物品清单。

5. 鉴定结论

被毁损财物的价值鉴定。

6. 视听资料、电子数据

(1) 公共场所的监控录像资料;

(2) 现场当事人、证人用手机、相机等设备拍摄的反映案件情况的资料;

(3) 其他录音、录像、电子数据。

7. 辨认笔录

被侵害人、证人、犯罪嫌疑人对犯罪现场、嫌疑人以及其他能够证明其犯罪事实的场所、人员、物品进行辨认。

8. 勘验、检查笔录

对与犯罪有关的场所、物品进行勘验、检查形成的笔录、照片、提取的痕迹物证等。

9. 其他证据材料

(1) 犯罪嫌疑人(自然人)的年龄、身份证据材料,包括:户籍证明;有前科劣迹,应调取法院判决书、行政处罚决定书、释放证明书、犯罪嫌疑人有投案自首、立功表现的,公安机关出具的是否成立自首、立功的书面说明等有效法律文件;

(2) 抓获经过、出警经过、报案材料等。

九、聚众扰乱社会秩序罪认定及案例精解

一、个罪概述

(一) 个罪概念及构成要件

聚众扰乱社会秩序罪,是指聚众扰乱社会秩序,情节严重,致工作、生产、营业和教学、科研、医疗无法进行,造成严重损失的行为。

1. 客体要件:本罪侵犯的客体是社会秩序。这里所说的社会秩序不是广义的一般的社会秩序,而是指特定范围内的社会秩序,具体是指机关与人民团体的工作秩序,企业单位的生产与营业秩序,事业单位的教学、科研和医疗秩序。侵犯的对象是机关、企事业单位和人民团体。此处所讲的机关是指国家机关之外的其他机关。

2. 客观要件:本罪的客观方面表现为以聚众的方式扰乱机关、企事业单位、社会团体的正常活动,致使其工作、生产、营业和教学、科研、医疗无法进行,造成严重损失。

所谓聚众是指纠集多人实施犯罪行为,一般应当是纠集3人以上,有起组织、策划、指挥作用的首要分子,有积极实施犯罪活动,行动特别卖力,情节比较严重的积极参加者,在犯罪分子实施犯罪过程中,有时还会有受蒙蔽的群众、被威胁的一般违法者、围观者、起哄者,纠集3人以上是指包括聚首和积极参加者在内3人以上。如果是1人或2人闹事引得众人围观起哄的,不构成本罪。聚首聚集众人的手段多种多样,可以是煽动、收买、挑拨、教唆等,聚首可以是躲在幕后唆使、策划而不亲自实施具体扰乱行为人的。

行为人扰乱社会秩序的手段主要有:聚众冲击机关、企事业单位、社会团体所在地;在机关、企事业单位、社会团体门前、院内大肆喧嚣吵闹;封锁大门、通道,阻止工作人员进入;围攻、辱骂、殴打工作人员;毁坏财物、设备;强占工作、营业、生产等场所;强行切断电源、水源等。行为人在实施本罪中,殴打工作人员,毁损公私财物构成犯罪的,应实行数罪并罚。

只要行为人聚众扰乱社会秩序的行为情节严重,致使机关、企事业单位、社会团体的工作、生产、营业和教学、科研、医疗无法进行,造成严重损失的,就构成本罪。根据本条第1款的规定,情节严重是构成本罪的要件之一,

所谓情节严重，是指由于行为人的聚众扰乱行为，机关、企事业单位、社会团体的正常活动无法进行，并造成严重损失。致使工作、生产、营业和教学、科研、医疗无法进行与造成严重损失二者必须同时具备，前者是行为人实施扰乱行为的社会危害性的直接表现，后者是社会危害性的实际所在。虽然行为人的行为致使工作、生产、营业和教学、科研、医疗无法进行，但尚未造成严重损失的，不以犯罪论处，由公安机关依照《治安管理处罚法》有关规定处理。所谓严重损失是指有形的物质和无形的智力成果、社会利益和政治利益等诸多方面的严重损失。物质损失包括因犯罪行为而停产、停业等造成的既有财产损害和可得利益损失，可得利益应以具备充分成就条件，若非犯罪行为干扰就可顺利实现的利益为限，物质损失的严重程度以造成损失的数额为标准。无形的智力成果、社会利益、政治利益损失是指犯罪行为致使以社会利益、政治利益为宗旨的社会组织及其他不直接从事生产经营活动的社会组织如各政党、工会、妇联和学校、科研机构、医疗场所等无法工作而造成的无法精确计算的损失，对于这类损失是否严重一般可从扰乱行为的手段、持续时间的长短、因无法工作直接延误的工作事项的重要程度、损失是否可以弥补等方面把握。一般来说，扰乱社会秩序的手段情节严重；致使有关单位工作瘫痪时间较长；因扰乱而延误的工作事项关乎重要的社会利益或政治利益的，可视为情节严重。加聚集人数特别众多，围攻、殴打工作人员多人，毁损一定财物的；占据办公场所，封锁通道等持续相当长时间，拒不退出，致使有关单位长期工作瘫痪的；由于扰乱行为，致使教学计划无法完成，影响多人学业；致使重大科研项目无法继续或者造成重大损失的，致使医院无法继续对病人进行救治的；致使政党、人民团体大的会议（如党代会、青代会等）无法如期举行或中止；打乱其他关乎重大社会利益的事项的部署的（如致使防疫计划无法实施的）等。由于行为人的扰乱行为，致使有关单位无法正常开展工作给第三人利益造成严重损害的；虽然该损害结果并非行为人直接造成，但属于行为扰乱社会秩序给社会利益造成的损失，也应作为衡量行为人行为是否情节严重的根据之一。如出于行为人聚众扰乱医疗单位工作秩序，致使危重病人不能得到及时救治而死亡或残疾的，虽然行为人的行为与危害病人的死亡或残疾不具有直接因果关系，但行为人的行为与医疗单位无法开展工作具有直接因果关系，因此，行为人的行为与危重病人的死亡或残疾具有间接因果关系，应当将之作为行为人行为的危害结果。

3. 主体要件：本罪的主体是一般主体。但并非一切聚众扰乱社会秩序的人都能构成本罪，构成本罪的主体仅限于聚众扰乱社会秩序的首要分子和其他积极参加者。所谓"首要分子"，即在扰乱社会秩序犯罪中起组织、策划、指挥作用的犯罪分子。所谓"其他积极参加者"，是指除首要分子以外的在犯罪活动中起主要作用的犯罪分子。对于一般参加者，只能追究其行政责任，不能成为本罪主体。

4. 主观要件：本罪在主观方面只能出故意构成。行为人往往企图通过这种扰乱活动，制造事端，给机关、单位与团体施加压力，以实现自己的某种无理要求或者借机发泄不满情绪。由于本罪是聚众性犯罪，因而进行扰乱活动必须基于众多行为人的共同故意。这种共同故意并不要求行为人之间的故意联系十分紧密，只要行为人明确自己以及他人是在实施扰乱国家机关、企事业单位与人民团体的工作秩序的行为即可，并不要求各行为人的犯罪目的或犯罪动机完全一样。

（二）个罪辨析

1. 本罪与一般扰乱社会秩序的违反治安管理行为的界限

两者在表现形式上可能是相同的，都是扰乱了机关、团体、事业单位的秩序，致使工作、生产、营业、教学、科研、医疗不能正常进行。两者的主要区别是情节是否严重，是否使国家和社会遭受严重损失。如尚未造成严重损失的，是一般违反治安管理行为，应给予治安管理处罚。

由于领导上的官僚主义，对涉及群众利益的事处理不当或者工作上的缺点失误，以致引起群众闹事、闹学潮或罢工等，要进行深入细致的思想政治工作，要与聚众扰乱社会秩序罪加以区别，对于借学潮、罢工之机，故意歪曲党的方针政策，煽动群众，提出无理要求，破坏社会正常秩序，符合本条规定的，则构成本罪。

2. 本罪同妨害公务罪的界限

（1）本罪侵害的对象是机关、企事业单位和人民团体；后者侵害的对象是特定的国家工作人员。

（2）本罪是聚众进行；后者可以是单个人进行。

（3）本罪不限于采用暴力、威胁的方法；后者采用暴力、威胁的方法。

3. 本罪与聚众冲击国家机关罪的界限

聚众冲击国家机关的行为原本属于扰乱社会秩序的行为的一种，本法鉴于国家机关正常活动对于维护社会稳定的重要性，将其单独规定为一罪。两罪的犯罪客体不同。本罪客体是机关、企事业单位、社会团体的正常活动秩序。聚众冲击国家机关罪的客体是国家机关的正常活动；两罪的犯罪对象不同，聚众冲击国家机关的犯罪对象仅限于各级各类国家机关，本罪的犯罪对象是国家机关以外的其他机关、企事业单位、社会团体。

4. 本罪与聚众扰乱公共场所秩序、交通秩序罪的界限

本罪与上述两罪的主体、客观方面均十分相似，主要区别在于上述两罪发生在车站、码头、民用航空站、商场、公园等公共场所，破坏的是公共场所的秩序；本罪发生在机关、企事业单位、社会团体所在地，破坏的是这些单位的工作、生产、教学、科研、医疗秩序。上述两罪行为人必须同时具有抗拒、阻碍国家治安管理工作人员依法执行职务，情节严重的情节，本罪毋须具有。实践中往往由于有些机关、企事业单位、社会团体所在地本身处于或靠近车站、码头、民用航空站、公园等公共场所，所以行为人聚众扰乱社会秩序时会造成公共场所秩序遭到破坏、交通秩序遭到破坏的后果；也可能在行为人聚众实施上述两罪时导致这些机关、企事业单位、社会团体无法工作，造成严重损失。实践中可以从犯罪目的着手加以区别。一般来说，本罪行为人目的是直接针对特定的机关、企事业单位、社会团体的，而上述两罪行为人并不以扰乱特定单位工作秩序为目的，对于前一种情形应以本罪论处，造成公共场所秩序、交通秩序混乱的后果应作为衡量情节是否严重的因索之一。对于后一种情形，如果行为人主观上构成间接故意、客观上造成严重损失的，应按吸收犯处理，以本罪论处；如果行为人对致使机关、企事业单位、社会团体无法工作，造成严重损失，主观上属于过失的，不构成本罪，但应将这一危害后果作为量刑时的考虑因索。

（三）量刑

犯本罪的，对首要分子，处三年以上七年以下有期徒刑；其他积极参加的，处三年以下有期徒刑、拘役、管制或者剥夺政治权利。

二、实务操作

（一）刑法条文

第二百九十条【聚众扰乱社会秩序罪】 聚众扰乱社会秩序，情节严重，致使工作、生产、营业和教学、科研、医疗无法进行，造成严重损失的，对首要分子，处三年以上七年以下有期徒刑；对其他积极参加的，处三年以下有期徒刑、拘役、管制或者剥夺政治权利。

【聚众冲击国家机关罪】 聚众冲击国家机关，致使国家机关工作无法进行，造成严重损失的，对首要分子，处五年以上十年以下有期徒刑；对其他积极参加的，处五年以下有期徒刑、拘役、管制或者剥夺政治权利。

【扰乱国家机关工作秩序罪】 多次扰乱国家机关工作秩序，经行政处罚后仍不改正，造成严重后果的，处三年以下有期徒刑、拘役或者管制。

【组织、资助非法聚集罪】 多次组织、资助他人非法聚集，扰乱社会秩序，情节严重的，依照前款的规定处罚。

刑法修正案（九）

三十一、将刑法第二百九十条第一款修改为："聚众扰乱社会秩序，情节严重，致使工作、生产、营业和教学、科研、医疗无法进行，造成严重损失的，对首要分子，处三年以上七年以下有期徒刑；对其他积极参加的，处三年以下有期徒刑、拘役、管制或者剥夺政治权利。"

增加二款作为第三款、第四款："多次扰乱国家机关工作秩序，经行政处罚后仍不改正、造成严重后果的，处三年以下有期徒刑、拘役或者管制。"

"多次组织、资助他人非法聚集扰乱社会秩序、情节严重的，依照前款的规定处罚。"

（二）裁判要旨

陈先贵聚众扰乱社会秩序案（刑事审判参考第 61 号）

【裁判要旨】1. 我国公民在我国领域外犯我国刑法规定的聚众扰乱社会秩序罪，我国有刑事管辖权。2. 法定最高刑期为三年以下有期徒刑，根据刑法第七条第一款的规定，可以不予追究其刑事责任。但根据案件的具体情况，认定被告人犯罪行为恶劣影响，后果严重，仍应依法追究其刑事责任。

十、聚众斗殴罪认定及案例精解

一、个罪概述

(一) 个罪概念与构成要件

聚众斗殴罪,是指聚集多人进行斗殴的行为。

1. 客体要件:本罪侵犯的客体是公共秩序。所谓公共秩序,不应简单地理解为公共场所的秩序,而是指通过法律法规、道德规范、风俗习惯来建立和维持的社会生活有条不紊的状态,在社会公共生活中应当遵守的各项共同生活的规则、秩序。在实际生活中,聚众斗殴犯罪可以发生在公共场所,也可以是发生在较僻静的私人场所。因此,无论是在何种场所进行聚众斗殴犯罪活动,均应视为侵犯了公共秩序。

聚众斗殴犯罪往往同时会造成公民的人身权利和公私财产权利受到侵害的结果。但是,其所侵犯的主要不是特定的个人或者特定的公私财物,而是用聚众斗殴行为向整个社会挑战,从而形成对整个社会秩序的严重威胁。行为人通过斗殴的行为方式,公然藐视法律和社会公德,破坏公共秩序,是聚众斗殴罪的本质特征。

2. 客观要件:本罪的客观方面表现为纠集多人结伙殴斗的行为。聚众斗殴主要是指出于私仇、争霸或者其他不正当目的而成帮结伙地殴斗。所谓聚众,是指首要分子通过组织、策划、指挥,纠集特定或者不特定的多人同一时间聚集于同一地点。一般指人数众多,至少不得少于3人,但不要求参与斗殴的各方都必须3人以上。所谓斗殴,是指双方或者多方通过拳脚、器械等相互攻击对方身体的行为。

3. 主体要件:本罪的主体是一般主体,凡年满16周岁且具备刑事责任能力的自然人均能构成本罪。但并非所有参加聚众斗殴者均构成本罪。根据《刑法》第292条第2款的规定,只有聚众斗殴的首要分子和其他积极参加者,才能构成本罪主体。所谓首要分子,是指在聚众斗殴中起组织、策划、指挥作用的犯罪分子;所谓其他积极参加者,是指除首要分子以外的在聚众斗殴中起重要作用的犯罪分子。对于一般参加者,只能依治安管理处罚法追究行政责任,不构成本罪主体。

4. 主观要件:本罪的主观方面是故意犯罪。犯罪的动机,一般不是完全为了某种个人的利害冲突，也不是单纯为了取得某种物质利益，而是公然藐视国家的法纪和社会公德，企图通过实施聚众斗殴活动来寻求刺激或者追求某种卑鄙欲念的满足。行为人在思想上已经丧失了道德观念和法治观念，是非荣辱标准已被颠倒。这种公然藐视社会公德和国家法纪的心理状态，是聚众斗殴犯罪故意的最明显的特点。

（二）个罪辨析

1. 本罪与群众中因民事纠纷而互相斗殴或者结伙械斗的界限

主要表现在后者不具有报复他人、争霸一方或者其他不正当目的犯罪的动机，因民事纠纷而发生的互相斗殴或械斗中犯故意伤害罪（包括轻伤、重伤）、故意杀人罪或者故意毁坏公私财物等罪的，构成何罪就认定何罪。

2. 本罪与聚众扰乱公共场所秩序、交通秩序罪的界限

（1）客观方面表现不同。聚众斗殴罪的客观方面表现为行为人实施了"聚众斗殴"的行为，而聚众扰乱社会秩序、交通秩序罪的客观方面表现为行为人实施了"聚众扰乱社会秩序"的行为。

（2）犯罪对象不同。聚众斗殴罪的犯罪对象是相互斗殴的普通群众，而聚众扰乱社会秩序罪的犯罪对象则是车站、码头、民用航空站、商场、公园、影剧院、展览会、运动场或者其他公共场所秩序，聚众堵塞交通或者破坏交通秩序等。

（3）犯罪形态不同。聚众斗殴罪属于行为犯，原则上只要行为人实施了聚众斗殴的行为，便成立犯罪。而聚众扰乱社会秩序罪属于情节犯，必须是行为人的行为属于"情节严重的"，才构成犯罪。

3. 聚众斗殴罪与故意杀人罪、故意伤害罪的界限

二者区别的根本标志在于犯罪动机不同。聚众斗殴罪中的杀人、伤害行为，虽然与其他故意杀人、故意伤害行为一样，都侵犯了他人身体健康，但有一个显著的特点，即聚众斗殴在杀人、伤害行为中，通常表现为为了称王称霸，充英雄好汉而惹事生非，凡是为了争霸"势力范围"，或者明确表示要打服对方，而行凶伤人的都是聚众斗殴中的伤人行为。而其他故意杀人、故意伤害罪中的伤害行为，则往往是对自己或自己一方所认识的人，由于宿仇旧恨而起意伤害对方，事先具有明确的伤害对象和伤害故意。

依据《刑法》第292条第2款规定："聚众斗殴，致人重伤、死亡的，依照本法第二百三十四条、第二百三十二条的规定定罪处罚。"对于在聚众斗殴活动中，行为人造成他人重伤、死亡的，一律按故意伤害罪、故意杀人罪定罪处罚。

4. 聚众斗殴罪与聚众扰乱社会秩序罪的界限

首先，犯罪动机不同，前者大多是为了争霸一方、私仇宿怨和寻求精神刺

激等流氓动机而破坏公共秩序，后者则多是为了实现个人某种不合理的要求而破坏公共秩序。其次，情节要求不同，前者不要求情节严重，后者要求情节严重，必须致使工作、生产、营业和教学科研无法进行，造成严重损失，否则不构成犯罪。最后，两者犯罪方法不同，聚众斗殴罪的犯罪方法一般是暴力方法，而聚众扰乱社会秩序罪除了暴力方法外，还可以是非暴力方法。

二、实务操作

（一）刑法条文

第二百九十二条【聚众斗殴罪】 聚众斗殴的，对首要分子和其他积极参加的，处三年以下有期徒刑、拘役或者管制；有下列情形之一的，对首要分子和其他积极参加的，处三年以上十年以下有期徒刑：

（一）多次聚众斗殴的；

（二）聚众斗殴人数多，规模大，社会影响恶劣的；

（三）在公共场所或者交通要道聚众斗殴，造成社会秩序严重混乱的；

（四）持械聚众斗殴的。

聚众斗殴，致人重伤、死亡的，依照本法第二百三十四条、第二百三十二条的规定定罪处罚。

（二）司法解释及指导性文件

1. 最高人民检察院、公安部关于公安机关管辖的刑事案件立案追诉标准的规定（一）（2008年6月25日　公通字〔2008〕36号）

第三十六条［聚众斗殴案（刑法第二百九十二条第一款）］　组织、策划、指挥或者积极参加聚众斗殴的，应予立案追诉。

2. 最高人民法院研究室关于对参加聚众斗殴受重伤或者死亡的人及其家属提出的民事赔偿请求能否予以支持问题的答复（2004年11月11日　法研〔2004〕179号）

江苏省高级人民法院：

你院苏高法〔2004〕296号《关于对聚众斗殴案件中受伤或死亡的当事人及其家属提出的民事赔偿请求能否予以支持问题的请示》收悉。经研究，答复如下：

根据《刑法》第二百九十二条第一款的规定，聚众斗殴的参加者，无论是否首要分子，均明知自己的行为有可能产生伤害他人以及自己被他人的行为伤害的后果，其仍然参加聚众斗殴的，应当自行承担相应的刑事和民事责任。根据《刑法》第二百九十二条第二款的规定，对于参加聚众斗殴，造成他人重伤或者死亡的,行为性质发生变化,应认定为故意伤害罪或者故意杀人罪。聚众斗殴中受重伤或者死亡的人,既是故意伤害罪或者故意杀人罪的受害人,又是聚众斗殴犯罪的行为人。对于参加聚众斗殴受重伤或者死亡的人或其家属提出的民事赔偿请求,依法应予支持,并适用混合过错责任原则。

3. 最高人民法院关于实施修订后的《关于常见犯罪的量刑指导意见》的通知

(2017年3月9日 法发〔2017〕7号)

(十二)聚众斗殴罪

1. 构成聚众斗殴罪的,可以根据下列不同情形在相应的幅度内确定量刑起点:

(1)犯罪情节一般的,可以在二年以下有期徒刑、拘役幅度内确定量刑起点。

(2)有下列情形之一的,可以在三年至五年有期徒刑幅度内确定量刑起点:聚众斗殴三次的;聚众斗殴人数多,规模大,社会影响恶劣的;在公共场所或者交通要道聚众斗殴,造成社会秩序严重混乱的;持械聚众斗殴的。

2. 在量刑起点的基础上,可以根据聚众斗殴人数、次数、手段严重程度等其他影响犯罪构成的犯罪事实增加刑罚量,确定基准刑。

(三)裁判要旨

1. 施某等17人聚众斗殴案(最高检指导性案例1号)

【裁判要旨】检察机关办理群体性事件引发的犯罪案件,要从促进社会矛盾化解的角度,深入了解案件背后的各种复杂因素,依法慎重处理,积极参与调处矛盾纠纷,以促进社会和谐,实现法律效果与社会效果的有机统一。

2. 主动挑起斗殴后被动方的行为性质(《人民司法》2013年第18期,第72页)

【裁判要旨】我国《刑法》第20条赋予了公民正当防卫的权利。认定正当防卫,行为人不仅要维护合法正当的利益,同时不法侵害具有现实紧迫性,而且行为人还要具有防卫的意图而非相互斗殴的故意。为赔债等非法利益之争,采用言语挑衅的方式,导致矛盾升级,招致对方多人上门打斗,并积极与之互殴的行为,不属于正当防卫,应以聚众斗殴罪处罚。

【案号】一审:(2011)熟刑初字第0785号

二审:(2012)苏中刑终字第0091号

3. 聚众斗殴致人伤亡应依据行为人的主观犯意转化定罪(《人民司法》2011年第4期,第7页)

【裁判要旨】在聚众斗殴中致人伤亡,对行为人应依法转化定罪,但不能简单以结果论，应当具体分析行为人的主观故意，按照主客观相一致的原则区别认定故意伤害罪或故意杀人罪。对于聚众斗殴致人死亡的情形，如果行为人主观上仅具有损害他人身体健康故意而没有非法剥夺他人生命故意，客观上致人死亡，符合故意伤害（致人死亡）罪的构成要件，应认定行为人转化构成故意伤害罪而非故意杀人罪。

【案号】一审：（2009）扬刑一初字第0005号

二审：（2009）苏刑终字第0080号

4. 聚众斗殴致人重伤、死亡案件中首要分子的罪责（《人民司法》2011年第14期，第4页）

【裁判要旨】聚众斗殴致人重伤、死亡案件存在转化认定问题。对于首要分子未直接实施致人重伤、死亡行为的，或者首要分子虽然参与实施殴打，但其行为不是致死被害人的直接原因的，应区分不同情况，依据共同犯罪的理论，准确界定罪责。

【案号】一审：（2009）垦刑初字第10号

二审：（2009）黑刑二终字第74号

复核审：（2010）刑五复60157376号

5. 寻衅滋事罪与聚众斗殴罪的区分（《人民司法》2010年第8期，第14页）

【裁判要旨】对于群体性斗殴案件，司法实践中一般以聚众斗殴罪论处，但亦不应一概而论。对于因琐事而突发的涉及人员众多的群体性斗殴案件，应结合被告人的身份情况、斗殴起因、行为过程、具体情节和实际后果综合分析，妥善定性，从严掌握聚众斗殴罪的适用，如果以寻衅滋事罪处理社会效果更好的，应当优先考虑定寻衅滋事罪。本案系在娱乐场所突发的群体性斗殴案件，检察机关以聚众斗殴罪指控，法院经审判改变定性为寻衅滋事罪，其中体现的就是这种从严和优先的思维，希望能对同类案件的审理具有一定的参考价值。

【案号】一审：（2009）闵刑初字第344号

6. 侯雨秋正当防卫案（最高检指导性案例48号）

单方聚众斗殴的，属于不法侵害，没有斗殴故意的一方可以进行正当防卫。单方持械聚众斗殴，对他人的人身安全造成严重危险的，应当认定为刑法第二十条第三款规定的"其他严重危及人身安全的暴力犯罪"。

7. 倪以刚等聚众斗殴案——如何把握聚众斗殴罪的犯罪构成及转化要件（刑事审判参考第350号）

（1）单方有聚众斗殴故意的也可以构成聚众斗殴罪。在斗殴的理解上，只要双方或一方采用暴力方式进行殴斗,不论采用何种暴力方式都是结伙斗殴行为。

(2) 关于聚众斗殴向故意伤害的转化。在聚众斗殴致人伤害案件中,首要分子对全部犯罪事实负责,无论其是否实施实行行为,应转化为故意伤害无异议。其他行为人如相互配合,实施殴打的行为,尽管行为人所处的地位、具体分工、参与程度可能不同,但他们行为指向的目标相同,为达到同一个目的,每一个人的行为都是整个加害行为的有机组成部分,因此共同行为人的行为与被害人重伤的结果之间互为因果关系。即使难以分清致被害人受伤的直接责任人,对参与砍打被害人的行为均应按《刑法》第二百九十条第二款的规定转化为故意伤害罪。如没有实施殴打行为,仍只应定聚众斗殴罪。

(3) 关于聚众斗殴"次"的认定。应综合考虑聚众斗殴故意、在时间上是否有明显的间隔、在场所上是否为不同地方、客观上针对的对象情况。在时间、地点、针对的对象上均有不同,虽然是同一个故意支配,但在行为上不是持续而是连续,在两地均可以独立地构成聚众斗殴犯罪,应认定为两次。

8. 李天龙、高政聚众斗殴案——聚众斗殴并驾车撞击对方的行为是否认定为持械聚众斗殴,以及如何认定相关帮助行为的性质(刑事审判参考第882号)

利用车辆撞击聚众斗殴一方的人可以认定为"持械聚众斗殴"。帮助指认对象,明知行为人持械斗殴而未实施任何阻止的,应当认定为持械斗殴的共同故意行为。

9. 王乾坤故意杀人案——聚众斗殴既致人死亡又致人轻伤的,如何定罪处罚(刑事审判参考第521号)

聚众斗殴既致人死亡又致人轻伤的,以故意杀人一罪定罪处罚,而不应以故意杀人、故意伤害两罪处罚。

(四) 证据指引

1. 犯罪嫌疑人供述和辩解:
(1) 嫌疑人的基本情况;
(2) 动机、目的;
(3) 聚众斗殴时时间、地点、起因、经过、后果及社会影响、人数规模、方式手段、人身伤害和物品损失等情况;
(4) 被害人基本情况,伤害情况;
(5) 凶器的来源和下落;
(6) 共同犯罪的需问明同伙、提起、策划、联络、分工、地位和作用、具体行为表现等情况;

（7）被查获的时间、地点和过程等情况。

2. 被害人陈述

（1）被害人（斗殴的相对方）的基本情况；

（2）被侵害的时间、地点、起因、经过、后果、方式手段及人身伤害和物品损失等情况；

（3）犯罪嫌疑人的基本情况、外貌特征；

（4）现场的目击者、知情者及其他情况。

3. 证人证言

参照犯罪嫌疑人的供述和辩解、被害人陈述，了解案件发生的具体经过、情节、后果等，对主要证据证明的事实进行进一步的印证。

4. 物证、书证

（1）照片；

（2）工具实物：作案工具（如刀、匕首、斧头、棍、棒等）、血衣、现场遗留物等；

（3）其他。

5. 鉴定结论

物价鉴定、法医鉴定、技术鉴定等。

6. 视听资料、电子数据

（1）公共场所的监控录像资料；

（2）现场当事人、证人用手机、相机等设备拍摄的反映案件情况的资料；

（3）其他录音、录像、电子数据。

7. 辨认笔录

被侵害人、证人、犯罪嫌疑人对犯罪现场、嫌疑人以及其他能够证明其犯罪事实的场所、人员、物品进行的辨认和指认。

8. 勘验、检查笔录

对与犯罪有关的场所、物品进行勘验、检查形成的笔录、照片、提取的痕迹物证等。

9. 其他证据材料

（1）犯罪嫌疑人（自然人）的年龄、身份证据材料，包括：户籍证明；有前科劣迹，应调取法院判决书、行政处罚决定书、释放证明书、犯罪嫌疑人有投案自首、立功表现的，公安机关出具的是否成立自首、立功的书面说明等有效法律文件；

（2）抓获经过、出警经过、报案材料等。

十一、寻衅滋事罪认定及案例精解

一、个罪概述

(一) 个罪概念及构成要件

寻衅滋事罪,是指肆意挑衅,随意殴打、骚扰他人或任意损毁、占用公私财物或者在公共场所起哄闹事,严重破坏社会秩序的行为。

1. 客体要件:本罪侵犯的客体是公共和社会秩序。公共和社会秩序是指人们在生活中为了保障生产与生活的基本稳定而达成的遵守某些道德与秩序的共同准则。

由于是社会群体达成的共同准则,因此寻衅滋事罪所侵犯的客体通常表现为对人的身体健康、名誉、意思表达与身体活动上的自由所紧密联系的社会共同秩序,其具体行为通常表现为向整个社会挑战、藐视社会主义道德法则。

2. 客观要件:寻衅滋事罪的客观行为方式主要表现在以下几个方面:

第一,随意殴打他人,情节恶劣的。

随意殴打的目的大多出于耍威风、耍脾气、满足自己取乐或获得精神刺激的不健康动机,其表现形式是无故、无理的殴打他人。行为对象可以是一人,也可以是多人。所谓情节恶劣,最高人民法院、最高人民检察院《关于办理寻衅滋事刑事案件适用法律若干问题的解释》第2条作出了明确解释。

第二,追逐、拦截、辱骂、恐吓他人,情节恶劣。

其中追逐、拦截都带有妨碍他人行动自由的行为,其过程中可能伴随着侵犯他人身体健康权的行为。而辱骂、恐吓行为,也可以发生在网络空间。

这里的情节恶劣,最高人民法院、最高人民检察院《关于办理寻衅滋事刑事案件适用法律若干问题的解释》第3条作出了明确解释。

第三,强拿硬要或者任意损毁、占用公私财物,情节严重。

强拿强要是指违背他人意愿强行侵犯他人财产权的行为,既包括用夺取方式侵犯财产权,也包括用逼迫方式侵犯财产权。多表现为以蛮不讲理的流氓手段,强行索要市场、商店的商品以及他人的财物,或者随心所欲破坏、毁灭、占用公私财物。① 对于情节严重，最高人民法院、最高人民检察院《关于办理寻衅滋事刑事案件适用法律若干问题的解释》第 4 条作出了明确解释。

第四，在公共场所起哄闹事，造成公共场所秩序严重混乱。

起哄闹事的目的也大多出于耍威风、耍脾气、满足自己取乐或获得精神刺激的不健康动机。其表现形式为用言语或行动扰乱公共场所的有序活动，使得公共场所的活动不能正常进行。

根据最高人民法院、最高人民检察院《关于办理寻衅滋事刑事案件适用法律若干问题的解释》第 5 条，公共场所一般是指车站、码头、机场、医院、商场、公园、影剧院、展览会、运动场等不特定人数或者多数人可以自由出入的场所。"造成严重混乱"，则要根据公共场所的性质、公共活动受影响程度和人数、案发时间等因素综合考虑是否"造成公共场所秩序严重混乱"。

此外，依据最高人民法院、最高人民检察院《关于办理利用信息网络实施诽谤等刑事案件适用法律若干问题的解释》第 5 条第 2 款，编造虚假信息，或者明知是编造的虚假信息，在信息网络上散布，或者组织、指使人员在信息网络上散布，起哄闹事，造成公共秩序严重混乱的，也属于"在公共场所起哄闹事，造成公共场所秩序严重混乱"。

3. 主体要件：本罪主体为一般主体，即年满 16 周岁、具备刑事责任能力的自然人。

4. 主观要件：主观上是故意。通过蔑视社会共同准则，来达到寻求刺激、发泄情绪、逞强耍横等，无事生非不健康动机。

（二）个罪辨析

1. 本罪与非罪的区分

本罪与非罪的主要区别在于情节恶劣程度上，只有情节恶劣、情节严重或造成公共场所秩序严重混乱的才构成本罪。若情节未达到上述程度，不应用刑法加以规制，而是用治安处罚等行政方式予以规制。

对于情节恶劣程度的认定，应考虑以下几方面因素：

第一，行为方式和手段。通常来讲，带有暴力、威胁的行为，以及公开性和组织性的行为方式需要严肃对待。

第二，行为造成的危害结果和不良影响。例如，行为造成被害人自杀、引发社会性的恐慌、公私财物大量受损等。

---

① 张军主编：《刑法分则及配套规定新释新解》（第九版），人民法院出版社 2016 年版。

第三，行为的时间和地点。例如，实施行为的时间是否属于通常来讲人群聚集比较多的时间等。

第四，行为人的前科和通常行事表现，这些表明行为人主观恶性程度、改造难易程度等。

2. 本罪与其他罪的区别

(1) 本罪与聚众扰乱社会秩序罪、聚众扰乱公共场所秩序罪三者都是在破坏公共秩序，但存在以下区别：

首先，犯罪动机不同。寻衅滋事罪是为了满足寻求刺激、发泄情绪、逞强耍横等，无事生非的不健康动机。后二者是为了通过扰乱机关、团体、单位的正常生产和生活秩序，或通过扰乱公共秩场所的正常秩序，来达到实现个人的某种不合理要求的目的。

其次，犯罪形式不同。寻衅滋事不要求聚众，后二者一定要以聚众（三人以上）形式出现。

再次，客观方面不同。相比寻衅滋事罪，后二者的行为表现主要是聚众冲击国家机关、企事业单位、人民团体，或严重扰乱公共场所和交通秩序。

最后，犯罪主体不同。寻衅滋事罪的所有参与者都要按照追究寻衅滋事罪的刑事责任，后二者只追究首要分子的刑事责任。

(2) 本罪与敲诈勒索罪的区别主要在于犯罪动机。寻衅滋事罪的犯罪动机是出于寻求刺激、发泄情绪、逞强耍横等，无事生非的不健康动机，因此犯罪行为往往是较为直接的、在当面发生。而敲诈勒索罪以索取财物为主要目的，行为人通常不希望被害人之外的其他人知晓，因此犯罪形式通常比较隐秘，不愿意让人察觉。

(3) 本罪与抢劫罪的区别，主要表现在以下几个方面：

首先，在犯罪动机上有区别。寻衅滋事罪的犯罪动机是出于寻求刺激、发泄情绪、逞强耍横等，无事生非的不健康动机。而抢劫罪犯罪目的是非法占有公私财物，犯罪动机可多种多样。

其次，在客观方面上有所不同。寻衅滋事罪侵犯财产权的行为，通常表现为强拿强要、任意毁损和强占财物，且需要达到情节严重的程度。而抢劫罪通常表现为用暴力、胁迫等足以让被害人出于恐惧等心理被迫交出财产的行为，情节恶劣程度不作为定罪的考虑因素。

最后，所侵犯的客体不同。寻衅滋事罪侵犯的客体是社会公共秩序，即便在寻衅滋事罪中具体犯罪行为侵犯了他人的人身健康权或财产权，或者同时侵犯人身权利和财产权，但如果这种侵犯是因为犯罪行为主要侵犯了社会公共秩序，使得与社会公共秩序紧密相关的他人人身权和财产权受到侵犯的话，仍应按照寻衅滋事罪处理。相比之下,抢劫罪是出于侵犯他人财产权的目的,同时触犯他人人身权的行为,并不涉及对公共秩序的侵犯。

二、实务操作

(一) 刑法条文

第二百九十三条【寻衅滋事罪】 有下列寻衅滋事行为之一,破坏社会秩序的,处五年以下有期徒刑、拘役或者管制:
(一) 随意殴打他人,情节恶劣的;
(二) 追逐、拦截、辱骂、恐吓他人,情节恶劣的;
(三) 强拿硬要或者任意损毁、占用公私财物,情节严重的;
(四) 在公共场所起哄闹事,造成公共场所秩序严重混乱的。

纠集他人多次实施前款行为,严重破坏社会秩序的,处五年以上十年以下有期徒刑,可以并处罚金。

(二) 法律法规

中华人民共和国铁路法(2015年4月24日修改主席令第25号)

第六十五条第二款在列车内,寻衅滋事,侮辱妇女,情节恶劣的,依照刑法有关规定追究刑事责任;敲诈勒索旅客财物的,依照刑法有关规定追究刑事责任。

(三) 司法解释及指导性文件

1. 最高人民法院、最高人民检察院关于办理寻衅滋事刑事案件适用法律若干问题的解释(2013年7月22日 法释〔2013〕18号)

为依法惩治寻衅滋事犯罪,维护社会秩序,根据《中华人民共和国刑法》的有关规定,现就办理寻衅滋事刑事案件适用法律的若干问题解释如下:

第一条 行为人为寻求刺激、发泄情绪、逞强耍横等,无事生非,实施刑法第二百九十三条规定的行为的,应当认定为"寻衅滋事"。

行为人因日常生活中的偶发矛盾纠纷,借故生非,实施刑法第二百九十三条规定的行为的,应当认定为"寻衅滋事",但矛盾系由被害人故意引发或者被害人对矛盾激化负有主要责任的除外。

行为人因婚恋、家庭、邻里、债务等纠纷,实施殴打、辱骂、恐吓他人或者损毁、占用他人财物等行为的,一般不认定为"寻衅滋事",但经有关部门批评制止或者处理处罚后,继续实施前列行为,破坏社会秩序的除外。

第二条 随意殴打他人,破坏社会秩序,具有下列情形之一的,应当认定为刑法第二百九十三条第一款第一项规定的"情节恶劣":

（一）致一人以上轻伤或者二人以上轻微伤的；
（二）引起他人精神失常、自杀等严重后果的；
（三）多次随意殴打他人的；
（四）持凶器随意殴打他人的；
（五）随意殴打精神病人、残疾人、流浪乞讨人员、老年人、孕妇、未成年人，造成恶劣社会影响的；
（六）在公共场所随意殴打他人，造成公共场所秩序严重混乱的；
（七）其他情节恶劣的情形。

第三条 追逐、拦截、辱骂、恐吓他人，破坏社会秩序，具有下列情形之一的，应当认定为刑法第二百九十三条第一款第二项规定的"情节恶劣"：

（一）多次追逐、拦截、辱骂、恐吓他人，造成恶劣社会影响的；
（二）持凶器追逐、拦截、辱骂、恐吓他人的；
（三）追逐、拦截、辱骂、恐吓精神病人、残疾人、流浪乞讨人员、老年人、孕妇、未成年人，造成恶劣社会影响的；
（四）引起他人精神失常、自杀等严重后果的；
（五）严重影响他人的工作、生活、生产、经营的；
（六）其他情节恶劣的情形。

第四条 强拿硬要或者任意损毁、占用公私财物，破坏社会秩序，具有下列情形之一的，应当认定为刑法第二百九十三条第一款第三项规定的"情节严重"：

（一）强拿硬要公私财物价值一千元以上，或者任意损毁、占用公私财物价值二千元以上的；
（二）多次强拿硬要或者任意损毁、占用公私财物，造成恶劣社会影响的；
（三）强拿硬要或者任意损毁、占用精神病人、残疾人、流浪乞讨人员、老年人、孕妇、未成年人的财物，造成恶劣社会影响的；
（四）引起他人精神失常、自杀等严重后果的；
（五）严重影响他人的工作、生活、生产、经营的；
（六）其他情节严重的情形。

第五条 在车站、码头、机场、医院、商场、公园、影剧院、展览会、运动场或者其他公共场所起哄闹事，应当根据公共场所的性质、公共活动的重要程度、公共场所的人数、起哄闹事的时间、公共场所受影响的范围与程度等因素，综合判断是否"造成公共场所秩序严重混乱"。

第六条 纠集他人三次以上实施寻衅滋事犯罪，未经处理的，应当依照刑法第二百九十三条第二款的规定处罚。

第七条 实施寻衅滋事行为，同时符合寻衅滋事罪和故意杀人罪、故意伤害罪、故意毁坏财物罪、敲诈勒索罪、抢夺罪、抢劫罪等罪的构成要件的，依照处罚较重的犯罪定罪处罚。

第八条 行为人认罪、悔罪，积极赔偿被害人损失或者取得被害人谅解的，可以从轻处罚；犯罪情节轻微的，可以不起诉或者免予刑事处罚。

2. 最高人民法院、最高人民检察院关于办理妨害预防、控制突发传染病疫情等灾害的刑事案件具体应用法律若干问题的解释（2003年5月15日 法释〔2003〕8号）

第十一条 在预防、控制突发传染病疫情等灾害期间，强拿硬要或者任意损毁、占用公私财物情节严重，或者在公共场所起哄闹事，造成公共场所秩序严重混乱的，依照刑法第二百九十三条的规定，以寻衅滋事罪定罪，依法从重处罚。

3. 最高人民法院、最高人民检察院关于办理利用信息网络实施诽谤等刑事案件适用法律若干问题的解释（2013年9月10日 法释〔2013〕21号）

第五条 利用信息网络辱骂、恐吓他人，情节恶劣，破坏社会秩序的，依照刑法第二百九十三条第一款第（二）项的规定，以寻衅滋事罪定罪处罚。

编造虚假信息，或者明知是编造的虚假信息，在信息网络上散布，或者组织、指使人员在信息网络上散布，起哄闹事，造成公共秩序严重混乱的，依照刑法第二百九十三条第一款第（四）项的规定，以寻衅滋事罪定罪处罚。

4. 最高人民法院、最高人民检察院、公安部、司法部、国家卫生和计划生育委员会关于依法惩处涉医违法犯罪维护正常医疗秩序的意见（2014年4月22日 法发〔2014〕5号）

二、严格依法惩处涉医违法犯罪

对涉医违法犯罪行为，要依法严肃追究、坚决打击。公安机关要加大对暴力杀医、伤医、扰乱医疗秩序等违法犯罪活动的查处力度，接到报警后应当及时出警、快速处置，需要追究刑事责任的，及时立案侦查，全面、客观地收集、调取证据，确保侦查质量。人民检察院应当及时依法批捕、起诉，对于重大涉医犯罪案件要加强法律监督，必要时可以对收集证据、适用法律提出意见。人民法院应当加快审理进度，在全面查明案件事实的基础上依法准确定罪量刑，对于犯罪手段残忍、主观恶性深、人身危险性大的被告人或者社会影响恶劣的涉医犯罪行为，要依法从严惩处。

（一）在医疗机构内殴打医务人员或者故意伤害医务人员身体、故意损毁公私财物,尚未造成严重后果的,分别依照治安管理处罚法第四十三条、第四十九条的规定处罚;故意杀害医务人员,或者故意伤害医务人员造成轻伤以上严重后果,或者随意殴打医务人员情节恶劣、任意损毁公私财物情节严重,构成故意杀人罪、故意伤害罪、故意毁坏财物罪、寻衅滋事罪的,依照刑法的有关规定定罪处罚。

(二)在医疗机构私设灵堂、摆放花圈、焚烧纸钱、悬挂横幅、堵塞大门或者以其他方式扰乱医疗秩序,尚未造成严重损失,经劝说、警告无效的,要依法驱散,对拒不服从的人员要依法带离现场,依照治安管理处罚法第二十三条的规定处罚;聚众实施的,对首要分子和其他积极参加者依法予以治安处罚;造成严重损失或者扰乱其他公共秩序情节严重,构成寻衅滋事罪、聚众扰乱社会秩序罪、聚众扰乱公共场所秩序、交通秩序罪的,依照刑法的有关规定定罪处罚。

在医疗机构的病房、抢救室、重症监护室等场所及医疗机构的公共开放区域违规停放尸体,影响医疗秩序,经劝说、警告无效的,依照治安管理处罚法第六十五条的规定处罚;严重扰乱医疗秩序或者其他公共秩序,构成犯罪的,依照前款的规定定罪处罚。

(三)以不准离开工作场所等方式非法限制医务人员人身自由的,依照治安管理处罚法第四十条的规定处罚;构成非法拘禁罪的,依照刑法的有关规定定罪处罚。

(四)公然侮辱、恐吓医务人员的,依照治安管理处罚法第四十二条的规定处罚;采取暴力或者其他方法公然侮辱、恐吓医务人员情节严重(恶劣),构成侮辱罪、寻衅滋事罪的,依照刑法的有关规定定罪处罚。

(五)非法携带枪支、弹药、管制器具或者爆炸性、放射性、毒害性、腐蚀性物品进入医疗机构的,依照治安管理处罚法第三十条、第三十二条的规定处罚;危及公共安全情节严重,构成非法携带枪支、弹药、管制刀具、危险物品危及公共安全罪的,依照刑法的有关规定定罪处罚。

(六)对于故意扩大事态,教唆他人实施针对医疗机构或者医务人员的违法犯罪行为,或者以受他人委托处理医疗纠纷为名实施敲诈勒索、寻衅滋事等行为的,依照治安管理处罚法和刑法的有关规定从严惩处。

5. 最高人民法院、最高人民检察院、公安部关于办理暴力恐怖和宗教极端刑事案件适用法律若干问题的意见(2014年9月9日 公通字〔2014〕34号)

二、准确认定案件性质

(八)以"异教徒"、"宗教叛徒"等为由,随意殴打、追逐、拦截、辱骂他人,扰乱社会秩序,情节恶劣的,以寻衅滋事罪定罪处罚。

实施前款行为,同时又构成故意伤害罪、妨害公务罪等其他犯罪的,依照处罚较重的规定定罪处罚。

6. 最高人民法院关于常见犯罪的量刑指导意见(2014 年 1 月 1 日　法发〔2013〕14 号)

(十三)寻衅滋事罪

1. 构成寻衅滋事罪的,可以根据下列不同情形在相应的幅度内确定量刑起点:

(1)寻衅滋事一次的,可以在三年以下有期徒刑、拘役幅度内确定量刑起点。

(2)纠集他人三次寻衅滋事(每次都构成犯罪),严重破坏社会秩序的,可以在五年至七年有期徒刑幅度内确定量刑起点。

2. 在量刑起点的基础上,可以根据寻衅滋事次数、伤害后果、强拿硬要他人财物或任意损毁、占用公私财物数额等其他影响犯罪构成的犯罪事实增加刑罚量,确定基准刑。

7. 最高人民法院关于审理未成年人刑事案件具体应用法律若干问题的解释(2006 年 1 月 23 日　法释〔2006〕1 号)

第八条　已满十六周岁不满十八周岁的人出于以大欺小、以强凌弱或者寻求精神刺激,随意殴打其他未成年人、多次对其他未成年人强拿硬要或者任意损毁公私财物,扰乱学校及其他公共场所秩序,情节严重的,以寻衅滋事罪定罪处罚。

8. 最高人民检察院、公安部关于公安机关管辖的刑事案件立案追诉标准的规定(一)(2008 年 6 月 25 日　公通字〔2008〕36 号)

第三十七条 [寻衅滋事案(刑法第二百九十三条)] 寻衅滋事,破坏社会秩序,涉嫌下列情形之一的,应予立案追诉:

(一)随意殴打他人造成他人身体伤害、持械随意殴打他人或者具有其他恶劣情节的;

(二)追逐、拦截、辱骂他人,严重影响他人正常工作、生产、生活,或者造成他人精神失常、自杀或者具有其他恶劣情节的;

(三)强拿硬要或者任意损毁、占用公私财物价值二千元以上,强拿硬要或者任意损毁、占用公私财物三次以上或者具有其他严重情节的;

(四)在公共场所起哄闹事,造成公共场所秩序严重混乱的。

9. 最高人民法院关于常见犯罪的量刑指导意见（2017 年 4 月 1 日　法发〔2017〕7 号）

（十三）寻衅滋事罪

1. 构成寻衅滋事罪的，可以根据下列不同情形在相应的幅度内确定量刑起点：

（1）寻衅滋事一次的，可以在三年以下有期徒刑、拘役幅度内确定量刑起点。

（2）纠集他人三次寻衅滋事（每次都构成犯罪），严重破坏社会秩序的，可以在五年至七年有期徒刑幅度内确定量刑起点。

2. 在量刑起点的基础上，可以根据寻衅滋事次数、伤害后果、强拿硬要他人财物或任意损毁、占用公私财物数额等其他影响犯罪构成的犯罪事实增加刑罚量，确定基准刑。

10. 最高人民法院、最高人民检察院、公安部、司法部关于办理黑恶势力犯罪案件若干问题的指导意见（2018 年 1 月 16 日　法发〔2018〕1 号）

14. 具有下列情形的组织，应当认定为"恶势力"：经常纠集在一起，以暴力、威胁或者其他手段，在一定区域或者行业内多次实施违法犯罪活动，为非作恶，欺压百姓，扰乱经济、社会生活秩序，造成较为恶劣的社会影响，但尚未形成黑社会性质组织的违法犯罪组织。恶势力一般为三人以上，纠集者相对固定，违法犯罪活动主要为强迫交易、故意伤害、非法拘禁、敲诈勒索、故意毁坏财物、聚众斗殴、寻衅滋事等，同时还可能伴随实施开设赌场、组织卖淫、强迫卖淫、贩卖毒品、运输毒品、制造毒品、抢劫、抢夺、聚众扰乱社会秩序、聚众扰乱公共场所秩序、交通秩序以及聚众"打砸抢"等。

在相关法律文书中的犯罪事实认定部分，可使用"恶势力"等表述加以描述。

15. 恶势力犯罪集团是符合犯罪集团法定条件的恶势力犯罪组织，其特征表现为：有三名以上的组织成员，有明显的首要分子，重要成员较为固定，组织成员经常纠集在一起，共同故意实施三次以上恶势力惯常实施的犯罪活动或者其他犯罪活动。

16. 公安机关、人民检察院、人民法院在办理恶势力犯罪案件时，应当依照上述规定，区别于普通刑事案件，充分运用《刑法》总则关于共同犯罪和犯罪集团的规定，依法从严惩处。

四、依法惩处利用"款暴力"实施的犯罪

17. 黑恶势力为谋取不法利益或形成非法影响，有组织地采用滋扰、纠缠、哄闹、聚众造势等手段侵犯人身权利、财产权利、破坏经济秩序、社会秩序，构成犯罪的，应当分别依照《刑法》相关规定处理：

（1）有组织地采用滋扰、纠缠、哄闹、聚众造势等手段扰乱正常的工作、生活秩序，使他人产生心理恐惧或者形成心理强制，分别属于《刑法》第二百九十三条第一款第（二）项规定的"恐吓"、《刑法》第二百二十六规定的"威胁"，同时符合其他犯罪构成条件的，应分别以寻衅滋事罪、强迫交易罪定罪处罚。

《关于办理寻衅滋事刑事案件适用法律若干问题的解释》第二条至第四条中的"多次"一般应当理解为二年内实施寻衅滋事行为三次以上。二年内多次实施不同种类寻衅滋事行为的，应当追究刑事责任。

（2）以非法占有为目的强行索取公私财物，有组织地采用滋扰、纠缠、哄闹、聚众造势等手段扰乱正常的工作、生活秩序，同时符合《刑法》第二百七十四条规定的其他犯罪构成条件的，应当以敲诈勒索罪定罪处罚。同时由多人实施或者以统一着装、显露纹身、特殊标识以及其他明示或者暗示方式，足以使对方感知相关行为的有组织性的，应当认定为《关于办理敲诈勒索刑事案件适用法律若干问题的解释》第二条第（五）项规定的"以黑恶势力名义敲诈勒索"。

采用上述手段，同时又构成其他犯罪的，应当依法按照处罚较重的规定定罪处罚。

雇佣、指使他人有组织地采用上述手段强迫交易、敲诈勒索，构成强迫交易罪、敲诈勒索罪的，对雇佣者、指使者，一般应当以共同犯罪中的主犯论处。为强索不受法律保护的债务或者因其他非法目的，雇佣、指使他人有组织地采用上述手段寻衅滋事，构成寻衅滋事罪的，对雇佣者、指使者，一般应当以共同犯罪中的主犯论处；为追讨合法债务或者因婚恋、家庭、邻里纠纷等民间矛盾而雇佣、指使，没有造成严重后果的，一般不作为犯罪处理，但经有关部门批评制止或者处理处罚后仍继续实施的除外。

11. 最高人民法院、最高人民检察院、公安部关于依法惩治妨害公共交通工具安全驾驶违法犯罪行为的指导意见（2019年1月8日）

一、准确认定行为性质，依法从严惩处妨害安全驾驶犯罪

……

（二）乘客在公共交通工具行驶过程中，随意殴打其他乘客，追逐、辱骂他人，或者起哄闹事，妨害公共交通工具运营秩序，符合刑法第二百九十三条规定的，以寻衅滋事罪定罪处罚；妨害公共交通工具安全行驶，危害公共安全的，依照刑法第一百一十四条、第一百一十五条第一款的规定，以危险方法危害公共安全罪定罪处罚。

……

（七）本意见所称公共交通工具，是指公共汽车、公路客运车、大、中型出租车等车辆。

12. 最高人民法院关于审理抢劫、抢夺刑事案件适用法律若干问题的意见（2005年6月8日 法发〔2005〕8号）

九、关于抢劫罪与相似犯罪的界限

……

4. 抢劫罪与寻衅滋事罪的界限

寻衅滋事罪是严重扰乱社会秩序的犯罪，行为人实施寻衅滋事的行为时，客观上也可能表现为强拿硬要公私财物的特征。这种强拿硬要的行为与抢劫罪的区别在于：前者行为人主观上还具有逞强好胜和通过强拿硬要来填补其精神空虚等目的，后者行为人一般只具有非法占有他人财物的目的；前者行为人客观上一般不以严重侵犯他人人身权利的方法强拿硬要财物，而后者行为人则以暴力、胁迫等方式作为劫取他人财物的手段。司法实践中，对于未成年人使用或威胁使用轻微暴力强抢少量财物的行为，一般不宜以抢劫罪定罪处罚。其行为符合寻衅滋事罪特征的，可以寻衅滋事罪定罪处罚。

（四）裁判要旨

1. 秦志晖诽谤、寻衅滋事案：利用信息网络实施诽谤、寻衅滋事犯罪的司法认定——行为人编造、散布虚假信息，给特定自然人名誉造成损害，并导致社会公共秩序严重混乱的，构成诽谤罪和寻衅滋事罪

【裁判要旨】"两高"《关于办理利用信息网络实施诽谤等刑事案件适用法律若干问题的解释》第5条第2款规定，"编造虚假信息，或者明知是编造的虚假信息，在信息网络上散布，或者组织、指使人员在信息网络上散布，起哄闹事，造成公共秩序严重混乱的，依照刑法第二百九十三条第一款第（四）项的规定，以寻衅滋事罪定罪处罚"。被告人秦志晖在重大突发事件期间，在信息网络上编造、散布对国家机关产生不良影响的虚假信息，起哄闹事，造成公共秩序严重混乱，其行为已构成寻衅滋事罪。

【案号】（2013）朝刑初字第2584号

2. 利用社会热点问题，煽动纠集多人采取呼喊口号、非法聚集等方式起哄闹事，严重社会秩序的，构成寻衅滋事罪

【裁判要旨】被告人无视国法，纠集多人在公共场所起哄闹事，造成公共秩序严重混乱，其行为已构成寻衅滋事罪。

【案号】（2010）大刑初字第318号

3. 卞井奎等寻衅滋事案——就诊时随意殴打医生、任意毁损财物，情节恶劣的，构成寻衅滋事罪（《最高人民法院公报》2014 年第 7 期，总第 213 期）

【裁判要旨】被告人酒后在医院谩骂、随意殴打值班医生，致 2 人轻微伤，情节恶劣；任意毁损公私财物造成损失 4167 元，情节严重，其行为均已构成寻衅滋事罪，应依法惩处。

4. 不满手术效果，多次到医院滋事并殴打、辱骂、恐吓医务人员，情节恶劣，构成寻衅滋事罪（《人民法院报》：最高人民法院发布涉医犯罪典型案例——王敏寻衅滋事案）

【裁判要旨】被告人为泄愤多次到医院任意毁损公共财物，后果严重；在医院起哄闹事，造成医院秩序严重混乱；辱骂、恐吓并指使他人随意殴打医务人员，情节恶劣，其行为已构成寻衅滋事罪。

5. 李某等寻衅滋事案——未成年人以大欺小、以强凌弱，扰乱公共场所秩序情节严重的，可以寻衅滋事罪定罪处罚（《人民司法》2011 年第 14 期）

【裁判要旨】未成年人以大欺小、以强凌弱或者寻求精神刺激，随意殴打，以轻微暴力索要少量财物，不构成抢劫罪，扰乱公共场所秩序情节严重的，可以寻衅滋事罪定罪处罚。

【案号】（2009）普少刑初字第 183 号

6. 中学生随意殴打在校生，构成寻衅滋事罪［最高人民法院公布 24 起发生在校园内的刑事犯罪典型案例（四川）］

【裁判要旨】被告人在犍为县第二中学教学楼 2 楼男厕所内无故殴打被害人向某（系该校学生），致其右耳受伤，经四川华西法医学鉴定中心鉴定：向某损伤程度为轻伤。被告人任某随意殴打他人并致一人轻伤的行为，已构成寻衅滋事罪，应当依法予以惩处。

7. 未成年人寻衅滋事案，注重未成年人的监管帮教，帮助回归社会（《人民法院报》最高人民法院 2014 年 11 月 24 日发布未成年人审判工作典型案例 98 例——王某寻衅滋事、故意伤害案）

【裁判要旨】被告人犯罪时是未成年人，初次犯罪，到案后能够如实供述自己的罪行，认罪悔罪，并积极赔偿被害人损失，取得了被害人的谅解，依法应当减轻处罚。同时王某家庭结构稳定，父母有监管教育能力，当地社区矫正机构愿意协助做好王某的矫正帮教工作，学校愿意接收被告人，并配合做好矫正工作，故被告人具备监管和帮教条件。据此，对被告人以故意伤害罪和寻衅滋事罪数罪并罚，并宣告缓刑。

8. 未成年人寻衅滋事案,缓刑期间适用"接触特定人禁止令"(《人民法院报》最高人民法院 2014 年 11 月 24 日发布未成年人审判工作典型案例 98 例——林某、陈某等寻衅滋事案)

【裁判要旨】被告人林某、陈某、吴某无视国家法纪和社会公德,随意殴打致人轻伤,情节恶劣,其行为均已构成寻衅滋事罪,判处被告人林某、陈某、吴某有期徒刑 8 个月,缓刑 1 年;被告人林某、陈某、吴某在缓刑考验期内,禁止互相来往接触。未成年人辍学后经常聚集在一起,讲哥们义气,这些都是当前诱发未成年人犯罪的常见因素。法院考虑到 3 被告人主要是因经常聚集在一起,为哥们义气诱发了共同犯罪。如果将被告人互相隔离,禁止其互相接触有利于家长和社区在缓刑期间对其进行有效管教,预防再次犯罪;被告人犯罪时不满 18 周岁,平时自我控制能力较差,对其适用"接触禁止令"的期限确定为与缓刑考验期相同的 1 年,有利于其改过自新。

9. 行为人为发泄情绪,随意损毁他人汽车轮胎,构成寻衅滋事罪

【裁判要旨】故意毁坏财物罪的犯罪客体是公私财物所有权,具有明确的侵害对象。行为人为发泄嫉妒、仇富和内心不平衡的情绪,用自制铁锥戳破停在路边或停车场汽车的轮胎,任意损毁公私财物,其侵犯的对象具有不特定性,侵害了社会公共秩序,该行为与具有明确特定对象、侵害的客体为公私财物所有人所有权的故意毁坏财物罪具有区别,不符合故意毁坏财物罪的构成要件,而应当属于衅滋事罪的情形之一。因此,行为人为发泄情绪,随意损毁他人汽车轮胎,不应构成故意毁坏财物罪,应当构成寻衅滋事罪。

【案号】(2013)仪刑初字第 0267 号

10. 地铁轨道上持刀扬言自杀,造成地铁列车停运,严重影响了轨道交通的正常运营秩序,构成寻衅滋事罪(法制网——上海首例地铁线路寻衅滋事案宣判)

【裁判要旨】根据最高人民法院、最高人民检察院《关于办理寻衅滋事案件适用法律若干问题的解释》第 5 条的规定,在车站、码头等公共场所起哄闹事,应当根据公共场所的性质、公共安全的重要程度、公共场所的人数、起哄闹事的时间、公共场所所受影响的范围与程度等因素,综合判断是否构成"造成公共场所秩序严重混乱"。结合本案而言,轨道交通是城市主要的交通运输方式之一,每天有数百万乘客流量。轨道交通的正常运营秩序,对保障广大乘客出行安全、顺畅,具有十分重要的意义。

从公共场所受影响的范围和程度来看,被告人李胜的行为不仅造成当日轨道交通三、四号线的运营秩序严重混乱,停运超过一小时,还对多个轨交站点和列车车次的正常运营造成了严重影响;从上海地铁运营公司事后退票及致歉信发出的数量来看，遭受本次事故影响的可以直接统计的乘客就达数千名。法院综合以上情况认为被告人李胜的行为造成公共场所秩序严重混乱，应当构成寻衅滋事罪。

11. 李冉寻衅滋事案——行为人法治观念淡薄，酒后无故滋事，强拿硬要他人财物，情节严重的，构成寻衅滋事罪

【裁判要旨】被告人李冉法治观念淡薄，酒后无故滋事，强拿硬要他人财物，情节严重，其行为妨害了社会管理秩序，触犯了刑律，已构成寻衅滋事罪，依法应予惩处；北京市朝阳区人民检察院指控被告人李冉犯抢劫罪罪名不当，经查，在案证据证实李冉系酒后无故对郭某某进行殴打，因担心上来劝架的刘某某找人报复，将其手机拿走，其行为符合刑法所规定的寻衅滋事罪的犯罪构成要件，依法应以寻衅滋事罪追究刑事责任，对于公诉机关的相关指控本院予以纠正。

【案号】（2011）朝刑初字第 2537 号

12. 以轻微暴力强索硬要他人财物的，构成寻衅滋事罪（《刑事审判参考》总第 65 集第 517 号）

【裁判要旨】三被告人的行为从形式上看与抢劫罪有些相似，但考虑其实施暴力的程度并未超出寻衅滋事罪所要求的范围，主观上出于报复教训他人的动机，亦非单纯以非法占有为目的，以及归还一部手机给被害人、索要财物价值不高，且三被告人中有一人为未成年人，另两人刚刚成年等情节，以寻衅滋事罪对其定罪处罚，准确贯彻了罪刑相适应的基本原则。

13. 雷友全等聚众冲击国家机关、妨害公务、寻衅滋事案——行为人或推翻车辆或进行打砸，造成公共场所秩序严重混乱，造成财物损失的行为，应当以故意毁坏财物罪和寻衅滋事罪想象竞合犯择一重罪处罚

【裁判要旨】寻衅滋事罪，是指肆意挑衅，随意殴打、骚扰他人或任意损毁、占用公私财物，或者在公共场所起哄闹事，严重破坏社会秩序的行为。故意毁坏财物罪，是指故意毁灭或者损坏公私财物，数额较大或者有其他严重情节的行为。行为人或推翻车辆或进行打砸或起哄闹事，造成公共场所秩序严重混乱，造成财物损失的行为，既构成寻衅滋事罪，又符合故意毁坏财物罪的构成要件，因此，同时构成寻衅滋事罪和故意毁坏财物罪两个罪名，属于想象竞合犯，根据想象竞合犯的处罚原则，即于犯罪行为所触犯之各罪中，从一重罪处罚，对行为人应以寻衅滋事罪惩处。

【案号】（2011）内刑终字第 66 号

14. 陈寿军寻衅滋事案——被告人的行为同时构成寻衅滋事罪与故意伤害罪（轻伤）的，应当以寻衅滋事罪论处

【裁判要旨】寻衅滋事行为不仅侵犯个人法益，而且侵犯社会法益。所以，寻衅滋事罪的法定刑重于故意伤害罪（致人轻伤）、敲诈勒索罪、盗窃罪的基本法定刑。在一行为同时触犯寻衅滋事罪与故意伤害、敲诈勒索、盗窃等罪名的情况下，以想象竞合犯从一重罪论处。但寻衅滋事罪名所包含的，不是单一行为类型，而是多样行为类型，且以情节恶劣、情节严重、造成严重混乱等为构成要件，所以在量刑的设置上不仅要考虑入罪标准，同时，也要考虑与其他罪名的平衡，综合把握寻衅滋事罪与其他罪名的量刑起点和基准刑。

【案号】（2010）湖刑初字第236号

15. 黄亚国等寻衅滋事案——在审理寻衅滋事犯罪案件时，若依据《人民法院量刑指导意见（试行）》得出的量刑结果与案内主从犯关系不相称时，应当根据自由裁量权实现主从犯之间的量刑均衡

【裁判要旨】寻衅滋事罪是刑事审判中最为常见的犯罪类型之一，一般表现为对公民人身权利的侵犯和财产的损害。根据《人民法院量刑指导意见（试行）》的相关规定，法官在对寻衅滋事罪的被告人进行量刑时，应当综合考虑犯罪时间、地点、犯罪动机、手段、犯罪对象、犯罪后果、犯罪次数、犯罪所造成的社会影响等因素。另外，在多人共同犯罪案件中，法官在量刑时，还应当注意主从犯之间的量刑平衡。所以，如果依据《人民法院量刑指导意见（试行）》得出的量刑结果与案内主从犯关系不相称时，法官此时就不能机械地按照量刑规范的计算公式确定最终的宣告刑，而应充分利用手中的自由裁量权，对各被告人重新计算宣告刑，以实现主从犯之间的量刑均衡。

【案号】（2010）浦刑初字第2557号

16. 寻衅滋事共同犯罪案件中，依据各行为人的犯意来确定全案人一体转化还是部分转化（《人民法院报》：山东枣庄中院判决薛某故意伤害、任某寻衅滋事案）

【裁判要旨】共同犯罪首先要形成共同的犯意，在共同犯意形成之后，伴随着作案环境的变化，有些行为人受个人心理素质、自控能力、犯罪诱因、法律后果等因素的影响，而对原有的共谋犯意作出调整、修正甚至改变，有的仍停留在原有犯意基础上，有的则产生了超越共同犯意以外新的犯意，对危害结果具有新的追求或放任。

本案中，打斗开始不久，被告人薛某见明显打不过对方（作案环境发生改变），就掏出随身携带的折叠刀（作案手段发生改变），随意捅刺，致一死两伤（新的危害结果的积极追求）。此时，其原有的共谋犯意发生明显改变，即由单纯的逞强好胜转化为故意伤害他人身体健康，超越了原有的认识因素和意志因素，产生了新的犯意。而此时的被告人任某，由于事先并不知晓薛某身上带有折叠刀，打斗过程中各自为战，也不知薛某已将折叠刀掏了出来，其对故意伤害他人身体致人死亡和轻伤的犯罪后果未有明确的认识，也不希望这种结果的发生，其共谋犯意未发生改变，仍停留在原有的犯意基础上。因此，两人对于超出的犯意是不同时具备的，任某仍是寻衅滋事的犯意，而薛某转化为故意伤害的犯意，即存在部分转化。

【案号】（2013）枣刑三初字第1号

17. 杨某某寻衅滋事案——随意殴打他人、情节恶劣的司法认定（《人民司法》2007年第10期）

【裁判要旨】"随意"的认定：一是审查主观动机。行为人殴打他人的内心起因或内心冲动，是出于耍威争霸、取乐发泄、填补空虚、寻求刺激等不健康目的，还是出于其他原因。二是是否临时起意。在寻衅滋事时，行为人殴打他人，不是因情势的发展，而是由其随心所欲、视心情和脾气决定的，其考虑的不是能不能打，而是想不想打，常常即时起意、一时兴起、动辄打人。三是是否事出有因。实践中，纯粹耍流氓式的随意殴打他人已不多见，行为人往往都有"理由"，但其内容，要么是社会生活中微不足道、鸡毛蒜皮的小事，要么是基于编造、猜忌或逻辑混乱，不为社会通行观念所接受。行为人违背常理和社会公序良俗的"理由"，只能是毫无道理的缘由，可以认定为无缘无故、没事找事，此时其事出有因的辩解就是不客观的，我们就不能一味地强调其借故中的"故"。

"情节恶劣"的认定：一是行为人的一贯表现和动机卑劣程度。是否多次随意殴打他人、屡教不改，一贯表现如何，动机的卑劣程度，主观恶性的大小。二是行为的方式和手段。行为的方式和手段对危害大小具有决定性作用。要审查人数、规模情况，行为人是否使用了暴力、威胁手段，是否采用了公开或者组织的方式，如何处理行为过程中的附随情况等。三是行为的直接危害结果和间接不良后果。直接危害结果是行为对社会造成的直接损害，最能体现行为的社会危害程度。间接不良后果是行为对社会造成的不良影响，同样也能反映行为的社会危害性。行为是否造成被害人自杀，是否引起公私财产重大损失，是否造成公共场所秩序严重混乱等，是认定情节恶劣与否的重要因素。四是行为的时间和地点。同一行为在不同的时间、地点实施，所造成的社会危害是不同的。

【案号】（2007）常刑一终字第8号；（2005）常刑一终字第59号；（2004）常刑一终字第18号；（2007）常刑一终字第4号

18. 杨安等故意伤害案——二人以上共同寻衅滋事随意殴打他人致人重伤、死亡的，可以认定寻衅滋事（《刑事审判参考》总第30集，第225号）

【裁判要旨】数行为人在寻衅滋事的共同故意支配下共同实施了随意殴打他人的行为，因此致人重伤或死亡的，在能够查明确系其中一人或几人的行为直接造成被害人重伤或死亡的情况下，对这些人应当以故意伤害罪或故意杀人罪来论处，是没有任何疑问的。但对其他参与共同殴打的人，是否一律以故意伤害罪或故意杀人罪来论处，则不宜一概而论。理由在于：对各共同参与随意殴打他人的人而言，参与共同殴打行为本身，仅表明他们具有明确的共同寻衅滋事的故意，尚不能充分肯定他们就一定具有共同伤害的故意。对此的判断，必须依据具体案情具体考察、分析。关键是要看各行为人之间在共同殴打过程中所形成的临时共同故意中是否包含伤害的内容以及他们各自的行为与被害人的重伤、死亡是否具有相当的因果关系。如果这两方面条件都满足，就应当以故意伤害罪或故意杀人罪的共犯论处，反之，就只应以寻衅滋事罪论处。

19. 从主客观相统一，区分强拿硬要型寻衅滋事罪与抢劫罪（中国法院网——从本案看强拿硬要型寻衅滋事罪与抢劫罪的区别）

【裁判要旨】第一，犯罪客体。寻衅滋事罪破坏公共秩序占主导的、决定性的地位，相比之下，所侵犯他人的人身权利或者财产权利却很轻微，甚至是微不足道。第二，客观行为。寻衅滋事罪强拿硬要的强行的手段应被严格地限制在一定的范围内，一般情况下，行为人客观上不以严重侵犯他人人身权利的方法强拿硬要财物，表现在具体方式上如使用的暴力手段，只能是轻微的拳打脚踢等不易造成严重后果的方式；在造成后果上，暴力手段不能超过轻微伤。第三，主观故意。在强拿硬要型寻衅滋事罪中，行为人也会强取他人财物，但是其主观目的并不是占有他人财物，占有财物是其开心取乐的一种手段，有多少甚至有没有对行为人无关紧要，行为人追求的是在强拿硬要过程中精神上的刺激。

20. 阻挠执法部门取缔无证网吧不构成寻衅滋事

【裁判要旨】行为人阻挠工商部门和民警对无证网吧进行取缔，妨碍执行公务的行为虽应受到相应处罚，但该行为不具备在公共场所无事生非、起哄闹事、随意殴打他人等寻衅滋事的动机和要件，不构成寻衅滋事行为。

【案号】（2012）泰兴行初字第14号；（2012）泰中行终字第0035号

21. 秦志晖诽谤、寻衅滋事案——利用信息网络实施的诽谤罪重点在于损害人格与名誉，利用网络实施的寻衅滋事罪的重点在于造成网络空间混乱，同时在现实社会引发混乱与不满（《刑事审判参考》第 966 号）

【裁判要旨】被告人秦志晖捏造损害杨澜等公民人格、名誉的事实，在信息网络上被广泛散布，其行为构成诽谤罪；在"7·23"动车事故发生后，编造政府机关天价赔偿外籍乘客的虚假信息，在信息网络上散布，起哄闹事，该虚假信息被转发 11000 次，评论 3300 余次，造成网络空间的混乱，同时在现实社会引发不明真相群众的不满，扰乱了政府机关善后工作，造成社会公共秩序严重混乱，其行为构成寻衅滋事罪。

22. 杨安等故意伤害案——寻衅滋事过程中殴打他人致人重伤、死亡的一般应定故意伤害罪（《刑事审判参考指导案例》第 225 号案例）

【裁判要旨】从刑法对这两种犯罪的法定刑配置角度来看，寻衅滋事罪的法定刑为五年以下有期徒刑、拘役或者管制；故意伤害罪的法定刑则因伤害结果的不同而不同，如致人轻伤，处三年以下有期徒刑、拘役或管制；致人重伤，处三年以上十年以下有期徒刑；致人死亡或者以特别残忍手段致人重伤造成严重残疾的，处十年以上有期徒刑、无期徒刑或者死刑。通过刑罚的这一配置可以看出，对寻衅滋事"随意殴打他人"致人轻伤的刑罚，已经涵盖在寻衅滋事的法定刑之中，仅以寻衅滋事罪论处，不会轻纵被告人，无二罪并罚的必要。如因寻衅滋事"随意殴打他人"致人重伤或死亡的，由于寻衅滋事罪本身不包含致人重伤或死亡的结果，或者说已超出寻衅滋事罪的涵盖范围，对此，一般应直接以故意伤害罪一罪论处，既无并罚的必要，也无并罚的理论依据。因为，根据罪数的犯罪构成个数标准说，因寻衅滋事"随意殴打他人"致人重伤或死亡的，与故意伤害致人重伤或死亡的，在伤害的性质和后果上并无区别，无构成数罪的基础。其次，如定两罪，势必是对"随意殴打他人"一行为作两次评价，即既将其评价为寻衅滋事，又将其评价为故意伤害，有违刑法禁止对同一行为重复评价的原则。本案正属于该种情形，杨安等四被告人酒后强行闯入歌舞厅，继而杨安蹿至舞台调戏女演员，而刘波则强要女演员跳脱衣舞，其无事生非、肆意挑起事端，寻求精神刺激的动机显而易见，是对国家法纪和社会公德的公然蔑视。此后，由于被害人李耀平的制止和流露出的不满，杨安进而对李耀平进行挑衅并冲下台殴打被害人，刘波等人见状也挥拳上阵。此时，各被告人的行为表现为恃强争狠，肆意殴打他人，结果导致了被害人的死亡。各被告人在公共场所寻求刺激，滋事生非，随意殴打他人，其行为危害社会管理秩序，情节恶劣已构成寻衅滋事罪。同时，各被告人随意殴打他人，致人死亡，严重侵犯了公民的生命健康权利，其行为亦符合故意伤害罪的犯罪构成。在这种情况下，本案只须定故意伤害罪一罪即可。因为实质上，各被告人只是基于一个犯意，实施了一个犯罪行为，结果侵犯了两个刑法所保护的客体，触犯了两个罪名。根据刑法罪数理论，这种情形属于想象竞合犯应按从一重处断的原则处理，即按其中法定刑之重者处理。而故意伤害致人死亡的情形下，其法定刑幅度为十年以上有期徒刑、无期徒刑、死刑，寻衅滋事罪的法定刑最高只有五年有期徒刑，前者比后者重。因此，本案应以故意伤害罪来定罪量刑。值得指出的是，寻衅滋事"随意殴打他人"的，亦有可能演变为故意杀人，尤其是间接故意杀人，如属此种情形，则应按故意杀人罪论处。

（五）证据指引

1. 关于本罪主体的证据

本罪犯罪主体是自然人，系年满16周岁、具有刑事责任能力的自然人。

2. 关于本罪主观方面的证据

（1）犯罪嫌疑人、被告人的供述与辩解。证实：

①实施寻衅滋事的动机、目的、时间、地点、参与人、方法、经过；

②共同犯罪的，行为人之间有无预谋、犯意提起和组织分工等。

（2）被害人陈述。证实行为人寻衅滋事的时间、地点、参与人及其特征、经过结果等，及给自己造成的伤害程度及财产损失情况等。

（3）证人证言。证实内容同上。

（4）物证、书证、现场勘查笔录、鉴定意见、视听资料等。证实内容同上。

通过上述证据，证明行为人出于以强凌弱、占便宜、耍威风，或者是为了发泄情绪，报复社会，或者是为了开心取乐，寻求精神刺激，满足空虚无聊的心理需求等动机，明知自己寻滋事的行为会扰乱社会秩序，而故意实的主观心态。即本罪的主观方面是直接故意。

3. 关于本罪客观方面的证据

（1）犯罪嫌疑人、波告人的供述和辩解。证实：

①犯罪的时间、地点、起因、经过、作案工具、犯罪于手段、方式、结果等犯罪过程，犯罪是否有预谋、是否受他人指使；

②现场及现场周边情况，作案时自身及所侵害的人或物的详细特征，人的特征主要包括年龄、面部特征、身高、体态以及当天的衣着情况等；

③犯罪行为造成的人身侵害、财产毁损情况，强行索要、占用的财物的情况，以及作案工具等相关物证、书证的情况及去向；

④在共同犯罪中，还包括犯意提起、组织策划、分工协作、实施等情况，以查明每一犯罪嫌疑人、被告人在共同犯罪中的地位和作用。

（2）被害人陈述。证实：

①案件起因、被害的时间、地点、次数、详细经过、后果；

②行为人的人数、体貌特征，以及行为人实施犯罪时的具体行为、言语等；

③受侵害情况：如果犯罪行为所针对的是人身，应着重询问是否受伤、所受伤情如何，恢复情况；如果犯罪行为所针对的是物，应着重询问物品的处置情况、是否受到了损坏以及损坏程度等；

④对案件处理的意见与要求。

（3）证人证言

① 案发现场目击证人证言，证实：

a. 案发时间、地点、原因；

b. 发生冲突双方的人员情况，如人数、体貌特征；

c. 在案发现场所看见、听到的一切与案件事实相关的详细情况，如冲突过程、当时周围的情况、有无人员受伤或物品被损、被抢等。

② 抓获人证言，证实：

a. 如何获知犯罪和犯罪嫌疑人、被告人情况的；

b. 抓获犯罪嫌疑人、被告人的时间、地点、过程；

c. 对犯罪嫌疑人、被告人的身体特征、衣着情况的描述；

d. 对抓获过程中所涉及的其他相关人、物的描述。

③ 其他知情人证言、证实案件相关的事实。

（4）物证、书证

① 强拿硬要、占用、损毁的的物品及清单、照片；

② 产品、商标标识，产品质量认证书或产品说明书；

③时物价格表，产权证，公有财产账簿，个人财产发票，单位商品、产品或备品；

④ 犯罪工具及照片；

⑤ 被害人人身受伤情况的照片；

⑥ 医学诊断证明书；

⑦与案件有关的日记、书信、电传、电话记录、车船票等。

（5）劫验检查笔录。包括损毁公私财物现场、起哄闹事现场、作案工具藏匿现场、物证等勘验检查笔录及勘查图、照片。

（6）鉴定意见。主要包括：

① 血型、人体伤情、尸检报告等法医鉴定；

② 损毁、占用用、强行索要财物估价鉴定，证实被损毁、占用或索要财

物的数量、价值等；

③ 指纹、足迹、压痕、蹭痕等痕迹鉴定；

④ 文检等其他技术鉴定。

（7）视听资料。包括现场录音、录像等，证实案发现场的有关情况。

（8）其他证明材料。主要包括：

①行为人对被害人、作案工具及现场的辨认或指认笔录，相关人对行为人、作案工具及案发现场的辨认或指认笔录；

② 财物所有人或有关单位出具的财物损毁说明；

③收缴笔录、起赃笔录、退赃笔录、返赃笔录、物品返还清单或财产所有人出具的收条等。起赃笔录应包括如何起获赃物、起获地点、赃物的名称、数量、价值、品种、特征，并应与犯罪嫌疑人、被告人当场进行核对，列出清单；

④破案经过、办案说明，有关群众或单位出具的犯罪嫌疑人、被告人的行为影响恶劣或民愤极大的材料等；

通过上述证据，证明行为人实施了寻衅滋事行为，即无事生非，故意找碴，肆意挑衅，滋事生端，进行破坏扰乱，情节恶劣的行为。

实践中，具体认定寻衅滋事行为是否"情节恶劣"，应着重收集以下事实要素的证据：

第一，行为方式和手段，如行为人是否使用了暴力、威胁、恐吓等手段，是否采用了公开或组织的方式，证实危害结果的大小和对社会心理的伤害程度；

第二，行为的直接危害结果和间接不良后果，证实行为的社会危害程度；

第三，行为的日时间、地点，证实所造成的社会影响；

第四，行为人的一贯表现，证实其主观恶性程度；

第五，行为人是否纠集他人多次实施寻衅滋事行为。

4. 关于本罪客体的证据

通过犯罪嫌疑人、被告人的供述与辩解、被害人陈述、证人证言、物证书证、鉴定意见、视听资料等证据，证明行为人侵犯的直接客体是社会公共秩序，同时也可能侵犯他人的人身权利、公司财产权利。

十二、组织、领导、参加黑社会性质组织罪认定及案例精解

一、个罪概述

(一) 个罪概念及构成要件

1. 组织、领导、参加黑社会性质组织罪

组织、领导、参加黑社会性质组织罪,是指组织、领导或者参加以暴力、威胁或者其他手段,有组织地多次进行违法犯罪活动,获取经济利益,具备一定经济实力,称霸一方,为非作恶,欺压、残害群众,严重破坏经济、社会生活秩序的黑社会性质组织的行为。

(1) 客体要件:本罪的客体是复杂客体,既会对公民人身权利、财产权利产生潜在的侵害,也会对社会公共秩序、经济秩序造成侵害。

(2) 客观要件:本罪的客观方面,表现为行为人实施了组织、领导、参加黑社会性质组织的行为。本罪是一个选择性罪名,只要行为人实施了"组织、领导、参加"黑社会性质组织的行为之一,便成立本罪,在确定罪名时,可以根据行为人具体实施的行为来确定。作为本罪对象的黑社会性质的组织,需同时具备组织特征、经济特征、行为特征、危害特征。

第一,黑社会性质组织的组织特征是指需形成较稳定的犯罪组织,人数较多,有明确的组织者、领导者,骨干成员基本固定。组织成员包括组织者、领导者、积极参加者、一般参加者,其中骨干成员属于作用较为突出的积极参加者。

第二,黑社会性质组织的经济特征是指有组织地通过违法犯罪活动或者其他手段获取经济利益,具有一定的经济实力,以支持该组织的活动。获取经济利益既可以是通过有组织的违法犯罪手段获取,也可以是形成控制垄断后合法经营活动获取,还可以是接受赠与等其他方式获取。具备经济实力,是指黑社会性质的组织具有调动一定经济资源的能力,既包括调动黑社会性质组织所有的经济资源,也包括调动黑社会性质组织成员所有的个人财产支持组织活动。

第三,黑社会性质组织的行为特征是指以暴力、威胁或其他手段,有组织

地多次进行违法犯罪活动,为非作恶,欺压、残害群众。有组织的实施犯罪,既包括以组织名义实施的犯罪,也包括为组织利益实施的犯罪、按照组织惯例实施的犯罪,得到组织默许实施的犯罪。组织成员中个人决定,为了个人利益实施的犯罪不是黑社会性质组织所实施的犯罪。

第四,黑社会性质组织的危害特征是指通过实施违法犯罪活动,或者利用国家工作人员的包庇或者纵容,称霸一方,在一定区域或者行业内,形成非法控制或者重大影响,严重破坏经济、社会生活秩序。称霸一方,实现一定区域、行业内的非法控制或重大影响,是黑社会性质组织的犯罪与一般的侵犯人身权、侵犯财产权犯罪的本质区别。实现称霸一方既可能是单纯通过实施违法犯罪活动得以实现,也可能是通过实施犯罪活动与利用国家工作人员的包庇、纵容得以实现。

(3) 主体要件:本罪的主体为一般主体,即任何年满 16 周岁并具有刑事责任能力的自然人。

(4) 主观要件:本罪的主观方面是直接故意,即明知是黑社会性质的组织而组织、领导或加入。从认识层面看,行为人需认识到所组织、领导、加入的是一个从事违法犯罪活动的组织,不要求明确认识到该组织属于黑社会性质组织;从意识层面看,行为人对组织、领导、加入该违法犯罪组织,接受组织的管理,参加组织活动是积极接受的。

2. 入境发展黑社会组织罪

入境发展黑社会组织罪,是指我国境外的黑社会组织人员到我国境内发展组织成员的行为。[1]

(1) 客体要件:本罪的客体为社会公共秩序,并会对公民人身权利、财产权利、社会经济秩序造成潜在的侵害。

(2) 客观要件:本罪的客观方面,表现为行为人实施了到我国境内发展黑社会组织成员的行为。

(3) 主体要件:本罪的主体为特殊主体,行为人必须是境外黑社会组织人员。

(4) 主观要件:本罪的主观方面为故意。

3. 包庇、纵容黑社会性质组织罪

包庇、纵容黑社会性质组织罪,是指国家机关工作人员包庇黑社会性质的

---

[1] 参见高铭暄、马克昌主编:《刑法学》(第三版),北京大学出版社 2007 年版,第 612 页。

组织，或者纵容黑社会性质的组织进行违法犯罪活动的行为。①

（1）客体要件：本罪的客体是复杂客体，本罪既侵犯了国家机关工作人员应参与打击黑恶势力的职责，又危害了社会公共秩序。

（2）客观方面：本罪的客观方面，表现为国家机关工作人员实施了包庇黑社会性质的组织，或者纵容黑社会性质的组织进行违法犯罪活动的行为。如果国家机关工作人员利用职权实施包庇、纵容行为，从重处罚。

（3）主体要件：本罪的主体是特殊主体，即国家机关工作人员。

（4）主观要件：本罪的主观方面为故意。

（二）个罪辨析

1. 罪与非罪的界限

（1）在黑社会性质组织的经济实体中单纯从事劳务事务的行为，从客观上有按照黑社会性质组织的要求从事一定行为的特征，但主观上没有加入黑社会性质组织，并接受从事违法犯罪活动安排的意愿，一般不属于黑社会性质组织的参加者。

（2）接受黑社会组织雇佣，临时合作的行为人，只是在某起具体违法犯罪行为中形成共同犯罪的意图，并不具有加入黑社会性质组织并接受其领导的主观意志，一般不属于加入黑社会性质组织罪。但如果在长期的雇佣、合作过程中，双方形成了实质上的松散管理关系，彼此相互渗透、相互配合，可以认定为加入了黑社会性质的组织。

（3）国家机关工作人员只要实施了包庇、纵容黑社会性质组织的行为，就构成包庇、纵容黑社会性质组织罪。是否利用职权实施包庇、纵容行为不是罪与非罪的界限，而是是否从重处罚的情节。

（4）黑社会性质的组织客观特征要求实施了多次违法犯罪活动，仅实施违法活动，未实施犯罪活动的组织，不是黑社会性质组织。黑社会性质的组织实施犯罪的手段包括暴力、胁迫或其他方法，如果仅有软暴力，没有暴力或者以暴力为威胁手段的犯罪行为，对社会公共秩序的影响一般难以达到控制或重大影响的程度。实践中，黑社会性质的组织多在前期通过采取暴力、胁迫手段实现一定区域、行业内的控制与重大影响后，采用软暴力或表面合法的手段从事经济活动，攫取经济利益。

---

① 参见高铭暄、马克昌主编：《刑法学》（第三版），北京大学出版社2007年版，第613页。

2. 组织、领导、加入黑社会性质组织罪的认定

（1）国家工作人员与黑社会性质组织事先通谋，实施包庇、纵容黑社会性质组织的行为，以所实施犯罪的共犯论处。国家工作人员事先通谋实施犯罪，其包庇、纵容行为是实施犯罪分工的一部分，属于具体犯罪的共犯。

（2）具有查禁犯罪活动职责的国家机关工作人员利用职务便利，包庇、纵容黑社会性质组织成员的，既构成包庇、纵容黑社会性质组织罪，也构成帮助犯罪分子逃避处罚罪，应从一重罪定罪处罚。

（3）组织、领导、加入黑社会性质的组织后，又从事其他犯罪行为的，数罪并罚。其中组织者、领导者既需要对直接参加的其他犯罪活动承担刑事责任，也需要对未直接参加的组织犯罪活动承担刑事责任，在未参加的组织犯罪活动中可根据具体情节认定主犯或从犯。

二、实务操作

（一）刑法条文

第二百九十四条【组织、领导、参加黑社会性质组织罪】 组织、领导黑社会性质的组织的，处七年以上有期徒刑，并处没收财产；积极参加的，处三年以上七年以下有期徒刑，可以并处罚金或者没收财产；其他参加的，处三年以下有期徒刑、拘役、管制或者剥夺政治权利，可以并处罚金。

【入境发展黑社会组织罪】 境外的黑社会组织的人员到中华人民共和国境内发展组织成员的，处三年以上十年以下有期徒刑。

【包庇、纵容黑社会性质组织罪】 国家机关工作人员包庇黑社会性质的组织，或者纵容黑社会性质的组织进行违法犯罪活动的，处五年以下有期徒刑；情节严重的，处五年以上有期徒刑。

犯前三款罪又有其他犯罪行为的，依照数罪并罚的规定处罚。

黑社会性质的组织应当同时具备以下特征：

（一）形成较稳定的犯罪组织，人数较多，有明确的组织者、领导者，骨干成员基本固定；

（二）有组织地通过违法犯罪活动或者其他手段获取经济利益，具有一定的经济实力，以支持该组织的活动；

（三）以暴力、威胁或者其他手段，有组织地多次进行违法犯罪活动，为非作恶，欺压、残害群众；

（四）通过实施违法犯罪活动，或者利用国家工作人员的包庇或者纵容，称霸一方，在一定区域或者行业内，形成非法控制或者重大影响，严重破坏经济、社会生活秩序。

（二）司法解释及指导性文件

1. 最高人民法院关于审理黑社会性质组织犯罪的案件具体应用法律若干问题的解释（2000年12月10日　法释〔2000〕42号）

为依法惩治黑社会性质组织的犯罪活动，根据刑法有关规定，现就审理黑社会性质组织的犯罪案件具体应用法律的若干问题解释如下：

第一条　刑法第二百九十四条规定的"黑社会性质的组织"，一般应具备以下特征：

（一）组织结构比较紧密，人数较多，有比较明确的组织者、领导者，骨干成员基本固定，有较为严格的组织纪律；

（二）通过违法犯罪活动或者其他手段获取经济利益，具有一定的经济实力；

（三）通过贿赂、威胁等手段，引诱、逼迫国家工作人员参加黑社会性质组织活动，或者为其提供非法保护；

（四）在一定区域或者行业范围内，以暴力、威胁、滋扰等手段，大肆进行敲诈勒索、欺行霸市、聚众斗殴、寻衅滋事、故意伤害等违法犯罪活动，严重破坏经济、社会生活秩序。

第二条　刑法第二百九十四条第二款规定的"发展组织成员"，是指将境内、外人员吸收为该黑社会组织成员的行为。对黑社会组织成员进行内部调整等行为，可视为"发展组织成员"。

港、澳、台黑社会组织到内地发展组织成员的，适用刑法第二百九十四条第二款的规定定罪处罚。

第三条　组织、领导、参加黑社会性质的组织又有其他犯罪行为的，根据刑法第二百九十四条第三款的规定，依照数罪并罚的规定处罚；对于黑社会性质组织的组织者、领导者，应当按照其所组织、领导的黑社会性质组织所犯的全部罪行处罚；对于黑社会性质组织的参加者，应当按照其所参与的犯罪处罚。

对于参加黑社会性质的组织，没有实施其他违法犯罪活动的，或者受蒙蔽、胁迫参加黑社会性质的组织，情节轻微的，可以不作为犯罪处理。

第四条　国家机关工作人员组织、领导、参加黑社会性质组织的，从重处罚。

第五条　刑法第二百九十四条第四款规定的"包庇"，是指国家机关工作人员为使黑社会性质组织及其成员逃避查禁，而通风报信，隐匿、毁灭、伪造证据，阻止他人作证、检举揭发，指使他人作伪证，帮助逃匿，或者阻挠其他国家机关工作人员依法查禁等行为。

刑法第二百九十四条第四款规定的"纵容",是指国家机关工作人员不依法履行职责,放纵黑社会性质组织进行违法犯罪活动的行为。

第六条 国家机关工作人员包庇、纵容黑社会性质的组织,有下列情形之一的,属于刑法第二百九十四条第四款规定的"情节严重":

(一)包庇、纵容黑社会性质组织跨境实施违法犯罪活动的;

(二)包庇、纵容境外黑社会组织在境内实施违法犯罪活动的;

(三)多次实施包庇、纵容行为的;

(四)致使某一区域或者行业的经济、社会生活秩序遭受黑社会性质组织特别严重破坏的;

(五)致使黑社会性质组织的组织者、领导者逃匿,或者致使对黑社会性质组织的查禁工作严重受阻的;

(六)具有其他严重情节的。

第七条 对黑社会性质组织和组织、领导、参加黑社会性质组织的犯罪分子聚敛的财物及其收益,以及用于犯罪的工具等,应当依法追缴、没收。

2. 最高人民法院、最高人民检察院、公安部办理黑社会性质组织犯罪案件座谈会纪要(2009年12月9日 法〔2009〕382号)

二、会议认为,自1997年刑法增设黑社会性质组织犯罪的规定以来,全国人大常委会、最高人民法院分别作出了《关于〈中华人民共和国刑法〉第二百九十四条第一款的解释》(以下简称《立法解释》)、《关于审理黑社会性质组织犯罪的案件具体应用法律若干问题的解释》(以下简称《司法解释》),对于指导司法实践发挥了重要作用。但由于黑社会性质组织犯罪的构成要件和所涉及的法律关系较为复杂,在办案过程中对法律规定的理解还不尽相同。为了进一步统一司法标准,会议就实践中争议较大的问题进行了深入研讨,并取得了一致意见:

(一)关于黑社会性质组织的认定

黑社会性质组织必须同时具备《立法解释》中规定的"组织特征"、"经济特征"、"行为特征"和"危害性特征"。由于实践中许多黑社会性质组织并非这"四个特征"都很明显,因此,在具体认定时,应根据立法本意,认真审查、分析黑社会性质组织"四个特征"相互间的内在联系,准确评价涉案犯罪组织所造成的社会危害,确保不枉不纵。

1. 关于组织特征。黑社会性质组织不仅有明确的组织者、领导者,骨干成员基本固定,而且组织结构较为稳定,并有比较明确的层级和职责分工。

当前,一些黑社会性质组织为了增强隐蔽性,往往采取各种手段制造"人员频繁更替、组织结构松散"的假象。因此,在办案时,要特别注意审查组织者、领导者，以及对组织运行、活动起着突出作用的积极参加者等骨干成员是否基本固定、联系是否紧密，不要被其组织形式的表象所左右。

关于组织者、领导者、积极参加者和其他参加者的认定。组织者、领导者，是指黑社会性质组织的发起者、创建者，或者在组织中实际处于领导地位，对整个组织及其运行、活动起着决策、指挥、协调、管理作用的犯罪分子，既包括通过一定形式产生的有明确职务、称谓的组织者、领导者，也包括在黑社会性质组织中被公认的事实上的组织者、领导者；积极参加者，是指接受黑社会性质组织的领导和管理，多次积极参与黑社会性质组织的违法犯罪活动，或者积极参与较严重的黑社会性质组织的犯罪活动且作用突出，以及其他在组织中起重要作用的犯罪分子，如具体主管黑社会性质组织的财务、人员管理等事项的犯罪分子；其他参加者，是指除上述组织成员之外，其他接受黑社会性质组织的领导和管理的犯罪分子。根据《司法解释》第三条第二款的规定，对于参加黑社会性质的组织，没有实施其他违法犯罪活动的，或者受蒙蔽、胁迫参加黑社会性质的组织，情节轻微的，可以不作为犯罪处理。

关于黑社会性质组织成员的主观明知问题。在认定黑社会性质组织的成员时，并不要求其主观上认为自己参加的是黑社会性质组织，只要其知道或者应当知道该组织具有一定规模，且是以实施违法犯罪为主要活动的，即可认定。

对于黑社会性质组织存在时间、成员人数及组织纪律等问题的把握。黑社会性质组织一般在短时间内难以形成，而且成员人数较多，但鉴于普通犯罪集团、"恶势力"团伙向黑社会性质组织发展是一个渐进的过程，没有明显的性质转变的节点，故对黑社会性质组织存在时间、成员人数问题不宜作出"一刀切"的规定。对于那些已存在一定时间，且成员人数较多的犯罪组织，在定性时要根据其是否已具备一定的经济实力，是否已在一定区域或行业内形成非法控制或重大影响等情况综合分析判断。此外在通常情况下，黑社会性质组织为了维护自身的安全和稳定，一般会有一些约定俗成的纪律、规约，有些甚至还有明确的规定。因此，具有一定的组织纪律、活动规约，也是认定黑社会性质组织特征时的重要参考依据。

2. 关于经济特征。一定的经济实力是黑社会性质组织坐大成势，称霸一方的基础。由于不同地区的经济发展水平、不同行业的利润空间均存在很大差异，加之黑社会性质组织存在、发展的时间也各有不同，因此，在办案时不能一般性地要求黑社会性质组织所具有的经济实力必须达到特定规模或特定数额。此外，黑社会性质组织的敛财方式也具有多样性。实践中，黑社会性质组织不仅会通过实施赌博、敲诈、贩毒等违法犯罪活动攫取经济利益，而且还往往会通过开办公司、企业等方式"以商养黑"、"以黑护商"。因此，无论其财产是通过非法手段聚敛，还是通过合法的方式获取，只要将其中部分或全部用于违法犯罪活动或者维系犯罪组织的生存、发展即可。

"用于违法犯罪活动或者维系犯罪组织的生存、发展"，一般是指购买作案工具、提供作案经费，为受伤、死亡的组织成员提供医疗费、丧葬费，为组织成员及其家属提供工资、奖励、福利、生活费用，为组织寻求非法保护以及其他与实施有组织的违法犯罪活动有关的费用支出等。

3. 关于行为特征。暴力性、胁迫性和有组织性是黑社会性质组织行为方式的主要特征，但有时也会采取一些"其他手段"。

根据司法实践经验，《立法解释》中规定的"其他手段"主要包括：以暴力、威胁为基础，在利用组织势力和影响已对他人形成心理强制或威慑的情况下，进行所谓的"谈判"、"协商"、"调解"；滋扰、哄闹、聚众等其他干扰、破坏正常经济、社会生活秩序的非暴力手段。

"黑社会性质组织实施的违法犯罪活动"主要包括以下情形：由组织者、领导者直接组织、策划、指挥、参与实施的违法犯罪活动；由组织成员以组织名义实施，并得到组织者、领导者认可或者默许的违法犯罪活动；多名组织成员为逞强争霸、插手纠纷、报复他人、替人行凶、非法敛财而共同实施，并得到组织者、领导者认可或者默许的违法犯罪活动；组织成员为组织争夺势力范围、排除竞争对手、确立强势地位、谋取经济利益、维护非法权威或者按照组织的纪律、惯例、共同遵守的约定而实施的违法犯罪活动；由黑社会性质组织实施的其他违法犯罪活动。

会议认为，在办案时还应准确理解《立法解释》中关于"多次进行违法犯罪活动"的规定。黑社会性质组织实施犯罪活动过程中，往往伴随着大量的违法活动，对此均应作为黑社会性质组织的违法犯罪事实予以认定。但如果仅实施了违法活动，而没有实施犯罪活动的，则不能认定为黑社会性质组织。此外，"多次进行违法犯罪活动"只是认定黑社会性质组织的必要条件之一，最终能否认定为黑社会性质组织，还要结合危害性特征来加以判断。即使有些案件中的违法犯罪活动已符合"多次"的标准，但根据其性质和严重程度，尚不足以形成非法控制或者重大影响的，也不能认定为黑社会性质组织。

4. 关于危害性特征。称霸一方，在一定区域或者行业内，形成非法控制或者重大影响，从而严重破坏经济、社会生活秩序，是黑社会性质组织的本质特征，也是黑社会性质组织区别于一般犯罪集团的关键所在。

对于"一定区域"的理解和把握。区域的大小具有相对性，且黑社会性质组织非法控制和影响的对象并不是区域本身，而是在一定区域中生活的人，以及该区域内的经济、社会生活秩序。因此，不能简单地要求"一定区域"

必须达到某一特定的空间范围,而应当根据具体案情,并结合黑社会性质组织对经济、社会生活秩序的危害程度加以综合分析判断。

对于"一定行业"的理解和把握。黑社会性质组织所控制和影响的行业,既包括合法行业,也包括黄、赌、毒等非法行业。这些行业一般涉及生产、流通、交换、消费等一个或多个市场环节。

通过实施违法犯罪活动,或者利用国家工作人员的包庇、纵容,称霸一方,并具有以下情形之一的,可认定为"在一定区域或者行业内,形成非法控制或者重大影响,严重破坏经济、社会生活秩序":对在一定区域内生活或者在一定行业内从事生产、经营的群众形成心理强制、威慑,致使合法利益受损的群众不敢举报、控告的;对一定行业的生产、经营形成垄断,或者对涉及一定行业的准入、经营、竞争等经济活动形成重要影响的;插手民间纠纷、经济纠纷,在相关区域或者行业内造成严重影响的;干扰、破坏他人正常生产、经营、生活,并在相关区域或者行业内造成严重影响的;干扰、破坏公司、企业、事业单位及社会团体的正常生产、经营、工作秩序,在相关区域、行业内造成严重影响,或者致使其不能正常生产、经营、工作的;多次干扰、破坏国家机关、行业管理部门以及村委会、居委会等基层群众自治组织的工作秩序,或者致使上述单位、组织的职能不能正常行使的;利用组织的势力、影响,使组织成员获取政治地位,或者在党政机关、基层群众自治组织中担任一定职务的;其他形成非法控制或者重大影响,严重破坏经济、社会生活秩序的情形。

(二)关于办理黑社会性质组织犯罪案件的其他问题

1. 关于包庇、纵容黑社会性质组织罪主观要件的认定。本罪主观方面要求必须是出于故意,过失不能构成本罪。会议认为,只要行为人知道或者应当知道是从事违法犯罪活动的组织,仍对该组织及其成员予以包庇,或者纵容其实施违法犯罪活动,即可认定本罪。至于行为人是否明知该组织系黑社会性质组织,不影响本罪的成立。

2. 关于黑社会性质组织成员的刑事责任。对黑社会性质组织的组织者、领导者,应根据法律规定和本纪要中关于"黑社会性质组织实施的违法犯罪活动"的规定,按照该组织所犯的全部罪行承担刑事责任。组织者、领导者对于具体犯罪所承担的刑事责任,应当根据其在该起犯罪中的具体地位、作用来确定。对黑社会性质组织中的积极参加者和其他参加者,应按照其所参与的犯罪,根据其在具体犯罪中的地位和作用,依照罪责刑相适应的原则,确定应承担的刑事责任。

3. 关于涉黑犯罪财物及其收益的认定和处置。在办案时,要依法运用查封、扣押、冻结、追缴、没收等手段,彻底摧毁黑社会性质组织的经济基础,防止其死灰复燃。对于涉黑犯罪财物及其收益以及犯罪工具，均应按照刑法第六十四条和《司法解释》第七条的规定予以追缴、没收。黑社会性质组织及其成员通过犯罪活动聚敛的财物及其收益，是指在黑社会性质组织的形成、发展过程中，该组织及组织成员通过违法犯罪活动或其他不正当手段聚敛的全部财物、财产性权益及其孳息、收益。在办案工作中，应认真审查涉案财产的来源、性质，对被告人及其他单位、个人的合法财产应依法予以保护。

4. 关于认定黑社会性质组织犯罪的证据要求。办理涉黑案件同样应当坚持案件"事实清楚，证据确实、充分"的法定证明标准。但应当注意的是，"事实清楚"是指能够对定罪量刑产生影响的事实必须清楚，而不是指整个案件的所有事实和情节都要一一查证属实；"证据确实、充分"是指能够据以定罪量刑的证据确实、充分，而不是指案件中所涉全部问题的证据都要达到确实、充分的程度。对此，一定要准确理解和把握，不要纠缠那些不影响定罪量刑的枝节问题。比如，在可以认定某犯罪组织已将所获经济利益部分用于组织活动的情况下，即使此部分款项的具体数额难以全部查实，也不影响定案。

5. 关于黑社会性质组织成员的立功问题。积极参加者、其他参加者配合司法机关查办案件，有提供线索、帮助收集证据或者其他协助行为，并对侦破黑社会性质组织犯罪案件起到一定作用的，即使依法不能认定立功，一般也应酌情对其从轻处罚。组织者、领导者检举揭发与该黑社会性质组织及其违法犯罪活动有关联的其他犯罪线索，即使依法构成立功或者重大立功，在量刑时也应从严掌握。

6. 关于对"恶势力"团伙的认定和处理。"恶势力"是黑社会性质组织的雏形，有的最终发展成为了黑社会性质组织。因此，及时严惩"恶势力"团伙犯罪，是遏制黑社会性质组织滋生，防止违法犯罪活动造成更大社会危害的有效途径。

会议认为，"恶势力"是指经常纠集在一起，以暴力、威胁或其他手段，在一定区域或者行业内多次实施违法犯罪活动，为非作恶，扰乱经济、社会生活秩序，造成较为恶劣的社会影响，但尚未形成黑社会性质组织的犯罪团伙。"恶势力"一般为3人以上，纠集者、骨干成员相对固定，违法犯罪活动一般表现为敲诈勒索、强迫交易、欺行霸市、聚众斗殴、寻衅滋事、非法拘禁、故意伤害、抢劫、抢夺或者黄、赌、毒等。各级人民法院、人民检察院和公安机关在办案时应根据本纪要的精神，结合组织化程度的高低、经济实力的强弱、有无追求和实现对社会的非法控制等特征，对黑社会性质组织与"恶势力"团伙加以正确区分。同时，还要本着实事求是的态度，正确理解和把握"打早打小"方针。在准确查明"恶势力"团伙具体违法犯罪事实的基础上，构成什么罪,就按什么罪处理,并充分运用刑法总则关于共同犯罪的规定,依法惩处。对符合犯罪集团特征的,要按照犯罪集团处理,以切实加大对"恶势力"团伙依法惩处的力度。

7. 关于视听资料的收集、使用。公安机关在侦查时要特别重视对涉黑犯罪视听资料的收集。对于那些能够证明涉案犯罪组织具备黑社会性质组织的"四个特征"及其实施的具体违法犯罪活动的录音、录像资料,要及时提取、固定、移送。通过特殊侦查措施获取的视听资料,在移送审查起诉时,公安机关对证据的来源、提取经过应予说明。

8. 庭审时应注意的有关问题。为确保庭审效果,人民法院在开庭审理涉黑案件之前,应认真做好庭审预案。法庭调查时,除必须传唤共同被告人同时到庭质证外,对各被告人应当分别讯问,以防止被告人当庭串供或者不敢如实供述、作证。对于诉讼参与人、旁听人员破坏法庭秩序、干扰法庭审理的,法庭应按照刑事诉讼法及有关司法解释的规定及时作出处理。构成犯罪的,应当依法追究刑事责任。

3. 全国部分法院审理黑社会性质组织犯罪案件工作座谈会纪要(2015年10月13日 法〔2015〕291号)

2009年印发的《最高人民法院、最高人民检察院、公安部办理黑社会性质组织犯罪案件座谈会纪要》(以下简称:2009年《座谈会纪要》)对于指导审判实践发挥了重要作用。由于黑社会性质组织犯罪始终处于不断发展变化之中,且刑法、刑事诉讼法的相关规定均有修改,因此,对于一些实践中反映较为突出,但2009年《座谈会纪要》未作规定或者有关规定尚需进一步细化和完善的问题,确有必要及时加以研究解决。经过与会代表的认真研究,会议就人民法院审理黑社会性质组织犯罪案件时遇到的部分政策把握及具体应用法律问题形成了共识。同时,与会代表也一致认为,本次会议所取得的成果是对2009年《座谈会纪要》的继承与发展,原有内容审判时仍应遵照执行;内容有所补充的,审判时应结合执行。纪要如下。

一、准确把握形势、任务,坚定不移地在法治轨道上深入推进打黑除恶专项斗争

(一)毫不动摇地贯彻依法严惩方针

会议认为,受国内国际多种因素影响,我国黑社会性质组织犯罪活跃、多发的基本态势在短期内不会改变。此类犯罪组织化程度较高,又与各种社会治安问题相互交织,破坏力成倍增加,严重威胁人民群众的生命、财产安全。而且,黑社会性质组织还具有极强的向经济领域、政治领域渗透的能力,严重侵蚀维系社会和谐稳定的根基。各级人民法院必须切实增强政治意识、大局意

识、忧患意识和责任意识，进一步提高思想认识，充分发挥审判职能作用，继续深入推进打黑除恶专项斗争，在严格把握黑社会性质组织认定标准的基础上始终保持对于此类犯罪的严惩高压态势。对于黑社会性质组织犯罪分子要依法加大资格刑、财产刑的适用力度，有效运用刑法中关于禁止令的规定，严格把握减刑、假释适用条件，全方位、全过程地体现从严惩处的精神。

（二）认真贯彻落实宽严相济刑事政策

审理黑社会性质组织犯罪案件应当认真贯彻落实宽严相济刑事政策。要依照法律规定，根据具体的犯罪事实、情节以及人身危险性、主观恶性、认罪悔罪态度等因素充分体现刑罚的个别化。同时要防止片面强调从宽或者从严，切实做到区别对待，宽严有据，罚当其罪。对于黑社会性质组织的组织者、领导者、骨干成员及其"保护伞"，要依法从严惩处。根据所犯具体罪行的严重程度，依法应当判处重刑的要坚决判处重刑。确属罪行极其严重，依法应当判处死刑的，也必须坚决判处。对于不属于骨干成员的积极参加者以及一般参加者，确有自首、立功等法定情节的，要依法从轻、减轻或免除处罚；具有初犯、偶犯等酌定情节的，要依法酌情从宽处理。对于一般参加者，虽然参与实施了少量的违法犯罪活动，但系未成年人或是只起次要、辅助作用的，应当依法从宽处理。符合缓刑条件的，可以适用缓刑。

（三）正确把握"打早打小"与"打准打实"的关系

"打早打小"，是指各级政法机关必须依照法律规定对有可能发展成为黑社会性质组织的犯罪集团、"恶势力"团伙及早打击，绝不能允许其坐大成势，而不应被理解为对尚处于低级形态的犯罪组织可以不加区分地一律按照黑社会性质组织处理。"打准打实"，就是要求审判时应当本着实事求是的态度，在准确查明事实的基础上，构成什么罪，就按什么罪判处刑罚。对于不符合黑社会性质组织认定标准的，应当根据案件事实依照刑法中的相关条款处理，从而把法律规定落到实处。由于黑社会性质组织的形成、发展一般都会经历一个从小到大、由"恶"到"黑"的渐进过程，因此，"打早打小"不仅是政法机关依法惩治黑恶势力犯罪的一贯方针，而且是将黑社会性质组织及时消灭于雏形或萌芽状态，防止其社会危害进一步扩大的有效手段。而"打准打实"既是刑事审判维护公平正义的必然要求，也是确保打黑除恶工作实现预期目标的基本前提。只有打得准，才能有效摧毁黑社会性质组织；只有打得实，才能最大限度地体现惩治力度。"打早打小"和"打准打实"是分别从惩治策略、审判原则的角度对打黑除恶工作提出的要求，各级人民法院对于二者关系的理解不能简单化、片面化，要严格坚持依法办案原则，准确认定黑社会性质组织，既不能"降格"，也不能"拔高"，切实防止以"打早打小"替代"打准打实"。

（四）依法加大惩处"保护伞"的力度

个别国家机关工作人员的包庇、纵容，不仅会对黑社会性质组织的滋生、蔓延起到推波助澜的作用，而且会使此类犯罪的社会危害进一步加大。各级人民法院应当充分认识"保护伞"的严重危害，将依法惩处"保护伞"作为深化打黑除恶工作的重点环节和深入开展反腐败斗争的重要内容，正确运用刑法的有关规定，有效加大对于"保护伞"的惩处力度。同时，各级人民法院还应当全面发挥职能作用，对于审判工作中发现的涉及"保护伞"的线索，应当及时转往有关部门查处，确保实现"除恶务尽"的目标。

（五）严格依照法律履行审判职能

《中华人民共和国刑法修正案（八）》的颁布实施以及刑事诉讼法的再次修正，不仅进一步完善了惩处黑恶势力犯罪的相关法律规定，同时也对办理黑社会性质组织犯罪案件提出了更为严格的要求。面对新的形势和任务，各级人民法院应当以审判为中心，进一步增强程序意识和权利保障意识，严格按照法定程序独立行使审判职权，并要坚持罪刑法定、疑罪从无、证据裁判原则，依法排除非法证据，通过充分发挥庭审功能和有效运用证据审查判断规则，切实把好事实、证据与法律适用关，以令人信服的裁判说理来实现审判工作法律效果与社会效果的有机统一。同时，还应当继续加强、完善与公安、检察等机关的配合协作，保证各项长效工作机制运行更为顺畅。

二、关于黑社会性质组织的认定

（一）认定组织特征的问题

黑社会性质组织存续时间的起点，可以根据涉案犯罪组织举行成立仪式或者进行类似活动的时间来认定。没有前述活动的，可以根据足以反映其初步形成核心利益或强势地位的重大事件发生时间进行审查判断。没有明显标志性事件的，也可以根据涉案犯罪组织为维护、扩大组织势力、实力、影响、经济基础或按照组织惯例、纪律、活动规约而首次实施有组织的犯罪活动的时间进行审查判断。存在、发展时间明显过短、犯罪活动尚不突出的，一般不应认定为黑社会性质组织。

黑社会性质组织应当具有一定规模，人数较多，组织成员一般在10人以上。其中，既包括已有充分证据证明但尚未归案的组织成员，也包括虽有参加黑社会性质组织的行为但因尚未达到刑事责任年龄或因其他法定情形而未被起诉，或者根据具体情节不作为犯罪处理的组织成员。

黑社会性质组织应有明确的组织者、领导者，骨干成员基本固定，并有比较明确的层级和职责分工，一般有三种类型的组织成员，即：组织者、领导者与积极参加者、一般参加者（也即"其他参加者"）。骨干成员，是指直接听命于组织者、领导者,并多次指挥或积极参与实施有组织的违法犯罪活动或者其他长时间在犯罪组织中起重要作用的犯罪分子,属于积极参加者的一部分。

对于黑社会性质组织的组织纪律、活动规约,应当结合制定、形成相关纪律、规约的目的与意图来进行审查判断。凡是为了增强实施违法犯罪活动的组织性、隐蔽性而制定或者自发形成,并用以明确组织内部人员管理、职责分工、行为规范、利益分配、行动准则等事项的成文或不成文的规定、约定,均可认定为黑社会性质组织的组织纪律、活动规约。

对于参加黑社会性质组织,没有实施其他违法犯罪活动,或者受蒙蔽、威胁参加黑社会性质组织,情节轻微的,可以不作为犯罪处理。对于参加黑社会性质组织后仅参与少量情节轻微的违法活动的,也可以不作为犯罪处理。

以下人员不属于黑社会性质组织的成员:

1. 主观上没有加入黑社会性质组织的意愿,受雇到黑社会性质组织开办的公司、企业、社团工作,未参与或者仅参与少量黑社会性质组织的违法犯罪活动的人员;

2. 因临时被纠集、雇佣或受蒙蔽为黑社会性质组织实施违法犯罪活动或者提供帮助、支持、服务的人员;

3. 为维护或扩大自身利益而临时雇佣、收买、利用黑社会性质组织实施违法犯罪活动的人员。

上述人员构成其他犯罪的,按照具体犯罪处理。

对于被起诉的组织成员主要为未成年人的案件,定性时应当结合"四个特征"审慎把握。

(二)认定经济特征的问题

"一定的经济实力",是指黑社会性质组织在形成、发展过程中获取的,足以支持该组织运行、发展以及实施违法犯罪活动的经济利益。包括:1. 有组织地通过违法犯罪活动或其他不正当手段聚敛的资产;2. 有组织地通过合法的生产、经营活动获取的资产;3. 组织成员以及其他单位、个人资助黑社会性质组织的资产。通过上述方式获取的经济利益,即使是由部分组织成员个人掌控,也应计入黑社会性质组织的"经济实力"。

各高级人民法院可以根据本地区的实际情况,对黑社会性质组织所应具有的"经济实力"在20—50万元幅度内,自行划定一般掌握的最低数额标准。

是否将所获经济利益全部或部分用于违法犯罪活动或者维系犯罪组织的生存、发展,是认定经济特征的重要依据。无论获利后的分配与使用形式如何变化,只要在客观上能够起到豢养组织成员、维护组织稳定、壮大组织势力的作用即可认定。

（三）认定行为特征的问题

涉案犯罪组织仅触犯少量具体罪名的，是否应认定为黑社会性质组织要结合组织特征、经济特征和非法控制特征（危害性特征）综合判断，严格把握。

黑社会性质组织实施的违法犯罪活动包括非暴力性的违法犯罪活动，但暴力或以暴力相威胁始终是黑社会性质组织实施违法犯罪活动的基本手段，并随时可能付诸实施。因此，在黑社会性质组织所实施的违法犯罪活动中，一般应有一部分能够较明显地体现出暴力或以暴力相威胁的基本特征。否则，定性时应当特别慎重。

属于2009年《座谈会纪要》规定的五种情形之一的，一般应当认定为黑社会性质组织实施的违法犯罪活动，但确与维护和扩大组织势力、实力、影响、经济基础无任何关联，亦不是按照组织惯例、纪律、活动规约而实施，则应作为组织成员个人的违法犯罪活动处理。

组织者、领导者明知组织成员曾多次实施起因、性质类似的违法犯罪活动，但并未明确予以禁止的，如果该类行为对扩大组织影响起到一定作用，可以视为是按照组织惯例实施的违法犯罪活动。

（四）认定非法控制特征（危害性特征）的问题

黑社会性质组织所控制和影响的"一定区域"，应当具备一定空间范围，并承载一定的社会功能。既包括一定数量的自然人共同居住、生活的区域，如乡镇、街道、较大的村庄等，也包括承载一定生产、经营或社会公共服务功能的区域，如矿山、工地、市场、车站、码头等。对此，应当结合一定地域范围内的人口数量、流量、经济规模等因素综合评判。如果涉案犯罪组织的控制和影响仅存在于一座酒店、一处娱乐会所等空间范围有限的场所或者人口数量、流量、经济规模较小的其他区域，则一般不能视为是对"一定区域"的控制和影响。

黑社会性质组织所控制和影响的"一定行业"，是指在一定区域内存在的同类生产、经营活动。黑社会性质组织通过多次有组织地实施违法犯罪活动，对黄、赌、毒等非法行业形成非法控制或重大影响的，同样符合非法控制特征（危害性特征）的要求。

2009年《座谈会纪要》明确了可以认定为"在一定区域或者行业内，形成非法控制或者重大影响，严重破坏经济、社会生活秩序"的八种情形，适用时应当注意以下问题：第1种情形中的"致使合法利益受损的群众不敢举报、控告的"，是指致使多名合法利益遭受犯罪或者严重违法活动侵害的群众不敢通过正当途径维护权益；第2种情形中的"形成垄断"，是指可以操控、左右、决定与一定行业相关的准入、退出、经营、竞争等经济活动。"形成重要影响",是指对与一定行业相关的准入、退出、经营、竞争等经济活动具有较大的干预和影响能力,或者具有在该行业内占有较大市场份额、通过违法犯罪活动或以其他不正当手段在该行业内敛财数额巨大(最低数额标准由各高院根据本地情况在20—50万元的幅度内自行划定),给该行业内从事生产、经营活动的其他单位、组织、个人造成直接经济损失100万元以上等情节之一;第3、4、5种情形中的"造成严重影响",是指具有致人重伤或致多人轻伤、通过违法犯罪活动或以其他不正当手段敛财数额巨大(数额标准同上)、造成直接经济损失100万元以上、多次引发群体性事件或引发大规模群体性事件等情节之一;第6种情形中的"多次干扰、破坏国家机关、行业管理部门以及村委会、居委会等基层群众自治组织的工作秩序",包括以拉拢、收买、威胁等手段多次得到国家机关工作人员包庇或纵容,或者多次对前述单位、组织中正常履行职务的工作人员进行打击、报复的情形;第7种情形中的"获取政治地位",是指当选各级人大代表、政协委员。"担任一定职务",是指在各级党政机关及其职能部门、基层群众自治组织中担任具有组织、领导、监督、管理职权的职务。

根据实践经验,在黑社会性质组织犯罪案件中,2009年《座谈会纪要》规定的八种情形一般不会单独存在,往往是两种以上的情形同时并存、相互交织,从而严重破坏经济、社会生活秩序。审判时,应当充分认识这一特点,准确认定该特征。

"四个特征"中其他构成要素均已具备,仅在成员人数、经济实力规模方面未达到本纪要提出的一般性要求,但已较为接近,且在非法控制特征(危害性特征)方面同时具有2009年《座谈会纪要》相关规定中的多种情形,其中至少有一种情形已明显超出认定标准的,也可以认定为黑社会性质组织。

三、关于刑事责任和刑罚适用

(一)已退出或者新接任的组织者、领导者的刑事责任问题

对于在黑社会性质组织形成、发展过程中已经退出的组织者、领导者,或者在加入黑社会性质组织之后逐步发展成为组织者、领导者的犯罪分子,应对其本人参与及其实际担任组织者、领导者期间该组织所犯的全部罪行承担刑事责任。

(二)量刑情节的运用问题

黑社会性质组织的成员虽不具有自首情节,但到案后能够如实供述自己罪行,并具有以下情形之一的,一般应当适用《刑法》第六十七条第三款的规定予以从轻处罚:1. 如实交代大部分尚未被掌握的同种犯罪事实;2. 如实交代尚未被掌握的较重的同种犯罪事实;3. 如实交代犯罪事实,并对收集定案证据、查明案件事实有重要作用的。

积极参加者、一般参加者配合司法机关查办案件,有提供线索、帮助收集证据或者其他协助行为,并在侦破黑社会性质组织犯罪案件、认定黑社会性质组织及其主要成员、追缴黑社会性质组织违法所得、查处"保护伞"等方面起到较大作用的,即使依法不能认定立功,一般也应酌情对其从轻处罚。

组织者、领导者、骨干成员以及"保护伞"协助抓获同案中其他重要的组织成员,或者骨干成员能够检举揭发其他犯罪案件中罪行同样严重的犯罪分子,原则上依法应予从轻或者减轻处罚。组织者、领导者检举揭发与该黑社会性质组织及其违法犯罪活动有关联的其他犯罪线索,如果在是否认定立功的问题上存在事实、证据或法律适用方面的争议,应当严格把握。依法应认定为立功或者重大立功的,在决定是否从宽处罚、如何从宽处罚时,应当根据罪责刑相一致原则从严掌握。可能导致全案量刑明显失衡的,不予从宽处罚。

审理黑社会性质组织犯罪案件,应当通过判处和执行民事赔偿以及积极开展司法救助来最大限度地弥补被害人及其亲属的损失。被害人及其亲属确有特殊困难,需要接受被认定为黑社会性质组织成员的被告人赔偿并因此表示谅解的,量刑时应当特别慎重。不仅应当查明谅解是否属真实意思表示以及赔偿款项与黑社会性质组织违法所得有无关联,而且在决定是否从宽处罚、如何从宽处罚时,也应当从严掌握。可能导致全案量刑明显失衡的,不予从宽处罚。

(三)附加剥夺政治权利的适用问题

对于黑社会性质组织的组织者、领导者,可以适用《刑法》第五十六条第一款的规定附加剥夺政治权利。对于因犯参加黑社会性质组织罪被判处5年以上有期徒刑的积极参加者,也可以适用该规定附加剥夺政治权利。

(四)财产刑的适用问题

对于黑社会性质组织的组织者、领导者,依法应当并处没收财产。黑社会性质组织敛财数额特别巨大,但因犯罪分子转移、隐匿、毁灭证据或者拒不交代涉案财产来源、性质,导致违法所得以及其他应当追缴的财产难以准确查清和追缴的,对于组织者、领导者以及为该组织转移、隐匿资产的积极参加者可以并处没收个人全部财产。

对于确属骨干成员的积极参加者一般应当并处罚金或者没收财产。对于其他积极参加者和一般参加者,应当根据所参与实施违法犯罪活动的次数、性质、地位、作用、违法所得数额以及造成损失的数额等情节,依法决定财产刑的适用。

四、关于审判程序和证据审查

(一)分案审理问题

为便宜诉讼,提高审判效率,防止因法庭审理过于拖延而损害当事人的合法权益,对于被告人人数众多,合并审理难以保证庭审质量和庭审效率的黑社会性质组织犯罪案件,可分案进行审理。分案应当遵循有利于案件顺利审判、有利于查明案件事实、有利于公正定罪量刑的基本原则,确保有效质证、事实统一、准确定罪、均衡量刑。对于被作为组织者、领导者、积极参加者起诉的被告人,以及黑社会性质组织重大犯罪的共同作案人,分案审理影响庭审调查的,一般不宜分案审理。

(二)证明标准和证据运用问题

办理黑社会性质组织犯罪案件应当坚持"事实清楚,证据确实、充分"的法定证明标准。黑社会性质组织犯罪案件侦查取证难度大,"四个特征"往往难以通过实物证据来加以证明。审判时,应当严格依照刑事诉讼法及有关司法解释的规定对相关证据进行审查与认定。在确保被告人供述、证人证言、被害人陈述等言词证据取证合法、内容真实,且综合全案证据,已排除合理怀疑的情况下,同样可以认定案件事实。

(三)法庭举证、质证问题

审理黑社会性质组织犯罪案件时,合议庭应当按照刑事诉讼法及有关司法解释的规定有效引导控辩双方举证、质证。不得因为案件事实复杂、证据繁多,而不当限制控辩双方就证据问题进行交叉询问、相互辩论的权利。庭审时,应当根据案件事实繁简、被告人认罪态度等采取适当的举证、质证方式,突出重点;对黑社会性质组织的"四个特征"应单独举证、质证。为减少重复举证、质证,提高审判效率,庭审中可以先就认定具体违法犯罪事实的证据进行举证、质证。对认定黑社会性质组织行为特征的证据进行举证、质证时,之前已经宣读、出示过的证据,可以在归纳、概括之后简要征询控辩双方意见。对于认定组织特征、经济特征、非法控制特征(危害性特征)的证据,举证、质证时一般不宜采取前述方式。

(四)对出庭证人、鉴定人、被害人的保护问题

人民法院受理黑社会性质组织犯罪案件后,应当及时了解在侦查、审查起诉阶段有无对证人、鉴定人、被害人采取保护措施的情况,确保相关保护措施在审判阶段能够紧密衔接。开庭审理时,证人、鉴定人、被害人因出庭作证,本人或其近亲属的人身安全面临危险的,应当采取不暴露外貌、真实声音等出庭作证措施。必要时,可以进行物理隔离,以音频、视频传送的方式作证,并对声音、图像进行技术处理。有必要禁止特定人员接触证人、鉴定人、被害人及其近亲属的,以及需要对证人、鉴定人、被害人及其近亲属的人身和住宅采取专门性保护措施的,应当及时与检察机关、公安机关协调,确保保护措施及时执行到位。依法决定不公开证人、鉴定人、被害人真实姓名、住址和工作单

位等个人信息的，应当在开庭前核实其身份。证人、鉴定人签署的如实作证保证书应当列入审判副卷，不得对外公开。

五、关于黑社会性质组织犯罪案件审判工作相关问题

（一）涉案财产的处置问题

审理黑社会性质组织犯罪案件时，对于依法查封、冻结、扣押的涉案财产，应当全面审查证明财产来源、性质、用途、权属及价值大小的有关证据，调查财产的权属情况以及是否属于违法所得或者依法应当追缴的其他财物。属于下列情形的，依法应当予以追缴、没收：

1. 黑社会性质组织形成、发展过程中，该组织及其组织成员通过违法犯罪活动或其他不正当手段聚敛的财产及其孳息、收益，以及合法获取的财产中实际用于支持该组织存在、发展和实施违法犯罪活动的部分；

2. 其他单位、个人为支持黑社会性质组织存在、发展以及实施违法犯罪活动而资助或提供的财产；

3. 组织成员通过个人实施的违法犯罪活动所聚敛的财产及其孳息、收益，以及供个人犯罪所用的本人财物；

4. 黑社会性质组织及其组织成员个人非法持有的违禁品；

5. 依法应当追缴的其他涉案财物。

（二）发挥庭审功能问题

黑社会性质组织犯罪案件开庭前，应当按照重大案件的审判要求做好从物质保障到人员配备等各方面的庭审准备，并制定详细的庭审预案和庭审提纲。同时，还要充分发挥庭前会议了解情况、听取意见的应有作用，提前了解控辩双方的主要意见，及时解决可能影响庭审顺利进行的程序性问题。对于庭前会议中出示的证据材料，控辩双方无异议的，庭审举证、质证时可以简化。庭审过程中，合议庭应当针对争议焦点和关键的事实、证据问题，有效引导控辩双方进行法庭调查与法庭辩论。庭审时，还应当全程录音录像，相关音视频资料应当存卷备查。

4. 最高人民法院、最高人民检察院、公安部、司法部关于办理黑社会性质组织犯罪案件若干问题的规定（2012年9月11日 公通字〔2012〕45号）

为依法严厉打击黑社会性质组织犯罪，按照宽严相济的刑事政策和"打早打小、除恶务尽"的工作方针，根据《中华人民共和国刑法》《中华人民共和国刑事诉讼法》和其他有关规定，现就办理黑社会性质组织犯罪案件有关问题，制定本规定。

一、管辖

第一条 公安机关侦查黑社会性质组织犯罪案件时，对黑社会性质组织及

其成员在多个地方实施的犯罪,以及其他与黑社会性质组织犯罪有关的犯罪,可以依照法律和有关规定一并立案侦查。对案件管辖有争议的,由共同的上级公安机关指定管辖。

并案侦查的黑社会性质组织犯罪案件,由侦查该案的公安机关所在地同级人民检察院一并审查批准逮捕、受理移送审查起诉,由符合审判级别管辖要求的人民法院审判。

第二条 公安机关、人民检察院、人民法院根据案件情况和需要,可以依法对黑社会性质组织犯罪案件提级管辖或者指定管辖。

提级管辖或者指定管辖的黑社会性质组织犯罪案件,由侦查该案的公安机关所在地同级人民检察院审查批准逮捕、受理移送审查起诉,由同级或者符合审判级别管辖要求的人民法院审判。

第三条 人民检察院对于公安机关提请批准逮捕、移送审查起诉的黑社会性质组织犯罪案件,人民法院对于已进入审判程序的黑社会性质组织犯罪案件,被告人及其辩护人提出管辖异议,或者办案单位发现没有管辖权的,受案人民检察院、人民法院经审查,可以依法报请与有管辖权的人民检察院、人民法院共同的上级人民检察院、人民法院指定管辖,不再自行移交。对于在审查批准逮捕阶段,上级检察机关已经指定管辖的案件,审查起诉工作由同一人民检察院受理。

第四条 公安机关侦查黑社会性质组织犯罪案件过程中,发现人民检察院管辖的贪污贿赂、渎职侵权犯罪案件线索的,应当及时移送人民检察院。人民检察院对于公安机关移送的案件线索应当及时依法进行调查或者立案侦查。人民检察院与公安机关应当相互及时通报案件进展情况。

二、立案

第五条 公安机关对涉嫌黑社会性质组织犯罪的线索,应当及时进行审查。审查过程中,可以采取询问、查询、勘验、检查、鉴定、辨认、调取证据材料等必要的调查活动,但不得采取强制措施,不得查封、扣押、冻结财产。

立案前的审查阶段获取的证据材料经查证属实的,可以作为证据使用。

公安机关因侦查黑社会性质组织犯罪的需要,根据国家有关规定,经过严格的批准手续,对一些重大犯罪线索立案后可以采取技术侦查等秘密侦查措施。

第六条 公安机关经过审查,认为有黑社会性质组织犯罪事实需要追究刑事责任,且属于自己管辖的,经县级以上公安机关负责人批准,予以立案,同时报上级公安机关备案。

三、强制措施和羁押

第七条 对于组织、领导、积极参加黑社会性质组织的犯罪嫌疑人、被告人，不得取保候审；但是患有严重疾病、生活不能自理，怀孕或者是正在哺乳自己婴儿的妇女，采取取保候审不致发生社会危险性的除外。

第八条 对于黑社会性质组织犯罪案件的犯罪嫌疑人、被告人，看守所应当严格管理，防止发生串供、通风报信等行为。

对于黑社会性质组织犯罪案件的犯罪嫌疑人、被告人，可以异地羁押。

对于同一黑社会性质组织犯罪案件的犯罪嫌疑人、被告人，应当分别羁押，在看守所的室外活动应当分开进行。

对于组织、领导黑社会性质组织的犯罪嫌疑人、被告人，有条件的地方应当单独羁押。

四、证人保护

第九条 公安机关、人民检察院和人民法院应当采取必要措施，保障证人及其近亲属的安全。证人的人身和财产受到侵害时，可以视情给予一定的经济补偿。

第十条 在侦查、起诉、审判过程中，对于因作证行为可能导致本人或者近亲属的人身、财产安全受到严重危害的证人，分别经地市级以上公安机关主要负责人、人民检察院检察长、人民法院院长批准，应当对其身份采取保密措施。

第十一条 对于秘密证人，侦查人员、检察人员和审判人员在制作笔录或者文书时，应当以代号代替其真实姓名，不得记录证人住址、单位、身份证号及其他足以识别其身份的信息。证人签名以按指纹代替。

侦查人员、检察人员和审判人员记载秘密证人真实姓名和身份信息的笔录或者文书，以及证人代号与真实姓名对照表，应当单独立卷，交办案单位档案部门封存。

第十二条 法庭审理时不得公开秘密证人的真实姓名和身份信息。用于公开质证的秘密证人的声音、影像，应当进行变声、变像等技术处理。

秘密证人出庭作证，人民法院可以采取限制询问、遮蔽容貌、改变声音或者使用音频、视频传送装置等保护性措施。

经辩护律师申请，法庭可以要求公安机关、人民检察院对使用秘密证人的理由、审批程序出具说明。

第十三条 对报案人、控告人、举报人、鉴定人、被害人的保护，参照本规定第九条至第十二条的规定执行。

五、特殊情况的处理

第十四条 参加黑社会性质组织的犯罪嫌疑人、被告人，自动投案，如实供述自己的罪行，或者在被采取强制措施期间如实供述司法机关还未掌握的本人其他罪行的，应当认定为自首。

参加黑社会性质组织的犯罪嫌疑人、被告人，积极配合侦查、起诉、审判工作，检举、揭发黑社会性质组织其他成员与自己共同犯罪以外的其他罪行，经查证属实的，应当认定为有立功表现。在查明黑社会性质组织的组织结构和组织者、领导者的地位作用，追缴、没收赃款赃物，打击"保护伞"方面提供重要线索，经查证属实的，可以酌情从宽处理。

第十五条 对于有本规定第十四条所列情形之一的，公安机关应当根据犯罪嫌疑人的认罪态度以及在侦查工作中的表现，经县级以上公安机关主要负责人批准，提出从宽处理的建议并说明理由。

人民检察院应当根据已经查明的事实、证据和有关法律规定，在充分考虑全案情况和公安机关建议的基础上依法作出起诉或者不起诉决定，或者起诉后向人民法院提出依法从轻、减轻或者免除刑事处罚的建议。

人民法院应当根据已经查明的事实、证据和有关法律规定，在充分考虑全案情况、公安机关和人民检察院建议和被告人、辩护人辩护意见的基础上，依法作出判决。

对参加黑社会性质组织的犯罪嫌疑人、被告人不起诉或者免予刑事处罚的，应当予以训诫或者责令具结悔过并保证不再从事违法犯罪活动。

第十六条 对于有本规定第十四条第二款情形的犯罪嫌疑人、被告人，可以参照第九条至第十二条的规定，采取必要的保密和保护措施。

六、涉案财产的控制和处理

第十七条 根据黑社会性质组织犯罪案件的诉讼需要，公安机关、人民检察院、人民法院可以依法查询、查封、扣押、冻结与案件有关的下列财产：

（一）黑社会性质组织的财产；

（二）犯罪嫌疑人、被告人个人所有的财产；

（三）犯罪嫌疑人、被告人实际控制的财产；

（四）犯罪嫌疑人、被告人出资购买的财产；

（五）犯罪嫌疑人、被告人转移至他人的财产；

（六）其他与黑社会性质组织及其违法犯罪活动有关的财产。

对于本条第一款的财产，有证据证明与黑社会性质组织及其违法犯罪活动无关的，应当依法立即解除查封、扣押、冻结措施。

第十八条 查封、扣押、冻结财产的，应当一并扣押证明财产所有权或者相关权益的法律文件和文书。

在侦查、起诉、审判过程中，查询、查封、扣押、冻结财产需要其他部门配合或者执行的，应当分别经县级以上公安机关负责人、人民检察院检察长、人民法院院长批准，通知有关部门配合或者执行。

查封、扣押、冻结已登记的不动产、特定动产及其他财产，应当通知有关登记机关，在查封、扣押、冻结期间禁止被查封、扣押、冻结的财产流转，不得办理被查封、扣押、冻结财产权属变更、抵押等手续；必要时可以提取有关产权证照。

第十九条 对于不宜查封、扣押、冻结的经营性财产，公安机关、人民检察院、人民法院可以申请当地政府指定有关部门或者委托有关机构代管。

第二十条 对于黑社会性质组织形成、发展过程中，组织及其成员通过违法犯罪活动或者其他不正当手段聚敛的财产及其孳息、收益，以及用于违法犯罪的工具和其他财物，应当依法追缴、没收。

对于其他个人或者单位利用黑社会性质组织及其成员的违法犯罪活动获得的财产及其孳息、收益，应当依法追缴、没收。

对于明知是黑社会性质组织而予以资助、支持的，依法没收资助、支持的财产。

对于被害人的合法财产及其孳息，应当依法及时返还或者责令退赔。

第二十一条 依法应当追缴、没收的财产无法找到、被他人善意取得、价值灭失或者与其他合法财产混合且不可分割的，可以追缴、没收其他等值财产。

对黑社会性质组织及其成员聚敛的财产及其孳息、收益的数额，办案单位可以委托专门机构评估；确实无法准确计算的，可以根据有关法律规定及查明的事实、证据合理估算。

七、律师辩护代理

第二十二条 公安机关、人民检察院、人民法院应当依法保障律师在办理黑社会性质组织犯罪案件辩护代理工作中的执业权利，保证律师依法履行职责。

公安机关、人民检察院、人民法院应当加强与司法行政机关的沟通和协作，及时协调解决律师辩护代理工作中的问题；发现律师有违法违规行为的，应当及时通报司法行政机关，由司法行政机关依法处理。

第二十三条 律师接受委托参加黑社会性质组织犯罪案件辩护代理工作的，应当严格依法履行职责，依法行使执业权利，恪守律师职业道德和执业纪律。

第二十四条 司法行政机关应当建立对律师办理黑社会性质组织犯罪案件辩护代理工作的指导、监督机制，加强对敏感、重大的黑社会性质组织犯罪案件律师辩护代理工作的业务指导；指导律师事务所建立健全律师办理黑社会性质组织犯罪案件辩护代理工作的登记、报告、保密、集体讨论、档案管理等制度；及时查处律师从事黑社会性质组织犯罪案件辩护代理活动中的违法违规行为。

八、刑罚执行

第二十五条 对于组织、领导、参加黑社会性质组织的罪犯，执行机关应当采取严格的监管措施。

第二十六条 对于判处十年以上有期徒刑、无期徒刑，以及判处死刑缓期二年执行减为有期徒刑、无期徒刑的黑社会性质组织的组织者、领导者，应当跨省、自治区、直辖市异地执行刑罚。

对于被判处十年以下有期徒刑的黑社会性质组织的组织者、领导者，以及黑社会性质组织的积极参加者，可以跨省、自治区、直辖市或者在本省、自治区、直辖市内异地执行刑罚。

第二十七条 对组织、领导和积极参加黑社会性质组织的罪犯减刑的，执行机关应当依法提出减刑建议，报经省、自治区、直辖市监狱管理机关审核后，提请人民法院裁定。监狱管理机关审核时应当向同级人民检察院、公安机关通报情况。

对被判处不满十年有期徒刑的组织、领导和积极参加黑社会性质组织的罪犯假释的，依照前款规定处理。

对因犯组织、领导黑社会性质组织罪被判处十年以上有期徒刑、无期徒刑的罪犯，不得假释。

第二十八条 对于组织、领导和积极参加黑社会性质组织的罪犯，有下列情形之一，确实需要暂予监外执行的，应当依照法律规定的条件和程序严格审批：

（一）确有严重疾病而监狱不具备医治条件，必须保外就医，且适用保外就医不致危害社会的；

（二）怀孕或者正在哺乳自己婴儿的妇女；

（三）因年老、残疾完全丧失生活自理能力，适用暂予监外执行不致危害社会的。

暂予监外执行的审批机关在作出审批决定前，应当向同级人民察院、公安机关通报情况。

第二十九条 办理境外黑社会组织成员入境发展组织成员犯罪案件，参照本规定执行。

第三十条 本规定自印发之日起施行。

5. 最高人民检察院关于开展"打黑除恶"立案监督专项行动的实施意见
(2002年4月12日)

各省、自治区、直辖市人民检察院,军事检察院,新疆生产建设兵团人民检察院:

为推动"严打"整治斗争的深入开展,高检院决定,从今年4月至年底,在全国开展"打黑除恶"立案监督专项行动,现提出如下实施意见:

一、提高认识,加强领导

在全国开展"打黑除恶"立案监督专项行动,是高检院贯彻落实九届全国人大五次会议和最近中政委召开的深入开展"严打"整治斗争电视电话会议精神所作出的重要工作部署,是突出"强化监督,公正执法"检察工作主题的必然要求,对于推动"严打"整治斗争的深入开展,巩固和扩大"严打"整治斗争的成果,维护社会稳定,具有重要的意义。各级检察机关要认真贯彻落实高检院的部署,把这项工作作为今年的一项重要任务来抓,真正摆上重要议事日程,加强领导,精心组织,切实采取有力的措施,确保年内取得明显的成效。要通过立案监督专项行动,集中力量,监督立案一批严重刑事犯罪案件特别是黑恶势力犯罪案件,增强"严打"的力度,促进"严打"整治斗争的深入开展。

二、突出立案监督重点

为把立案监督专项行动搞深入、搞扎实,取得预期效果,各地要把办理有影响、有震动的立案监督案件,作为重点和主攻方向,重点抓好以下几类案件的立案监督:一是符合黑社会性质组织犯罪特征的案件;二是杀人、抢劫、绑架、强奸、重伤害等严重暴力犯罪案件;三是作恶多端、称霸一方的恶势力团伙犯罪案件;四是盗窃、抢夺、诈骗等多发性犯罪案件;五是毒品犯罪、涉枪涉爆犯罪案件;六是金融诈骗、骗税、生产销售伪劣商品、虚开增值税发票等破坏市场经济秩序的犯罪案件;七是群众反映强烈、给社会稳定造成严重危害的其他犯罪案件。特别是把那些涉及司法人员、行政执法人员徇私舞弊,甚至充当黑恶势力"保护伞",放纵犯罪的案件,作为立案监督的重中之重。

各地要从本地的实际出发,有针对性地确定立案监督专项行动的重点,哪些方面的问题突出,就集中解决哪方面的问题。

三、努力深挖并抓紧排查一批案件线索

一是增强主动性,注意在办案中发现案源。要重视研究掌握对黑恶势力犯罪案件不立案追究的原因,在审查批捕、起诉等办案工作中,通过阅卷、提审嫌疑人、询问证人等,发现有关部门没有立案的犯罪案件线索。对高检院挂牌督办的案件,各地要逐一梳理,审查是否有漏捕漏诉的情况,以及有无"保护伞"阻碍办案。二是要主动深入到基层派出所、劳教所等单位,检查是否有对犯罪降格处理、以罚代刑等现象,从中发现案源。三是要加大宣传力度,依靠群众提供案源。控告、申诉、监所检察等部门受理的群众控告或者在押人犯检举的立案监督案件线索,应及时转办。

对已经掌握的立案监督线索,包括办案中发现的、群众控告检举的,有关部门移送的线索,各地近期要组织得力人员,进行全面摸排,逐件进行研究、分析,从中筛选、确定一批重点案件线索,根据具体情况,分别向公安机关发出说明不立案理由通知书或通知立案书。

四、深挖严查"保护伞"

开展"打黑除恶"立案监督专项行动,不仅要解决对黑恶势力犯罪和经济犯罪打击不力的问题,而且要深挖严查黑恶势力的后台和"保护伞",对于涉及司法人员的案件更要重点查办。侦查监督、公诉部门要增强敏锐性,认真研究此类案件发案的规律,在审查批捕、起诉工作中,注意了解掌握涉及"保护伞"的线索,及时移送侦查部门;控告、申诉、监所检察等部门在工作中也要注意排查和发现相关线索,及时处理;反贪、渎职侵权检察部门对于"保护伞"案件要加大查办力度。对于"保护伞"的案件线索,必要时可以适用《刑事诉讼法》第十八条关于"对于国家机关工作人员利用职权实施的其他重大的犯罪案件,需要由人民检察院直接受理的时候,经省级以上人民检察院决定,可以由人民检察院立案侦查"的规定。对于整顿和规范市场经济秩序中发现的行政执法人员徇私舞弊,依法应当移交刑事案件不移交,情节严重涉嫌犯罪的线索,要依照《刑法》第四百零二条追究其刑事责任。下级检察院在查办"保护伞"案件遇到阻力时,上级检察院要通过督办、参办等方法,给予具体有力的支持和指导,必要时要派办案组直接办理,冲破阻力。

五、严格立案监督程序,讲求办案质量和监督的实效

在开展立案监督专项行动中,不能片面追求办案数量,要讲办案质量,讲监督实效。对立案监督线索,要进行细致的研究、分析,对拟发立案通知书的,更应认真研究成案的可能性,有条件的应进行必要的调查。要严格遵循立案监督工程程序,把立案监督案件搞准、搞扎实,以取得最佳的法律效果和社会效果。对通知公安机关立案的案件,要逐案登记,落实责任人,实行跟踪监督,主动了解案件侦查进展情况,防止立而不侦、久侦不结。对有的重大案件,可派人介入侦查,发挥引导侦查取证的作用。

六、加强配合协作,形成合力

检察机关各内设机构要树立、"一盘棋"的思想,各负其责,加强配合,发挥整体优势。特别是侦查监督、公诉、控告检察、刑事申诉检察、反贪、渎

职侵权检察、监所检察等有关业务部门,要从自身职能出发,共同配合搞好立案监督专项行动。各级检察机关要加强与公安、法院、纪检监察和其他行政执法机关的联系,及时沟通案件信息情况,建立健全并规范立案监督案件线索移送制度。

七、加强信息工作,及时上报情况

各级检察机关开展"打黑除恶"专项行动的有关重要情况,工作中好的做法和经验,遇到的新问题,以及办理的典型案件等,要及时报上级检察院。12月底,各省级检察院要将开展这项工作的总体情况报高检院。

6. 最高人民法院、最高人民检察院、公安部、司法部关于办理黑恶势力犯罪案件若干问题的指导意见(2018年1月16日 法发〔2018〕1号)

为贯彻落实《中共中央、国务院关于开展扫黑除恶专项斗争的通知》精神,统一执法思想,提高执法效能,依法、准确、有力惩处黑恶势力犯罪,严厉打击"村霸"、宗族恶势力、"保护伞"以及"软暴力"等犯罪,根据《刑法》、《刑事诉讼法》及有关司法解释等规定,针对实践中遇到的新情况、新问题,现就办理黑恶势力犯罪案件若干问题制定如下指导意见:

一、总体要求

1. 各级人民法院、人民检察院、公安机关和司法行政机关应充分发挥职能作用,密切配合,相互支持,相互制约,形成打击合力,加强预防惩治黑恶势力犯罪长效机制建设。正确运用法律规定加大对黑恶势力违法犯罪以及"保护伞"惩处力度,在侦查、起诉、审判、执行各阶段体现依法从严惩处精神,严格掌握取保候审,严格掌握不起诉,严格掌握缓刑、减刑、假释,严格掌握保外就医适用条件,充分运用《刑法》总则关于共同犯罪和犯罪集团的规定加大惩处力度,充分利用资格刑、财产刑降低再犯可能性。对黑恶势力犯罪,注意串并研判、深挖彻查,防止就案办案,依法加快办理。坚持依法办案、坚持法定标准、坚持以审判为中心,加强法律监督,强化程序意识和证据意识,正确把握"打早打小"与"打准打实"的关系,贯彻落实宽严相济刑事政策,切实做到宽严有据,罚当其罪,实现政治效果、法律效果和社会效果的统一。

2. 各级人民法院、人民检察院、公安机关和司法行政机关应聚焦黑恶势力犯罪突出的重点地区、重点行业和重点领域,重点打击威胁政治安全特别是政权安全、制度安全以及向政治领域渗透的黑恶势力;把持基层政权、操纵破坏基层换届选举、垄断农村资源、侵吞集体资产的黑恶势力;利用家族、宗族势力横行乡里、称霸一方、欺压残害百姓的"村霸"等黑恶势力;在征地、租地、拆迁、工程项目建设等过程中煽动闹事的黑恶势力;在建筑工程、交通运输、矿产资源、渔业捕捞等行业、领域，强揽工程、恶意竞标、非法占地、滥开滥采的黑恶势力；在商贸集市、批发市场、车站码头、旅游景区等场所欺行霸市、强买强卖、收保护费的市霸、行霸等黑恶势力；操纵、经营"黄赌毒"等违法犯罪活动的黑恶势力；非法高利放贷、暴力讨债的黑恶势力；插手民间纠纷，充当"地下执法队"的黑恶势力；组织或雇佣网络"水军"在网上威胁、恐吓、侮辱、诽谤、滋扰的黑恶势力；境外黑社会入境发展渗透以及跨国跨境的黑恶势力。同时，坚决深挖黑恶势力"保护伞"。

二、依法认定和惩处黑社会性质组织犯罪

3. 黑社会性质组织应同时具备《刑法》第二百九十四条第五款中规定的"组织特征""经济特征""行为特征"和"危害性特征"。由于实践中许多黑社会性质组织并非这"四个特征"都很明显，在具体认定时，应根据立法本意，认真审查、分析黑社会性质组织"四个特征"相互间的内在联系，准确评价涉案犯罪组织所造成的社会危害，做到不枉不纵。

4. 发起、创建黑社会性质组织，或者对黑社会性质组织进行合并、分立、重组的行为，应当认定为"组织黑社会性质组织"；实际对整个组织的发展、运行、活动进行决策、指挥、协调、管理的行为，应当认定为"领导黑社会性质组织"。黑社会性质组织的组织者、领导者，既包括通过一定形式产生的有明确职务、称谓的组织者、领导者，也包括在黑社会性质组织中被公认的事实上的组织者、领导者。

5. 知道或者应当知道是以实施违法犯罪为基本活动内容的组织，仍加入并接受其领导和管理的行为，应当认定为"参加黑社会性质组织"。没有加入黑社会性质组织的意愿，受雇到黑社会性质组织开办的公司、企业、社团工作，未参与黑社会性质组织违法犯罪活动的，不应认定为"参加黑社会性质组织"。

参加黑社会性质组织并具有以下情形之一的，一般应当认定为"积极参加黑社会性质组织"：多次积极参与黑社会性质组织的违法犯罪活动，或者积极参与较严重的黑社会性质组织的犯罪活动且作用突出，以及其他在组织中起重要作用的情形，如具体主管黑社会性质组织的财务、人员管理等事项。

6. 组织形成后，在一定时期内持续存在，应当认定为"形成较稳定的犯罪组织"。

黑社会性质组织一般在短时间内难以形成，而且成员人数较多，但鉴于"恶势力"团伙和犯罪集团向黑社会性质组织发展是一个渐进的过程，没有明显的性质转变的节点，故对黑社会性质组织存在时间、成员人数问题不宜作出"一刀切"的规定。

黑社会性质组织未举行成立仪式或者进行类似活动的，成立时间可以按照足以反映其初步形成非法影响的标志性事件的发生时间认定。没有明显标志性事件的，可以按照本意见中关于黑社会性质组织违法犯罪活动认定范围的规定，将组织者、领导者与其他组织成员首次共同实施该组织犯罪活动的时间认定为该组织的形成时间。该组织者、领导者因未到案或者因死亡等法定情形未被起诉的，不影响认定。

黑社会性质组织成员既包括已有充分证据证明但尚未归案的组织成员，也包括虽有参加黑社会性质组织的行为但因尚未达到刑事责任年龄或因其他法定情形而未被起诉，或者根据具体情节不作为犯罪处理的组织成员。

7. 在组织的形成、发展过程中通过以下方式获取经济利益的，应当认定为"有组织地通过违法犯罪活动或者其他手段获取经济利益"：

（1）有组织地通过违法犯罪活动或其他不正当手段聚敛；

（2）有组织地以投资、控股、参股、合伙等方式通过合法的生产、经营活动获取；

（3）由组织成员提供或通过其他单位、组织、个人资助取得。

8. 通过上述方式获得一定数量的经济利益，应当认定为"具有一定的经济实力"，同时也包括调动一定规模的经济资源用以支持该组织活动的能力。通过上述方式获取的经济利益，即使是由部分组织成员个人掌控，也应计入黑社会性质组织的"经济实力"。组织成员主动将个人或者家庭资产中的一部分用于支持该组织活动，其个人或者家庭资产可全部计入"一定的经济实力"，但数额明显较小或者仅提供动产、不动产使用权的除外。

由于不同地区的经济发展水平、不同行业的利润空间均存在很大差异，加之黑社会性质组织存在、发展的时间也各有不同，在办案时不能一般性地要求黑社会性质组织所具有的经济实力必须达到特定规模或特定数额。

9. 黑社会性质组织实施的违法犯罪活动包括非暴力性的违法犯罪活动，但暴力或以暴力相威胁始终是黑社会性质组织实施违法犯罪活动的基本手段，并随时可能付诸实施。暴力、威胁色彩虽不明显，但实际是以组织的势力、影响和犯罪能力为依托，以暴力、威胁的现实可能性为基础，足以使他人产生恐惧、恐慌进而形成心理强制或者足以影响、限制人身自由、危及人身财产安全或者影响正常生产、工作、生活的手段，属于《刑法》第二百九十四条第五款第（三）项中的"其他手段"，包括但不限于所谓的"谈判""协商""调解"以及滋扰、纠缠、哄闹、聚众造势等手段。

10. 为确立、维护、扩大组织的势力、影响、利益或者按照纪律规约、组织惯例多次实施违法犯罪活动，侵犯不特定多人的人身权利、民主权利、财产权利,破坏经济秩序、社会秩序,应当认定为"有组织地多次进行违法犯罪活动,为非作恶,欺压、残害群众"。

符合以下情形之一的,应当认定为是黑社会性质组织实施的违法犯罪活动:

(1)为该组织争夺势力范围、打击竞争对手、形成强势地位、谋取经济利益、树立非法权威、扩大非法影响、寻求非法保护、增强犯罪能力等实施的;

(2)按照该组织的纪律规约、组织惯例实施的;

(3)组织者、领导者直接组织、策划、指挥、参与实施的;

(4)由组织成员以组织名义实施,并得到组织者、领导者认可或者默许的;

(5)多名组织成员为逞强争霸、插手纠纷、报复他人、替人行凶、非法敛财而共同实施,并得到组织者、领导者认可或者默许的;

(6)其他应当认定为黑社会性质组织实施的。

11. 鉴于黑社会性质组织非法控制和影响的"一定区域"的大小具有相对性,不能简单地要求"一定区域"必须达到某一特定的空间范围,而应当根据具体案情,并结合黑社会性质组织对经济、社会生产秩序的危害程度加以综合分析判断。

通过实施违法犯罪活动,或者利用国家工作人员的包庇或者不依法履行职责,放纵黑社会性质组织进行违法犯罪活动的行为,称霸一方,并具有以下情形之一的,可认定为"在一定区域或者行业内,形成非法控制或者重大影响,严重破坏经济、社会生活秩序":

(1)致使在一定区域内生活或者在一定行业内从事生产、经营的多名群众,合法利益遭受犯罪或严重违法活动侵害后,不敢通过正当途径举报、控告的;

(2)对一定行业的生产、经营形成垄断,或者对涉及一定行业的准入、经营、竞争等经济活动形成重要影响的;

(3)插手民间纠纷、经济纠纷,在相关区域或者行业内造成严重影响的;

(4)干扰、破坏他人正常生产、经营、生活,并在相关区域或者行业内造成严重影响的;

(5)干扰、破坏公司、企业、事业单位及社会团体的正常生产,经营、工作秩序,在相关区域、行业内造成严重影响,或者致使其不能正常生产、经营、工作的;

(6)多次干扰、破坏党和国家机关、行业管理部门以及村委会、居委会

等基层群众自治组织的工作秩序,或者致使上述单位、组织的职能不能正常行使的;

(7)利用组织的势力、影响,帮助组织成员或他人获取政治地位,或者在党政机关、基层群众自治组织中担任一定职务的;

(8)其他形成非法控制或者重大影响,严重破坏经济、社会生活秩序的情形。

12. 对于组织者、领导者和因犯参加黑社会性质组织罪被判处五年以上有期徒刑的积极参加者,可根据《刑法》第五十六条第一款的规定适用附加剥夺政治权利。对于符合《刑法》第三十七条之一规定的组织成员,应当依法禁止其从事相关职业。符合《刑法》第六十六条规定的组织成员,应当认定为累犯,依法从重处罚。

对于因有组织的暴力性犯罪被判处死刑缓期执行的黑社会性质组织犯罪分子,可以根据《刑法》第五十条第二款的规定同时决定对其限制减刑。对于因有组织的暴力性犯罪被判处十年以上有期徒刑、无期徒刑的黑社会性质组织犯罪分子,应当根据《刑法》第八十一条第二款规定,不得假释。

13. 对于组织者、领导者一般应当并处没收个人全部财产。对于确属骨干成员或者为该组织转移、隐匿资产的积极参加者,可以并处没收个人全部财产。对于其他组织成员,应当根据所参与实施违法犯罪活动的次数、性质、地位、作用、违法所得数额以及造成损失的数额等情节,依法决定财产刑的适用。

三、依法惩处恶势力犯罪

14. 具有下列情形的组织,应当认定为"恶势力":经常纠集在一起,以暴力、威胁或者其他手段,在一定区域或者行业内多次实施违法犯罪活动,为非作恶,欺压百姓,扰乱经济、社会生活秩序,造成较为恶劣的社会影响,但尚未形成黑社会性质组织的违法犯罪组织。恶势力一般为三人以上,纠集者相对固定,违法犯罪活动主要为强迫交易、故意伤害、非法拘禁、敲诈勒索、故意毁坏财物、聚众斗殴、寻衅滋事等,同时还可能伴随实施开设赌场、组织卖淫、强迫卖淫、贩卖毒品、运输毒品、制造毒品、抢劫、抢夺、聚众扰乱社会秩序、聚众扰乱公共场所秩序、交通秩序以及聚众"打砸抢"等。

在相关法律文书中的犯罪事实认定部分,可使用"恶势力"等表述加以描述。

15. 恶势力犯罪集团是符合犯罪集团法定条件的恶势力犯罪组织,其特征表现为:有三名以上的组织成员,有明显的首要分子,重要成员较为固定,组织成员经常纠集在一起,共同故意实施三次以上恶势力惯常实施的犯罪活动或者其他犯罪活动。

16. 公安机关、人民检察院、人民法院在办理恶势力犯罪案件时，应当依照上述规定，区别于普通刑事案件，充分运用《刑法》总则关于共同犯罪和犯罪集团的规定，依法从严惩处。

四、依法惩处利用"软暴力"实施的犯罪

17. 黑恶势力为谋取不法利益或形成非法影响，有组织地采用滋扰、纠缠、哄闹、聚众造势等手段侵犯人身权利、财产权利，破坏经济秩序、社会秩序，构成犯罪的，应当分别依照《刑法》相关规定处理：

（1）有组织地采用滋扰、纠缠、哄闹、聚众造势等手段扰乱正常的工作、生活秩序，使他人产生心理恐惧或者形成心理强制，分别属于《刑法》第二百九十三条第一款第（二）项规定的"恐吓"、《刑法》第二百二十六规定的"威胁"，同时符合其他犯罪构成条件的，应分别以寻衅滋事罪、强迫交易罪定罪处罚。

《关于办理寻衅滋事刑事案件适用法律若干问题的解释》第二条至第四条中的"多次"一般应当理解为二年内实施寻衅滋事行为三次以上。二年内多次实施不同种类寻衅滋事行为的，应当追究刑事责任。

（2）以非法占有为目的强行索取公私财物，有组织地采用滋扰、纠缠、哄闹、聚众造势等手段扰乱正常的工作、生活秩序，同时符合《刑法》第二百七十四条规定的其他犯罪构成条件的，应当以敲诈勒索罪定罪处罚。同时由多人实施或者以统一着装、显露纹身、特殊标识以及其他明示或者暗示方式，足以使对方感知相关行为的有组织性的，应当认定为《关于办理敲诈勒索刑事案件适用法律若干问题的解释》第二条第（五）项规定的"以黑恶势力名义敲诈勒索"。

采用上述手段，同时又构成其他犯罪的，应当依法按照处罚较重的规定定罪处罚。

雇佣、指使他人有组织地采用上述手段强迫交易、敲诈勒索，构成强迫交易罪、敲诈勒索罪的，对雇佣者、指使者，一般应当以共同犯罪中的主犯论处。为强索不受法律保护的债务或者因其他非法目的，雇佣、指使他人有组织地采用上述手段寻衅滋事，构成寻衅滋事罪的，对雇佣者、指使者，一般应当以共同犯罪中的主犯论处；为追讨合法债务或者因婚恋、家庭、邻里纠纷等民间矛盾而雇佣、指使，没有造成严重后果的，一般不作为犯罪处理，但经有关部门批评制止或者处理处罚后仍继续实施的除外。

18. 黑恶势力有组织地多次短时间非法拘禁他人的，应当认定为《刑法》第二百三十八条规定的"以其他方法非法剥夺他人人身自由"。非法拘禁他人三次以上、每次持续时间在四小时以上,或者非法拘禁他人累计时间在十二小时以上的,应以非法拘禁罪定罪处罚。

五、依法打击非法放贷讨债的犯罪活动

19. 在民间借贷活动中,如有擅自设立金融机构、非法吸收公众存款、骗取贷款、套取金融机构资金发放高利贷以及为强索债务而实施故意杀人、故意伤害、非法拘禁、故意毁坏财物等行为的,应当按照具体犯罪侦查、起诉、审判。依法符合数罪并罚条件的,应当并罚。

20. 对于以非法占有为目的,假借民间借贷之名,通过"虚增债务""签订虚假借款协议""制造资金走账流水""肆意认定违约""转单平账""虚假诉讼"等手段非法占有他人财产,或者使用暴力、威胁手段强立债权、强行索债的,应当根据案件具体事实,以诈骗、强迫交易、敲诈勒索、抢劫、虚假诉讼等罪名侦查、起诉、审判。对于非法占有的被害人实际所得借款以外的虚高"债务"和以"保证金""中介费""服务费"等各种名目扣除或收取的额外费用,均应计入违法所得。对于名义上为被害人所得、但在案证据能够证明实际上却为犯罪嫌疑人、被告人实施后续犯罪所使用的"借款",应予以没收。

21. 对采用讨债公司、"地下执法队"等各种形式有组织地进行上述活动,符合黑社会性质组织、犯罪集团认定标准的,应当按照组织、领导、参加黑社会性质组织罪或者犯罪集团侦查、起诉、审判。

六、依法严惩"保护伞"

22. 《刑法》第二百九十四条第三款中规定的"包庇"行为,不要求相关国家机关工作人员利用职务便利。利用职务便利包庇黑社会性质组织的,酌情从重处罚。包庇、纵容黑社会性质组织,事先有通谋的,以具体犯罪的共犯论处。

23. 公安机关、人民检察院、人民法院对办理黑恶势力犯罪案件中发现的涉嫌包庇、纵容黑社会性质组织犯罪、收受贿赂、渎职侵权等违法违纪线索,应当及时移送有关主管部门和其他相关部门,坚决依法严惩充当黑恶势力"保护伞"的职务犯罪。

24. 依法严惩农村"两委"等人员在涉农惠农补贴申领与发放、农村基础设施建设、征地拆迁补偿、救灾扶贫优抚、生态环境保护等过程中,利用职权恃强凌弱、吃拿卡要、侵吞挪用国家专项资金的犯罪,以及放纵、包庇"村霸"和宗族恶势力,致使其坐大成患;或者收受贿赂、徇私舞弊,为"村霸"和宗族恶势力充当"保护伞"的犯罪。

25. 公安机关在侦办黑恶势力犯罪案件中,应当注意及时深挖其背后的腐败问题，对于涉嫌特别重大贿赂犯罪案件的犯罪嫌疑人，及时会同有关机关，执行《刑事诉讼法》第三十七条的相关规定，辩护律师在侦查期间会见在押犯罪嫌疑人的，应当经相关侦查机关许可。

七、依法处置涉案财产

26. 公安机关、人民检察院、人民法院根据黑社会性质组织犯罪案件的诉讼需要，应当依法查询、查封、扣押、冻结全部涉案财产。公安机关侦查期间，要会同工商、税务、国土、住建、审计、人民银行等部门全面调查涉黑组织及其成员的财产状况。

对于不宜查封、扣押、冻结的经营性资产，可以申请当地政府指定有关部门或者委托有关机构代管或者托管。

对黑社会性质组织及其成员聚敛的财产及其孳息、收益的数额，办案单位可以委托专门机构评估；确实无法准确计算的，可以根据有关法律规定及查明的事实、证据合理估算。

27. 对于依法查封、冻结、扣押的黑社会性质组织涉案财产，应当全面收集、审查证明其来源、性质、用途、权属及价值大小的有关证据。符合下列情形之一的，应当依法追缴、没收：

（1）组织及其成员通过违法犯罪活动或其他不正当手段聚敛的财产及其孳息、收益；

（2）组织成员通过个人实施违法犯罪活动聚敛的财产及其孳息、收益；

（3）其他单位、组织、个人为支持该组织活动资助或主动提供的财产；

（4）通过合法的生产、经营活动获取的财产或者组织成员个人、家庭合法资产中，实际用于支持该组织活动的部分；

（5）组织成员非法持有的违禁品以及供犯罪所用的本人财物；

（6）其他单位、组织、个人利用黑社会性质组织及其成员的违法犯罪活动获取的财产及其孳息、收益；

（7）其他应当追缴、没收的财产。

28. 违法所得已用于清偿债务或者转让给他人，具有下列情形之一的，应当依法追缴：

（1）对方明知是通过违法犯罪活动或者其他不正当手段聚敛的财产及其孳息、收益的；

（2）对方无偿或者以明显低于市场价格取得的；

（3）对方是因非法债务或者违法犯罪活动而取得的；

（4）通过其他方式恶意取得的。

29. 依法应当追缴、没收的财产无法找到、被他人善意取得、价值灭失或者与其他合法财产混合且不可分割的，可以追缴、没收其他等值财产。

30. 黑社会性质组织犯罪嫌疑人、被告人逃匿，在通缉一年后不能到案，或者犯罪嫌疑人、被告人死亡的，应当依照法定程序没收其违法所得。

31. 对于依法查封、扣押、冻结的涉案财产，有证据证明确属被害人合法财产，或者确与黑社会性质组织及其违法犯罪活动无关的应予以返还。

八、其他

32. 司法行政机关应当加强对律师办理黑社会性质组织犯罪案件辩护代理工作的指导监督，指导律师事务所建立健全律师办理黑社会性质组织犯罪的请示报告、集体研究和检查督导制度。办案机关应当依法保障律师各项诉讼权利，为律师履行辩护代理职责提供便利，防止因妨碍辩护律师依法履行职责，对案件办理带来影响。

对黑恶势力犯罪案件开庭审理时，人民法院应当通知对辩护律师所属事务所具有监督管理权限的司法行政机关派员旁听。

对于律师违反会见规定的；以串联组团，联署签名、发表公开信，组织网上聚集、声援等方式或者借个案研讨之名，制造舆论压力，攻击、诋毁司法机关和司法制度，干扰诉讼活动正常进行的；煽动、教唆和组织当事人或者其他人员到司法机关或者其他国家机关静坐、举牌、打横幅、喊口号等，扰乱公共秩序、危害公共安全的；违反规定披露、散布不公开审理案件的信息、材料，或者本人、其他律师在办案过程中获悉的有关案件重要信息、证据材料的，司法行政机关应当依照有关规定予以处罚，构成犯罪的，依法追究刑事责任。对于律师辩护、代理活动中的违法违规行为，相关办案机关要注意收集固定证据，提出司法建议。

33. 监狱应当从严管理组织、领导、参加黑社会性质组织的罪犯，严格罪犯会见、减刑、假释、暂予监外执行等执法活动。对于判处十年以上有期徒刑、无期徒刑，判处死刑缓期二年执行减为有期徒刑、无期徒刑的黑社会性质组织的组织者、领导者，实行跨省、自治区、直辖市异地关押。积极开展黑恶势力犯罪线索排查，教育引导服刑人员检举揭发。社区矫正机构对拟适用社区矫正的黑恶势力犯罪案件的犯罪嫌疑人、被告人，应当认真开展调查评估，为准确适用非监禁刑提供参考。社区矫正机构对组织、领导、参加黑社会性质组织的社区服刑人员要严格监管教育。公安机关、人民检察院、人民法院、司法行政机关要加强协调联动，完善应急处置工作机制，妥善处理社区服刑人员脱管漏管和重新违法犯罪等情形。

34. 办理黑恶势力犯罪案件，要依法建立完善重大疑难案件会商、案件通报等工作机制，进一步加强政法机关之间的配合，形成打击合力；对群众关注度高、社会影响力大的黑恶势力犯罪案件，依法采取挂牌督办、上提一级、异地管辖、指定管辖以及现场联合督导等措施，确保案件质量。根据办理黑恶势力犯罪案件的实际情况，及时汇总问题，归纳经验，适时出台有关证据标准，切实保障有力打击。

35. 公安机关、人民检察院、人民法院办理黑社会性质组织犯罪案件，应当按照《刑事诉讼法》《关于办理黑社会性质组织犯罪案件若干问题的规定》《公安机关办理刑事案件证人保护工作规定》的有关规定，对证人、报案人、控告人、举报人、鉴定人、被害人采取保护措施。

犯罪嫌疑人、被告人，积极配合侦查、起诉、审判工作，在查明黑社会性质组织的组织结构和组织者、领导者的地位作用，组织实施的重大犯罪事实，追缴、没收赃款赃物，打击"保护伞"等方面提供重要线索和证据，经查证属实的，可以根据案件具体情况，依法从轻、减轻或者免除处罚，并对其参照证人保护的有关规定采取保护措施。前述规定，对于确属组织者、领导者的犯罪嫌疑人、被告人应当严格掌握。

对于确有重大立功或者对于认定重大犯罪事实或追缴、没收涉黑财产具有重要作用的组织成员，确有必要通过分案审理予以保护的，公安机关可以与人民检察院、人民法院在充分沟通的基础上作出另案处理的决定。

对于办理黑社会性质组织犯罪案件的政法干警及其近亲属，需要采取保护措施的，可以参照《刑事诉讼法》等关于证人保护的有关规定，采取禁止特定的人员接触、对人身和住宅予以专门性保护等必要的措施，以确保办理案件的司法工作人员及其近亲属的人身安全。

36. 本意见颁布实施后，最高人民法院、最高人民检察院、公安部、司法部联合发布或者单独制定的其他相关规范性文件，内容如与本意见中有关规定不一致的，应当按照本意见执行。

7. 全国人民代表大会常务委员会关于《中华人民共和国刑法》第二百九十四条第一款的解释（2002年4月28日）

全国人民代表大会常务委员会讨论了刑法第二百九十四条第一款规定的"黑社会性质的组织"的含义问题，解释如下：

刑法第二百九十四条第一款规定的"黑社会性质的组织"应当同时具备以下特征：

（一）形成较稳定的犯罪组织，人数较多，有明确的组织者、领导者，骨干成员基本固定；

（二）有组织地通过违法犯罪活动或者其他手段获取经济利益，具有一定的经济实力，以支持该组织的活动；

（三）以暴力、威胁或者其他手段，有组织地多次进行违法犯罪活动，为非作恶，欺压、残害群众；

（四）通过实施违法犯罪活动，或者利用国家工作人员的包庇或者纵容，称霸一方，在一定区域或者行业内，形成非法控制或者重大影响，严重破坏经济、社会生活秩序。

现予公告。

8. 最高人民检察院关于认真贯彻执行全国人大常委会《关于刑法第二百九十四条第一款的解释》和《关于刑法第三百八十四条第一款的解释》的通知（2002年5月13日　高检发研字〔2002〕11号）

各省、自治区、直辖市人民检察院，军事检察院，新疆生产建设兵团人民检察院：

第九届全国人民代表大会常务委员会第二十七次会议于2002年4月28日通过了《全国人民代表大会常务委员会关于〈中华人民共和国刑法〉第二百九十四条第一款的解释》和《全国人民代表大会常务委员会关于〈中华人民共和国刑法〉第三百八十四条第一款的解释》（以下统称《解释》）。为保证《解释》的正确贯彻执行，特通知如下：

一、本次全国人大常委会审议通过的有关刑法的两个法律解释，是立法的重要补充形式，与法律具有同等效力，对于健全社会主义法制，保证国家法律的统一正确实施具有重要意义，尤其对于当前开展"严打"整治斗争，进一步加大反腐败工作力度，将会发挥积极的作用。各级人民检察院要提高对《解释》重要性的认识，组织检察人员认真学习《解释》，全面、深刻领会立法解释的精神，充分发挥法律监督作用，严厉打击黑社会性质组织犯罪和挪用公款犯罪。

二、要正确适用法律，积极发挥检察职能作用。各级人民检察院在办理相关案件的过程中，要充分运用刑法和立法解释的有关规定，依法开展立案侦查和批捕、起诉工作，严格按照《解释》加强对黑社会性质组织和挪用公款犯罪的打击力度，积极发挥检察机关的职能作用。根据《解释》的规定，黑社会性质组织是否有国家工作人员充当"保护伞"，即是否要有国家工作人员参与犯罪或者为犯罪活动提供非法保护，不影响黑社会性质组织的认定，对于同时具备《解释》规定的黑社会性质组织四个特征的案件，应依法予以严惩，以体现"打早打小"的立法精神。同时，对于确有"保护伞"的案件，也要坚决一查到底，绝不姑息。对于国家工作人员利用职务上的便利，实施《解释》规定的挪用公款"归个人使用"的三种情形之一的，无论使用公款的是个人还是单位以及单位的性质如何，均应认定为挪用公款归个人使用，构成犯罪的，应依法严肃查处。

三、要注意区分罪与非罪界限，切实提高办案质量。各级人民检察院在办理相关案件时，要严格依法进行，严格区分罪与非罪、此罪与彼罪的界限，切实保证办案质量。要特别注意区分黑社会性质组织犯罪与一般犯罪集团、流氓恶势力团伙违法犯罪的界限、挪用公款犯罪与单位之间违反财经纪律拆借资金行为的界限，做到办案的法律效果和社会效果的有机统一。

四、要坚持打防并举，综合治理。黑社会性质组织严重破坏经济、社会生活秩序，直接影响到人民群众的安居乐业；挪用公款犯罪严重侵犯公共财产，危害国家正常的财经管理制度，是腐败的重要表现。对上述犯罪，要坚持贯彻打防并举、综合治理的方针。各级人民检察院要充分利用各种途径和方式，广泛宣传《解释》，进一步加大举报和预防工作的力度，加强与有关部门的联系和配合。

五、要加强领导，进一步加大工作指导的力度。黑社会性质组织犯罪案件和挪用公款犯罪案件的认定和处理，是一项政策法律性很强的工作。上级人民检察院要加强对下级人民检察院工作指导的力度，下级人民检察院对于重大、疑难、复杂案件的办理，要及时向上级人民检察院请示汇报。各地在贯彻执行《解释》过程中遇到的新情况、新问题，请及时层报最高人民检察院。

9. 在审理故意杀人、伤害及黑社会性质组织犯罪案件中切实贯彻宽严相济刑事政策（2010年4月14日　最高人民法院刑三庭）

一、在三类案件中贯彻宽严相济刑事政策的总体要求

在故意杀人、伤害及黑社会性质组织犯罪案件的审判中贯彻宽严相济刑事政策，要落实《意见》第1条规定：根据犯罪的具体情况，实行区别对待，做到该宽则宽，当严则严，宽严相济，罚当其罪。落实这个总体要求，要注意把握以下几点：

1. 正确把握宽与严的对象。故意杀人和故意伤害犯罪的发案率高，社会危害大，是各级法院刑事审判工作的重点。黑社会性质组织犯罪在我国自二十世纪八十年代末出现以来，长时间保持快速发展势头，严厉打击黑社会性质组织犯罪，是法院刑事审判在当前乃至今后相当长一段时期内的重要任务。因此，对这三类犯罪总体上应坚持从严惩处的方针。但是在具体案件的处理上，也要分别案件的性质、情节和行为人的主观恶性、人身危险性等情况，把握宽严的范围。在确定从宽与从严的对象时，还应当注意审时度势，对经济社会的发展和治安形势的变化作出准确判断，为构建社会主义和谐社会的目标服务。

2. 坚持严格依法办案。三类案件的审判中，无论是从宽还是从严，都必须严格依照法律规定进行，做到宽严有据，罚当其罪，不能为追求打击效果，

突破法律界限。比如在黑社会性质组织犯罪的审理中,黑社会性质组织的认定必须符合法律和立法解释规定的标准,既不能降格处理,也不能拔高认定。

3. 注重法律效果与社会效果的统一。严格依法办案,确保良好法律效果的同时,还应当充分考虑案件的处理是否有利于赢得人民群众的支持和社会稳定,是否有利于瓦解犯罪,化解矛盾,是否有利于罪犯的教育改造和回归社会,是否有利于减少社会对抗,促进社会和谐,争取更好的社会效果。比如在刑罚执行过程中,对于故意杀人、伤害犯罪及黑社会性质组织犯罪的领导者、组织者和骨干成员就应当从严掌握减刑、假释的适用,其他主观恶性不深、人身危险性不大的罪犯则可以从宽把握。

二、故意杀人、伤害案件审判中宽严相济的把握

1. 注意区分两类不同性质的案件。故意杀人、故意伤害侵犯的是人的生命和身体健康,社会危害大,直接影响到人民群众的安全感,《意见》第7条将故意杀人、故意伤害致人死亡犯罪作为严惩的重点是十分必要的。但是,实践中的故意杀人、伤害案件复杂多样,处理时要注意分别案件的不同性质,做到区别对待。

实践中,故意杀人、伤害案件从性质上通常可分为两类:一类是严重危害社会治安、严重影响人民群众安全感的案件,如极端仇视国家和社会,以不特定人为行凶对象的;一类是因婚姻家庭、邻里纠纷等民间矛盾激化引发的案件。对于前者应当作为严惩的重点,依法判处被告人重刑直至判处死刑。对于后者处理时应注意体现从严的精神,在判处重刑尤其是适用死刑时应特别慎重,除犯罪情节特别恶劣、犯罪后果特别严重、人身危险性极大的被告人外,一般不应当判处死刑。对于被害人在起因上存在过错,或者是被告人案发后积极赔偿,真诚悔罪,取得被害人或其家属谅解的,应依法从宽处罚,对同时有法定从轻、减轻处罚情节的,应考虑在无期徒刑以下裁量刑罚。同时应重视此类案件中的附带民事调解工作,努力化解双方矛盾,实现积极的"案结事了",增进社会和谐,达成法律效果与社会效果的有机统一。《意见》第23条是对此审判经验的总结。

此外,实践中一些致人死亡的犯罪是故意杀人还是故意伤害往往难以区分,在认定时除从作案工具、打击的部位、力度等方面进行判断外,也要注意考虑犯罪的起因等因素。对于民间纠纷引发的案件,如果难以区分是故意杀人还是故意伤害时,一般可考虑定故意伤害罪。

2. 充分考虑各种犯罪情节。犯罪情节包括犯罪的动机、手段、对象、场所及造成的后果等,不同的犯罪情节反映不同的社会危害性。犯罪情节多属酌定量刑情节,法律往往未作明确的规定,但犯罪情节是适用刑罚的基础,是具

体案件决定从严或从宽处罚的基本依据,需要在案件审理中进行仔细甄别,以准确判断犯罪的社会危害性。有的案件犯罪动机特别卑劣,比如为了铲除政治对手而雇凶杀人的,也有一些人犯罪是出于义愤,甚至是"大义灭亲"、"为民除害"的动机杀人。有的案件犯罪手段特别残忍,比如采取放火、泼硫酸等方法把人活活烧死的故意杀人行为。犯罪后果也可以分为一般、严重和特别严重几档。在实际中一般认为故意杀人、故意伤害一人死亡的为后果严重,致二人以上死亡的为犯罪后果特别严重。特定的犯罪对象和场所也反映社会危害性的不同,如针对妇女、儿童等弱势群体或在公共场所实施的杀人、伤害,就具有较大的社会危害性。以上犯罪动机卑劣,或者犯罪手段残忍,或者犯罪后果严重,或者针对妇女、儿童等弱势群体作案等情节恶劣的,又无其他法定或酌定从轻情节应当依法从重判处。如果犯罪情节一般,被告人真诚悔罪,或有立功、自首等法定从轻情节的,一般应考虑从宽处罚。

实践中,故意杀人、伤害案件的被告人既有法定或酌定的从宽情节,又有法定或酌定从严情节的情形比较常见,此时,就应当根据《意见》第28条,在全面考察犯罪的事实、性质、情节和对社会危害程度的基础上,结合被告人的主观恶性、人身危险性、社会治安状况等因素,综合作出分析判断。

3. 充分考虑主观恶性和人身危险性。《意见》第10条、第16条明确了被告人的主观恶性和人身危险性是从严和从宽的重要依据,在适用刑罚时必须充分考虑。主观恶性是被告人对自己行为及社会危害性所抱的心理态度,在一定程度上反映了被告人的改造可能性。一般来说,经过精心策划的、有长时间计划的杀人、伤害,显示被告人的主观恶性深;激情犯罪,临时起意的犯罪,因被害人的过错行为引发的犯罪,显示的主观恶性较小。对主观恶性深的被告人要从严惩处,主观恶性较小的被告人则可考虑适用较轻的刑罚。

人身危险性即再犯可能性,可从被告人有无前科、平时表现及悔罪情况等方面综合判断。人身危险性大的被告人,要依法从重处罚。如累犯中前罪系暴力犯罪,或者曾因暴力犯罪被判重刑后又犯故意杀人、故意伤害致人死亡的;平时横行乡里,寻衅滋事杀人、伤害致人死亡的,应依法从重判处。人身危险性小的被告人,应依法体现从宽精神。如被告人平时表现较好,激情犯罪,系初犯、偶犯的;被告人杀人或伤人后有抢救被害人行为的,在量刑时应该酌情予以从宽处罚。

未成年人及老年人的故意杀人、伤害犯罪与一般人犯罪相比,主观恶性和人身危险性等方面有一定特殊性,在处理时应当依据《意见》的第20条、第21条考虑从宽。对犯故意杀人、伤害罪的未成年人,要坚持"教育为主,惩罚为辅"的原则和"教育、感化、挽救"的方针进行处罚。对于情节较轻、后果不重的伤害案件，可以依法适用缓刑、或者判处管制、单处罚金等非监禁刑。对于情节严重的未成年人，也应当从轻或减轻处罚。对于已满十四周岁不满十六周岁的未成年人，一般不判处无期徒刑。对于七十周岁以上的老年人犯故意杀人、伤害罪的，由于其已没有再犯罪的可能，在综合考虑其犯罪情节和主观恶性、人身危险性的基础上，一般也应酌情从宽处罚。

4. 严格控制和慎重适用死刑。故意杀人和故意伤害犯罪在判处死刑的案件中所占比例最高，审判中要按照《意见》第29条的规定，准确理解和严格执行"保留死刑，严格控制和慎重适用死刑"的死刑政策，坚持统一的死刑适用标准，确保死刑只适用于极少数罪行极其严重的犯罪分子；坚持严格的证据标准，确保把每一起判处死刑的案件都办成铁案。对于罪行极其严重，但只要有法定、酌定从轻情节，依法可不立即执行的，就不应当判处死刑立即执行。

对于自首的故意杀人、故意伤害致人死亡的被告人，除犯罪情节特别恶劣，犯罪后果特别严重的，一般不应考虑判处死刑立即执行。对亲属送被告人归案或协助抓获被告人的，也应视为自首，原则上应当从宽处罚。对具有立功表现的故意杀人、故意伤害致死的被告人，一般也应当体现从宽，可考虑不判处死刑立即执行。但如果犯罪情节特别恶劣，犯罪后果特别严重的，即使有立功情节，也可以不予从轻处罚。

共同犯罪中，多名被告人共同致死一名被害人的，原则上只判处一人死刑。处理时，根据案件的事实和证据能分清主从犯的，都应当认定主从犯；有多名主犯的，应当在主犯中进一步区分出罪行最为严重者和较为严重者，不能以分不清主次为由，简单地一律判处死刑。

三、黑社会性质组织犯罪案件审判中宽严相济的把握

1. 准确认定黑社会性质组织。黑社会性质组织犯罪由于其严重的社会危害性，在打击处理上不能等其坐大后进行，要坚持"严打"的方针，坚持"打早打小"的策略。但黑社会性质组织的认定，必须严格依照刑法和《全国人民代表大会常务委员会关于〈中华人民共和国刑法〉第二百九十四条第一款的解释》的规定，从组织特征、经济特征、行为特征和非法控制特征四个方面进行分析。认定黑社会性质组织犯罪四个特征必须同时具备。当然，实践中许多黑社会性质组织并不是四个特征都很明显，在具体认定时，应根据立法本意，认真审查、分析黑社会性质组织四个特征相互间的内在联系，准确评价涉案犯罪组织所造成的社会危害。既要防止将已具备黑社会性质组织四个特征的案件"降格"处理，也不能因为强调严厉打击将不具备四个特征的犯罪团伙"拔高"认定为黑社会性质组织。在黑社会性质组织犯罪的审判中贯彻宽

严相济刑事政策,要始终坚持严格依法办案,坚持法定标准,这是《意见》的基本要求。

2. 区别对待黑社会性质组织的不同成员。《意见》第 30 条明确了黑社会性质组织中不同成员的处理原则:分别情况,区别对待。对于组织者、领导者应依法从严惩处,其承担责任的犯罪不限于自己组织、策划、指挥和实施的犯罪,而应对组织所犯的全部罪行承担责任。实践中,一些黑社会性质组织的组织者、领导者,只是以其直接实施的犯罪起诉、审判,实际上是轻纵了他们的罪行。要在区分组织犯罪和组织成员犯罪的基础上,合理划定组织者、领导者的责任范围,做到不枉不纵。同时,还要注意责任范围和责任程度的区别,不能简单认为组织者、领导者就是具体犯罪中责任最重的主犯。对于组织成员实施的黑社会性质组织犯罪,组织者、领导者只是事后知晓,甚至根本不知晓,其就只应负有一般的责任,直接实施的成员无疑应负最重的责任。

对于积极参加者,应根据其在具体犯罪中的地位、作用,确定其应承担的刑事责任。确属黑社会性质组织骨干成员的,应依法从严处罚。对犯罪情节较轻的其他参加人员以及初犯、偶犯、未成年犯,则要依法从轻、减轻处罚。对于参加黑社会性质的组织,没有实施其他违法犯罪活动的,或者受蒙蔽、胁迫参加黑社会性质的组织,情节轻微的,则可以不作为犯罪处理。

此外,在处理黑社会性质组织成员间的检举、揭发问题上,既要考虑线索本身的价值,也要考虑检举、揭发者在黑社会性质组织犯罪中的地位、作用,防止出现全案量刑失衡的现象。组织者、领导者检举揭发与该黑社会性质组织及其违法犯罪活动有关联的其他犯罪线索,即使依法构成立功或者重大立功,在考虑是否从轻量刑时也应从严予以掌握。积极参加者、其他参加者配合司法机关查办案件,有提供线索、帮助收集证据或者其他协助行为,并对侦破黑社会性质组织犯罪案件起到一定作用的,即使依法不能认定立功,一般也应酌情对其从轻处罚。

10. 最高人民法院、最高人民检察院、公安部、司法部关于办理恶势力刑事案件若干问题的意见(2019 年 4 月 9 日 法发〔2019〕10 号)

为认真贯彻落实中央开展扫黑除恶专项斗争的部署要求,正确理解和适用最高人民法院、最高人民检察院、公安部、司法部《关于办理黑恶势力犯罪案件若干问题的指导意见》(法发〔2018〕1 号,以下简称《指导意见》),根据刑法、刑事诉讼法及有关司法解释、规范性文件的规定,现对办理恶势力刑事案件若干问题提出如下意见:

一、办理恶势力刑事案件的总体要求

1. 人民法院、人民检察院、公安机关和司法行政机关要深刻认识恶势力违法犯罪的严重社会危害,毫不动摇地坚持依法严惩方针,在侦查、起诉、审判、执行各阶段,运用多种法律手段全面体现依法从严惩处精神,有力震慑恶势力违法犯罪分子,有效打击和预防恶势力违法犯罪。

2. 人民法院、人民检察院、公安机关和司法行政机关要严格坚持依法办案,确保在案件事实清楚、证据确实、充分的基础上,准确认定恶势力和恶势力犯罪集团,坚决防止人为拔高或者降低认定标准。要坚持贯彻落实宽严相济刑事政策,根据犯罪嫌疑人、被告人的主观恶性、人身危险性、在恶势力、恶势力犯罪集团中的地位、作用以及在具体犯罪中的罪责,切实做到宽严有据、罚当其罪,实现政治效果、法律效果和社会效果的统一。

3. 人民法院、人民检察院、公安机关和司法行政机关要充分发挥各自职能,分工负责,互相配合,互相制约,坚持以审判为中心的刑事诉讼制度改革要求,严格执行"三项规程",不断强化程序意识和证据意识,有效加强法律监督,确保严格执法、公正司法,充分保障当事人、诉讼参与人的各项诉讼权利。

二、恶势力、恶势力犯罪集团的认定标准

4. 恶势力,是指经常纠集在一起,以暴力、威胁或者其他手段,在一定区域或者行业内多次实施违法犯罪活动,为非作恶,欺压百姓,扰乱经济、社会生活秩序,造成较为恶劣的社会影响,但尚未形成黑社会性质组织的违法犯罪组织。

5. 单纯为牟取不法经济利益而实施的"黄、赌、毒、盗、抢、骗"等违法犯罪活动,不具有为非作恶、欺压百姓特征的,或者因本人及近亲属的婚恋纠纷、家庭纠纷、邻里纠纷、劳动纠纷、合法债务纠纷而引发以及其他确属事出有因的违法犯罪活动,不应作为恶势力案件处理。

6. 恶势力一般为3人以上,纠集者相对固定。纠集者,是指在恶势力实施的违法犯罪活动中起组织、策划、指挥作用的违法犯罪分子。成员较为固定且符合恶势力其他认定条件,但多次实施违法犯罪活动是由不同的成员组织、策划、指挥,也可以认定为恶势力,有前述行为的成员均可以认定为纠集者。

恶势力的其他成员,是指知道或应当知道与他人经常纠集在一起是为了共同实施违法犯罪,仍按照纠集者的组织、策划、指挥参与违法犯罪活动的违法犯罪分子,包括已有充分证据证明但尚未归案的人员,以及因法定情形不予追究法律责任,或者因参与实施恶势力违法犯罪活动已受到行政或刑事处罚的人员。仅因临时雇佣或被雇佣、利用或被利用以及受蒙蔽参与少量恶势力违法犯罪活动的,一般不应认定为恶势力成员。

7. "经常纠集在一起,以暴力、威胁或者其他手段,在一定区域或者行业内多次实施违法犯罪活动",是指犯罪嫌疑人、被告人于2年之内,以暴力、威胁或者其他手段,在一定区域或者行业内多次实施违法犯罪活动,且包括纠集者在内,至少应有2名相同的成员多次参与实施违法犯罪活动。对于"纠集在一起"时间明显较短,实施违法犯罪活动刚刚达到"多次"标准,且尚不足以造成较为恶劣影响的,一般不应认定为恶势力。

8. 恶势力实施的违法犯罪活动,主要为强迫交易、故意伤害、非法拘禁、敲诈勒索、故意毁坏财物、聚众斗殴、寻衅滋事,但也包括具有为非作恶、欺压百姓特征,主要以暴力、威胁为手段的其他违法犯罪活动。

恶势力还可能伴随实施开设赌场、组织卖淫、强迫卖淫、贩卖毒品、运输毒品、制造毒品、抢劫、抢夺、聚众扰乱社会秩序、聚众扰乱公共场所秩序、交通秩序以及聚众"打砸抢"等违法犯罪活动,但仅有前述伴随实施的违法犯罪活动,且不能认定具有为非作恶、欺压百姓特征的,一般不应认定为恶势力。

9. 办理恶势力刑事案件,"多次实施违法犯罪活动"至少应包括1次犯罪活动。对于反复实施强迫交易、非法拘禁、敲诈勒索、寻衅滋事等单一性质的违法行为,单次情节、数额尚不构成犯罪,但按照刑法或者有关司法解释、规范性文件的规定累加后应作为犯罪处理的,在认定是否属于"多次实施违法犯罪活动"时,可将已用于累加的违法行为计为1次犯罪活动,其他违法行为单独计算违法活动的次数。

已被处理或者已作为民间纠纷调处,后经查证确属恶势力违法犯罪活动的,均可以作为认定恶势力的事实依据,但不符合法定情形的,不得重新追究法律责任。

10. 认定"扰乱经济、社会生活秩序,造成较为恶劣的社会影响",应当结合侵害对象及其数量、违法犯罪次数、手段、规模、人身损害后果、经济损失数额、违法所得数额、引起社会秩序混乱的程度以及对人民群众安全感的影响程度等因素综合把握。

11. 恶势力犯罪集团,是指符合恶势力全部认定条件,同时又符合犯罪集团法定条件的犯罪组织。

恶势力犯罪集团的首要分子,是指在恶势力犯罪集团中起组织、策划、指挥作用的犯罪分子。恶势力犯罪集团的其他成员,是指知道或者应当知道是为共同实施犯罪而组成的较为固定的犯罪组织,仍接受首要分子领导、管理、指挥,并参与该组织犯罪活动的犯罪分子。

恶势力犯罪集团应当有组织地实施多次犯罪活动,同时还可能伴随实施违法活动。恶势力犯罪集团所实施的违法犯罪活动,参照《指导意见》第十条第二款的规定认定。

12. 全部成员或者首要分子、纠集者以及其他重要成员均为未成年人、老年人、残疾人的，认定恶势力、恶势力犯罪集团时应当特别慎重。

三、正确运用宽严相济刑事政策的有关要求

13. 对于恶势力的纠集者、恶势力犯罪集团的首要分子、重要成员以及恶势力、恶势力犯罪集团共同犯罪中罪责严重的主犯，要正确运用法律规定加大惩处力度，对依法应当判处重刑或死刑的，坚决判处重刑或死刑。同时要严格掌握取保候审，严格掌握不起诉，严格掌握缓刑、减刑、假释，严格掌握保外就医适用条件，充分利用资格刑、财产刑等法律手段全方位从严惩处。对于符合刑法第三十七条之一规定的，可以依法禁止其从事相关职业。

对于恶势力、恶势力犯罪集团的其他成员，在共同犯罪中罪责相对较小、人身危险性、主观恶性相对不大的，具有自首、立功、坦白、初犯等法定或酌定从宽处罚情节，可以依法从轻、减轻或免除处罚。认罪认罚或者仅参与实施少量的犯罪活动且只起次要、辅助作用，符合缓刑条件的，可以适用缓刑。

14. 恶势力犯罪集团的首要分子检举揭发与该犯罪集团及其违法犯罪活动有关联的其他犯罪线索，如果在认定立功的问题上存在事实、证据或法律适用方面的争议，应当严格把握。依法应认定为立功或者重大立功的，在决定是否从宽处罚、如何从宽处罚时，应当根据罪责刑相一致原则从严掌握。可能导致全案量刑明显失衡的，不予从宽处罚。

恶势力犯罪集团的其他成员如果能够配合司法机关查办案件，有提供线索、帮助收集证据或者其他协助行为，并在侦破恶势力犯罪集团案件、查处"保护伞"等方面起到较大作用的，即使依法不能认定立功，一般也应酌情对其从轻处罚。

15. 犯罪嫌疑人、被告人同时具有法定、酌定从严和法定、酌定从宽处罚情节的，量刑时要根据所犯具体罪行的严重程度，结合被告人在恶势力、恶势力犯罪集团中的地位、作用、主观恶性、人身危险性等因素整体把握。对于恶势力的纠集者、恶势力犯罪集团的首要分子、重要成员，量刑时要体现总体从严。对于在共同犯罪中罪责相对较小、人身危险性、主观恶性相对不大，且能够真诚认罪悔罪的其他成员，量刑时要体现总体从宽。

16. 恶势力刑事案件的犯罪嫌疑人、被告人自愿如实供述自己的罪行，承认指控的犯罪事实，愿意接受处罚的，可以依法从宽处理，并适用认罪认罚从宽制度。对于犯罪性质恶劣、犯罪手段残忍、社会危害严重的犯罪嫌疑人、被告人，虽然认罪认罚，但不足以从轻处罚的，不适用该制度。

四、办理恶势力刑事案件的其他问题

17. 人民法院、人民检察院、公安机关经审查认为案件符合恶势力认定标准的，应当在起诉意见书、起诉书、判决书、裁定书等法律文书中的案件事实部分明确表述，列明恶势力的纠集者、其他成员、违法犯罪事实以及据以认定的证据；符合恶势力犯罪集团认定标准的，应当在上述法律文书中明确定性，列明首要分子、其他成员、违法犯罪事实以及据以认定的证据，并引用刑法总则关于犯罪集团的相关规定。被告人及其辩护人对恶势力定性提出辩解和辩护意见，人民法院可以在裁判文书中予以评析回应。

恶势力刑事案件的起诉意见书、起诉书、判决书、裁定书等法律文书，可以在案件事实部分先概述恶势力、恶势力犯罪集团的概括事实，再分述具体的恶势力违法犯罪事实。

18. 对于公安机关未在起诉意见书中明确认定，人民检察院在审查起诉期间发现构成恶势力或者恶势力犯罪集团，且相关违法犯罪事实已经查清，证据确实、充分，依法应追究刑事责任的，应当作出起诉决定，根据查明的事实向人民法院提起公诉，并在起诉书中明确认定为恶势力或者恶势力犯罪集团。人民检察院认为恶势力相关违法犯罪事实不清、证据不足，或者存在遗漏恶势力违法犯罪事实、遗漏同案犯罪嫌疑人等情形需要补充侦查的，应当提出具体的书面意见，连同案卷材料一并退回公安机关补充侦查；人民检察院也可以自行侦查，必要时可以要求公安机关提供协助。

对于人民检察院未在起诉书中明确认定，人民法院在审判期间发现构成恶势力或恶势力犯罪集团的，可以建议人民检察院补充或者变更起诉；人民检察院不同意或者在七日内未回复意见的，人民法院不应主动认定，可仅就起诉指控的犯罪事实依照相关规定作出判决、裁定。

审理被告人或者被告人的法定代理人、辩护人、近亲属上诉的案件时，一审判决认定黑社会性质组织有误的，二审法院应当纠正，符合恶势力、恶势力犯罪集团认定标准的，应当作出相应认定；一审判决认定恶势力或恶势力犯罪集团有误的，应当纠正，但不得升格认定；一审判决未认定恶势力或恶势力犯罪集团的，不得增加认定。

19. 公安机关、人民检察院、人民法院应当分别以起诉意见书、起诉书、裁判文书所明确的恶势力、恶势力犯罪集团，作为相关数据的统计依据。

20. 本意见自 2019 年 4 月 9 日起施行。

11. 最高人民法院、最高人民检察院、公安部、司法部关于办理实施"软暴力"的刑事案件若干问题的意见（2019 年 4 月 9 日）

为深入贯彻落实中央关于开展扫黑除恶专项斗争的决策部署，正确理解和适用最高人民法院、最高人民检察院、公安部、司法部《关于办理黑恶势力犯罪案件若干问题的指导意见》（法发〔2018〕1号，以下简称《指导意见》）关于对依法惩处采用"软暴力"实施犯罪的规定，依法办理相关犯罪案件，根据《刑法》《刑事诉讼法》及有关司法解释、规范性文件，提出如下意见：

一、"软暴力"是指行为人为谋取不法利益或形成非法影响，对他人或者在有关场所进行滋扰、纠缠、哄闹、聚众造势等，足以使他人产生恐惧、恐慌进而形成心理强制，或者足以影响、限制人身自由、危及人身财产安全，影响正常生活、工作、生产、经营的违法犯罪手段。

二、"软暴力"违法犯罪手段通常的表现形式有：

（一）侵犯人身权利、民主权利、财产权利的手段，包括但不限于跟踪贴靠、扬言传播疾病、揭发隐私、恶意举报、诬告陷害、破坏、霸占财物等；

（二）扰乱正常生活、工作、生产、经营秩序的手段，包括但不限于非法侵入他人住宅、破坏生活设施、设置生活障碍、贴报喷字、拉挂横幅、燃放鞭炮、播放哀乐、摆放花圈、泼洒污物、断水断电、堵门阻工，以及通过驱赶从业人员、派驻人员据守等方式直接或间接地控制厂房、办公区、经营场所等；

（三）扰乱社会秩序的手段，包括但不限于摆场架势示威、聚众哄闹滋扰、拦路闹事等；

（四）其他符合本意见第一条规定的"软暴力"手段。

通过信息网络或者通讯工具实施，符合本意见第一条规定的违法犯罪手段，应当认定为"软暴力"。

三、行为人实施"软暴力"，具有下列情形之一，可以认定为足以使他人产生恐惧、恐慌进而形成心理强制或者足以影响、限制人身自由、危及人身财产安全或者影响正常生活、工作、生产、经营：

（一）黑恶势力实施的；

（二）以黑恶势力名义实施的；

（三）曾因组织、领导、参加黑社会性质组织、恶势力犯罪集团、恶势力以及因强迫交易、非法拘禁、敲诈勒索、聚众斗殴、寻衅滋事等犯罪受过刑事处罚后又实施的；

（四）携带凶器实施的；

（五）有组织地实施的或者足以使他人认为暴力、威胁具有现实可能性的；

（六）其他足以使他人产生恐惧、恐慌进而形成心理强制或者足以影响、限制人身自由、危及人身财产安全或者影响正常生活、工作、生产、经营的情形。

由多人实施的,编造或明示暴力违法犯罪经历进行恐吓的,或者以自报组织、头目名号、统一着装、显露纹身、特殊标识以及其他明示、暗示方式,足以使他人感知相关行为的有组织性的,应当认定为"以黑恶势力名义实施"。

由多人实施的,只要有部分行为人符合本条第一款第(一)项至第(四)项所列情形的,该项即成立。

虽然具体实施"软暴力"的行为人不符合本条第一款第(一)项、第(三)项所列情形,但雇佣者、指使者或者纠集者符合的,该项成立。

四、"软暴力"手段属于《刑法》第二百九十四条第五款第(三)项"黑社会性质组织行为特征"以及《指导意见》第14条"恶势力"概念中的"其他手段"。

五、采用"软暴力"手段,使他人产生心理恐惧或者形成心理强制,分别属于《刑法》第二百二十六条规定的"威胁"、《刑法》第二百九十三条第一款第(二)项规定的"恐吓",同时符合其他犯罪构成要件的,应当分别以强迫交易罪、寻衅滋事罪定罪处罚。

《关于办理寻衅滋事刑事案件适用法律若干问题的解释》第二条至第四条中的"多次"一般应当理解为二年内实施寻衅滋事行为三次以上。三次以上寻衅滋事行为既包括同一类别的行为,也包括不同类别的行为;既包括未受行政处罚的行为,也包括已受行政处罚的行为。

六、有组织地多次短时间非法拘禁他人的,应当认定为《刑法》第二百三十八条规定的"以其他方法非法剥夺他人人身自由"。非法拘禁他人三次以上、每次持续时间在四小时以上,或者非法拘禁他人累计时间在十二小时以上的,应当以非法拘禁罪定罪处罚。

七、以"软暴力"手段非法进入或者滞留他人住宅的,应当认定为《刑法》第二百四十五条规定的"非法侵入他人住宅",同时符合其他犯罪构成要件的,应当以非法侵入住宅罪定罪处罚。

八、以非法占有为目的,采用"软暴力"手段强行索取公私财物,同时符合《刑法》第二百七十四条规定的其他犯罪构成要件的,应当以敲诈勒索罪定罪处罚。

《关于办理敲诈勒索刑事案件适用法律若干问题的解释》第三条中"二年内敲诈勒索三次以上",包括已受行政处罚的行为。

九、采用"软暴力"手段,同时构成两种以上犯罪的,依法按照处罚较重的犯罪定罪处罚,法律另有规定的除外。

十、根据本意见第五条、第八条规定,对已受行政处罚的行为追究刑事责任的,行为人先前所受的行政拘留处罚应当折抵刑期,罚款应当抵扣罚金。

十一、雇佣、指使他人采用"软暴力"手段强迫交易、敲诈勒索,构成强迫交易罪、敲诈勒索罪的,对雇佣者、指使者,一般应当以共同犯罪中的主犯论处。

为强索不受法律保护的债务或者因其他非法目的,雇佣、指使他人采用"软暴力"手段非法剥夺他人人身自由构成非法拘禁罪,或者非法侵入他人住宅、寻衅滋事,构成非法侵入住宅罪、寻衅滋事罪的,对雇佣者、指使者,一般应当以共同犯罪中的主犯论处;因本人及近亲属合法债务、婚恋、家庭、邻里纠纷等民间矛盾而雇佣、指使,没有造成严重后果的,一般不作为犯罪处理,但经有关部门批评制止或者处理处罚后仍继续实施的除外。

十二、本意见自2019年4月9日起施行。

(三)裁判要旨

1. 张畏组织、领导黑社会性质组织、故意伤害、贷款诈骗、虚开增值税发票、非法经营、故意毁坏财物、非法拘禁案(最高法指导案例142号)

【裁判要旨】黑社会性质组织的组织者、领导者应对其组织、领导的黑社会性质组织所犯的全部罪行承担责任。所谓"其所组织、领导的黑社会性质组织所犯的全部罪行",既包括在其直接组织、策划、指挥下实施的犯罪,也包括其他成员为了该组织的利益策划实施的犯罪,或者其他成员实施犯罪得到其同意或者经其认可的。对于其他成员为报私仇或个人私利而实施的犯罪,其没有起组织、领导作用的,不属于黑社会性质组织所犯的罪行,只应由具体实施犯罪的行为人承担刑事责任。黑社会性质组织的内部组织结构较为严密,一般具有一定的层次性,组织者、领导者之间也有不同的等级。在司法实践中,应当区分组织者、领导者在黑社会性质组织所犯的全部罪行中所处的地位和所起的作用,分别情况确定其应承担的刑事责任。

2. 容乃胜等组织、领导、参加黑社会性质组织罪(最高法指导案例149号)

【裁判要旨】(1)组织、领导和积极参加以暴力、威胁或者其他手段,有组织地进行违法犯罪活动,称霸一方,为非作恶,欺压、残害群众,严重破坏经济、社会生活秩序的黑社会性质组织的行为,是构成组织、领导、参加黑社会性质组织罪的客观表现。其中,"组织"是指为了实现称霸一方的目的,倡导、发起、纠集组织人员建立黑社会性质组织的行为,如创立、组建黑社会性质的组织,确定该组织的目的、宗旨;确定黑社会性质的组织机构、人员安排、行为规范、活动方式;发展黑社会性质组织的成员等。"领导"是指在黑社会性质组织中处于领导地位,制定犯罪计划,指挥实施犯罪的行为。"积极参加"是指积极、主动加入黑社会性质组织的行为。积极参加者往往在实施具体违法犯罪时表现主动、积极。除积极参加并起主要作用的成员外,其他均为一般参加者。

(2)组织、领导、参加黑社会性质组织罪是故意犯罪。对于组织者和领导者而言,只要其是以实施有组织的违法犯罪活动为目的,成立的组织符合黑社会性质组织的特征,就应当认定为黑社会性质组织。对于参加者而言,行为人虽然不明知所参加的组织是黑社会性质组织,但只要行为人在主观上明知该组织是从事违法犯罪活动的组织,或者当时并不明知是从事违法犯罪活动的组织,但在加入后发现是从事违法犯罪活动的组织,仍不退出并积极从事违法犯罪活动的,就应当认定其主观上具有参加黑社会性质组织的犯罪故意。

3. 陈金豹等组织、领导、参加黑社会性质组织案(最高法指导案例618号)

【裁判要旨】参加黑社会性质组织中的参加,实践中可以从以下几个方面认定:(1)关于"参加"的主观明知问题,不要求行为人在加入犯罪组织时明确知道该组织具有黑社会性质,行为人只要知道或者应当知道所参加的是由多人组成、具有一定层级结构,主要从事违法犯罪活动的组织群体,或者该组织虽有形式合法的生产、经营活动,但仍是以有组织地实施违法犯罪活动为基本行为方式,欺压、残害群众的组织,就可以认定其具有主观明知。

(2)关于接受黑社会性质组织领导和管理的问题。对于那些主观上并无加入意图,客观上也不受犯罪组织领导和管理,因被纠集、雇佣、收买、威逼或者受蒙蔽为黑社会性质组织实施违法犯罪活动或者提供帮助、支持、服务的人员,不应以参加黑社会性质组织定罪处罚。

(3)关于"参加"行为完成形态问题的把握。就本质而言"参加"行为是否完成应以行为人与黑社会性质组织就加入该组织问题达成意思一致作为判断标准比较合适,而不能以是否履行手续、是否取得组织会籍、是否举行专门仪式等作为认定的标准。对有下列情形之一的,可以认定行为人完成了"参加"行为:一是就加入犯罪组织问题有明确的约定;二是行为人履行了加入组织的仪式;三是行为人要求加入,并经该组织或组织头目的批准或默许;四是虽未履行手续,但已在该组织的领导和管理下实际参加了该组织的各种违法犯罪活动;五是行为人开始不知道加入的是从事违法犯罪活动的黑社会性质组织,了解真相后没有退出,并在该组织的领导和管理下参加了该组织的违法犯罪活动。

4. 邓伟波等组织、领导、参加黑社会性质组织案(最高法指导案例619号)

【裁判要旨】黑社会组织应当具备组织特征、经济特征、行为特征和非法控制特征。对黑社会性质的组织特征可以从以下几个方面进行理解和把握:

（一）审查犯罪组织的目的性；（二）审查核心成员的稳定性；（三）审查犯罪组织内部的组织性、纪律性。

5. 黄向华等组织、参加黑社会性质组织，陈国阳、张伟洲包庇黑社会性质组织案（最高法指导案例620号）

【裁判要旨】从司法实践来看，黑社会性质组织一般在短时间内难以形成，普通犯罪集团、"恶势力"团伙向黑社会性质组织发展是一个渐进的过程，没有明显的性质转变节点；某些黑社会性质组织为了增强隐蔽性，还会通过开办公司、企业等"合法"方式"以商养黑"，且某些黑社会性质组织的领导者、组织者还有特殊的身份作掩护，如以国家工作人员、人大代表、政协委员等身份作保护伞。所以，司法机关认定一个犯罪集团是否构成，何时形成黑社会性质组织，需要结合案件的具体情况综合认定。正是由于黑社会性质组织在认定上的严格性、形式上的多样化，使得实施包庇、纵容行为的行为人很难明确认识到其包庇、纵容的对象是黑社会性质组织及其活动。如果将明知是黑社会性质组织及其活动作为本罪故意成立不可或缺的认识因素，将给司法认定带来相当的困难，也会成为行为人逃避法律制裁的理由，不利于打黑专项斗争工作的开展。有鉴于此，《最高人民法院、最高人民检察院、公安部办理黑社会性质犯罪案件的座谈会纪要》明确规定："只要行为人知道或者应当知道是从事违法犯罪活动的组织，仍对该组织及其成员予以包庇，或者纵容其实施违法犯罪活动，即可认定本罪。至于行为人是否明知该组织系黑社会性质组织，不影响本罪的成立。"

6. 李军等参加黑社会性质组织案（最高法指导案例621号）

【裁判要旨】参加黑社会性质组织罪不以行为人明确知道组织具有黑社会性质为要件。当然，如果行为人事先确实不了解情况，不知是黑社会性质组织而参加，发现后即退出；或者行为人确实不知道，也不应当知道其参加的组织是一个主要从事违法犯罪活动、具有一定层次结构的犯罪组织，一般不按参加黑社会性质组织罪论处。

7. 张志超等组织、领导、参加黑社会性质组织案（最高法指导案例622号）

【裁判要旨】黑社会性质组织应当同时具备组织特征、经济特征、行为特征及非法控制特征。非法控制特征也被称为危害性特征，是指通过实施违法犯罪活动，或者利用国家工作人员的包庇或者纵容，称霸一方，在一定区域或者行业内，形成非法控制或者重大影响，严重破坏经济、社会生活秩序。非法控制特征是黑社会性质组织最本质、最核心的特征。我们认为可以从以下三个方面理解和把握黑社会性质组织的非法控制特征：（1）关于对实现途径的理解和把握，黑社会性质组织所形成的非法控制或者重大影响是通过实施违法犯罪活动或者利用国家工作人员的包庇或者纵容来实现的。（2）关于对"一定区域或者行业"的理解和把握，首先，黑社会性质组织的"非法控制"并不表现为对一定区域内领土的占领，而是表现为对这个区域内生活的人以及这个区域内的经济、社会生活秩序有了非法的控制和重大的影响。其次，黑社会性质组织的非法控制必将表现为对某一行业的非法控制。（3）关于对"非法控制或者重大影响"的理解和把握，"非法控制"，顾名思义是指干预已经达到足以控制一定范围内的经济、社会生活的程度；而"重大影响"，是指虽然对于一定区域、一定行业内的社会、经济生活尚未达到任意操控的程度，但已有相当的能力进行干预和施加影响。

8. 刘烈勇等组织、领导、参加黑社会性质组织案（最高法指导案例623号）

【裁判要旨】非法控制特征（也即危害性特征）是黑社会性质组织的本质特征。（1）黑社会性质组织对一定行业的非法控制。黑社会性质组织所控制和影响的行业，既包括合法行业，也包括黄、赌、毒等非法行业。（2）黑社会性质组织除了在经济上对相关行业进行非法控制外，还多往往为了逞强争霸、确立强势地位而实施故意杀人、故意伤害、寻衅滋事等违法犯罪行为，树立该组织的非法权威，严重影响了社会的稳定和人民群众的安全感。

9. 区瑞狮等组织、领导、参加黑社会性质组织案（最高法指导案例624号）

【裁判要旨】界分组织犯罪和成员个人犯罪，主要根据以下标准：

（1）是否由组织者、领导者直接组织、策划、指挥、参与实施。组织、领导者是黑社会性质组织的发起者、创建者，或者在组织中实际处于领导地位，对整个组织及其运行、活动起着决策、指挥、协调、管理作用的犯罪分子，由组织者、领导者直接组织、策划、指挥、参与实施的犯罪行为，都应认定为组织犯罪。

（2）是否基于组织意志实施。黑社会性质组织的犯罪行为应体现组织意志，受组织意志的制约。也就是说，组织成员实施的犯罪行为是得到了组织者、领导者认可或者默许的，抑或是按照组织的纪律、惯例、共同遵守的约定而实施的犯罪活动。

（3）是否为了组织利益实施。实施犯罪活动的目的是为犯罪组织谋取利益，而不是为了追求个人利益或其他个人目的。对于组织成员为了组织利益而实施的犯罪，并不要求组织者、领导者知情。如组织成员为组织争夺势力范围、排除竞争对手、确立强势地位、谋取经济利益、维护非法权威而实施的违法犯罪活动。反之，如果是组织成员仅仅为了个人利益，在组织意志之外单独实施的违法犯罪活动,组织者、领导者并不知情,则不应认定为该黑社会性质组织实施的犯罪活动,而应认定为组织成员个人犯罪。

10. 王平等组织、领导、参加黑社会性质组织案(最高法指导案例625号)

【裁判要旨】经济特征是黑社会性质组织的特征之一。(1)黑社会性质组织获取经济利益的手段具有选择性。黑社会性质组织既可以通过有组织地实施违法犯罪活动敛财,也可以通过形式合法的经营来获取经济利益。(2)黑社会性质组织所获经济利益应足以支持黑社会性质组织生存、发展和实施违法犯罪活动。(3)黑社会性质组织所获经济利益应用于犯罪组织或组织犯罪活动所需。(4)正确把握经济特征与其他特征的相互关系。黑社会性质组织攫取经济利益、扩充经济实力并不是其实施违法犯罪活动的终极目标,而只是其非法控制社会的一个必要步骤。司法实践中,许多黑社会性质组织的经济特征并不是十分典型。因此,在认定方法上要特别注意以"非法控制特征"为核心,用辩证的、联系的观点分析"四个特征"的内在联系。

11. 张宝义等组织、领导、参加黑社会性质组织案(最高法指导案例626号)

【裁判要旨】根据《中华人民共和国刑法》第294条、《最高人民法院关于审理黑社会性质组织犯罪的案件具体应用法律若干问题的解释》以及《最高人民法院、最高人民检察院、公安部办理黑社会性质组织犯罪案件座谈会纪要》的有关规定及精神,应按照下列原则,认定黑社会性质组织成员所应承担的刑事责任:(1)对黑社会性质组织的组织者、领导者,应按照该组织所犯全部罪行承担刑事责任,但对非组织犯罪不应承担刑事责任。(2)对黑社会性质组织中的积极参加者和其他参加者,应按照其所参与的犯罪,根据其在具体犯罪中的地位和作用,依照罪责刑相适应的原则,确定应承担的刑事责任。(3)对黑社会性质组织犯罪中涉案的非黑社会组织成员的被告人,应当按照其在共同犯罪中的地位、作用,确定应当承担的刑事责任。

12. 张更生等故意杀人、敲诈勒索、组织卖淫案(最高法指导案例627号)

【裁判要旨】尽管有违法犯罪行为的单位在实施违法犯罪活动过程中也可能"转化"为黑社会性质的犯罪组织,但二者在未转化前,有着明显的区别:

(1)成立目的不同。有违法犯罪行为的单位,一般都是依法设立的公司、企业等合法经济实体或者社会组织,从事一定的生产经营活动或者履行一定的社会职责。而黑社会性质组织系为了实施违法犯罪而成立的非法组织。虽然二者都有基本的组织架构、职责分工,但前者是为了正常开展生产、经营活动而设立的;而黑社会性质组织,其内部严密的组织结构、细致的职能分工、帮规纪律等,均是为了有组织地实施违法犯罪活动而设立。

（2）经济特征不同。有违法犯罪行为的单位，自成立开始便有其正当的经营或职能范围以及较为稳定的运作方式和营收模式。违法犯罪行为，对其而言，只是在单位行使职权或者经营过程中出现的偶然"越权行为"或者"寻租行为"，违法犯罪所得不会成为其主要的、稳定的收入来源。而黑社会性质组织是以有组织地实施违法犯罪活动或者其他手段获取经济利益，具有一定的经济实力，并以此支持该组织的活动。一言以蔽之，黑社会性质组织是"以黑养黑"，其维持犯罪组织日常运作的资金主要来源于违法犯罪活动，或者与违法犯罪活动有关。

（3）行为特征不同。有违法犯罪行为的单位实施违法犯罪行为一般不具有经常性，违法犯罪并非单位获取经济利益或者解决纠纷的主要手段。与此不同的是，黑社会性质组织实施违法犯罪行为具有经常性、一贯性，而且其所实施的违法犯罪行为具有明显的暴力性特征，通常表现为故意杀人、故意伤害、绑架、抢劫、敲诈勒索、聚众斗殴、寻衅滋事、故意毁坏财物等。

（4）非法控制特征不同。黑社会性质组织本质上是要通过实施违法犯罪活动称霸一方，在一定区域或者行业内，形成非法控制或者重大影响，从而严重破坏经济、社会生活秩序。非法控制特征是连接其他三个特征的纽带，正是在"非法控制"这一点上，使得黑社会性质的组织犯罪与其他犯罪组织区别开来：在对组织内部进行严格控制的基础上，通过对一定行业或者区域的控制最终实现对社会的控制。由此可以认为，非法控制是黑社会性质组织的本质特征。而有违法犯罪行为的单位，并不具有非法控制社会的意图，亦无法形成对一定区域或行业内社会、经济秩序的严重破坏。

13. 乔永生等组织、领导、参加黑社会性质组织案（最高法指导案例628号）

【裁判要旨】黑社会性质组织必须同时具备"组织特征""经济特征""行为特征"和"危害性特征"。这四个方面的特征具有一定的内在关联，但又各有侧重，涉及黑社会性质组织的不同侧面。现结合四个特征对证明黑社会性质组织的证据要求归纳如下：

（1）组织特征。黑社会性质组织一般较为稳定，人数较多，有明确的组织者、领导者，骨干成员基本固定。组织特征的证明需要立足组织的成员、组织的结构及组织的存续时间等方面。

（2）经济特征。为支持组织的活动，黑社会性质组织通常有组织地通过违法犯罪活动或者其他手段获取经济利益，具有一定的经济实力。经济特征的证明需要立足组织的收入来源、组织的资金流转等方面。

（3）行为特征。黑社会性质组织通常是以暴力、威胁或者其他手段，有组织地多次进行违法犯罪活动，为非作恶，欺压、残害群众，但实践中的表现形式各不相同。为合理认定组织实施的违法犯罪，并合理区分组织的违法犯罪与组织成员个人的违法犯罪，审判机关需要结合黑社会性质组织实施的具体违法犯罪行为综合分析。此外，现阶段许多黑社会性质组织都积极向基层政权渗透，寻求"保护伞"，导致黑社会性质组织犯罪与职务犯罪相交织，因此，审判机关需要一并予以审查。

（4）危害性特征。称霸一方，在一定区域或者行业内，形成非法控制或者重大影响，从而严重破坏经济、社会生活秩序，是黑社会性质组织的危害性特征，也是其区别于一般犯罪集团的关键所在。

14. 王江等组织、领导、参加黑社会性质组织案（最高法指导案例629号）

【裁判要旨】2002年4月28日全国人大常委会通过了《关于〈中华人民共和国刑法〉第二百九十四条第一款的解释》（以下简称《立法解释》），明确了黑社会性质组织应当同时具备组织结构、经济实力、非法行为及非法控制四个方面的特征。《立法解释》与法律具有同等效力，《立法解释》的效力高于《司法解释》；因此在二者产生冲突的情况下，应直接适用《立法解释》，不存在按照"从旧兼从轻"原则的问题。当然，如果后公布的也是《司法解释》而不是《立法解释》，则依据"两高"《关于适用刑事司法解释时间效力问题的规定》，可以按照"从旧兼从轻"的原则处理。

15. 范泽忠等组织、领导黑社会性质组织案（最高法指导案例630号）

【裁判要旨】在审理黑社会性质组织犯罪案件时，把握宽严相济刑事政策，需着重体现"严中有宽，宽以济严"的政策精神。"相济"的根本依据是罪责刑相适应原则。无论宽还是严，对被告人最终所处的刑罚，都应当是与其所犯罪行和所承担的刑事责任相适应的，都是在准确认定犯罪社会危害性的前提下，在充分考量犯罪人的主观恶性和人身危险性，准确认定犯罪人罪责大小的前提下，确定是否从宽、从严以及从宽和从严的幅度，确保罚当其罪，最大限度发挥刑罚功能，最大限度实现刑罚目的。

16. 陈垚东等人组织、领导、参加黑社会性质组织案（最高法指导案例1152号）

【裁判要旨】司法实践中，认定被告人是否有参加黑社会性质组织行为时，一般可以将是否举行专门的参加仪式作为重要的认定依据。但当前的实践中多数黑社会性质组织在发展成员时并无此类程序，这就要求在审判时要按照2009年和2015年的相关会议纪要规定，结合以下两个方面审慎认定：第一，是否参与实施了黑社会性质组织的违法犯罪活动；第二，与涉案黑社会性质组织之间有无相对固定的从属关系。

17. 朱光辉等人组织、领导、参加黑社会性质组织案（最高法指导案例 1153 号）

【裁判要旨】黑社会性质组织中的骨干成员，应根据以下标准把握：第一，骨干成员是积极参加者中的一部分，应当满足积极参加者的认定条件。第二，骨干成员应当是直接听命于组织者、领导者的积极参加者。第三，骨干成员在黑社会性质组织中所起作用应当大于一般的积极参加者。第四，骨干成员与积极参加者之间是包含与被包含关系，不能混为一谈。

18. 史锦钟等人组织、领导、参加黑社会性质组织案（最高法指导案例 1154 号）

【裁判要旨】黑社会性质组织的存续起点，可以根据涉案犯罪组织举行成立仪式或者进行类似活动的时间来认定。没有前述活动的，可以根据足以反映其初步形成核心利益或者强势地位的重大事件发布时间进行审查判断。没有明显标志性事件的，也可以根据涉案犯罪组织为维护、扩大组织势力、实力、影响、经济基础或者按照组织惯例、纪律、活动规约而首次实施有组织的犯罪活动的时间进行审查判断。

19. 汪振等人组织、领导、参加黑社会性质组织案（最高法指导案例 1155 号）

【裁判要旨】在部分案件中，黑社会性质组织在发展过程中，因某些具体的犯罪案件被公安司法机关查获，原有的组织成员或被抓或潜逃，被迫暂时停止实施违法犯罪活动，由此形成组织溃散的假象。在这种情况下，判断黑社会性质组织是否持续存在，应当着重审查组织者、领导者、骨干成员等组织的核心成员是否持续存在，以及组织的非法影响是否具有延续性。组织的核心成员具有延续性，说明犯罪组织的基本构成是稳定的；非法影响具有延续性，说明犯罪组织的行为方式和犯罪宗旨未发生根本变化。

20. 焦海涛等人寻衅滋事案（最高法指导案例 1156 号）

【裁判要旨】黑社会性质组织并不是单纯为实施犯罪而存在，违法犯罪只是服务于非法控制目的的手段，违法犯罪的性质、次数、严重程度也都是由实现非法控制的需要所决定的。因此，2015 年《全国部分法院审理黑社会性质组织犯罪案件工作座谈会纪要》中关于犯罪"多样性"的要求，反映了非法控制的内在要求。如果涉案犯罪组织触犯的具体罪名明显偏少，则要考虑其是否属于专门从事某一两种犯罪的犯罪集团，而非黑社会性质组织。

21. 符青友等人敲诈勒索，强迫交易，故意销毁会计账簿，对公司、企业人员行贿，行贿案（最高法指导案例 1157 号）

【裁判要旨】暴力性是黑社会性质组织行为特征中的必备属性，即便是黑社会性质组织的非暴力行为，也往往以暴力或者以暴力威胁作为后盾。

22. 刘汉等人组织、领导、参加黑社会性质组织案（最高法指导案例1158号）

【裁判要旨】黑社会性质组织的组织者、领导者应当对黑社会性质组织所犯的全部罪行承担刑事责任，即组织者、领导者与犯罪行为的组织者、策划者、指挥者、实施者构成共犯，应根据其在共同犯罪中的地位和作用对具体犯罪承担刑事责任。在确定组织者、领导者对具体犯罪的罪责时，应当把握以下原则：第一，组织者、领导者对于并非由自己直接组织、策划、指挥、参与的犯罪一般不承担最重的刑事责任，反之，一般应承担最重的刑事责任。

23. 王云娜等人故意伤害、寻衅滋事、非法拘禁、敲诈勒索案（最高法指导案例1159号）

【裁判要旨】《刑法》第294条第5款中的非法控制，是指以有组织地违法犯罪手段使得一定对象处于自己的占有、管理和影响之下；重大影响，是指以有组织地违法犯罪手段对一定对象的思想和行动产生作用。二者有着以下共同点：（1）都是有意识地以非法方式主动干涉他人的结果；（2）都不是一种偶然、短暂的现象，而是一种持续的状态；（3）控制或者影响的对象具有广泛性，控制或者影响的程度具有严重性。

24. 牛子贤等人绑架、敲诈勒索、开设赌场、重婚案（最高法指导案例1160号）

【裁判要旨】认定黑社会性质组织必须同时具备四个法定特征。对于报送核准死刑的黑社会性质组织犯罪案件，经复核认为涉黑罪名不成立的，应以一审、二审认定的部分事实不清、证据不足为由，发回二审法院重新审判。

25. 邓统文等人组织、领导、参加黑社会性质组织案（最高法指导案例1161号）

【裁判要旨】对于被告人通过赔偿经济损失取得被害方谅解的，在量刑时应当与案件性质、后果、被告人的主观恶性、人身危险性以及其他量刑情节等因素放在一起综合考虑。也就是说，对于非因民间纠纷而引发，危害对象不特定的严重危害社会治安的暴力犯罪案件，原则上不能因被害人谅解而从轻处罚；对于被告人未能真诚认罪、悔罪，再犯可能性较大，又无法定从轻情节的，也不能因被害方谅解便予以从宽处理。

26. 吴亚贤等人组织、领导、参加黑社会性质组织案（最高法指导案例1162号）

【裁判要旨】对于因揭发检举而构成立功或者重大立功的黑社会性质组织

的组织者、领导者所具有的各种量刑情节以及全案的量刑平衡之外，还应着重审查以下两点：一是认罪态度。黑社会性质组织的组织者、领导者若能如实供述罪行，则检举揭发可以表明其人身危险性降低，对其从宽处理不违反立功制度设立初衷。反之，对于在证据面前拒不供认或者避重就轻的，则不宜从宽处理。二是检举线索的来源。由于组织者、领导者在黑社会性质组织中居于核心地位，有获取他人犯罪线索的便利条件，故审判时应当防止组织者、领导者利用这种优势地位获利甚至逃避处罚。

27. 刘学军、刘忠伟、吕斌包庇、纵容黑社会性质组织案（最高法指导案例1163号）

【裁判要旨】行为人包庇、纵容黑社会性质组织的犯罪行为跨越刑法修正施行日期的，应当适用修正后的刑法，一并进行追诉。包庇黑社会性质组织，或者纵容黑社会性质组织进行违法犯罪活动的行为人归案后如实供述相关黑社会性质组织的犯罪活动的，不能认定立功情节。公安机关的内勤人员对黑社会性质组织的犯罪行为知情不举的，属于不依法履行职责。

28. 邓群、黄锦辉、陈佩谦、苏良带、梁建国、麦志雄、汤少廷、钟德军入境发展黑社会组织案

【裁判要旨】邓群等8名上诉人无视内地法律，为躲避香港法律打击，从香港进入内地举行黑社会升职仪式，进行黑社会内部调整活动，其行为均已构成入境发展黑社会组织罪，应依法予以刑罚。

29. 郭明先参加黑社会性质组织、故意杀人、故意伤害案（最高人民检察院指导性案例【检例第18号】）

【裁判要旨】根据本案事实和证据，被告人郭明先的罪行极其严重、犯罪手段残忍、犯罪后果严重，主观恶性极大，根据罪责刑相适应原则，应当依法判处其死刑立即执行。

（四）组织、领导、参加黑社会性质组织罪证据指引

1. 关于本罪主体的证据

本罪的主体是一般主体，即年满16周岁，具有完全刑事责任能力的自然人。

（1）个人身份证据

①居民身份证、临时居住证、工作证、护照、港澳居民来往内地通行证、台湾居民来往大陆通行证、中华人民共和国旅行证以及边民证；

②户口簿、微机户口卡或公安部门出具的户籍证明等；

③个人履历表或入学、入伍、招工、招干等登记表；

④出生医学证明；

⑤犯罪嫌疑人、被告人供述；

⑥有关人员（如亲属、邻居等）关于犯罪嫌疑人、被告人情况的证言。

通过以上证据证明：自然人的姓名（曾用名）、性别、出生年月日、居民身份证号码、民族、籍贯、出生地、职业、住所地等情况。

（2）前科证据

①刑事判决书、裁定书；

②释放证明书、假释证明书；

③不起诉决定书

④行政处罚决定书

⑤其他证明材料。

（3）刑事责任能力的确定

犯罪嫌疑人、被告人的言行举止反映其可能患有精神性疾病的，应当尽量收集能够证明其精神状况的证据。证人证言可作为证明犯罪嫌疑人、被告人刑事责任能力的证据。经查，不能排除犯罪嫌疑人、被告人具有精神性疾病可能性的，应当作司法精神病鉴定。

2. 关于本罪主观方面的证据

（1）犯罪嫌疑人、被告人的供述和辩解

证实：

①组织、领导、参加黑社会性质组织的动机、目的以及预谋的时间、地点、参与人及内部分工；

②黑社会性质组织成立的时间、地点、人数，组织者、领导者、积极参加者的姓名（绰号、代号）及个体特征；

③黑社会性质组织网罗、训练成员的时间、地点、内容、方法以及成员的主要分工、活动（责任）区域、行为习惯等；

④按照组织分工，采用暴力、威胁或者其他手段，聚敛钱财、扩充实力、争夺势力范围的时间、地点、参与人及分工、原因、经过、结果等情况；

⑤黑社会性质组织确立的帮规及对组织成员实施奖惩的情况，包括实施奖惩的时间、地点、参与人、经过等；

⑥黑社会性质组织成员对国家机关工作人员进行拉拢、腐蚀的动因、时间、地点、手段、经过、结果等；

（2）被害人陈述、证人证言

证实内容同上。

（3）物证、书证

如作案工具、帮规、书信、企业营业执照、账本等，证实黑社会性质组织的组织形式、成员、分工、寻求"保护伞"情况、实施犯罪的方式、实施具体违法犯罪情况及社会危害后果等。

（4）现场勘验、检查笔录、鉴定意见、视听资料等

证实黑社会性质组织的窝点情况、实施具体违法犯罪现场情况、人身损害或财产损失等。

通过上述证据，证明行为人出于称王称霸、攀比心理、寻求靠山或报复社会等动机，为了攫取金钱、获取权力或称霸一方的目的，以黑社会性质组织为依托，以组织者、领导者、参加者的身份，采用暴力、威胁或其他手段，或者利用国家工作人员的包庇、纵容，组织、策划、指挥、协调、参加多种违法犯罪活动，大肆攫取金钱、获取权力，为害一方的主观心态。同时要注意的是，在认定黑社会性质组织的成员时，并不要求其主观上认为自己参加的是黑社会性质组织，只要其知道或者应当知道该组织具有一定规模，且是以实施违法犯罪为主要活动的，即可认定。

3. 关于本罪客体的证据

通过主观、客观方面证据的收集和运用，证明行为人的行为严重侵害了社会管理秩序。实践中，证明行为人组织、领导或者参加黑社会性质组织并实施违法犯罪的行为，对社会主义市场经济秩序、社会管理秩序造成的危害及其严重程度，主要应考虑以下因素，综合予以认定：

（1）黑社会性质组织活动持续的时间、地点、危害的对象、领域；

（2）黑社会性质组织活动的内容、手段、强度、次数；

（3）黑社会性质组织活动造成的人身伤亡、财产损失的情况；

（4）黑社会性质组织活动对社会公众心理造成的影响。

4. 关于本罪客观方面的证据

本罪客观方面应注意收集、审查证明黑社会性质组织结构和黑社会性质组织实施的具体违法犯罪活动两个方面的证据。具体证据如下：

（1）犯罪嫌疑人、被告人的供述和辩解

证实：

①组织、领导、参加黑社会性质组织及有组织地从事违法犯罪活动所要达到的动机、目的；

②是否组织、领导、参加黑社会性质组织，黑社会性质组织发起、发展过程、组织活动宗旨、成立时间、地点、原因、经过、组织角色分工、成员间的隶属关系、相互关系等；

③为实现犯罪目的、宗旨所采取的暴力、威胁、拉拢、收买国家机关工作人员等手段、方法、途径、渠道；

④是否参与具体违法犯罪活动，实施具体违法犯罪活动的时间、地点、原因、经过、被害人、结果，以及在具体违法犯罪活动中的地位、作用；

⑤本组织在当地或某行业造成的影响情况等。

（2）被害人陈述

①受到惩戒的黑社会性质组织成员陈述，证实自己所受惩戒的时间、地点、手段、原因、经过、结果、惩戒人、伤情等；

②受到黑社会性质组织欺压、残害、威胁、滋扰的被害人，包括被欺压者、被残害者、被绑架者、被敲诈者、被非法拘禁者、被迫参与赌博、被迫卖淫者等的陈述，证实受侵害的时间、地点、手段、原因、经过、结果、侵害人个体特征等，以及要求对黑社会性质组织成员予以惩处的意见；

③被害单位的知情人陈述，证实本单位所受黑社会性质组织欺压、掠夺、敲诈及所受的财产损失情况，以及对黑社会性质组织成员予以惩处的意见等。

（3）证人证言

①关系人、目睹人、围观人、发现人、扭送人、举报人等知情人的证言，证实黑社会性质组织网罗、训练成员，对其成员进行惩戒，组织者、领导者和参加者个人自然情况，拉拢、收买国家工作人员，有组织地进行的违法犯罪活动，以及在当地或在一定行业范围内形成势力范围，对社会公众心理造成重大影响等情况；

②包庇、纵容黑社会性质组织的国家机关工作人员的证言，证实其所知道的黑社会性质组织的组织机构、实施的具体违法犯罪行为等情况，以及自己被拉拢、收买的情况等。

（4）物证、书证

①黑社会性质组织非法集会的窝点、主要管理活动场所、经营场所或者是藏匿犯罪工具、赃款、赃物或其他财产的场所；

②黑社会性质组织的"帮规"的书面材料、营业执照、日记、书信等，证实黑社会性质组织成立的时间，以及该组织由犯罪团伙→犯罪集团→黑社会性质组织的演化情况；

③黑社会性质组织的名称、机构设置、组织成员名册、骨干成员分工名册、招募协议、工资表、组织成员登记表、各种会议记录、任命书、委托书、聘用书、决心书、保证书等，证实黑社会性质组织的组织结构、规模，以及组织者、领导者、参加者身份、内部分工等情况；

④黑社会性质组织的"帮规""戒约"或"规矩"等书面材料，以及惩

戒人惩戒违规者所使用的枪、刀、棍棒、绳索等工具,被惩戒人的医疗诊断证明,证实黑社会性质组织的严密程度;

⑤产权证、营业执照、生产经营状况证明材料,金钱、票据、财产状况证明材料等,证明黑社会性质组织的经济实力、违法所得的来源、数量、去向等;

⑥枪支、弹药、刀具、通讯联络工具、交通工具、车船牌照及照片等,证实黑社会性质组织按照分工所进行的具体违法犯罪活动情况;

⑦工商、税务、海关、派出所等执法部门的卷宗材料,证实黑社会性质组织实施的具体违法犯罪行为、社会危害情况等。

(5) 鉴定意见

①法医鉴定意见,受到黑社会性质组织残害、欺压人员及被惩戒人所受伤害的法医鉴定意见,证实死亡时间、伤害部位、致死、致伤的原因、器械等;

②物品估价鉴定意见和产权文书的文检鉴定,证明黑社会性质组织违法所得、财产状况及损害财物的价值;

③其他技术鉴定,如精神病鉴定、毒品鉴定、枪支鉴定、痕迹鉴定、司法会计鉴定等。

(6) 勘验检查笔录

①犯罪现场勘验检查笔录,主要包括:

a. 黑社会性质组织成员的主要聚集点;

b. 黑社会性质组织藏匿犯罪工具、赃款、赃物现场;

c. 黑社会性质组织从事生产经营管理活动现场;

d. 黑社会性质组织从事具体违法犯罪活动现场,如绑架、非法拘禁、杀人、故意伤害现场,欺压、残害群众现场,走私、贩毒被抓获的现场,从事赌博、组织卖淫等违法犯罪活动的现场等。

②人体检查笔录,证实被害人人体伤亡情况、致死(伤)原因、致死(伤)工具、因果关系等。

③物品勘验检查笔录,对犯罪中涉及的物品、犯罪工具、痕迹的勘验检查笔录及勘查图、同步录像或照片。

(7) 视听资料

①记录黑社会性质组织成立、重大经营举措、招募广告录音、录像;

②重大犯罪案件的现场录像资料;

③重大犯罪案件新闻录音、录像资料;

④黑社会性质组织生产经营、管理活动中所形成的微机数据库软盘等。

(8) 其他证明材料

①被害人、目击证人辨认犯罪嫌疑人或物证的笔录；

②行为人对现场、赃物、被害人的指认、辨认笔录；

③搜查笔录、扣押物品清单及照片，证实查获的作案工具及调取的相关物证；

④侦查实验笔录、录像；

⑤报案登记、立案决定书及破案经过等书证，证实案件来源、侦破经过以及犯罪嫌疑人是否有自首情节等。

通过对上述证据的收集和固定，证明行为人以组织、领导或者参加的方式，形成较稳定的犯罪组织，并以暴力、威胁或者其他手段，有组织地多次、连续实施违法犯罪活动，形成行业或区域垄断。实践中，要特别注意本罪客观方面有的证据具有双重证明功能，既可以证明黑社会性质组织的组织结构，又可以证明具体违法犯罪行为。

5. 其他需要注意的问题

实践中，对于组织者、领导者和参加者身份的确认，要通过相应的证据加以证明。具体分为以下三个方面：

(1) 对于黑社会性质组织的组织者，应重点查明的情况

①组织者为成立黑社会性质组织而注入资金、实物、财产性利益的时间、地点、交接人、经过、财产数额、财产去向及相应票证；

②组织者为黑社会性质组织制定活动宗旨、帮规戒律等的时间、地点、手段、参与人、经过、结果；

③组织者依照黑社会性质组织章程，行使人事安排权、经营决策权、利益分配权、惩戒权的时间、地点、手段、参与人、经过、结果；

④组织者对国家工作人员进行拉拢、收买、威胁的时间、地点、手段、参与人、原因、经过、结果；

⑤组织者组织、策划、指挥黑社会性质组织活动实施具体违法犯罪活动的时间、地点、手段、参与人、被害人、原因、经过、结果。

实践中，要注意区分名义上的组织者与事实上的核心人物，不能单纯以组织者称谓来认定其在黑社会性质组织中的地位作用，而应当根据上述证据，综合考察犯罪嫌疑人、被告人在黑社会性质组织及其实施具体违法犯罪活动中的地位和作用，认定其是否为黑社会性质组织的主要出资人或公认的核心人物。

(2) 对于黑社会性质组织的领导者，应重点查明的情况

①犯罪嫌疑人、被告人成为黑社会性质组织领导者的时间、地点、参与人、手段、原因、经过、结果；

②领导者参与制定黑社会性质组织活动宗旨、帮规戒律等的时间、地点、手段、原因、经过、结果；

③领导者依照黑社会性质组织章程，具体行使人事安排权、经营决策权、利益分配权、惩戒权的时间、地点、参与人、手段、原因、经过、结果；

④领导者对国家工作人员进行拉拢、收买、威胁的时间、地点、参与人、手段、原因、经过、结果；

⑤领导者具体组织、策划、指挥黑社会性质组织活动实施具体违法犯罪活动的时间、地点、手段、参与人、被害人、原因、经过、结果。

实践中，要注意区分名义上的领导者与事实上的领导者，不能单纯以称谓来认定其在黑社会性质组织中的地位和作用，而应当根据上述证据，综合考察犯罪嫌疑人、被告人在黑社会性质组织及其实施具体违法犯罪活动中的地位和作用，认定其是否是黑社会性质组织的具体领导、指挥、协调的重要人物。

（3）对于黑社会性质组织的参加者，应重点查明的情况

①犯罪嫌疑人、被告人于何时、何地、通过何人、以何种方式参加黑社会性质组织，是否参与具体违法犯罪活动，以及参加具体违法犯罪活动的时间、地点、参与人及分工、被害人、手段、原因、经过、结果；

②犯罪嫌疑人、被告人是否明知加入的是黑社会性质组织，以及加入的时间、地点、参与人、手段、原因、经过、结果，加入黑社会性质组织后身份变化情况；

③犯罪嫌疑人、被告人是否因被欺骗、被蒙蔽而参加黑社会性质组织，是否未参与具体违法犯罪活动。

（五）入境发展黑社会组织罪证据指引

1. 关于本罪主体的证据

本罪的主体是一般主体，即年满16周岁、具有刑事责任能力的人。此外，由于本罪的犯罪主体还应为"境外的黑社会组织人员"，包括外国黑社会组织的成员和中国台湾地区、香港地区、澳门地区等的黑社会组织成员。要证明其身份，重点收集以下证据，主要是书证：

（1）证明该罪犯罪主体的个人身份，即提供证明其为外国人，港、澳、台人员，中国大陆公民，或者无国籍人相关证明材料。

（2）有关黑社会组织的相关证明，如国际刑警组织或某国政府宣布该组织是黑社会组织、国外取缔黑社会组织的法律文件，以及该黑社会组织所具备的特征及发展成员的一般程序等书面材料。

（3）证明该成员的姓名、性别、出生年月日、居民身份证号码、民族、籍贯、出生地、职业、住所地、护照等，及该成员在黑社会组织中的身份、地

位、名称、代号等相关材料。

（4）黑社会组织委派其到中国大陆发展成员的任命书、密令、指示、信函等相应文件。

通过上述证据，证实实施本罪的犯罪主体，是接受境外黑社会组织的指令，到中国大陆发展成员的黑社会组织成员。

2. 关于本罪主观方面的证据

（1）犯罪嫌疑人、被告人的供述。证实行为人系黑社会组织成员，并接受指令，到中国发展成员的时间、地点、经过、人数及组建的机构等情况。

（2）被发展对象的证言。证实行为人采取拉拢、腐蚀、威胁等方法要求其加入某一组织的情况，本罪中被发展对象是否明知加入的是黑社会组织，不影响本罪的成立。

（3）被发展对象的亲友或其他知情人等证人证言。证实其所了解的犯罪嫌疑人、被告人与被发展对象之间的交往情况。

（4）书证、物证、现场勘查笔录与视听资料等客观证据。证实行为人接受指令，到大陆内地发展成员的主观故意。

通过上述证据，证明行为人出于壮大势力范围、谋取经济利益或政治利益等目的，作为某黑社会组织的代表到中国大陆发展成员的主观故意。

3. 关于本罪客观方面的证据

（1）犯罪嫌疑人、被告人供述和辩解。

证实：

①实施发展黑社会组织成员的时间、地点、方式方法、手段、被发展对象及人数、结果以及逃避打击的方式等；

②选择犯罪现场、作案时间、参与人员的情况，遗弃的物证、书证及去向，发展新成员及调整内部成员的情况，所造成的人身、财产损失情况等；

③在共同犯罪中，还包括犯意提起、组织策划、分工协作、准备实施等情况，以查明每一犯罪嫌疑人、被告人在共同犯罪中的地位和作用。

（2）证人证言。包括侦查人员及侦查活动见证人证言、知情人证言、被发展人证言、发现人证言、关系人证言、联络人证言、被发展人亲友证言等，证实内容同上。

（3）物证。包括经费、交通工具、通讯工具、枪支弹药、毒品、麻醉品等实物及清单、照片，证实行为人实施犯罪的作案工具等内容。

（4）书证。包括联络用的信函、邮件、电传、邮单、提货单，境外黑社会组织成员登记表、被发展成员登记表、名单、档案，密码本、记事本、境外人员入境登记、签证、名片、公开身份证件、驾驶执照、收据、医疗诊断证明等,证实犯罪嫌疑人、被告人与被发展对象、中介人等相互联系、预谋、准备、实施及结果等情况。

(5) 勘验、检查笔录。主要包括网罗、培训人员现场、聚点、发现现场、截获现场、查获现场或藏匿现场,物证,人身及尸体的勘验检查笔录及勘查图、照片。证实所勘验、检查的场所为犯罪嫌疑人、被告人与被发展对象接头联络、举行仪式或者从事入伙所必需的违法犯罪活动等现场情况。

(6) 鉴定意见。包括笔迹等文痕检鉴定、财产估价等物品鉴定、人体伤残情况鉴定、毒物分析鉴定等技术鉴定,证实犯罪手段、所造成的人身、财产以及其他损失情况。

(7) 视听资料。包括与犯罪嫌疑人、被告人实施犯罪有关的录音、录像及数据信息等,证实犯罪嫌疑人、被告人发展组织成员的时间、地点、过程等。

(8) 其他证明材料。包括举报、控告材料,公安机关的发破案经过及办案说明,指认、辨认笔录,起赃、收缴、返赃、退赃笔录等。

通过上述证据,证明境外黑社会组织成员到中国境内吸纳、发展新成员的活动情况以及境外黑社会组织在中国境内调整该组织内部成员的活动情况。

实践中,本罪主要涉及黑社会组织吸纳新成员或调整其内部成员的行为证据。对于黑社会成员所实施的其他具体犯罪行为,应参照相应罪名的起诉标准收集和运用证据。

4. 关于本罪的客体证据

通过上述主、客观方面证据,证明行为人入境发展成员的行为,违反了我国刑法关于禁止成立犯罪组织、打击相关犯罪活动的有关规定,扰乱了我国的社会管理秩序,即侵害了本罪的客体。

(六) 包庇、纵容黑社会性质组织罪证据指引

1. 关于本罪主体的证据

本罪主体是特殊主体,即国家机关工作人员。行为人是否同时系黑社会性质组织成员,在此不作要求。

实践中,应查明证明职责的相关证据,如服务审批表、承担相应工作的职责范围的相关书证、证人证言等。

2. 关于本罪主观方面的证据

(1) 犯罪嫌疑人、被告人的供述与辩解

证实有关案发原因、起意、犯罪的动机和目的、犯意提起、有无预谋、是否受他人指使、各行为人的地位与作用、对行为及其后果的认知程度等。

(2) 被害人陈述、证人证言

证实行为人实施犯罪行为前后的言语,作案的时间、地点、参与人、组织

分工、经过、结果等。

(3) 书证、物证、视听资料、现场勘验检查笔录、鉴定意见等

证实行为人与黑社会性质组织成员之间关系往来基本情况、犯罪工具、非法所得、犯罪结果等。

通过上述证据，证明行为人明知司法机关查禁黑社会组织或者黑社会性质组织，出于使黑社会性质组织成员逃避惩处的目的，采用包庇、放纵、听任等方式，帮助犯罪分子逃避法律制裁，对抗司法机关查禁活动或妨害司法活动。本罪主观方面为故意，且多系直接故意，但也不排除间接故意。行为人实施犯罪行为的动机可能是权钱交易、牟取暴利、受到恐吓等，但动机不影响本罪的成立。

3. 关于本罪客体的证据

通过主、客观方面的证据，证明行为人实施的包庇、纵容行为，导致黑社会组织或黑社会性质组织继续得以存续，成员得以继续逃避司法打击，或者继续从事违法犯罪活动，侵害了司法机关查禁黑社会性质组织的正常活动。

4. 关于本罪客观方面的证据

(1) 犯罪嫌疑人、被告人供述和辩解

证实：

① 知悉司法机关查禁黑社会组织或者黑社会性质组织的信息的事实；

② 其被黑社会性质组织拉拢腐蚀的事实；

③ 其与黑社会性质组织建立某种联系的事实；

④ 为黑社会组织或者其成员通风报信，隐匿、毁灭、伪造证据的事实；

⑤ 阻止他人作证、检举揭发，指示他人作伪证，帮助逃匿；

⑥ 阻挠其他国家机关工作人员依法查禁的事实，或者不依法履行职责，放纵、听任、容许黑社会性质组织进行违法犯罪活动的事实。

具体包括包庇、纵容行为的时间、地点、手段、次数、起因，与被包庇人的关系和往来，经过与结果等情况。

(2) 证人证言

包括侦查人员、侦查活动的见证人、鉴定人、关系人、知情人、发现人、黑社会性质组织骨干、成员等证言。证实国家机关工作人员与黑社会性质组织的关系往来，为黑社会组织成员、黑社会性质组织成员通风报信，隐匿、伪造、毁灭证据，阻止他人作证、检举揭发，指示他人作伪证，帮助逃匿，或者阻挠其他国家机关工作人员依法查禁，或者不依法履行职责，放纵、听任、容许黑社会组织、黑社会性质组织进行违法犯罪活动的时间、地点、方式、经

过、结果等情况。

（3）受黑社会性质组织违法犯罪活动侵害的人员的举报、控告、申诉材料及证言

证实行为人为了帮助黑社会组织、黑社会性质组织逃避刑事责任，不依法履行职责，放纵、听任、容许黑社会组织、黑社会性质组织进行违法犯罪活动并遭受侵害的事实。

（4）物证

包括行为人帮助黑社会组织、黑社会性质组织隐匿、伪造、毁灭的作案工具、实物，相互联络所使用的通讯设备、交通工具，接受黑社会性质组织的款物，为黑社会组织成员提供的逃跑工具、经费，贿买有关国家工作人员的款物等实物及清单、照片。

（5）书证

主要包括：

① 证实行为人与黑社会性质组织成员的联系方式、内容、关系紧密程度等情况的证据，包括记事本、书信、邮件、与黑社会性质组织成员通话的电话记录单、通风报信的记录、字条等；

② 证实具体犯罪事实的证据，包括为黑社会性质组织提供的材料、帮助毁灭或帮助藏匿的书证、黑社会组织和黑社会性质组织的账簿、侦查卷宗等记载黑社会性质组织所犯罪行的有关证明材料等；

③ 证实收受黑社会性质组织财物、接受服务等方面的证据，包括有关产权证明文件、收据、发票存根等；

④ 司法机关出具的法律文书或情况说明，证实行为人妨害司法追诉情况等有关内容。

（6）鉴定意见

包括文检鉴定、物品鉴定、技术鉴定等，证实行为人为包庇、纵容黑社会组织和黑社会性质组织所造成的物质损失、人身伤害、犯罪手段等情况。

（7）勘验检查笔录

包括毁灭、伪造或藏匿罪证现场、逃匿现场、不履行公务等现场、物证的勘验检查笔录及勘查图、照片。

（8）视听资料

如录音、录像、照片、微机数据库等。

（9）相关证明材料

包括举报、控告材料，公安机关的发破案经过和办案说明，辨认、指认笔录，起赃、收缴、返赃、退赃笔录，证明与案件有关的事实情况。

通过上述证据，证明行为人实施了包庇黑社会性质组织，或者纵容黑社会性质组织违法犯罪活动的行为。表现为行为人知情不举、通风报信、作假证明、毁灭证据、放任不管、不予查处、予以袒护等情况。

5. 其他需要注意的问题

实践中，对于本罪中行为人的具体行为，应注意把握以下两点：

（1）本罪的"包庇"，不仅包括包庇罪的"作假证明"的行为，而且包括通风报信、隐匿、毁灭、伪造证据、阻止他人作证、检举揭发、指示他人作伪证、帮助逃匿，或者阻挠其他国家机关工作人员依法查禁等行为。

（2）本罪的"纵容"，是指国家机关工作人员不依法履行职责，放纵黑社会性质组织进行违法犯罪活动的行为。实践中，"纵容"必须以行为人负有一定的打击黑社会性质的组织的违法犯罪活动之职责为前提。如果行为人不具有查禁某具体犯罪活动职责而知情不举的，属于"单纯的知情不举"，不以本罪论处。

十三、聚众扰乱公共场所秩序、交通秩序罪认定及案例精解

一、个罪概述

（一）个罪概念与构成要件

聚众扰乱公共场所秩序、交通秩序罪，是指聚众扰乱车站、码头、民用航空站、商场、公园、影剧院、展览会、运动场或者其他公共场所秩序，聚众堵塞交通或者破坏交通秩序，抗拒、阻碍国家治安管理工作人员依法执行职务，情节严重的行为。

1. 客体要件：本罪侵犯的客体是公共场所秩序或交通秩序。公共场所秩序是指保证公众安全地顺利出入、使用公共场所所规定的公共行为规则。公共场所根据本条所列举的主要有：车站、码头、民用航空站、商场、公园、影剧院、展览会、运动场等。其他公共场所包括礼堂、公共食堂、游泳池、浴池、贸易集市等其他供不特定多数人使用的场所。公共场所具有公共性的特点，凡为不特定的多数人随时出入、停留、使用的场所，皆可认定为公共场所。所谓交通秩序，是指交通工具与行人在交通线路安全顺利通行的交通正常状态。它是依靠交通规则维持的，公共场所与交通线路皆具有人员聚集量大、流动量大的特征，如果这种秩序受到破坏，就会出现混乱状态。

2. 客观要件：本罪在客观方面表现为行为人实施了聚众扰乱公共场所或交通秩序，情节严重的行为。其行为方式有三种：一是聚众扰乱公共场所秩序；二是聚众堵塞交通或者破坏交通秩序；三是聚众抗拒、阻碍国家治安管理工作人员依法执行职务。

聚众是本罪客观方面的重要特征。所谓"聚众"，是指聚集众多的人参加，除首要分子外，参加活动的人往往是不确定的，人数可能随时有所增减。聚众扰乱，就是指由首要分子组织、策划、领导、指挥，聚集纠合多人，破坏公共场所秩序，堵塞交通或破坏交通秩序，抗拒、阻碍国家治安管理工作人员依法执行职务，至于这种犯罪行为的具体表现形式，则可能是多种多样的。

聚众扰乱公共场所秩序的行为通常包括在公共场所聚众拥挤、起哄闹事；

在人群集结地进行煽动性讲演游说,静坐示威;冲击会场、影剧院、展览会、运动场等公共场所;围攻、殴打公共场所维护秩序的治安管理工作人员,严重妨害社会正常生活或者给国家和人民利益造成严重损失。

聚众扰乱交通秩序的行为,通常包括在交通要道上聚众长时间停留,堆积物品或设置障碍物,封锁出入通道,阻断交通,聚众拦截火车、汽车等交通工具,聚众游行或者静坐示威,造成交通堵塞、秩序混乱;强占指挥设施,毁坏公共交通设施;以暴力或非暴力的手段抗拒、阻碍国家治安管理工作人员依法维护交通秩序;等等。

3. 主体要件:本罪主体是一般主体。凡年满16周岁且具有刑事责任能力的自然人均能构成本罪。但只能是聚众扰乱公共场所秩序、交通秩序的首要分子,即在聚众犯罪中起组织、策划、指挥作用的分子。对于一般参加者,应追究其行政责任,不以本罪论处。但是,如果一般参加者在扰乱活动中犯有其他罪行,如故意杀人、故意伤害、毁坏大量公私财物等,应按其触犯的罪名定罪量刑。

4. 主观要件:本罪在主观方面只能是故意。行为人聚众扰乱公共场所秩序或交通秩序的目的,一般是制造事端,给有关机关、部门施加压力,以满足其某些无理要求。

(二)个罪辨析

适用本罪时应注意区分本罪与聚众扰乱社会秩序罪的区别。这两种犯罪主观方面都是故意,动机都是给国家机关施加压力,以实现个人不合理要求。在客观方面都是聚众进行,包括有时使用暴力手段进行扰乱。两者的主要区别是发生地点与侵犯对象范围不同。前者发生在公共场所或交通要道,侵犯的是公共场所秩序、交通秩序;而后者发生在机关、企业、医疗、科研单位或学校,侵犯的是机关、单位的秩序。

二、实务操作

(一)刑法条文

第二百九十一条【聚众扰乱公共场所秩序、交通秩序罪】 聚众扰乱车站、码头、民用航空站、商场、公园、影剧院、展览会、运动场或者其他公共场所秩序,聚众堵塞交通或者破坏交通秩序,抗拒、阻碍国家治安管理工作人员依法执行职务,情节严重的,对首要分子,处五年以下有期徒刑、拘役或者管制。

(二) 司法解释及指导性文件

关于公安机关处置信访活动中违法犯罪行为适用法律的指导意见(2013年7月19日 公通字〔2013〕25号)

四、对妨害社会管理秩序违法犯罪行为的处理

……

2. 在车站、码头、商场、公园、广场等公共场所张贴、散发材料，呼喊口号，打横幅，穿着状衣、出示状纸，或者非法聚集，以及在举办文化、体育等大型群众性活动或者国内、国际重大会议期间，在场馆周围、活动区域或者场内实施前述行为，经劝阻、批评和教育无效的，依据《信访条例》第四十七条第二款规定，公安机关予以警告、训诫或者制止，收缴相关材料和横幅、状纸、状衣等物品；符合《治安管理处罚法》第二十三条第一款第二项、第二款或者第二十四条第一款第一项、第三项、第五项规定的，以扰乱公共场所秩序、聚众扰乱公共场所秩序或者强行进入大型活动场所内、在大型活动场所内展示侮辱性物品、向大型活动场所内投掷杂物依法予以治安管理处罚；聚众扰乱公共场所秩序，抗拒、阻碍国家治安管理工作人员依法执行职务，情节严重，符合《刑法》第二百九十一条规定的，对首要分子以聚众扰乱公共场所秩序罪追究刑事责任。

3. 在信访接待场所、其他国家机关门前或者交通通道上堵塞、阻断交通或者非法聚集，影响交通工具正常行驶，符合《治安管理处罚法》第二十三条第一款第四项、第二款规定的，以妨碍交通工具正常行驶、聚众妨碍交通工具正常行驶依法予以治安管理处罚；符合《刑法》第二百九十一条规定的，对首要分子以聚众扰乱交通秩序罪追究刑事责任。

(三) 裁判要旨

余胜利、尤庆波聚众扰乱交通秩序案。如何认定聚众扰乱交通秩序罪中的"首要分子"和"情节严重"？(《刑事审判参考》第932号)

【裁判要旨】1. 聚众扰乱活动的造意者、煽动者应当认定为聚众扰乱交通秩序罪中的"首要分子"。聚众犯罪中的首要分子是聚众犯罪的犯意发动者、参与人员的聚集者、犯罪实施过程的指挥操控者，在整个犯罪中起着关键性作用。"组织、策划、指挥"为选择性要件，只需具备其中之一即可认定为"首要分子"。

2. 聚众扰乱交通秩序罪不要求"聚众堵塞交通或者破坏交通秩序"达到情节严重的同时"抗拒、阻碍国家治安管理工作人员依法执行职务"也达到情节严重。

3. 对具有交通堵塞严重、持续时间长、聚集人数多、社会影响恶劣、公私财产损失大、发生人员伤亡等情形的，都可以认定为聚众扰乱交通秩序罪中的"情节严重"。

十四、赌博罪认定及案例精解

一、个罪概述

(一) 个罪概念及构成要件

1. 赌博罪

赌博罪，是指以营利为目的，聚众赌博或者以赌博为业的行为。

(1) 客体要件：本罪侵犯的客体是社会风尚。对象是财物，既包括有价值的物品也包括其他财产性利益；既可以是动产也可以是不动产。

(2) 客观要件：本罪在客观方面表现为聚众赌博或者以赌博为业的行为。聚众赌博，是指聚集不特定多数人参与赌博，往往存在组织、召集人，因为他们的组织召集，赌博活动才得以展开，所以组织、召集人的行为构成赌博罪，一般参加者，不以犯罪论处，但以赌博为业的也构成此罪。以赌博为业是指嗜赌成性，以赌博为常业，靠赌博取利；有正当谋生手段，但以赌博为兼业，长期在业余时间从事赌博，输赢数额大大超过正当收入，俗称的"赌棍"，也属于以赌博为业。明知他人实施赌博犯罪活动，而为其提供资金、计算机网络、通讯、费用结算等直接帮助的，以赌博罪的共犯论处。

(3) 主体要件：本罪的主体为一般主体，凡年满16周岁，具备刑事责任能力的人都可以成为本罪主体。

(4) 主观要件：本罪在主观方面表现为直接故意，而且带有营利的目的，行为人只需以营利为目的即可，至于实际上营利与否、营利多少不影响本罪的成立。

2. 开设赌场罪

开设赌场罪，是指为赌博提供场所、赌具等组织赌博的行为。

(1) 客体要件：本罪侵犯的客体是国家对社会风尚的管理秩序。

(2) 客观要件：本罪在客观方面表现开设赌场的行为，具体表现为为赌博提供场所、赌具，供他人进行赌博。以营利为目的在计算机网络上建立赌博网站，或者为赌博网站担任代理，接受投注的，属于"开设赌场"的行为。利用互联网、移动通信终端等传输赌博视频、数据，组织赌博活动，实施以下行为的均属于《刑法》第303条第2款规定的"开设赌场"行为：建立赌博网站并接受投注的;建立赌博网站并提供给他人组织赌博的;为赌博网站担任代理并接受投注的;参与赌博网站利润分成的。明知是赌博网站,而为其提供以下服务或者帮助的,属于开设赌场罪的共同犯罪:(1)为赌博网站提供互联网接入、服务器托管、网络存储空间、通讯传输通道、投放广告、发展会员、软件开发、技术支持等服务,收取服务费数额在2万元以上的;(2)为赌博网站提供资金支付结算服务,收取服务费数额在1万元以上或者帮助收取赌资20万元以上的;(3)为10个以上赌博网站投放与网址、赔率等信息有关的广告或者为赌博网站投放广告累计100条以上的。具有以下情形之一的,应当认定行为人"明知",但是有证据证明确实不知道的除外:(1)收到行政主管机关书面等方式的告知后,仍然实施上述行为的;(2)为赌博网站提供互联网接入、服务器托管、网络存储空间、通信传输通道、投放广告、软件开发、技术支持、资金支付结算等服务,收取服务费明显异常的;(3)在执法人员调查时,通过销毁、修改数据、账本等方式故意规避调查或者向犯罪嫌疑人通风报信的;(4)其他有证据证明行为人明知的。

(3)主体要件:本罪主体为一般主体,已满16周岁并具有刑事责任能力的自然人均可以成为本罪的主体。

(4)主观要件:本罪在主观方面表现为故意,但未要求以营利为目的。

(二)个罪辨析

赌博罪中往往也伴有欺骗活动,但这种欺骗与诈骗罪中的欺骗不同,赌博罪中的欺骗是制造虚假的事实,引诱他人参加赌博,但是赌博是依偶然决定输赢,其目的是营利,而不是非法占有。对以非法占有为目的,设置圈套并以欺诈手段控制赌局输赢结果的,应认定为诈骗,因为赌博的输赢是一种基于概率的预测,是偶尔的输赢,具有不确定性,而此种行为中,是以赌博为手段,通过操纵输赢达到非法占有的目的。被骗者参赌行为的违法性,并不影响设置圈套诱赌者诈骗罪的构成。

二、实务操作

(一)刑法条文

第三百零三条【赌博罪】 以营利为目的,聚众赌博或者以赌博为业的,处三年以下有期徒刑、拘役或者管制,并处罚金。

【开设赌场罪】 开设赌场的,处三年以下有期徒刑、拘役或者管制,并处罚金;情节严重的,处三年以上十年以下有期徒刑,并处罚金。

（二）司法解释及指导性文件

1. 最高人民法院、最高人民检察院关于办理赌博刑事案件具体应用法律若干问题的解释（2005年5月13日　法释〔2005〕3号）

为依法惩治赌博犯罪活动，根据刑法的有关规定，现就办理赌博刑事案件具体应用法律的若干问题解释如下：

第一条　以营利为目的，有下列情形之一的，属于刑法第三百零三条规定的"聚众赌博"：

（一）组织3人以上赌博，抽头渔利数额累计达到5000元以上的；

（二）组织3人以上赌博，赌资数额累计达到5万元以上的；

（三）组织3人以上赌博，参赌人数累计达到20人以上的；

（四）组织中华人民共和国公民10人以上赴境外赌博，从中收取回扣、介绍费的。

第二条　以营利为目的，在计算机网络上建立赌博网站，或者为赌博网站担任代理，接受投注的，属于刑法第三百零三条规定的"开设赌场"。

第三条　中华人民共和国公民在我国领域外周边地区聚众赌博、开设赌场，以吸引中华人民共和国公民为主要客源，构成赌博罪的，可以依照刑法规定追究刑事责任。

第四条　明知他人实施赌博犯罪活动，而为其提供资金、计算机网络、通讯、费用结算等直接帮助的，以赌博罪的共犯论处。

第五条　实施赌博犯罪，有下列情形之一的，依照刑法第三百零三条的规定从重处罚：

（一）具有国家工作人员身份的；

（二）组织国家工作人员赴境外赌博的；

（三）组织未成年人参与赌博，或者开设赌场吸引未成年人参与赌博的。

第六条　未经国家批准擅自发行、销售彩票，构成犯罪的，依照刑法第二百二十五条第（四）项的规定，以非法经营罪定罪处罚。

第七条　通过赌博或为国家工作人员赌博提供资金的形式实施行贿、受贿行为，构成犯罪的，依照刑法关于贿赂犯罪的规定定罪处罚。

第八条　赌博犯罪中用作赌注的款物、换取筹码的款物和通过赌博赢取的款物属于赌资。通过计算机网络实施赌博犯罪的，赌资数额可以按照在计算机网络上投注或者赢取的点数乘以每一点实际代表的金额认定。

赌资应当依法予以追缴；赌博用具、赌博违法所得以及赌博犯罪分子所有的专门用于赌博的资金、交通工具、通讯工具等，应当依法予以没收。

第九条　不以营利为目的，进行带有少量财物输赢的娱乐活动，以及提供棋牌室等娱乐场所只收取正常的场所和服务费用的经营行为等,不以赌博论处。

2. 最高人民法院关于对设置圈套诱骗他人参赌又向索还钱财的受骗者施以暴力或暴力威胁的行为应如何定罪问题的批复(1995年11月6日 法复〔1995〕8号)

行为人设置圈套诱骗他人参赌获取钱财,属赌博行为,构成犯罪的,应当以赌博罪定罪处罚。参赌者识破骗局要求退还所输钱财,设赌者又使用暴力或者以暴力相威胁,拒绝退还的,应以赌博罪从重处罚;致参赌者伤害或者死亡的,应以赌博罪和故意伤害罪或者故意杀人罪,依法实行数罪并罚。

3. 最高人民法院、最高人民检察院、公安部关于办理利用赌博机开设赌场案件适用法律若干问题的意见(2014年3月26日 公通字〔2014〕17号)

各省、自治区、直辖市高级人民法院、人民检察院、公安厅、局,解放军军事法院、军事检察院,新疆维吾尔自治区高级人民法院生产建设兵团分院,新疆生产建设兵团人民检察院、公安局:

为依法惩治利用具有赌博功能的电子游戏设施设备开设赌场的犯罪活动,根据《中华人民共和国刑法》《最高人民法院、最高人民检察院关于办理赌博刑事案件具体应用法律若干问题的解释》等有关规定,结合司法实践,现就办理此类案件适用法律问题提出如下意见:

一、关于利用赌博机组织赌博的性质认定

设置具有退币、退分、退钢珠等赌博功能的电子游戏设施设备,并以现金、有价证券等贵重款物作为奖品,或者以回购奖品方式给予他人现金、有价证券等贵重款物(以下简称设置赌博机)组织赌博活动的,应当认定为刑法第三百零三条第二款规定的"开设赌场"行为。

二、关于利用赌博机开设赌场的定罪处罚标准

设置赌博机组织赌博活动,具有下列情形之一的,应当按照刑法第三百零三条第二款规定的开设赌场罪定罪处罚:

(一)设置赌博机10台以上的;

(二)设置赌博机2台以上,容留未成年人赌博的;

(三)在中小学校附近设置赌博机2台以上的;

(四)违法所得累计达到5000元以上的;

(五)赌资数额累计达到5万元以上的;

(六)参赌人数累计达到20人以上的;

(七)因设置赌博机被行政处罚后,两年内再设置赌博机5台以上的;

(八)因赌博、开设赌场犯罪被刑事处罚后,五年内再设置赌博机5台以

上的；

（九）其他应当追究刑事责任的情形。

设置赌博机组织赌博活动，具有下列情形之一的，应当认定为刑法第三百零三条第二款规定的"情节严重"：

（一）数量或者数额达到第二条第一款第一项至第六项规定标准六倍以上的；

（二）因设置赌博机被行政处罚后，两年内再设置赌博机30台以上的；

（三）因赌博、开设赌场犯罪被刑事处罚后，五年内再设置赌博机30台以上的；

（四）其他情节严重的情形。

可同时供多人使用的赌博机，台数按照能够独立供一人进行赌博活动的操作基本单元的数量认定。

在两个以上地点设置赌博机，赌博机的数量、违法所得、赌资数额、参赌人数等均合并计算。

三、关于共犯的认定

明知他人利用赌博机开设赌场，具有下列情形之一的，以开设赌场罪的共犯论处：

（一）提供赌博机、资金、场地、技术支持、资金结算服务的；

（二）受雇参与赌场经营管理并分成的；

（三）为开设赌场者组织客源，收取回扣、手续费的；

（四）参与赌场管理并领取高额固定工资的；

（五）提供其他直接帮助的。

四、关于生产、销售赌博机的定罪量刑标准

以提供给他人开设赌场为目的，违反国家规定，非法生产、销售具有退币、退分、退钢珠等赌博功能的电子游戏设施设备或者其专用软件，情节严重的，依照刑法第二百二十五条的规定，以非法经营罪定罪处罚。

实施前款规定的行为，具有下列情形之一的，属于非法经营行为"情节严重"：

（一）个人非法经营数额在五万元以上，或者违法所得数额在一万元以上的；

（二）单位非法经营数额在五十万元以上，或者违法所得数额在十万元以上的；

（三）虽未达到上述数额标准，但两年内因非法生产、销售赌博机行为受过二次以上行政处罚，又进行同种非法经营行为的；

（四）其他情节严重的情形。

具有下列情形之一的，属于非法经营行为"情节特别严重"：

（一）个人非法经营数额在二十五万元以上，或者违法所得数额在五万元以上的；

（二）单位非法经营数额在二百五十万元以上，或者违法所得数额在五十万元以上的。

五、关于赌资的认定

本意见所称赌资包括：

（一）当场查获的用于赌博的款物；

（二）代币、有价证券、赌博积分等实际代表的金额；

（三）在赌博机上投注或赢取的点数实际代表的金额。

六、关于赌博机的认定

对于涉案的赌博机，公安机关应当采取拍照、摄像等方式及时固定证据，并予以认定。对于是否属于赌博机难以确定的，司法机关可以委托地市级以上公安机关出具检验报告。司法机关根据检验报告，并结合案件具体情况作出认定。必要时，人民法院可以依法通知检验人员出庭作出说明。

七、关于宽严相济刑事政策的把握

办理利用赌博机开设赌场的案件，应当贯彻宽严相济刑事政策，重点打击赌场的出资者、经营者。对受雇佣为赌场从事接送参赌人员、望风看场、发牌坐庄、兑换筹码等活动的人员，除参与赌场利润分成或者领取高额固定工资的以外，一般不追究刑事责任，可由公安机关依法给予治安管理处罚。对设置游戏机，单次换取少量奖品的娱乐活动，不以违法犯罪论处。

八、关于国家机关工作人员渎职犯罪的处理

负有查禁赌博活动职责的国家机关工作人员，徇私枉法，包庇、放纵开设赌场违法犯罪活动，或者为违法犯罪分子通风报信、提供便利、帮助犯罪分子逃避处罚，构成犯罪的，依法追究刑事责任。

国家机关工作人员参与利用赌博机开设赌场犯罪的，从重处罚。

4. 最高人民法院、最高人民检察院、公安部关于开展集中打击赌博违法犯罪活动专项行动有关工作的通知（2005年1月10日 公通字〔2005〕2号）

对具有教唆他人赌博、组织未成年人聚众赌博或者开设赌场吸引未成年人参与赌博以及国家工作人员犯赌博罪等情形的，应当依法从严处理。对实施贪污、挪用公款、职务侵占、挪用单位资金、挪用特定款物、受贿等犯罪，并将犯罪所得的款物用于赌博的，分别依照刑法有关规定从重处罚；同时构成赌博罪的，应依照刑法规定实行数罪并罚。要充分运用没收财产、罚金等财产刑，以及追缴违法所得、没收用于赌博的本人财物和犯罪工具等措施，从经济上制裁犯罪分子，铲除赌博犯罪行为的经济基础。要坚持惩办与宽大相结合的刑事政策，区别对待，宽严相济，最大限度地分化瓦解犯罪分子。对主动投案自首或者有检举、揭发赌博违法犯罪活动等立功表现的，可依法从宽处罚。

要严格区分赌博违法犯罪活动与群众正常文娱活动的界限，对不以营利为目的，进行带有少量财物输赢的娱乐活动，以及提供棋牌室等娱乐场所并只收取固定的场所和服务费用的经营行为等，不得以赌博论处。对参赌且赌资较大的，可由公安机关依法给予治安处罚；符合劳动教养条件的，依法给予劳动教养；违反党纪政纪的，由主管机关予以纪律处分。要严格依法办案，对构成犯罪的，决不姑息手软，严禁以罚代刑，降格处理；对不构成犯罪或者不应当给予行政处理的，不得打击、处理，不得以禁赌为名干扰群众的正常文娱活动。

5. 最高人民法院、最高人民检察院、公安部关于办理网络赌博犯罪案件适用法律若干问题的意见（2010年8月31日　公通字〔2010〕40号）

各省、自治区、直辖市高级人民法院、人民检察院、公安厅、局，新疆维吾尔自治区高级人民法院生产建设兵团分院、新疆生产建设兵团人民检察院、公安局：

为依法惩治网络赌博犯罪活动，根据《中华人民共和国刑法》、《中华人民共和国刑事诉讼法》和《最高人民法院、最高人民检察院关于办理赌博刑事案件具体应用法律若干问题的解释》等有关规定，结合司法实践，现就办理网络赌博犯罪案件适用法律的若干问题，提出如下意见：

一、关于网上开设赌场犯罪的定罪量刑标准

利用互联网、移动通讯终端等传输赌博视频、数据，组织赌博活动，具有下列情形之一的，属于刑法第三百零三条第二款规定的"开设赌场"行为：

（一）建立赌博网站并接受投注的；

（二）建立赌博网站并提供给他人组织赌博的；

（三）为赌博网站担任代理并接受投注的；

（四）参与赌博网站利润分成的。

实施前款规定的行为，具有下列情形之一的，应当认定为刑法第三百零三条第二款规定的"情节严重"：

（一）抽头渔利数额累计达到3万元以上的；

（二）赌资数额累计达到30万元以上的；

（三）参赌人数累计达到120人以上的；

（四）建立赌博网站后通过提供给他人组织赌博，违法所得数额在3万元以上的；

（五）参与赌博网站利润分成，违法所得数额在3万元以上的；

（六）为赌博网站招募下级代理，由下级代理接受投注的；

（七）招揽未成年人参与网络赌博的；

（八）其他情节严重的情形。

二、关于网上开设赌场共同犯罪的认定和处罚

明知是赌博网站，而为其提供下列服务或者帮助的，属于开设赌场罪的共同犯罪，依照刑法第三百零三条第二款的规定处罚：

（一）为赌博网站提供互联网接入、服务器托管、网络存储空间、通讯传输通道、投放广告、发展会员、软件开发、技术支持等服务，收取服务费数额在 2 万元以上的；

（二）为赌博网站提供资金支付结算服务，收取服务费数额在 1 万元以上或者帮助收取赌资 20 万元以上的；

（三）为 10 个以上赌博网站投放与网址、赔率等信息有关的广告或者为赌博网站投放广告累计 100 条以上的。

实施前款规定的行为，数量或者数额达到前款规定标准 5 倍以上的，应当认定为刑法第三百零三条第二款规定的"情节严重"。

实施本条第一款规定的行为，具有下列情形之一的，应当认定行为人"明知"，但是有证据证明确实不知道的除外：

（一）收到行政主管机关书面等方式的告知后，仍然实施上述行为的；

（二）为赌博网站提供互联网接入、服务器托管、网络存储空间、通讯传输通道、投放广告、软件开发、技术支持、资金支付结算等服务，收取服务费明显异常的；

（三）在执法人员调查时，通过销毁、修改数据、账本等方式故意规避调查或者向犯罪嫌疑人通风报信的；

（四）其他有证据证明行为人明知的。

如果有开设赌场的犯罪嫌疑人尚未到案，但是不影响对已到案共同犯罪嫌疑人、被告人的犯罪事实认定的，可以依法对已到案者定罪处罚。

三、关于网络赌博犯罪的参赌人数、赌资数额和网站代理的认定

赌博网站的会员账号数可以认定为参赌人数，如果查实一个账号多人使用或者多个账号一人使用的，应当按照实际使用的人数计算参赌人数。

赌资数额可以按照在网络上投注或者赢取的点数乘以每一点实际代表的金额认定。

对于将资金直接或间接兑换为虚拟货币、游戏道具等虚拟物品，并用其作为筹码投注的，赌资数额按照购买该虚拟物品所需资金数额或者实际支付资金数额认定。

对于开设赌场犯罪中用于接收、流转赌资的银行账户内的资金，犯罪嫌疑人、被告人不能说明合法来源的，可以认定为赌资。向该银行账户转入、转出资金的银行账户数量可以认定为参赌人数。如果查实一个账户多人使用或多个账户一人使用的，应当按照实际使用的人数计算参赌人数。

有证据证明犯罪嫌疑人在赌博网站上的账号设置有下级账号的，应当认定其为赌博网站的代理。

四、关于网络赌博犯罪案件的管辖

网络赌博犯罪案件的地域管辖，应当坚持以犯罪地管辖为主、被告人居住地管辖为辅的原则。

"犯罪地"包括赌博网站服务器所在地、网络接入地，赌博网站建立者、管理者所在地，以及赌博网站代理人、参赌人实施网络赌博行为地等。

公安机关对侦办跨区域网络赌博犯罪案件的管辖权有争议的，应本着有利于查清犯罪事实、有利于诉讼的原则，认真协商解决。经协商无法达成一致的，报共同的上级公安机关指定管辖。对即将侦查终结的跨省（自治区、直辖市）重大网络赌博案件，必要时可由公安部商最高人民法院和最高人民检察院指定管辖。

为保证及时结案，避免超期羁押，人民检察院对于公安机关提请审查逮捕、移送审查起诉的案件，人民法院对于已进入审判程序的案件，犯罪嫌疑人、被告人及其辩护人提出管辖异议或者办案单位发现没有管辖权的，受案人民检察院、人民法院经审查可以依法报请上级人民检察院、人民法院指定管辖，不再自行移送有管辖权的人民检察院、人民法院。

五、关于电子证据的收集与保全

侦查机关对于能够证明赌博犯罪案件真实情况的网站页面、上网记录、电子邮件、电子合同、电子交易记录、电子账册等电子数据，应当作为刑事证据予以提取、复制、固定。

侦查人员应当对提取、复制、固定电子数据的过程制作相关文字说明，记录案由、对象、内容以及提取、复制、固定的时间、地点、方法，电子数据的规格、类别、文件格式等，并由提取、复制、固定电子数据的制作人、电子数据的持有人签名或者盖章，附所提取、复制、固定的电子数据一并随案移送。

对于电子数据存储在境外的计算机上的，或者侦查机关从赌博网站提取电子数据时犯罪嫌疑人未到案的，或者电子数据的持有人无法签字或者拒绝签字的，应当由能够证明提取、复制、固定过程的见证人签名或者盖章，记明有关情况。必要时，可对提取、复制、固定有关电子数据的过程拍照或者录像。

6. 最高人民检察院研究室对《关于〈关于办理利用赌博机开设赌场案件适用法律若干问题的意见〉第七条是否适用于其他开设赌场案件的请示》的答复意见（2014年12月22日）

最高检研究室法律应用研究处杨建军来电，就市院研究室提请的《关于〈关于办理利用赌博机开设赌场案件适用法律若干问题的意见〉第七条是否适用于其他开设赌场案件的请示》（京检研字〔2014〕1号）答复如下：办理利用赌博机开设赌场以外的其他开设赌场案件，应当参照适用"两高"、公安部《关于办理利用赌博机开设赌场案件适用法律若干问题的意见》（公通字〔2014〕17号）第七条"关于宽严相济刑事政策的把握"的有关规定。

7. 2008年6月25日，最高人民检察院、公安部《关于公安机关管辖的刑事案件立案追诉标准的规定（一）》（公通字〔2008〕36号）

第四十三条〔赌博案（刑法第三百零三条第一款）〕 以营利为目的，聚众赌博，涉嫌下列情形之一的，应予立案追诉：

（一）组织三人以上赌博，抽头渔利数额累计五千元以上的；

（二）组织三人以上赌博，赌资数额累计五万元以上的；

（三）组织三人以上赌博，参赌人数累计二十人以上的；

（四）组织中华人民共和国公民十人以上赴境外赌博，从中收取回扣、介绍费的；

（五）其他聚众赌博应予追究刑事责任的情形。

以营利为目的，以赌博为业的，应予立案追诉。

赌博犯罪中用作赌注的款物、换取筹码的款物和通过赌博赢取的款物属于赌资。通过计算机网络实施赌博犯罪的，赌资数额可以按照在计算机网络上投注或者赢取的点数乘以每一点实际代表的金额认定。

第四十四条〔开设赌场案（刑法第三百零三条第二款）〕 开设赌场的，应予立案追诉。

在计算机网络上建立赌博网站，或者为赌博网站担任代理，接受投注的，属于本条规定的"开设赌场"。

（三）裁判要旨

1. 网络赌博中赌资数额的计算（《人民司法》2017年第2期，第36页）

【裁判要旨】司法实践中就网络赌博赌资数额计算问题有不同的看法，司法解释认为投注额和赢取额都是可选择的方式，但并没有具体说明如何计算投注额和赢取额，按照多局重复累加的方式计算赌资额不妥当，会和线下网络赌博计算方式产生巨大偏差，不利于案件审判公正，应采用网络赌博行为人最初投入额作为赌资数额的计算方式。

【案号】一审：（2014）松刑初字第 2055 号

二审：（2015）沪一中刑终字第 206 号

再审：（2016）沪刑再 2 号

2. 为赌博网站担任代理的认定（《人民司法》2016 年第 5 期，第 32 页）

【裁判要旨】依照司法解释，有证据证明犯罪嫌疑人在赌博网站上的账号设置有下级账号的，应当认定其为赌博网站的代理。本案行为人没有建立赌博网站，仅以营利为目的，通过利用自己掌握的赌博网站的网址、账户、密码等信息，在短时间内组织多人进行网络赌博活动，不属于为赌博网站担任代理，其行为不属于刑法规定的开设赌场，符合刑法和最高人民法院、最高人民检察院《关于办理赌博刑事案件具体应用法律若干问题的解释》规定的聚众赌博标准的，则应认定为赌博罪。

【案号】一审：（2014）穗天法刑初字第 2115 号

3. 非法生产、销售赌博机的刑事责任（《人民司法》2015 年第 10 期，第 18 页）

【裁判要旨】以提供给他人开设赌场为目的，非法生产、销售具有退币、退分、退钢珠等赌博功能的游戏机，属于其他严重扰乱市场秩序的非法经营行为，情节严重的，构成非法经营罪。以合作分成方式，将非法生产的赌博机放置于游戏机房内供他人进行赌博活动的，构成开设赌场罪。

【案号】一审：（2012）沪二中刑初字第 147 号

二审：（2014）沪高刑终字第 160 号

4. 担任赌博网站代理接受投注构成开设赌场罪（《人民司法》2011 年第 10 期，第 21 页）

【裁判要旨】以营利为目的，在网络上建立赌博网站，或者为赌博网站担任代理，接受投注的，属于《刑法》第 303 条规定的开设赌场，应以开设赌场罪追究刑事责任。

【案号】一审：（2010）东刑初字第 193 号

5. 组织他人以电话投注参与赌博并赚取洗码费构成赌博罪（《人民司法》2011 年第 20 期，第 7 页）

【裁判要旨】行为人组织他人以电话投注方式参与赌场赌博，并通过赚取洗码费的手段从中抽头渔利的，是以营利为目的的聚众赌博行为，应以赌博罪追究刑事责任。

【案号】一审：（2010）宜刑初字第 202 号

二审：（2010）锡刑终字第 70 号

6. 为境外赌球网站担任代理构成开设赌场罪（《人民司法》2009 年第 24 期，第 21 页）

【裁判要旨】开设赌场与聚众赌博在实践中很难区分，从广义上说，聚众赌博的外延涵盖了开设赌场行为。对于上述两个罪名，上海市高级人民法院和上海市人民检察院公布的《关于本市办理赌博犯罪案件适用法律若干问题的意见》对开设赌场作出了明确的规定："以营利为目的，在计算机网络上建立赌博网站，或者为赌博网站担任代理，接受投注 3 人以上。"据此，赌博网站的各类代理情况均属于开设赌场，只要能认定其发展的管理者的账号下有 3 人使用会员账号投注的，就可以认定构成开设赌场罪。

【案号】一审：（2009）普刑初字第 19 号
二审：（2009）沪二中刑终字第 198 号

7. 行为人为获取非法利益，利用"六合彩"中奖号码接受投注，并以庄家的名义与他人对赌，但并未实际发行或销售彩票，社会危害性较小，在此情况下，行为人的行为是否构成赌博罪（《人民法院报》2013 年 8 月 15 日）

【裁判要旨】行为人的行为特征符合赌博罪的构成要件，而不符合销售彩票类型的非法经营罪的构成要件。故应当对行为人以赌博罪定罪处罚。

8. 周帮权等赌博案在内地利用香港"六合彩"开奖信息进行竞猜赌博的行为，如何定性（《刑事审判参考》第 752 号，总第 84 集）

【裁判要旨】在内地利用香港"六合彩"开奖信息，在庄家与投注者之间进行竞猜对赌的行为，不属于非法发售彩票的行为，而是一种赌博行为，应当以赌博罪论处。

9. 四川省泸县人民检察院诉黄艺、袁小军等诈骗一审案被告人设计赌局圈套，以打假牌的方式赢取被害人钱财的行为，构成诈骗罪还是构成赌博罪

【裁判要旨】被告人主观上具有以欺诈手段非法骗取他人财产的诈骗犯罪故意，在客观方面，被告人实施了虚构事实、隐瞒真相，以欺诈方法骗取他人财物的诈骗犯罪行为，故构成诈骗罪。

10. 被告人自己作庄家，聘请人员在租赁的住宅内以"牌九""翻推"等形式开设赌场，与参赌人员进行赌博，该行为是开设赌场还是聚众赌博（《刑事审判参考》2007 年第 5 集，总第 58 集）

【裁判要旨】聚众赌博与开设赌场均是赌博罪中常见的客观表现行为，均有为赌博提供场所、赌具等物质便利条件的行为。

11. 陈宝林等赌博案——开设赌场的犯罪中不参与"分红",仅领取报酬而实施帮助行为的人是否应当构成赌博罪的共犯(《刑事审判参考》第 351 号)

【裁判要旨】开设赌场的犯罪中不参与"分红",仅领取报酬而实施帮助行为的人应当构成赌博罪的共犯。

12. 萧俊伟开设赌场案——对明知是赌博网站仍为其提供资金结算便利的行为,如何定性(《刑事审判参考》第 804 号,总第 87 集)

【裁判要旨】对明知是赌博网站,仍为其提供资金结算便利的行为构成开设赌场罪。

13. 最高人民法院、最高人民检察院《关于办理赌博刑事案件具体应用法律若干问题的解释》第 1 条第(2)项规定:"组织 3 人以上赌博,赌资数额累计达到 5 万元以上的⋯⋯"如何理解该条规定的"累计"(《刑事审判参考》2007 年第 5 集,总第 58 集)

【裁判要旨】一是组织者与其他参赌人员共同参赌,组织者与参赌人员的赌资一次合计达 5 万元的;二是组织者与其他参赌人员共同参赌,组织者与参赌人员的赌资多次累计达 5 万元的;三是组织者未参赌,其他参赌人的赌资一次合计达 5 万元的;四是组织者未参赌,其他参赌人的赌资多次累计达 5 万元的。

14. 洪小强、洪礼沃、洪清泉、李志荣开设赌场案(2018 年 12 月 25 日,最高人民法院指导性案例 105 号)

【裁判要旨】以营利为目的,通过邀请人员加入微信群的方式招揽赌客,根据竞猜游戏网站的开奖结果等方式进行赌博,设定赌博规则,利用微信群进行控制管理,在一段时间内持续组织网络赌博活动的,属于刑法第三百零三条第二款规定的"开设赌场"。

15. 谢检军、高垒、高尔樵、杨泽彬开设赌场案(2018 年 12 月 25 日,最高人民法院指导性案例 1065 号)

【裁判要旨】以营利为目的,通过邀请人员加入微信群,利用微信群进行控制管理,以抢红包方式进行赌博,在一段时间内持续组织赌博活动的行为,属于刑法第三百零三条第二款规定的"开设赌场"。

(四)证据指引

1. 犯罪嫌疑人供述和辩解

(1)犯罪嫌疑人的基本情况;

(2)作案的动机、目的、犯罪起意的过程,有无谋划、谋划的具体内容;

(3)赌博中有无直接参赌获利、抽头渔利或者组织人员赌博获取回扣、

介绍费等费用的行为;开设赌场罪有无控制赌博活动、在计算机网络上建立赌博网站或者为赌博网站担任代理,接受投注的行为;

(4) 实施赌博或开设赌场行为的时间、地点、参与人;

(5) 在具体实施犯罪过程中实施赌博或开设赌场行为的方式、获利方式;

(6) 同案犯使用或提供何种作案工具,作案工具的来源、数量、特征、下落;

(7) 共同犯罪的起意、谋划、分工、实施等情况,每一个犯罪嫌疑人、被告人在共同犯罪中的地位和作用,参与犯罪的行为人的身体特征;

(8) 赌资及赃物的情况;

(9) 犯罪现场参赌人员及围观群众情况;

(10) 赃款赃物的处理情况。

2. 证人证言

(1) 与犯罪嫌疑人、被告人的关系;

(2) 案发时间、地点;

(3) 赌博、开设赌场的方式,犯罪嫌疑人、被告人获利的情况;

(4) 赌场的来源、使用情况;

(5) 参赌人数;

(6) 出租、出售赌博地点、赌具的时间、地点;

(7) 承租、购买赌博地点、赌具的人的详细特征;

(8) 如何获知犯罪和犯罪嫌疑人、被告人情况;

(9) 其他知情人的证言。

3. 物证、书证

(1) 作案工具,如赌博用具、专门用于开设赌场的交通工具、通讯工具等;

(2) 赃款赃物,包括犯罪所得的金钱、财物、账本(证实获利或营业情况);

(3) 通讯部门提供的(固定、移动)电话通话记录、短信记录;

(4) 户籍证明等。

4. 鉴定意见

审计报告,对有账本记录的赌博、开设赌场犯罪营利情况或赌资数额进行审计。

5. 勘验、检查、辨认笔录

(1) 勘验笔录,包括赌博现场、作案工具放置现场、提取物证现场等;

(2) 检查笔录,包括犯罪嫌疑人、被告人、证人身体以及涉案物品的检查等；

（3）辨认笔录，包括犯罪嫌疑人、被告人、证人等对现场照片、涉案人员的辨认指认等。

6. 视听资料、电子数据

（1）视听资料，包括电话录音、录像等；

（2）电子数据，包括为联系犯罪使用网络工具、网络赌博犯罪中网站页面、上网记录、电子邮件、电子合同、电子交易记录、电子账册等相关数据。

7. 其他证明材料

（1）搜查笔录、扣押物品清单及照片，证实查获的作案工具及调取的相关物证；

（2）报案登记、立案决定及破案经过等书证；

（3）前科材料、抓捕同案犯及其他犯罪嫌疑人的材料。

十五、走私、贩卖、运输、制造毒品罪认定及案例精解

一、个罪概述

(一) 个罪概念与构成要件

走私、贩卖、运输、制造毒品罪,是指违反国家毒品管理法规,走私、贩卖、运输、制造毒品的行为。

1. 客体要件:本罪的客体是国家对毒品的管理制度。本罪的犯罪对象是毒品。根据《刑法》第357条的规定,毒品是指鸦片、海洛因、甲基苯丙胺(冰毒)、吗啡、大麻、可卡因以及国家规定管制的其他能够使人形成瘾癖的麻醉药品和精神药品。

2. 客观要件:本罪的客观方面表现为违反国家毒品管理法规,走私、贩卖、运输、制造毒品的行为。

第一,走私毒品。走私毒品是指非法运输、携带、邮寄毒品进出国(边)境的行为。行为方式主要是输入毒品与输出毒品,此外对在领海、内海运输、收购、贩卖国家禁止进出口的毒品,以及直接向走私毒品的犯罪人购买毒品的,应视为走私毒品。

第二,贩卖毒品。贩卖毒品是指有偿转让毒品(不需要以营利为目的)或者以贩卖为目的而非法收购毒品。有偿转让毒品,即行为人将毒品交付给对方,并从对方获取物质利益。贩卖方式既可以是公开的,也可能是秘密的;既可以是行为人请求对方购买,也可能是对方请求行为人转让;既可能是直接交付给对方,也可能是间接交付给对方。如何理解"贩卖"?只要有毒品和钱之间的交易,就是贩卖毒品,任何人对毒品和钱的交易起了促进作用的,都属于贩卖毒品。

第三,运输毒品。只有与走私、贩卖、制造有关联的运输行为,才宜认定为运输毒品罪。例如,行为人仅仅是购买毒品自己吸食,从甲地带到乙地的,不属于运输。运输毒品是指采用携带、邮寄、利用他人或者使用交通工具等方法在我国领域内将毒品从此地转移到彼地。运输毒品必须限制在国内,而且不

是在领海、内海运输国家禁止进出口的毒品，否则便是走私毒品。

第四，制造毒品。制造通常是指使用原材料而制作成原材料以外的物。制造毒品一般是指使用毒品原植物而制作成毒品。它包括以下几种情况：一是将毒品以外的物作为原料，提取或制作成毒品，如将罂粟制成为鸦片。二是毒品的精制，即去掉毒品中的不纯物，使之成为纯毒品或纯度更高的毒品。如去除海洛因中所含的不纯物。三是使用化学方法使一种毒品变为另一种毒品。如使用化学方法将吗啡制作成海洛因。四是使用化学方法以外的方法使一种毒品变为另一种毒品。如将盐酸吗啡加入蒸馏水，使之成为注射液。五是非法按照一定的处方针对特定人的特定情况调制毒品。上述五种行为都属于制造毒品。

3. 主体要件：本罪的主体既可以是自然人，也可以是单位。对于自然人来说，已满14周岁不满16周岁具有刑事责任能力的人实施贩卖毒品的行为，以贩卖毒品罪论处，但走私、运输、制造毒品罪的主体则必须是已满16周岁具有刑事责任能力的人。

4. 主观要件：本罪在主观方面为故意。行为人明知是毒品，而故意走私、贩卖、运输和制造。如果行为人主观上不明知是毒品，而是被人利用而实施了走私、贩卖、运输、制造的行为，就不构成犯罪。

（二）个罪辨析

1. 走私、贩卖、运输、制造毒品罪的认定

（1）本罪与非罪的界限。我国对麻醉药品和精神药品实行管制。同时，为了加强麻醉药品和精神药品的管理，保证麻醉药品和精神药品的合法、安全、合理使用，防止流入非法渠道，国务院于2005年制定了《麻醉药品与精神药品管理条例》。该条例对麻醉药品和精神药品的实验研究、生产、经营、使用、储存、运输等活动进行了严格的规定。据此，凡是根据医疗、教学、科研等的需要，经政府有关部门按照该条例特许从事经营、运输、制造麻醉药品和精神药品的是合法行为，只有未经批准而非法买卖、运输、制造毒品的行为，才能认为是犯罪。

（2）毒品数量与含量问题。根据《刑法》第347条第1款、第7款、第357条第2款的规定，走私贩卖、运输或制造毒品，无论数量多少，均构成犯罪。对多次走私、贩卖运输制造毒品，未经处理的，毒品数量累计计算。毒品的数量以查证属实的走私、贩卖、运输、制造、非法持有毒品的数量计算，不以纯度折算。这里有几个问题值得注意：第一，毒品数量是毒品犯罪案件量刑的重要情节，但不是唯一情节。对被告人量刑时，特别是在考虑是否适用死刑时，应当综合考虑毒品数量、犯罪情节、危害后果、被告人的主观恶性、人身危险性以及当地禁毒形势等各种因素，做到区别对待。量刑既不能只片面考虑

毒品数量，而不考虑犯罪的其他情节，也不能只片面考虑其他情节，而忽视毒品数量。第二，鉴于大量掺假毒品和成分复杂的新类型毒品不断出现，为做到罪刑相当、罚当其罪，保证毒品案件的审判质量，并考虑目前毒品鉴定的条件和现状，对可能判处被告人死刑的毒品犯罪案件，应当根据2007年12月最高人民法院、最高人民检察院、公安部《办理毒品犯罪案件适用法律若干问题的意见》，作出毒品含量鉴定；对涉案毒品可能大量掺假或者系成分复杂的新类型毒品的，亦应当作出毒品含量鉴定。对于含有两种以上毒品成分的毒品混合物，应进一步作成分鉴定，确定所含的不同毒品成分及比例。

2. 本罪的共犯问题

走私、贩卖、运输、制造毒品罪，常常以共同犯罪的形式出现。在审理共同犯罪案件时应当注意以下几个方面的问题：

一是要正确区分主犯和从犯。区分主犯和从犯，应当以各共同犯罪人在毒品共同犯罪中的地位和作用为根据。要从犯意提起、具体行为分工、出资和实际分得毒赃多少以及共犯之间相互关系等方面，比较各个共同犯罪人在共同犯罪中的地位和作用。在毒品共同犯罪中，为主出资者、毒品所有者或者起意、策划、纠集、组织、雇佣、指使他人参与犯罪以及其他起主要作用的是主犯；起次要或者辅助作用的是从犯。受雇佣、受指使实施毒品犯罪的，应根据其在犯罪中实际发挥的作用具体认定为主犯或者从犯。对于确有证据证明在共同犯罪中起次要或者辅助作用的，不能因为其他共同犯罪人未到案而不认定为从犯，甚至将其认定为主犯或者按主犯处罚。只要认定为从犯，无论主犯是否到案，均应依照刑法关于从犯的规定从轻、减轻或者免除处罚。

二是要正确认定共同犯罪案件中主犯和从犯的毒品犯罪数量。对于毒品犯罪集团的首要分子，应按集团犯罪的总数量处罚；对一般共同犯罪的主犯，应按其所参与的或者组织、指挥的集团毒品犯罪数量处罚；对于从犯，应当按照其所参与的毒品犯罪的数量处罚。

三是要根据行为人在共同犯罪中的作用和出资大小确定刑罚。不同案件不能简单类比，一个案件的从犯参与犯罪的毒品数量可能比另一案件的主犯参与犯罪的毒品数量大，但对这一案件从犯的处罚不是必然重于另一案件的主犯。共同犯罪中能分清主从犯的，不能因为涉案的毒品数量特别巨大，就不分主从犯而一律将被告人认定为主犯或者实际上都按主犯处罚，一律判处重刑甚至死刑。对于共同犯罪中有多个主犯或者共同犯罪人的，处罚上也应做到区别对待。应当全面考察各主犯或者共同犯罪人在共同犯罪中实际发挥作用的差别、主观恶性和人身危险性方面的差异，对罪责或者人身危险性更大的主犯或者共同犯罪人依法判处更重的刑罚。

二、实务操作

（一）刑法条文

第三百四十七条【走私、贩卖、运输、制造毒品罪】 走私、贩卖、运输、制造毒品，无论数量多少，都应当追究刑事责任，予以刑事处罚。

走私、贩卖、运输、制造毒品，有下列情形之一的，处十五年有期徒刑、无期徒刑或者死刑，并处没收财产：

（一）走私、贩卖、运输、制造鸦片一千克以上、海洛因或者甲基苯丙胺五十克以上或者其他毒品数量大的；

（二）走私、贩卖、运输、制造毒品集团的首要分子；

（三）武装掩护走私、贩卖、运输、制造毒品的；

（四）以暴力抗拒检查、拘留、逮捕，情节严重的；

（五）参与有组织的国际贩毒活动的。

走私、贩卖、运输、制造鸦片二百克以上不满一千克、海洛因或者甲基苯丙胺十克以上不满五十克或者其他毒品数量较大的，处七年以上有期徒刑，并处罚金。

走私、贩卖、运输、制造鸦片不满二百克、海洛因或者甲基苯丙胺不满十克或者其他少量毒品的，处三年以下有期徒刑、拘役或者管制，并处罚金；情节严重的，处三年以上七年以下有期徒刑，并处罚金。

单位犯第二款、第三款、第四款罪的，对单位判处罚金，并对其直接负责的主管人员和其他直接责任人员，依照各该款的规定处罚。

利用、教唆未成年人走私、贩卖、运输、制造毒品，或者向未成年人出售毒品的，从重处罚。

对多次走私、贩卖、运输、制造毒品，未经处理的，毒品数量累计计算。

第三百五十六条【毒品犯罪的再犯】 因走私、贩卖、运输、制造、非法持有毒品罪被判过刑，又犯本节规定之罪的，从重处罚。

第三百五十七条【毒品的范围及毒品数量的计算原则】 本法所称的毒品，是指鸦片、海洛因、甲基苯丙胺（冰毒）、吗啡、大麻、可卡因以及国家规定管制的其他能够使人形成瘾癖的麻醉药品和精神药品。

毒品的数量以查证属实的走私、贩卖、运输、制造、非法持有毒品的数量计算，不以纯度折算。

（二）司法解释及指导性文件

1. 最高人民法院关于审理毒品犯罪案件适用法律若干问题的解释（2016 年 4 月 11 日　法释〔2016〕8 号）

为依法惩治毒品犯罪，根据《中华人民共和国刑法》的有关规定，现就审理此类刑事案件适用法律的若干问题解释如下：

第一条 走私、贩卖、运输、制造、非法持有下列毒品，应当认定为刑法第三百四十七条第二款第一项、第三百四十八条规定的"其他毒品数量大"：

（一）可卡因五十克以上；

（二）3,4-亚甲二氧基甲基苯丙胺（MDMA）等苯丙胺类毒品（甲基苯丙胺除外）、吗啡一百克以上；

（三）芬太尼一百二十五克以上；

（四）甲卡西酮二百克以上；

（五）二氢埃托啡十毫克以上；

（六）哌替啶（度冷丁）二百五十克以上；

（七）氯胺酮五百克以上；

（八）美沙酮一千克以上；

（九）曲马多、γ-羟丁酸二千克以上；

（十）大麻油五千克、大麻脂十千克、大麻叶及大麻烟一百五十千克以上；

（十一）可待因、丁丙诺啡五千克以上；

（十二）三唑仑、安眠酮五十千克以上；

（十三）阿普唑仑、恰特草一百千克以上；

（十四）咖啡因、罂粟壳二百千克以上；

（十五）巴比妥、苯巴比妥、安钠咖、尼美西泮二百五十千克以上；

（十六）氯氮䓬、艾司唑仑、地西泮、溴西泮五百千克以上；

（十七）上述毒品以外的其他毒品数量大的。

国家定点生产企业按照标准规格生产的麻醉药品或者精神药品被用于毒品犯罪的，根据药品中毒品成分的含量认定涉案毒品数量。

第二条 走私、贩卖、运输、制造、非法持有下列毒品，应当认定为刑法第三百四十七条第三款、第三百四十八条规定的"其他毒品数量较大"：

（一）可卡因十克以上不满五十克；

（二）3,4-亚甲二氧基甲基苯丙胺（MDMA）等苯丙胺类毒品（甲基苯丙胺除外）、吗啡二十克以上不满一百克；

（三）芬太尼二十五克以上不满一百二十五克；

（四）甲卡西酮四十克以上不满二百克；

（五）二氢埃托啡二毫克以上不满十毫克；

（六）哌替啶（度冷丁）五十克以上不满二百五十克；

（七）氯胺酮一百克以上不满五百克；

（八）美沙酮二百克以上不满一千克；

（九）曲马多、γ-羟丁酸四百克以上不满二千克；

（十）大麻油一千克以上不满五千克、大麻脂二千克以上不满十千克、大麻叶及大麻烟三十千克以上不满一百五十千克；

（十一）可待因、丁丙诺啡一千克以上不满五千克；

（十二）三唑仑、安眠酮十千克以上不满五十千克；

（十三）阿普唑仑、恰特草二十千克以上不满一百千克；

（十四）咖啡因、罂粟壳四十千克以上不满二百千克；

（十五）巴比妥、苯巴比妥、安钠咖、尼美西泮五十千克以上不满二百五十千克；

（十六）氯氮卓、艾司唑仑、地西泮、溴西泮一百千克以上不满五百千克；

（十七）上述毒品以外的其他毒品数量较大的。

第三条 在实施走私、贩卖、运输、制造毒品犯罪的过程中，携带枪支、弹药或者爆炸物用于掩护的，应当认定为刑法第三百四十七条第二款第三项规定的"武装掩护走私、贩卖、运输、制造毒品"。枪支、弹药、爆炸物种类的认定，依照相关司法解释的规定执行。

在实施走私、贩卖、运输、制造毒品犯罪的过程中，以暴力抗拒检查、拘留、逮捕，造成执法人员死亡、重伤、多人轻伤或者具有其他严重情节的，应当认定为刑法第三百四十七条第二款第四项规定的"以暴力抗拒检查、拘留、逮捕，情节严重"。

第四条 走私、贩卖、运输、制造毒品，具有下列情形之一的，应当认定为刑法第三百四十七条第四款规定的"情节严重"：

（一）向多人贩卖毒品或者多次走私、贩卖、运输、制造毒品的；

（二）在戒毒场所、监管场所贩卖毒品的；

（三）向在校学生贩卖毒品的；

（四）组织、利用残疾人、严重疾病患者、怀孕或者正在哺乳自己婴儿的妇女走私、贩卖、运输、制造毒品的；

（五）国家工作人员走私、贩卖、运输、制造毒品的；

（六）其他情节严重的情形。

……

第十四条 利用信息网络，设立用于实施传授制造毒品、非法生产制毒物品的方法，贩卖毒品，非法买卖制毒物品或者组织他人吸食、注射毒品等违法犯罪活动的网站、通讯群组，或者发布实施前述违法犯罪活动的信息，情节严重的，应当依照刑法第二百八十七条之一的规定，以非法利用信息网络罪定罪处罚。

实施刑法第二百八十七条之一、第二百八十七条之二规定的行为，同时构成贩卖毒品罪、非法买卖制毒物品罪、传授犯罪方法罪等犯罪的，依照处罚较重的规定定罪处罚。

第十五条 本解释自 2016 年 4 月 11 日起施行。《最高人民法院关于审理毒品案件定罪量刑标准有关问题的解释》（法释〔2000〕13 号）同时废止；之前发布的司法解释和规范性文件与本解释不一致的，以本解释为准。

2. 最高人民法院全国部分法院审理毒品犯罪案件工作座谈会纪要（2018 年 12 月 1 日　法〔2008〕324 号）

对人民法院审理毒品犯罪案件尤其是毒品死刑案件具体应用法律的有关问题取得了共识。现纪要如下：

一、毒品案件的罪名确定和数量认定问题

刑法第三百四十七条规定的走私、贩卖、运输、制造毒品罪是选择性罪名，对同一宗毒品实施了两种以上犯罪行为并有相应确凿证据的，应当按照所实施的犯罪行为的性质并列确定罪名，毒品数量不重复计算，不实行数罪并罚。对同一宗毒品可能实施了两种以上犯罪行为，但相应证据只能认定其中一种或者几种行为，认定其他行为的证据不够确实充分的，则只按照依法能够认定的行为的性质定罪。如涉嫌为贩卖而运输毒品，认定贩卖的证据不够确实充分的，则只定运输毒品罪。对不同宗毒品分别实施了不同种犯罪行为的，应对不同行为并列确定罪名，累计毒品数量，不实行数罪并罚。对被告人一人走私、贩卖、运输、制造两种以上毒品的，不实行数罪并罚，量刑时可综合考虑毒品的种类、数量及危害，依法处理。

罪名不以行为实施的先后、毒品数量或者危害大小排列，一律以刑法条文规定的顺序表述。如对同一宗毒品制造后又走私的，以走私、制造毒品罪定罪。下级法院在判决中确定罪名不准确的，上级法院可以减少选择性罪名中的部分罪名或者改动罪名顺序，在不加重原判刑罚的情况下，也可以改变罪名，但不得增加罪名。

对于吸毒者实施的毒品犯罪，在认定犯罪事实和确定罪名时要慎重。吸毒者在购买、运输、存储毒品过程中被查获的，如没有证据证明其是为了实施贩卖等其他毒品犯罪行为，毒品数量未超过刑法第三百四十八条规定的最低数量标准的，一般不定罪处罚；查获毒品数量达到较大以上的，应以其实际实施的毒品犯罪行为定罪处罚。

对于以贩养吸的被告人，其被查获的毒品数量应认定为其犯罪的数量，但量刑时应考虑被告人吸食毒品的情节，酌情处理；被告人购买了一定数量的毒品后，部分已被其吸食的，应当按能够证明的贩卖数量及查获的毒品数量认定其贩毒的数量，已被吸食部分不计入在内。

有证据证明行为人不以牟利为目的，为他人代购仅用于吸食的毒品，毒品数量超过刑法第三百四十八条规定的最低数量标准的，对托购者、代购者应以非法持有毒品罪定罪。代购者从中牟利，变相加价贩卖毒品的，对代购者应以贩卖毒品罪定罪。明知他人实施毒品犯罪而为其居间介绍、代购代卖的，无论是否牟利，都应以相关毒品犯罪的共犯论处。

盗窃、抢夺、抢劫毒品的，应当分别以盗窃罪、抢夺罪或者抢劫罪定罪，但不计犯罪数额，根据情节轻重予以定罪量刑。盗窃、抢夺、抢劫毒品后又实施其他毒品犯罪的，对盗窃罪、抢夺罪、抢劫罪和所犯的具体毒品犯罪分别定罪，依法数罪并罚。走私毒品，又走私其他物品构成犯罪的，以走私毒品罪和其所犯的其他走私罪分别定罪，依法数罪并罚。

二、毒品犯罪的死刑适用问题

审理毒品犯罪案件，应当切实贯彻宽严相济的刑事政策，突出毒品犯罪的打击重点。必须依法严惩毒枭、职业毒犯、再犯、累犯、惯犯、主犯等主观恶性深、人身危险性大、危害严重的毒品犯罪分子，以及具有将毒品走私入境，多次、大量或者向多人贩卖，诱使多人吸毒，武装掩护、暴力抗拒检查、拘留或者逮捕，或者参与有组织的国际贩毒活动等情节的毒品犯罪分子。对其中罪行极其严重依法应当判处死刑的，必须坚决依法判处死刑。

毒品数量是毒品犯罪案件量刑的重要情节，但不是唯一情节。对被告人量刑时，特别是在考虑是否适用死刑时，应当综合考虑毒品数量、犯罪情节、危害后果、被告人的主观恶性、人身危险性以及当地禁毒形势等各种因素，做到区别对待。近期，审理毒品犯罪案件掌握的死刑数量标准，应当结合本地毒品犯罪的实际情况和依法惩治、预防毒品犯罪的需要，并参照最高人民法院复核的毒品死刑案件的典型案例，恰当把握。量刑既不能只片面考虑毒品数量，不考虑犯罪的其他情节，也不能只片面考虑其他情节，而忽视毒品数量。

对虽然已达到实际掌握的判处死刑的毒品数量标准，但是具有法定、酌定从宽处罚情节的被告人，可以不判处死刑；反之，对毒品数量接近实际掌握的判处死刑的数量标准，但具有从重处罚情节的被告人，也可以判处死刑。毒品数量达到实际掌握的死刑数量标准，既有从重处罚情节，又有从宽处罚情节的，应当综合考虑各方面因素决定刑罚，判处死刑立即执行应当慎重。

具有下列情形之一的，可以判处被告人死刑：（1）具有毒品犯罪集团首要分子、武装掩护毒品犯罪、暴力抗拒检查、拘留或者逮捕、参与有组织的国际贩毒活动等严重情节的;(2)毒品数量达到实际掌握的死刑数量标准,并具有毒品再犯、累犯,利用、教唆未成年人走私、贩卖、运输、制造毒品,或者向未成年人出售毒品等法定从重处罚情节的;(3)毒品数量达到实际掌握的死刑数量标准,并具有多次走私、贩卖、运输、制造毒品,向多人贩毒,在毒品犯罪中诱使、容留多人吸毒,在戒毒监管场所贩毒,国家工作人员利用职务便利实施毒品犯罪,或者职业犯、惯犯、主犯等情节的;(4)毒品数量达到实际掌握的死刑数量标准,并具有其他从重处罚情节的;(5)毒品数量超过实际掌握的死刑数量标准,且没有法定、酌定从轻处罚情节的。

毒品数量达到实际掌握的死刑数量标准,具有下列情形之一的,可以不判处被告人死刑立即执行:(1)具有自首、立功等法定从宽处罚情节的;(2)已查获的毒品数量未达到实际掌握的死刑数量标准,到案后坦白尚未被司法机关掌握的其他毒品犯罪,累计数量超过实际掌握的死刑数量标准的;(3)经鉴定毒品含量极低,掺假之后的数量才达到实际掌握的死刑数量标准的,或者有证据表明可能大量掺假但因故不能鉴定的;(4)因特情引诱毒品数量才达到实际掌握的死刑数量标准的;(5)以贩养吸的被告人,被查获的毒品数量刚达到实际掌握的死刑数量标准的;(6)毒品数量刚达到实际掌握的死刑数量标准,确属初次犯罪即被查获,未造成严重危害后果的;(7)共同犯罪毒品数量刚达到实际掌握的死刑数量标准,但各共同犯罪人作用相当,或者责任大小难以区分的;(8)家庭成员共同实施毒品犯罪,其中起主要作用的被告人已被判处死刑立即执行,其他被告人罪行相对较轻的;(9)其他不是必须判处死刑立即执行的。

有些毒品犯罪案件,往往由于毒品、毒资等证据已不存在,导致审查证据和认定事实困难。在处理这类案件时,只有被告人的口供与同案其他被告人供述吻合,并且完全排除诱供、逼供、串供等情形,被告人的口供与同案被告人的供述才可以作为定案的证据。仅有被告人口供与同案被告人供述作为定案证据的,对被告人判处死刑立即执行要特别慎重。

三、运输毒品罪的刑罚适用问题

对于运输毒品犯罪,要注意重点打击指使、雇佣他人运输毒品的犯罪分子和接应、接货的毒品所有者、买家或者卖家。对于运输毒品犯罪集团首要分子,组织、指使、雇佣他人运输毒品的主犯或者毒枭、职业毒犯、毒品再犯,以及具有武装掩护、暴力抗拒检查、拘留或者逮捕、参与有组织的国际毒品犯罪、以运输毒品为业、多次运输毒品或者其他严重情节的,应当按照刑法、有关司法解释和司法实践实际掌握的数量标准,从严惩处,依法应判处死刑的必须坚决判处死刑。

毒品犯罪中，单纯的运输毒品行为具有从属性、辅助性特点，且情况复杂多样。部分涉案人员系受指使、雇佣的贫民、边民或者无业人员，只是为了赚取少量运费而为他人运输毒品，他们不是毒品的所有者、买家或者卖家，与幕后的组织、指使、雇佣者相比，在整个毒品犯罪环节中处于从属、辅助和被支配地位，所起作用和主观恶性相对较小，社会危害性也相对较小。因此，对于运输毒品犯罪中的这部分人员，在量刑标准的把握上，应当与走私、贩卖、制造毒品和前述具有严重情节的运输毒品犯罪分子有所区别，不应单纯以涉案毒品数量的大小决定刑罚适用的轻重。

对有证据证明被告人确属受人指使、雇佣参与运输毒品犯罪，又系初犯、偶犯的，可以从轻处罚，即使毒品数量超过实际掌握的死刑数量标准，也可以不判处死刑立即执行。

毒品数量超过实际掌握的死刑数量标准，不能证明被告人系受人指使、雇佣参与运输毒品犯罪的，可以依法判处重刑直至死刑。

涉嫌为贩卖而自行运输毒品，由于认定贩卖毒品的证据不足，因而认定为运输毒品罪的，不同于单纯的受指使为他人运输毒品行为，其量刑标准应当与单纯的运输毒品行为有所区别。

四、制造毒品的认定与处罚问题

鉴于毒品犯罪分子制造毒品的手段复杂多样、不断翻新，采用物理方法加工、配制毒品的情况大量出现，有必要进一步准确界定制造毒品的行为、方法。制造毒品不仅包括非法用毒品原植物直接提炼和用化学方法加工、配制毒品的行为，也包括以改变毒品成分和效用为目的，用混合等物理方法加工、配制毒品的行为，如将甲基苯丙胺或者其他苯丙胺类毒品与其他毒品混合成麻古或者摇头丸。为便于隐蔽运输、销售、使用、欺骗购买者，或者为了增重，对毒品掺杂使假，添加或者去除其他非毒品物质，不属于制造毒品的行为。

已经制成毒品，达到实际掌握的死刑数量标准的，可以判处死刑；数量特别巨大的，应当判处死刑。已经制造出粗制毒品或者半成品的，以制造毒品罪的既遂论处。购进制造毒品的设备和原材料，开始着手制造毒品，但尚未制造出粗制毒品或者半成品的，以制造毒品罪的未遂论处。

五、毒品含量鉴定和混合型、新类型毒品案件处理问题

鉴于大量掺假毒品和成分复杂的新类型毒品不断出现，为做到罪刑相当、罚当其罪，保证毒品案件的审判质量，并考虑目前毒品鉴定的条件和现状，对可能判处被告人死刑的毒品犯罪案件，应当根据最高人民法院、最高人民检察院、公安部2007年12月颁布的《办理毒品犯罪案件适用法律若干问题的意见》，作出毒品含量鉴定；对涉案毒品可能大量掺假或者系成分复杂的新类型

毒品的，亦应当作出毒品含量鉴定。

对于含有二种以上毒品成分的毒品混合物，应进一步作成分鉴定，确定所含的不同毒品成分及比例。对于毒品中含有海洛因、甲基苯丙胺的，应以海洛因、甲基苯丙胺分别确定其毒品种类；不含海洛因、甲基苯丙胺的，应以其中毒性较大的毒品成分确定其毒品种类；如果毒性相当或者难以确定毒性大小的，以其中比例较大的毒品成分确定其毒品种类，并在量刑时综合考虑其他毒品成分、含量和全案所涉毒品数量。对于刑法、司法解释等已规定了量刑数量标准的毒品，按照刑法、司法解释等规定适用刑罚；对于刑法、司法解释等没有规定量刑数量标准的毒品，有条件折算为海洛因的，参照国家食品药品监督管理局制定的《非法药物折算表》，折算成海洛因的数量后适用刑罚。

对于国家管制的精神药品和麻醉药品，刑法、司法解释等尚未明确规定量刑数量标准，也不具备折算条件的，应由有关专业部门确定涉案毒品毒效的大小、有毒成分的多少、吸毒者对该毒品的依赖程度，综合考虑其致瘾癖性、戒断性、社会危害性等依法量刑。因条件限制不能确定的，可以参考涉案毒品非法交易的价格因素等，决定对被告人适用的刑罚，但一般不宜判处死刑立即执行。

六、特情介入案件的处理问题

运用特情侦破毒品案件，是依法打击毒品犯罪的有效手段。对特情介入侦破的毒品案件，要区别不同情形予以分别处理。

对已持有毒品待售或者有证据证明已准备实施大宗毒品犯罪者，采取特情贴靠、接洽而破获的案件，不存在犯罪引诱，应当依法处理。

行为人本没有实施毒品犯罪的主观意图，而是在特情诱惑和促成下形成犯意，进而实施毒品犯罪的，属于"犯意引诱"。对因"犯意引诱"实施毒品犯罪的被告人，根据罪刑相适应原则，应当依法从轻处罚，无论涉案毒品数量多大，都不应判处死刑立即执行。行为人在特情既为其安排上线，又提供下线的双重引诱，即"双套引诱"下实施毒品犯罪的，处刑时可予以更大幅度的从宽处罚或者依法免予刑事处罚。

行为人本来只有实施数量较小的毒品犯罪的故意，在特情引诱下实施了数量较大甚至达到实际掌握的死刑数量标准的毒品犯罪的，属于"数量引诱"。对因"数量引诱"实施毒品犯罪的被告人，应当依法从轻处罚，即使毒品数量超过实际掌握的死刑数量标准，一般也不判处死刑立即执行。

对不能排除"犯意引诱"和"数量引诱"的案件，在考虑是否对被告人判处死刑立即执行时，要留有余地。

对被告人受特情间接引诱实施毒品犯罪的，参照上述原则依法处理。

七、毒品案件的立功问题

共同犯罪中同案犯的基本情况，包括同案犯姓名、住址、体貌特征、联络方式等信息，属于被告人应当供述的范围。公安机关根据被告人供述抓获同案犯的，不应认定其有立功表现。被告人在公安机关抓获同案犯过程中确实起到协助作用的，例如，经被告人现场指认、辨认抓获了同案犯；被告人带领公安人员抓获了同案犯；被告人提供了不为有关机关掌握或者有关机关按照正常工作程序无法掌握的同案犯藏匿的线索，有关机关据此抓获了同案犯；被告人交代了与同案犯的联系方式，又按要求与对方联络，积极协助公安机关抓获了同案犯等，属于协助司法机关抓获同案犯，应认定为立功。

关于立功从宽处罚的把握，应以功是否足以抵罪为标准。在毒品共同犯罪案件中，毒枭、毒品犯罪集团首要分子、共同犯罪的主犯、职业毒犯、毒品惯犯等，由于掌握同案犯、从犯、马仔的犯罪情况和个人信息，被抓获后往往能协助抓捕同案犯，获得立功或者重大立功。对其是否从宽处罚以及从宽幅度的大小，应当主要看功是否足以抵罪，即应结合被告人罪行的严重程度、立功大小综合考虑。要充分注意毒品共同犯罪人以及上、下家之间的量刑平衡。对于毒枭等严重毒品犯罪分子立功的，从轻或者减轻处罚应当从严掌握。如果其罪行极其严重，只有一般立功表现，功不足以抵罪的，可不予从轻处罚；如果其检举、揭发的是其他犯罪案件中罪行同样严重的犯罪分子，或者协助抓获的是同案中的其他首要分子、主犯，功足以抵罪的，原则上可以从轻或者减轻处罚；如果协助抓获的只是同案中的从犯或者马仔，功不足以抵罪，或者从轻处罚后全案处刑明显失衡的，不予从轻处罚。相反，对于从犯、马仔立功，特别是协助抓获毒枭、首要分子、主犯的，应当从轻处罚，直至依法减轻或者免除处罚。

被告人亲属为了使被告人得到从轻处罚，检举、揭发他人犯罪或者协助司法机关抓捕其他犯罪人的，不能视为被告人立功。同监犯将本人或者他人尚未被司法机关掌握的犯罪事实告知被告人，由被告人检举揭发的，如经查证属实，虽可认定被告人立功，但是否从宽处罚、从宽幅度大小，应与通常的立功有所区别。通过非法手段或者非法途径获取他人犯罪信息，如从国家工作人员处贿买他人犯罪信息，通过律师、看守人员等非法途径获取他人犯罪信息，由被告人检举揭发的，不能认定为立功，也不能作为酌情从轻处罚情节。

八、毒品再犯问题

根据刑法第三百五十六条规定，只要因走私、贩卖、运输、制造、非法持有毒品罪被判过刑，不论是在刑罚执行完毕后，还是在缓刑、假释或者暂予监外执行期间,又犯刑法分则第六章第七节规定的犯罪的,都是毒品再犯,应当从重处罚。

因走私、贩卖、运输、制造、非法持有毒品罪被判刑的犯罪分子,在缓刑、假释或者暂予监外执行期间又犯刑法分则第六章第七节规定的犯罪的,应当在对其所犯新的毒品犯罪适用刑法第三百五十六条从重处罚的规定确定刑罚后,再依法数罪并罚。

对同时构成累犯和毒品再犯的被告人,应当同时引用刑法关于累犯和毒品再犯的条款从重处罚。

九、毒品案件的共同犯罪问题

毒品犯罪中,部分共同犯罪人未到案,如现有证据能够认定已到案被告人为共同犯罪,或者能够认定为主犯或者从犯的,应当依法认定。没有实施毒品犯罪的共同故意,仅在客观上为相互关联的毒品犯罪上下家,不构成共同犯罪,但为了诉讼便利可并案审理。审理毒品共同犯罪案件应当注意以下几个方面的问题:

一是要正确区分主犯和从犯。区分主犯和从犯,应当以各共同犯罪人在毒品共同犯罪中的地位和作用为根据。要从犯意提起、具体行为分工、出资和实际分得毒赃多少以及共犯之间相互关系等方面,比较各个共同犯罪人在共同犯罪中的地位和作用。在毒品共同犯罪中,为主出资者、毒品所有者或者起意、策划、纠集、组织、雇佣、指使他人参与犯罪以及其他起主要作用的是主犯;起次要或者辅助作用的是从犯。受雇佣、受指使实施毒品犯罪的,应根据其在犯罪中实际发挥的作用具体认定为主犯或者从犯。对于确有证据证明在共同犯罪中起次要或者辅助作用的,不能因为其他共同犯罪人未到案而不认定为从犯,甚至将其认定为主犯或者按主犯处罚。只要认定为从犯,无论主犯是否到案,均应依照刑法关于从犯的规定从轻、减轻或者免除处罚。

二是要正确认定共同犯罪案件中主犯和从犯的毒品犯罪数量。对于毒品犯罪集团的首要分子,应按集团毒品犯罪的总数量处罚;对一般共同犯罪的主犯,应按其所参与的或者组织、指挥的毒品犯罪数量处罚;对于从犯,应当按照其所参与的毒品犯罪的数量处罚。

三是要根据行为人在共同犯罪中的作用和罪责大小确定刑罚。不同案件不能简单类比,一个案件的从犯参与犯罪的毒品数量可能比另一案件的主犯参与犯罪的毒品数量大,但对这一案件从犯的处罚不是必然重于另一案件的主犯。共同犯罪中能分清主从犯的,不能因为涉案的毒品数量特别巨大,就不分主从犯而一律将被告人认定为主犯或者实际上都按主犯处罚,一律判处重刑甚至死刑。对于共同犯罪中有多个主犯或者共同犯罪人的,处罚上也应做到区别对待。应当全面考察各主犯或者共同犯罪人在共同犯罪中实际发挥作用的差别、主观恶性和人身危险性方面的差异，对罪责或者人身危险性更大的主犯或者共同犯罪人依法判处更重的刑罚。

十、主观明知的认定问题

毒品犯罪中，判断被告人对涉案毒品是否明知，不能仅凭被告人供述，而应当依据被告人实施毒品犯罪行为的过程、方式、毒品被查获时的情形等证据，结合被告人的年龄、阅历、智力等情况，进行综合分析判断。

具有下列情形之一，被告人不能做出合理解释的，可以认定其"明知"是毒品，但有证据证明确属被蒙骗的除外：（1）执法人员在口岸、机场、车站、港口和其他检查站点检查时，要求行为人申报为他人携带的物品和其他疑似毒品物，并告知其法律责任，而行为人未如实申报，在其携带的物品中查获毒品的；（2）以伪报、藏匿、伪装等蒙蔽手段，逃避海关、边防等检查，在其携带、运输、邮寄的物品中查获毒品的；（3）执法人员检查时，有逃跑、丢弃携带物品或者逃避、抗拒检查等行为，在其携带或者丢弃的物品中查获毒品的；（4）体内或者贴身隐秘处藏匿毒品的；（5）为获取不同寻常的高额、不等值报酬为他人携带、运输物品，从中查获毒品的；（6）采用高度隐蔽的方式携带、运输物品，从中查获毒品的；（7）采用高度隐蔽的方式交接物品，明显违背合法物品惯常交接方式，从中查获毒品的；（8）行程路线故意绕开检查站点，在其携带、运输的物品中查获毒品的；（9）以虚假身份或者地址办理托运手续，在其托运的物品中查获毒品的；（10）有其他证据足以认定行为人应当知道的。

十一、毒品案件的管辖问题

毒品犯罪的地域管辖，应当依照刑事诉讼法的有关规定，实行以犯罪地管辖为主、被告人居住地管辖为辅的原则。考虑到毒品犯罪的特殊性和毒品犯罪侦查体制，"犯罪地"不仅可以包括犯罪预谋地、毒资筹集地、交易进行地、运输途经地以及毒品生产地，也包括毒资、毒赃和毒品藏匿地、转移地、走私或者贩运毒品目的地等。"被告人居住地"，不仅包括被告人常住地和户籍所在地，也包括其临时居住地。对于已进入审判程序的案件，被告人及其辩护人提出管辖异议，经审查异议成立的，或者受案法院发现没有管辖权，而案件由本院管辖更适宜的，受案法院应当报请与有管辖权的法院共同的上级法院依法指定本院管辖。

十二、特定人员参与毒品犯罪问题

近年来，一些毒品犯罪分子为了逃避打击，雇佣孕妇、哺乳期妇女、急性传染病人、残疾人或者未成年人等特定人员进行毒品犯罪活动，成为影响我国禁毒工作成效的突出问题。对利用、教唆特定人员进行毒品犯罪活动的组织、策划、指挥和教唆者，要依法严厉打击，该判处重刑直至死刑的，坚决依法判处重刑直至死刑。对于被利用、被诱骗参与毒品犯罪的特定人员，可以从宽处理。

要积极与检察机关、公安机关沟通协调，妥善解决涉及特定人员的案件管辖、强制措施、刑罚执行等问题。对因特殊情况依法不予羁押的，可以依法采取取保候审、监视居住等强制措施，并根据被告人具体情况和案情变化及时变更强制措施；对于被判处有期徒刑或者拘役的罪犯，符合刑事诉讼法第二百一十四条（2012年《刑事诉讼法》第二百五十四条）规定情形的，可以暂予监外执行。

十三、毒品案件财产刑的适用和执行问题

刑法对毒品犯罪规定了并处罚金或者没收财产刑，司法实践中应当依法充分适用。不仅要依法追缴被告人的违法所得及其收益，还要严格依法判处被告人罚金刑或者没收财产刑，不能因为被告人没有财产，或者其财产难以查清、难以分割或者难以执行，就不依法判处财产刑。

要采取有力措施，加大财产刑执行力度。要加强与公安机关、检察机关的协作，对毒品犯罪分子来源不明的巨额财产，依法及时采取查封、扣押、冻结等措施，防止犯罪分子及其亲属转移、隐匿、变卖或者洗钱，逃避依法追缴。要加强不同地区法院之间的相互协作配合。毒品犯罪分子的财产在异地的，第一审人民法院可以委托财产所在地人民法院代为执行。要落实和运用有关国际禁毒公约规定，充分利用国际刑警组织等渠道，最大限度地做好境外追赃工作。

3. 最高人民法院、最高人民检察院、公安部办理毒品犯罪案件毒品提取、扣押、称量、取样和送检程序若干问题的规定（2016年7月1日　公禁毒〔2016〕511号）

第三十三条 规定，具有下列情形之一的，公安机关应当委托鉴定机构对查获的毒品进行含量鉴定：

（一）犯罪嫌疑人、被告人可能被判处死刑的；

（二）查获的毒品系液态、固液混合物或者系毒品半成品的；

（三）查获的毒品可能大量掺假的；

（四）查获的毒品系成分复杂的新类型毒品，且犯罪嫌疑人、被告人可能被判处七年以上有期徒刑的；

（五）人民检察院、人民法院认为含量鉴定对定罪量刑有重大影响而书面要求进行含量鉴定的。

进行含量鉴定的检材应当与进行成分鉴定的检材来源一致,且一一对应。

4. 全国法院毒品犯罪审判工作座谈会纪要（2015 年 5 月 18 日　法〔2015〕129 号）

二、关于毒品犯罪法律适用的若干具体问题

会议认为,2008 年印发的《全国部分法院审理毒品犯罪案件工作座谈会纪要》(以下简称《大连会议纪要》)较好地解决了办理毒品犯罪案件面临的一些突出法律适用问题,其中大部分规定在当前的审判实践中仍有指导意义,应当继续参照执行。同时,随着毒品犯罪形势的发展变化,近年来出现了一些新情况、新问题,需要加以研究解决。与会代表对审判实践中反映较为突出,但《大连会议纪要》没有作出规定,或者规定不尽完善的毒品犯罪法律适用问题进行了认真研究讨论,就下列问题取得了共识。

(一)罪名认定问题

贩毒人员被抓获后,对于从其住所、车辆等处查获的毒品,一般均应认定为其贩卖的毒品。确有证据证明查获的毒品并非贩毒人员用于贩卖,其行为另构成非法持有毒品罪、窝藏毒品罪等其他犯罪的,依法定罪处罚。

吸毒者在购买、存储毒品过程中被查获,没有证据证明其是为了实施贩卖毒品等其他犯罪,毒品数量达到刑法第三百四十八条规定的最低数量标准的,以非法持有毒品罪定罪处罚。吸毒者在运输毒品过程中被查获,没有证据证明其是为了实施贩卖毒品等其他犯罪,毒品数量达到较大以上的,以运输毒品罪定罪处罚。

行为人为吸毒者代购毒品,在运输过程中被查获,没有证据证明托购者、代购者是为了实施贩卖毒品等其他犯罪,毒品数量达到较大以上的,对托购者、代购者以运输毒品罪的共犯论处。行为人为他人代购仅用于吸食的毒品,在交通、食宿等必要开销之外收取"介绍费""劳务费",或者以贩卖为目的收取部分毒品作为酬劳的,应视为从中牟利,属于变相加价贩卖毒品,以贩卖毒品罪定罪处罚。

购毒者接收贩毒者通过物流寄递方式交付的毒品,没有证据证明其是为了实施贩卖毒品等其他犯罪,毒品数量达到刑法第三百四十八条规定的最低数量标准的,一般以非法持有毒品罪定罪处罚。代收者明知是物流寄递的毒品而代购毒者接收,没有证据证明其与购毒者有实施贩卖、运输毒品等犯罪的共同故意,毒品数量达到刑法第三百四十八条规定的最低数量标准的,对代收者以非法持有毒品罪定罪处罚。

行为人利用信息网络贩卖毒品、在境内非法买卖用于制造毒品的原料或者配剂、传授制造毒品等犯罪的方法,构成贩卖毒品罪、非法买卖制毒物品罪、传授犯罪方法罪等犯罪的，依法定罪处罚。行为人开设网站、利用网络聊天室等组织他人共同吸毒，构成引诱、教唆、欺骗他人吸毒罪等犯罪的，依法定罪处罚。

(二) 共同犯罪认定问题

办理贩卖毒品案件，应当准确认定居间介绍买卖毒品行为，并与居中倒卖毒品行为相区别。居间介绍者在毒品交易中处于中间人地位，发挥介绍联络作用，通常与交易一方构成共同犯罪，但不以牟利为要件；居中倒卖者属于毒品交易主体，与前后环节的交易对象是上下家关系，直接参与毒品交易并从中获利。居间介绍者受贩毒者委托，为其介绍联络购毒者的，与贩毒者构成贩卖毒品罪的共同犯罪；明知购毒者以贩卖为目的购买毒品，受委托为其介绍联络贩毒者的，与购毒者构成贩卖毒品罪的共同犯罪；受以吸食为目的的购毒者委托，为其介绍联络贩毒者，毒品数量达到刑法第三百四十八条规定的最低数量标准的，一般与购毒者构成非法持有毒品罪的共同犯罪；同时与贩毒者、购毒者共谋，联络促成双方交易的，通常认定与贩毒者构成贩卖毒品罪的共同犯罪。居间介绍者实施为毒品交易主体提供交易信息、介绍交易对象等帮助行为，对促成交易起次要、辅助作用的，应当认定为从犯；对于以居间介绍者的身份介入毒品交易，但在交易中超出居间介绍者的地位，对交易的发起和达成起重要作用的被告人，可以认定为主犯。

两人以上同行运输毒品的，应当从是否明知他人带有毒品，有无共同运输毒品的意思联络，有无实施配合、掩护他人运输毒品的行为等方面综合审查认定是否构成共同犯罪。受雇于同一雇主同行运输毒品，但受雇者之间没有共同犯罪故意，或者虽然明知他人受雇运输毒品，但各自的运输行为相对独立，既没有实施配合、掩护他人运输毒品的行为，又分别按照各自运输的毒品数量领取报酬的，不应认定为共同犯罪。受雇于同一雇主分段运输同一宗毒品，但受雇者之间没有犯罪共谋的，也不应认定为共同犯罪。雇佣他人运输毒品的雇主，及其他对受雇者起到一定组织、指挥作用的人员，与各受雇者分别构成运输毒品罪的共同犯罪，对运输的全部毒品数量承担刑事责任。

(三) 毒品数量认定问题

走私、贩卖、运输、制造、非法持有两种以上毒品的，可以将不同种类的毒品分别折算为海洛因的数量，以折算后累加的毒品总量作为量刑的根据。对于刑法、司法解释或者其他规范性文件明确规定了定罪量刑数量标准的毒品，应当按照该毒品与海洛因定罪量刑数量标准的比例进行折算后累加。对于刑法、司法解释及其他规范性文件没有规定定罪量刑数量标准，但《非法药物折算表》规定了与海洛因的折算比例的毒品，可以按照《非法药物折算表》

折算为海洛因后进行累加。对于既未规定定罪量刑数量标准，又不具备折算条件的毒品，综合考虑其致瘾癖性、社会危害性、数量、纯度等因素依法量刑。在裁判文书中，应当客观表述涉案毒品的种类和数量，并综合认定为数量大、数量较大或者少量毒品等，不明确表述将不同种类毒品进行折算后累加的毒品总量。

对于未查获实物的甲基苯丙胺片剂（俗称"麻古"等）、MDMA 片剂（俗称"摇头丸"）等混合型毒品，可以根据在案证据证明的毒品粒数，参考本案或者本地区查获的同类毒品的平均重量计算出毒品数量。在裁判文书中，应当客观表述根据在案证据认定的毒品粒数。

对于有吸毒情节的贩毒人员，一般应当按照其购买的毒品数量认定其贩卖毒品的数量，量刑时酌情考虑其吸食毒品的情节；购买的毒品数量无法查明的，按照能够证明的贩卖数量及查获的毒品数量认定其贩毒数量；确有证据证明其购买的部分毒品并非用于贩卖的，不应计入其贩毒数量。

办理毒品犯罪案件，无论毒品纯度高低，一般均应将查证属实的毒品数量认定为毒品犯罪的数量，并据此确定适用的法定刑幅度，但司法解释另有规定或者为了隐蔽运输而临时改变毒品常规形态的除外。涉案毒品纯度明显低于同类毒品的正常纯度的，量刑时可以酌情考虑。

制造毒品案件中，毒品成品、半成品的数量应当全部认定为制造毒品的数量，对于无法再加工出成品、半成品的废液、废料则不应计入制造毒品的数量。对于废液、废料的认定，可以根据其毒品成分的含量、外观形态，结合被告人对制毒过程的供述等证据进行分析判断，必要时可以听取鉴定机构的意见。

（四）死刑适用问题

当前，我国毒品犯罪形势严峻，审判工作中应当继续坚持依法从严惩处毒品犯罪的指导思想，充分发挥死刑对于预防和惩治毒品犯罪的重要作用。要继续按照《大连会议纪要》的要求，突出打击重点，对罪行极其严重、依法应当判处死刑的被告人，坚决依法判处。同时，应当全面、准确贯彻宽严相济刑事政策，体现区别对待，做到罚当其罪，量刑时综合考虑毒品数量、犯罪性质、情节、危害后果、被告人的主观恶性、人身危险性及当地的禁毒形势等因素，严格审慎地决定死刑适用，确保死刑只适用于极少数罪行极其严重的犯罪分子。

1. 运输毒品犯罪的死刑适用

对于运输毒品犯罪，应当继续按照《大连会议纪要》的有关精神，重点打击运输毒品犯罪集团首要分子，组织、指使、雇用他人运输毒品的主犯或者毒枭、职业毒犯、毒品再犯，以及具有武装掩护运输毒品、以运输毒品为业、多次运输毒品等严重情节的被告人，对其中依法应当判处死刑的，坚决依法判处。

对于受人指使、雇佣参与运输毒品的被告人，应当综合考虑毒品数量、犯罪次数、犯罪的主动性和独立性、在共同犯罪中的地位作用、获利程度和方式及其主观恶性、人身危险性等因素，予以区别对待，慎重适用死刑。对于有证据证明确属受人指使、雇佣运输毒品，又系初犯、偶犯的被告人，即使毒品数量超过实际掌握的死刑数量标准，也可以不判处死刑；尤其对于其中被动参与犯罪，从属性、辅助性较强，获利程度较低的被告人，一般不应当判处死刑。对于不能排除受人指使、雇佣初次运输毒品的被告人，毒品数量超过实际掌握的死刑数量标准，但尚不属数量巨大的，一般也可以不判处死刑。

一案中有多人受雇运输毒品的，在决定死刑适用时，除各被告人运输毒品的数量外，还应结合其具体犯罪情节、参与犯罪程度、与雇佣者关系的紧密性及其主观恶性、人身危险性等因素综合考虑，同时判处二人以上死刑要特别慎重。

2. 毒品共同犯罪、上下家犯罪的死刑适用

毒品共同犯罪案件的死刑适用应当与该案的毒品数量、社会危害及被告人的犯罪情节、主观恶性、人身危险性相适应。涉案毒品数量刚超过实际掌握的死刑数量标准，依法应当适用死刑的，要尽量区分主犯间的罪责大小，一般只对其中罪责最大的一名主犯判处死刑；各共同犯罪人地位作用相当，或者罪责大小难以区分的，可以不判处被告人死刑；二名主犯的罪责均很突出，且均具有法定从重处罚情节的，也要尽可能比较其主观恶性、人身危险性方面的差异，判处二人死刑要特别慎重。涉案毒品数量达到巨大以上，二名以上主犯的罪责均很突出，或者罪责稍次的主犯具有法定、重大酌定从重处罚情节，判处二人以上死刑符合罪刑相适应原则，并有利于全案量刑平衡的，可以依法判处。

对于部分共同犯罪人未到案的案件，在案被告人与未到案共同犯罪人均属罪行极其严重，即使共同犯罪人到案也不影响对在案被告人适用死刑的，可以依法判处在案被告人死刑；在案被告人的罪行不足以判处死刑，或者共同犯罪人归案后全案只宜判处其一人死刑的，不能因为共同犯罪人未到案而对在案被告人适用死刑；在案被告人与未到案共同犯罪人的罪责大小难以准确认定，进而影响准确适用死刑的，不应对在案被告人判处死刑。

对于贩卖毒品案件中的上下家，要结合其贩毒数量、次数及对象范围，犯罪的主动性，对促成交易所发挥的作用，犯罪行为的危害后果等因素，综合考

虑其主观恶性和人身危险性，慎重、稳妥地决定死刑适用。对于买卖同宗毒品的上下家，涉案毒品数量刚超过实际掌握的死刑数量标准的，一般不能同时判处死刑；上家主动联络销售毒品，积极促成毒品交易的，通常可以判处上家死刑；下家积极筹资，主动向上家约购毒品，对促成毒品交易起更大作用的，可以考虑判处下家死刑。涉案毒品数量达到巨大以上的，也要综合上述因素决定死刑适用，同时判处上下家死刑符合罪刑相适应原则，并有利于全案量刑平衡的，可以依法判处。

一案中有多名共同犯罪人、上下家针对同宗毒品实施犯罪的，可以综合运用上述毒品共同犯罪、上下家犯罪的死刑适用原则予以处理。

办理毒品犯罪案件，应当尽量将共同犯罪案件或者密切关联的上下游案件进行并案审理；因客观原因造成分案处理的，办案时应当及时了解关联案件的审理进展和处理结果，注重量刑平衡。

3. 新类型、混合型毒品犯罪的死刑适用

甲基苯丙胺片剂（俗称"麻古"等）是以甲基苯丙胺为主要毒品成分的混合型毒品，其甲基苯丙胺含量相对较低，危害性亦有所不同。为体现罚当其罪，甲基苯丙胺片剂的死刑数量标准一般可以按照甲基苯丙胺（冰毒）的 2 倍左右掌握，具体可以根据当地的毒品犯罪形势和涉案毒品含量等因素确定。

涉案毒品为氯胺酮（俗称"K 粉"）的，结合毒品数量、犯罪性质、情节及危害后果等因素，对符合死刑适用条件的被告人可以依法判处死刑。综合考虑氯胺酮的致瘾癖性、滥用范围和危害性等因素，其死刑数量标准一般可以按照海洛因的 10 倍掌握。

涉案毒品为其他滥用范围和危害性相对较小的新类型、混合型毒品的，一般不宜判处被告人死刑。但对于司法解释、规范性文件明确规定了定罪量刑数量标准，且涉案毒品数量特别巨大，社会危害大，不判处死刑难以体现罚当其罪的，必要时可以判处被告人死刑。

（五）缓刑、财产刑适用及减刑、假释问题

对于毒品犯罪应当从严掌握缓刑适用条件。对于毒品再犯，一般不得适用缓刑。对于不能排除多次贩毒嫌疑的零包贩毒被告人，因认定构成贩卖毒品等犯罪的证据不足而认定为非法持有毒品罪的被告人，实施引诱、教唆、欺骗、强迫他人吸毒犯罪及制毒物品犯罪的被告人，应当严格限制缓刑适用。

办理毒品犯罪案件，应当依法追缴犯罪分子的违法所得，充分发挥财产刑的作用，切实加大对犯罪分子的经济制裁力度。对查封、扣押、冻结的涉案财物及其孳息，经查确属违法所得或者依法应当追缴的其他涉案财物的，如购毒款、供犯罪所用的本人财物、毒品犯罪所得的财物及其收益等，应当判决没收,但法律另有规定的除外。判处罚金刑时,应当结合毒品犯罪的性质、情节、危害后果及被告人的获利情况、经济状况等因素合理确定罚金数额。对于决定并处没收财产的毒品犯罪,判处被告人有期徒刑的,应当按照上述确定罚金数额的原则确定没收个人部分财产的数额;判处无期徒刑的,可以并处没收个人全部财产;判处死缓或者死刑的,应当并处没收个人全部财产。

对于具有毒枭、职业毒犯、累犯、毒品再犯等情节的毒品罪犯,应当从严掌握减刑条件,适当延长减刑起始时间、间隔时间,严格控制减刑幅度,延长实际执行刑期。对于刑法未禁止假释的前述毒品罪犯,应当严格掌握假释条件。

(六)累犯、毒品再犯问题

累犯、毒品再犯是法定从重处罚情节,即使本次毒品犯罪情节较轻,也要体现从严惩处的精神。尤其对于曾因实施严重暴力犯罪被判刑的累犯、刑满释放后短期内又实施毒品犯罪的再犯,以及在缓刑、假释、暂予监外执行期间又实施毒品犯罪的再犯,应当严格体现从重处罚。

对于因同一毒品犯罪前科同时构成累犯和毒品再犯的被告人,在裁判文书中应当同时引用刑法关于累犯和毒品再犯的条款,但在量刑时不得重复予以从重处罚。对于因不同犯罪前科同时构成累犯和毒品再犯的被告人,量刑时的从重处罚幅度一般应大于前述情形。

(七)非法贩卖麻醉药品、精神药品行为的定性问题

行为人向走私、贩卖毒品的犯罪分子或者吸食、注射毒品的人员贩卖国家规定管制的能够使人形成瘾癖的麻醉药品或者精神药品的,以贩卖毒品罪定罪处罚。

行为人出于医疗目的,违反有关药品管理的国家规定,非法贩卖上述麻醉药品或者精神药品,扰乱市场秩序,情节严重的,以非法经营罪定罪处罚。

5. 关于规范毒品名称表述若干问题的意见(2014年8月20日 法〔2014〕224号)

为进一步规范毒品犯罪案件办理工作,现对毒品犯罪案件起诉意见书、起诉书、刑事判决书、刑事裁定书中的毒品名称表述问题提出如下规范意见。

一、规范毒品名称表述的基本原则

(一)毒品名称表述应当以毒品的化学名称为依据,并与刑法、司法解释及相关规范性文件中的毒品名称保持一致。刑法、司法解释等没有规定的,可以参照《麻醉药品品种目录》《精神药品品种目录》中的毒品名称进行表述。

(二)对于含有二种以上毒品成分的混合型毒品,应当根据其主要毒品成分和具体形态认定毒品种类、确定名称。混合型毒品中含有海洛因、甲基苯丙

胺的，一般应当以海洛因、甲基苯丙胺确定其毒品种类；不含海洛因、甲基苯丙胺，或者海洛因、甲基苯丙胺的含量极低的，可以根据其中定罪量刑数量标准较低且所占比例较大的毒品成分确定其毒品种类。混合型毒品成分复杂的，可以用括号注明其中所含的一至二种其他毒品成分。

（三）为体现与犯罪嫌疑人、被告人供述的对应性，对于犯罪嫌疑人、被告人供述的毒品常见俗称，可以在文书中第一次表述该类毒品时用括号注明。

二、几类毒品的名称表述

（一）含甲基苯丙胺成分的毒品

1. 对于含甲基苯丙胺成分的晶体状毒品，应当统表述为甲基苯丙胺（冰毒），在下文中再次出现时可以直接表述为甲基苯丙胺。

2. 对于以甲基苯丙胺为主要毒品成分的片剂状毒品，应当统一表述为甲基苯丙胺片剂。如果犯罪嫌疑人、被告人供述为"麻古""麻果"或者其他俗称的，可以在文书中第一次表述该类毒品时用括号注明，如表述为甲基苯丙胺片剂（俗称"麻古"）等。

3. 对于含甲基苯丙胺成分的液体、固液混合物、粉末等，应当根据其毒品成分和具体形态进行表述，如表述为含甲基苯丙胺成分的液体、含甲基苯丙胺成分的粉末等。

（二）含氯胺酮成分的毒品

1. 对于含瓜胺酮成分的粉末状毒品，应当统一表述为氯胺酮。如果犯罪嫌疑人、被告人供述为"K粉"等俗称的，可以在文书中第一次表述该类毒品时用括号注明，如表述为氯胺酮（俗称"K粉"）等。

2. 对于以氯胺酮为主要毒品成分的片剂状毒品，应当统一表述为氯胺酮片剂。

3. 对于含氯胺酮成分的液体、固液混合物等，应当根据其毒品成分和具体形态进行表述，如表述为含氯胺酮成分的液体、含氯胺酮成分的固液混合物等。

（三）含MDMA等成分的毒品

对于以MDMA、MDA、MDEA等致幻性苯丙胺类兴奋剂为主要毒品成分的丸状、片剂状毒品，应当根据其主要毒品成分的中文化学名称和具体形态进行表述，并在文书中第一次表述该类毒品时用括号注明下文中使用的英文缩写简称，如表述为3,4-亚甲二氧基甲基苯丙胺片剂（以下简称MDMA片剂）、3,4-亚甲二氧基苯丙胺片剂（以下简称MDA片剂）、3,4-亚甲二氧基乙基苯丙胺片剂（以下简称MDEA片剂）等。如果犯罪嫌疑人、被告人供述为"摇头丸"等俗称的，可以在文书中第一次表述该类毒品时用括号注明，如表述为 3,4-亚甲二氧基甲基苯丙胺片剂(以下简称 MDMA 片剂,俗称"摇头丸")等。

(四)"神仙水"类毒品

对于俗称"神仙水"的液体状毒品,应当根据其主要毒品成分和具体形态进行表述。毒品成分复杂的,可以用括号注明其中所含的一至二种其他毒品成分,如表述为含氯胺酮(咖啡因、地西泮等)成分的液体等。如果犯罪嫌疑人、被告人供述为"神仙水"等俗称的,可以在文书中第一次表述该类毒品时用括号注明,如表述为含氯胺酮(咖啡因、地西泮等)成分的液体(俗称"神仙水")等。

(五)大麻类毒品

对于含四氢大麻酚、大麻二酚、大麻酚等天然大麻素类成分的毒品,应当根据其外形特征分别表述为大床叶、大麻脂、大麻油或者大麻烟等。

6. 最高人民法院研究室关于被告人对不同种毒品实施同一犯罪行为是否按比例折算成一种毒品予以累加后量刑的答复(2009 年 8 月 17 日 法研〔2009〕146 号)

根据《全国部分法院审理毒品犯罪案件工作座谈会纪要》的规定,对被告人一人走私、贩卖、运输、制造两种以上毒品的,不实行数罪并罚,量刑时可综合考虑毒品的种类、数量及危害,依法处理。故同意你院处理意见即应当将案件涉及的不同种毒品按一定比例折算后予以累加进行量刑——编者注。

7. 最高人民法院研究室关于贩卖、运输经过取汁的罂粟壳废渣是否构成贩卖、运输毒品罪的答复(2010 年 9 月 27 日 法研〔2010〕168 号)

根据你院提供的情况,对本案被告人不宜以贩卖、运输毒品罪论处。主要考虑:(1)被告人贩卖、运输的是经过取汁的罂粟壳废渣,吗啡含量只有 0.01%,含量极低,从技术和成本看,基本不可能用于提取吗啡;(2)国家对经过取汁的罂粟壳并无明文规定予以管制,实践中有关药厂也未按照管制药品对其进行相应处理;(3)无证据证明被告人购买、加工经过取汁的罂粟壳废渣是为了将其当作毒品出售,具有贩卖、运输毒品的故意。如果查明行为人有将罂粟壳废渣作为制售毒品原料予以利用的故意,可建议由公安机关予以治安处罚。

8. 最高人民法院、最高人民检察院、公安部关于办理走私、非法买卖麻黄碱类复方制剂等刑事案件适用法律若干问题的意见(节录)(2012 年 6 月 18 日 法发〔2012〕12 号)

一、关于走私、非法买卖麻黄碱类复方制剂等行为的定性

以加工、提炼制毒物品制造毒品为目的,购买麻黄碱类复方制剂,或者运

输、携带、寄递麻黄碱类复方制剂进出境的,依照刑法第三百四十七条的规定,以制造毒品罪定罪处罚。

以加工、提炼制毒物品为目的,购买麻黄碱类复方制剂,或者运输、携带、寄递麻黄碱类复方制剂进出境的,依照刑法第三百五十条第一款、第三款的规定,分别以非法买卖制毒物品罪、走私制毒物品罪定罪处罚。

将麻黄碱类复方制剂拆除包装、改变形态后进行走私或者非法买卖,或者明知是已拆除包装、改变形态的麻黄碱类复方制剂而进行走私或者非法买卖的,依照刑法第三百五十条第一款、第三款的规定,分别以走私制毒物品罪、非法买卖制毒物品罪定罪处罚。

非法买卖麻黄碱类复方制剂或者运输、携带、寄递麻黄碱类复方制剂进出境,没有证据证明系用于制造毒品或者走私、非法买卖制毒物品,或者未达到走私制毒物品罪、非法买卖制毒物品罪的定罪数量标准,构成非法经营罪、走私普通货物、物品罪等其他犯罪的,依法定罪处罚。

实施第一款、第二款规定的行为,同时构成其他犯罪的,依照处罚较重的规定定罪处罚。

二、关于利用麻黄碱类复方制剂加工、提炼制毒物品行为的定性

以制造毒品为目的,利用麻黄碱类复方制剂加工、提炼制毒物品的,依照刑法第三百四十七条的规定,以制造毒品罪定罪处罚。

三、关于共同犯罪的认定

明知他人利用麻黄碱类制毒物品制造毒品,向其提供麻黄碱类复方制剂,为其利用麻黄碱类复方制剂加工、提炼制毒物品,或者为其获取、利用麻黄碱类复方制剂提供其他帮助的,以制造毒品罪的共犯论处。

四、关于犯罪预备、未遂的认定

实施本意见规定的行为,符合犯罪预备或者未遂情形的,依照法律规定处罚。

五、关于犯罪嫌疑人、被告人主观目的与明知的认定

对于本意见规定的犯罪嫌疑人、被告人的主观目的与明知,应当根据物证、书证、证人证言以及犯罪嫌疑人、被告人供述和辩解等在案证据,结合犯罪嫌疑人、被告人的行为表现,重点考虑以下因素综合予以认定:

1. 购买、销售麻黄碱类复方制剂的价格是否明显高于市场交易价格;
2. 是否采用虚假信息、隐蔽手段运输、寄递、存储麻黄碱类复方制剂;
3. 是否采用伪报、伪装、藏匿或者绕行进出境等手段逃避海关、边防等检查;
4. 提供相关帮助行为获得的报酬是否合理;

5. 此前是否实施过同类违法犯罪行为；

6. 其他相关因素。

六、关于制毒物品数量的认定

实施本意见规定的行为，以制造毒品罪定罪处罚的，应当将涉案麻黄碱类复方制剂所含的麻黄碱类物质可以制成的毒品数量作为量刑情节考虑。

多次实施本意见规定的行为未经处理的，涉案制毒物品的数量累计计算。

七、关于定罪量刑的数量标准

实施本意见规定的行为，以制造毒品罪定罪处罚的，无论涉案麻黄碱类复方制剂所含的麻黄碱类物质数量多少，都应当追究刑事责任。

八、关于麻黄碱类复方制剂的范围

本意见所称麻黄碱类复方制剂是指含有《易制毒化学品管理条例》（国务院令第445号）品种目录所列的麻黄碱（麻黄素）、伪麻黄碱（伪麻黄素）、消旋麻黄碱（消旋麻黄素）、去甲麻黄碱（去甲麻黄素）、甲基麻黄碱（甲基麻黄素）及其盐类，或者麻黄浸膏、麻黄浸膏粉等麻黄碱类物质的药品复方制剂。

9. 最高人民法院关于实施修订后的《关于常见犯罪的量刑指导意见》的通知

（2017年4月1日 法发〔2017〕7号）

（十五）走私、贩卖、运输、制造毒品罪

1. 构成走私、贩卖、运输、制造毒品罪的，可以根据下列不同情形在相应的幅度内确定量刑起点：

（1）走私、贩卖、运输、制造鸦片一千克，海洛因、甲基苯丙胺五十克或者其他毒品数量达到数量大起点的，量刑起点为十五年有期徒刑。依法应当判处无期徒刑以上刑罚的除外。

（2）走私、贩卖、运输、制造鸦片二百克，海洛因、甲基苯丙胺十克或者其他毒品数量达到数量较大起点的，可以在七年至八年有期徒刑幅度内确定量刑起点。

（3）走私、贩卖、运输、制造鸦片不满二百克，海洛因、甲基苯丙胺不满十克或者其他少量毒品的，可以在三年以下有期徒刑、拘役幅度内确定量刑起点；情节严重的，可以在三年至四年有期徒刑幅度内确定量刑起点。

2. 在量刑起点的基础上，可以根据毒品犯罪次数、人次、毒品数量等其他影响犯罪构成的犯罪事实增加刑罚量，确定基准刑

3. 有下列情节之一的，可以增加基准刑的10%—30%

（1）利用、教唆未成年人走私、贩卖、运输、制造毒品的；

（2）向未成年人出售毒品的；

（3）毒品再犯。

4. 有下列情节之一的，可以破少基准刑的30%以下：

（1）受雇运输毒品的；

（2）毒品含量明显偏低的；

（3）存在数量引诱情形的。

10. 办理毒品犯罪案件适用法律若干问题的意见（节录）（2007年12月18日 公通字〔2007〕84号）

一、关于毒品犯罪案件的管辖问题

"犯罪地"包括犯罪预谋地、毒资筹集地、交易进行地、毒品生产地、毒资、毒赃和毒品的藏匿地、转移地，走私或者贩运毒品的目的地以及犯罪嫌疑人被抓获地等。

二、关于毒品犯罪嫌疑人、被告人主观明知的认定问题

走私、贩卖、运输、非法持有毒品主观故意中的"明知"，是指行为人知道或者应当知道所实施的行为是走私、贩卖、运输、非法持有毒品行为。具有下列情形之一，并且犯罪嫌疑人、被告人不能做出合理解释的，可以认定其"应当知道"，但有证据证明确属被蒙骗的除外：

（一）执法人员在口岸、机场、车站、港口和其他检查站检查时，要求行为人申报为他人携带的物品和其他疑似毒品物，并告知其法律责任，而行为人未如实申报，在其所携带的物品内查获毒品的；

（二）以伪报、藏匿、伪装等蒙蔽手段逃避海关、边防等检查，在其携带、运输、邮寄的物品中查获毒品的；

（三）执法人员检查时，有逃跑、丢弃携带物品或逃避、抗拒检查等行为，在其携带或丢弃的物品中查获毒品的；

（四）体内藏匿毒品的；

（五）为获取不同寻常的高额或不等值的报酬而携带、运输毒品的；

（六）采用高度隐蔽的方式携带、运输毒品的；

（七）采用高度隐蔽的方式交接毒品，明显违背合法物品惯常交接方式的；

（八）其他有证据足以证明行为人应当知道的。

三、关于办理氯胺酮等毒品案件定罪量刑标准问题

（一）走私、贩卖、运输、制造、非法持有下列毒品，应当认定为刑法第三百四十七条第二款第（一）项、第三百四十八条规定的"其他毒品数量大"：

1. 二亚甲基双氧安非他明（MDMA）等苯丙胺类毒品（甲基苯丙胺除外）

100 克以上；

2. 氯胺酮、美沙酮 1 千克以上根据 2016 年 4 月 6 日最高人民法院《关于审理毒品犯罪案件适用法律若干问题的解释》第一条，走私、贩卖、运输、制造、非法持有氯胺酮 500 克以上，应当认定为刑法第三百四十七条第二款第一项、第三百四十八条规定的"其他毒品数量大"——编者注；

3. 三唑仑、安眠酮 50 千克以上的；

4. 氯氮卓、艾司唑仑、地西泮、溴西泮 500 千克以上；

5. 上述毒品以外的其他毒品数量大的。

（二）走私、贩卖、运输、制造、非法持有下列毒品，应当认定为刑法第三百四十七条第三款、第三百四十八条规定的"其他毒品数量较大"：

1. 二亚甲基双氧安非他明（MDMA）等苯丙胺类毒品（甲基苯丙胺除外）20 克以上不满 100 克的；

2. 氯胺酮、美沙酮 200 克以上不满 1 千克的根据 2016 年 4 月 6 日最高人民法院《关于审理毒品犯罪案件适用法律若干问题的解释》第二条，走私、贩卖、运输、制造、非法持有氯胺酮 100 克以上不满 500 克，应当认定为刑法第三百四十七条第三款、第三百四十八条规定的"其他毒品数量大"——编者注；

3. 三唑仑、安眠酮 10 千克以上不满 50 千克的；

4. 氯氮卓、艾司唑仑、地西泮、溴西泮 100 千克以上不满 500 千克的；

5. 上述毒品以外的其他毒品数量较大的。

（三）走私、贩卖、运输、制造下列毒品，应当认定为刑法第三百四十七条第四款规定的"其他少量毒品"：

1. 二亚甲基双氧安非他明（MDMA）等苯丙胺类毒品（甲基苯丙胺除外）不满 20 克的；

2. 氯胺酮、美沙酮不满 200 克的根据 2016 年 4 月 6 日最高人民法院《关于审理毒品犯罪案件适用法律若干问题的解释》第二条的规定可推导出，走私贩卖、运输、制造、非法持有氯胺酮不满 100 克，应当认定为刑法第三百四十七条第四款规定的"其他少量毒品"——编者注；

3. 三唑仑、安眠酮不满 10 千克的；

4. 氯氮卓、艾司唑仑、地西泮、溴西泮不满 100 千克的；

5. 上述毒品以外的其他少量毒品的。

（四）上述毒品品种包括其盐和制剂。毒品鉴定结论中毒品品名的认定应当以国家食品药品监督管理局、公安部、卫生部最新发布的《麻醉药品品种目录》、《精神药品品种目录》为依据。

四、关于死刑案件的毒品含量鉴定问题

可能判处死刑的毒品犯罪案件,毒品鉴定结论中应有含量鉴定的结论。

11. 最高人民法院、最高人民检察院、公安部、农业部、食品药品监管总局关于进一步加强麻黄草管理严厉打击非法买卖麻黄草等违法犯罪活动的通知(节录)(2013年5月21日　公通字〔2013〕16号)

为进一步加强麻黄草管理,严厉打击非法买卖麻黄草等违法犯罪活动,根据《中华人民共和国刑法》、《国务院关于禁止采集和销售发菜制止滥挖甘草和麻黄草有关问题的通知》(国发〔2000〕13号)等相关规定,现就有关要求通知如下:

三、依法查处非法采挖、买卖麻黄草等犯罪行为

各地人民法院、人民检察院、公安机关要依法查处非法采挖、买卖麻黄草等犯罪行为,区别情形予以处罚:

(一)以制造毒品为目的,采挖、收购麻黄草的,依照刑法第三百四十七条的规定,以制造毒品罪定罪处罚。

(二)以提取麻黄碱类制毒物品后进行走私或者非法贩卖为目的,采挖、收购麻黄草,涉案麻黄草所含的麻黄碱类制毒物品达到相应定罪数量标准的,依照刑法第三百五十条第一款、第三款的规定,分别以走私制毒物品罪、非法买卖制毒物品罪定罪处罚。

(三)明知他人制造毒品或者走私、非法买卖制毒物品,向其提供麻黄草或者提供运输、储存麻黄草等帮助的,分别以制造毒品罪、走私制毒物品罪、非法买卖制毒物品罪的共犯论处。

(四)违反国家规定采挖、销售、收购麻黄草,没有证据证明以制造毒品或者走私、非法买卖制毒物品为目的,依照刑法第二百二十五条的规定构成犯罪的,以非法经营罪定罪处罚。

(五)实施以上行为,以制造毒品罪、走私制毒物品罪、非法买卖制毒物品罪定罪处罚的,涉案制毒物品的数量按照300千克麻黄草折合1千克麻黄碱计算;以制造毒品罪定罪处罚的,无论涉案麻黄草数量多少,均应追究刑事责任。

12. 最高人民检察院、公安部关于公安机关管辖的刑事案件立案追诉标准的规定(三)(节录)(2012年5月16日　公通字〔2012〕26号)

第一条[走私、贩卖、运输、制造毒品案(刑法第三百四十七条)]　走私、贩卖、运输、制造毒品,无论数量多少,都应予立案追诉。

本条规定的"走私"是指明知是毒品而非法将其运输、携带、寄递进出

国（边）境的行为。直接向走私人非法收购走私进口的毒品，或者在内海、领海、界河、界湖运输、收购、贩卖毒品的，以走私毒品罪立案追诉。

本条规定的"贩卖"是指明知是毒品而非法销售或者以贩卖为目的而非法收买的行为。

有证据证明行为人以牟利为目的，为他人代购仅用于吸食、注射的毒品，对代购者以贩卖毒品罪立案追诉。不以牟利为目的，为他人代购仅用于吸食、注射的毒品，毒品数量达到本规定第二条规定的数量标准的，对托购者和代购者以非法持有毒品罪立案追诉。明知他人实施毒品犯罪而为其居间介绍、代购代卖的，无论是否牟利，都应以相关毒品犯罪的共犯立案追诉。

本条规定的"运输"是指明知是毒品而采用携带、寄递、托运、利用他人或者使用交通工具等方法非法运送毒品的行为。

本条规定的"制造"是指非法利用毒品原植物直接提炼或者用化学方法加工、配制毒品，或者以改变毒品成分和效用为目的，用混合等物理方法加工、配制毒品的行为。为了便于隐蔽运输、销售、使用、欺骗购买者，或者为了增重，对毒品掺杂使假，添加或者去除其他非毒品物质，不属于制造毒品的行为。

为了制造毒品而采用生产、加工、提炼等方法非法制造易制毒化学品的，以制造毒品罪（预备）立案追诉。购进制造毒品的设备和原材料，开始着手制造毒品，尚未制造出毒品或者半成品的，以制造毒品罪（未遂）立案追诉。明知他人制造毒品而为其生产、加工、提炼、提供醋酸酐、乙醚、三氯甲烷等制毒物品的，以制造毒品罪的共犯立案追诉。

走私、贩卖、运输毒品主观故意中的"明知"，是指行为人知道或者应当知道所实施的是走私、贩卖、运输毒品行为。具有下列情形之一，结合行为人的供述和其他证据综合审查判断，可以认定其"应当知道"，但有证据证明确属被蒙骗的除外：

（一）执法人员在口岸、机场、车站、港口、邮局和其他检查站点检查时，要求行为人申报携带、运输、寄递的物品和其他疑似毒品物，并告知其法律责任，而行为人未如实申报，在其携带、运输、寄递的物品中查获毒品的；

（二）以伪报、藏匿、伪装等蒙蔽手段逃避海关、边防等检查，在其携带、运输、寄递的物品中查获毒品的；

（三）执法人员检查时，有逃跑、丢弃携带物品或者逃避、抗拒检查等行为，在其携带、藏匿或者丢弃的物品中查获毒品的；

（四）体内或者贴身隐秘处藏置毒品的；

（五）为获取不同寻常的高额或者不等值的报酬为他人携带、运输、寄递、收取物品，从中查获毒品的；

（六）采用高度隐蔽的方式携带、运输物品，从中查获毒品的；

（七）采用高度隐蔽的方式交接物品，明显违背合法物品惯常交接方式，从中查获毒品的；

（八）行程路线故意绕开检查站点，在其携带、运输的物品中查获毒品的；

（九）以虚假身份、地址或者其他虚假方式办理托运、寄递手续，在托运、寄递的物品中查获毒品的；

（十）有其他证据足以证明行为人应当知道的。

制造毒品主观故意中的"明知"，是指行为人知道或者应当知道所实施的是制造毒品行为。有下列情形之一，结合行为人的供述和其他证据综合审查判断，可以认定其"应当知道"，但有证据证明确属被蒙骗的除外：

（一）购置了专门用于制造毒品的设备、工具、制毒物品或者配制方案的；

（二）为获取不同寻常的高额或者不等值的报酬为他人制造物品，经检验是毒品的；

（三）在偏远、隐蔽场所制造，或者采取对制造设备进行伪装等方式制造物品，经检验是毒品的；

（四）制造人员在执法人员检查时，有逃跑、抗拒检查等行为，在现场查获制造出的物品，经检验是毒品的；

（五）有其他证据足以证明行为人应当知道的。

走私、贩卖、运输、制造毒品罪是选择性罪名，对同一宗毒品实施了两种以上犯罪行为，并有相应确凿证据的，应当按照所实施的犯罪行为的性质并列适用罪名，毒品数量不重复计算。对同一宗毒品可能实施了两种以上犯罪行为，但相应证据只能认定其中一种或者几种行为，认定其他行为的证据不够确实充分的，只按照依法能够认定的行为的性质适用罪名。对不同宗毒品分别实施了不同种犯罪行为的，应对不同行为并列适用罪名，累计计算毒品数量。

第十三条 本规定中的毒品是指鸦片、海洛因、甲基苯丙胺（冰毒）、吗啡、大麻、可卡因以及国家规定管制的其他能够使人形成瘾癖的麻醉药品和精神药品。具体品种以国家食品药品监督管理局、公安部、卫生部发布的《麻醉药品品种目录》《精神药品品种目录》为依据。

本规定中的"制毒物品"是指刑法第三百五十条第一款规定的醋酸酐、乙醚、三氯甲烷或者其他用于制造毒品的原料或者配剂，具体品种范围按照国家关于易制毒化学品管理的规定确定。

第十四条 本规定中未明确立案追诉标准的毒品,有条件折算为海洛因的,参照有关麻醉药品和精神药品折算标准进行折算。

第十五条 本规定中的立案追诉标准,除法律、司法解释另有规定的以外,适用于相关的单位犯罪。

第十六条 本规定中的"以上",包括本数。

第十七条 本规定自印发之日起施行。

13. 公安部关于认定海洛因有关问题的批复(2002年6月28日 公禁毒〔2002〕236号)

一、海洛因是以"二乙酰吗啡"或"盐酸乙酰吗啡"为主要成分的化学合成的精制鸦片类毒品,"单乙酰吗啡"和"单乙酰可待因"是只有在化学合成海洛因过程中才会衍生的化学物质,属于同一种类的精制鸦片类毒品。海洛因在运输、贮存过程中,因湿度、光照等因素的影响,会出现"二乙酰吗啡"自然降解为"单乙酰吗啡"的现象,即"二乙酰吗啡"含量呈下降趋势,"单乙酰吗啡"含量呈上升趋势,甚至出现只检出"单乙酰吗啡"成分而未检出"二乙酰吗啡"成分的检验结果。因此,不论是否检出"二乙酰吗啡"成分,只要检出"单乙酰吗啡"或"单乙酰吗啡和单乙酰可待因"的,根据化验部门出具的检验报告,均应当认定送检样品为海洛因。

二、根据海洛因的毒理作用,海洛因进入吸毒者的体内代谢后,很快由"二乙酰吗啡"转化为"单乙酰吗啡",然后再代谢为吗啡。在海洛因滥用者或中毒者的尿液或其他检材检验中,只能检出少量"单乙酰吗啡"及吗啡成分,无法检出"二乙酰吗啡"成分。因此,在尿液及其他检材中,只要检验出"单乙酰吗啡",即证明涉嫌人员服用了海洛因。

14. 公安部关于在成品药中非法添加阿普唑仑和曲马多进行销售能否认定为制造贩卖毒品有关问题的批复(2009年3月19日 公复字〔2009〕1号)

一、阿普唑仑和曲马多为国家管制的二类精神药品。根据《中华人民共和国刑法》第三百五十五条的规定,如果行为人具有生产、管理、使用阿普唑仑和曲马多的资质,却将其掺加在其他药品中,违反国家规定向吸食、注射毒品的人提供的,构成非法提供精神药品罪;向走私、贩卖毒品的犯罪分子或以牟利为目的向吸食、注射毒品的人提供的,构成走私、贩卖毒品罪。根据《中华人民共和国刑法》第三百四十七条的规定,如果行为人没有生产、管理、使用阿普唑仑和曲马多的资质,而将其掺加在其他药品中予以贩卖,构成贩卖、制造毒品罪。

二、在办案中应当注意区别为治疗、戒毒依法合理使用的行为与上述犯罪行为的界限。只有违反国家规定，明知是走私、贩卖毒品的人员而向其提供阿普唑仑和曲马多，或者明知是吸毒人员而向其贩卖或超出规定的次数、数量向其提供阿普唑仑和曲马多的，才可以认定为犯罪。

15. 在毒品案件审判工作中切实贯彻宽严相济刑事政策（2010年4月28日《人民法院报》刊发　最高人民法院刑五庭）

2月8日，最高人民法院印发了《关于贯彻宽严相济刑事政策的若干意见》（以下简称《意见》），对人民法院在刑事审判工作中贯彻宽严相济刑事政策提出了具体要求。毒品案件在刑事案件中占有较大比重，适用包括死刑在内的重刑的比例也较高，切实贯彻好宽严相济刑事政策对于依法严惩严重毒品犯罪，遏制毒品犯罪的高发态势，同时发挥刑罚的教育改造作用具有重要的现实意义。本文结合当前毒品案件审判工作的实际，就如何贯彻宽严相济刑事政策，毒品案件的死刑使用更加慎重和公正。

一、突出打击重点，依法严惩严重毒品犯罪

依法严惩严重犯罪是宽严相济刑事政策中"严"的题中之义，也是贯彻罪刑均衡原则，发挥刑罚威慑作用的必然要求。毒品犯罪危害公民身心健康，颓废社会风气，并容易引发盗窃、抢劫、杀人等犯罪，危害很大。其中，走私、制造毒品系源头性犯罪，贩卖、运输毒品造成毒品的传播、扩散，故《意见》第7条把这四种毒品犯罪行为均列为严惩的重点。长期以来，人民法院坚持依法严厉打击严重毒品犯罪，对一批罪行严重的犯罪分子判处重刑至死刑，较好地发挥了刑罚遏制毒品犯罪的作用。尤其是2007年最高人民法院统一行使死刑核准权后，通过严把案件事实关、证据关、程序关和法律适用关，更加严格地执行死刑政策，毒品案件的死刑适用更加慎重和公正。

《意见》第11条提出："要依法从严惩处累犯和毒品再犯。凡是依法构成累犯和毒品再犯的，即使犯罪情节较轻，也要体现从严惩处的精神。尤其是对于前罪为暴力犯罪或被判处重刑的累犯，更要依法从严惩处。"之所以作出这种强调，是因为具有累犯和毒品再犯情节的犯罪分子曾受刑罚的惩罚、教育，却不思悔改，仍再次实施犯罪行为，充分表明其主观恶性深，人身危险性大，难以改造，有的甚至不堪改造，故要充分发挥刑罚的惩罚功能，以实现对此类犯罪分子的特殊预防。对此，最高人民法院2008年印发的《全国部分法院审理毒品犯罪案件工作座谈会纪要》也作了规定，即"审理毒品犯罪案件，应当切实贯彻宽严相济的刑事政策，突出毒品犯罪的打击重点。必须依法严惩毒枭、职业毒犯、再犯、累犯、惯犯、主犯等主观恶性深、人身危险性大、危害严重的毒品犯罪分……对于其中罪行极其严重依法应当判处死刑的，必须坚决依法判处死刑。"实践中，对于毒品数量达到实际掌握的死刑数量标准，并具有毒品再犯、累犯、职业犯、惯犯、主犯等情节的被告人，通常判处死刑，以体现法律的严惩立场。

在此方面，要特别需要重视对毒枭、职业毒犯、主犯立功问题的处理。《意见》第33条提出，在共同犯罪案件中，对于主犯或首要分子检举、揭发同案中地位、作用较次的犯罪分子构成立功的，从轻或者减轻处罚应当从严掌握，如果从轻处罚可能导致全案量刑失衡的，一般不予从轻处罚；如果检举、揭发的是其他犯罪案件中罪行同样严重的犯罪分子，或者协助抓获的是同案中的其他主犯、首要分子的，原则上应予依法从轻或者减轻处罚。实践中，应以功是否足以抵罪作为立功是否从宽处罚的标准，即应结合被告人罪行的严重程度、立功大小综合考虑。对于毒枭等严重毒品犯罪分子立功的，如果其检举揭发的是其他犯罪案件中罪行同样严重的犯罪分子，或者协助抓获的是同案中的其他首要分子、主犯，功足以抵罪的，原则上可以从轻或者减轻处罚；如果协助抓获的只是同案中的从犯或者马仔，功不足以抵罪，或者从轻处罚后全案处刑明显失衡的，不予从轻处罚。同时，对于同监犯将本人或者他人尚未被司法机关掌握的犯罪事实告知被告人，由被告人检举揭发的，如经查证属实，虽可认定立功，但是否从宽处罚以及从宽幅度的大小，应与通常的立功有所区别。对于通过非法手段或者非法途径获取他人犯罪信息，由被告人检举揭发的，不能认定为立功，也不能作为酌情从轻处罚情节。这样把握可以对罪行严重的毒品犯罪分子更有力地体现宽严相济刑事政策"严"的要求。

二、坚持区别对待，充分考虑从宽处罚情节

宽严相济刑事政策的核心是区别对待。对于情节较轻、社会危害性较小的犯罪，或者罪行虽重，但具有法定、酌定从宽处罚情节的被告人，应依法或者酌情予以从宽处罚。毒品犯罪的整体危害虽大，但具体犯罪也有轻重之别，不能不加区别地一律予以从严惩处，对其中罪行相对较轻的，或者具有法定、酌定从宽处罚情节的，应在量刑时充分考虑，以发挥刑罚的教育改造作用。

《意见》第17、18和19条分别提出，对于具有自首或者立功情节的被告人，一般均应当依法从宽处罚；对于较轻犯罪的初犯、偶犯，应当综合考虑其犯罪的动机、手段、情节、后果和犯罪时的主观状态，酌情予以从宽处罚。毒品案件的审判要充分贯彻这些原则性规定。例如，对于毒品数量达到实际掌握的死刑数量标准，但犯罪情节较轻，或者具有法定、酌定从宽处罚情节，符合下列情形之一的，可以不判处被告人死刑立即执行：（1）具有自首、立功等法定从宽处罚情节的；（2）已查获的毒品数量未达到实际掌握的死刑数量标准，到案后坦白尚未被司法机关掌握的其他毒品犯罪，累计数量超过实际掌握的死刑数量标准的；（3）经鉴定毒品含量极低，掺假之后的数量才达到实际掌握的死刑数量标准的，或者有证据表明可能大量掺假但因故不能鉴定的；(4) 因特情引诱毒品数量才达到实际掌握的死刑数量标准的；(5) 以贩养吸的被告人，被查获的毒品数量刚达到实际掌握的死刑数量标准的；(6) 毒品数量刚达到实际掌握的死刑数量标准，确属初次犯罪即被查获，未造成严重危害后果的；等等。

此方面要特别重视对运输毒品罪的处理。刑法把运输毒品罪同走私、贩卖、制造毒品罪并列规定，并配置了相同法定刑，但实践中运输毒品犯罪的情况较为复杂。部分被告人系受指使、雇佣的贫民、边民或者无业人员，只是为赚取少量运费而为他人运输毒品，他们不是毒品的所有者、买家或者卖家，与幕后的指使、雇佣者相比，在毒品犯罪中处于从属和被支配地位，所起作用和主观恶性相对较小，社会危害性也相对较小，故量刑时应与走私、贩卖、制造毒品和具有严重情节的运输毒品犯罪分子有所区别。即，在运输毒品案件中要重点打击指使、雇佣他人运输毒品的犯罪分子和接应、接货的毒品所有者、买家或者卖家。对于运输毒品犯罪集团首要分子，组织、指使、雇佣他人运输毒品的主犯或者毒枭、职业毒犯、毒品再犯，以及具有武装掩护、暴力抗拒检查、拘留或者逮捕、参与有组织的国际毒品犯罪、以运输毒品为业、多次运输毒品或者其他严重情节的，应当依法从严惩处。但是，对有证据证明被告人确属受人指使、雇佣而运输毒品，又系初犯、偶犯的，可以从轻处罚，即使毒品数量超过实际掌握的死刑数量标准，也可以不判处死刑立即执行。这是深入贯彻宽严相济刑事政策"宽"的精神，进一步坚持区别对待的体现。

三、把握量刑平衡，稳妥实现宽严"相济"

宽严相济刑事政策中"宽"与"严"是辩证统一、相辅相成的关系，二者相互依存，相互补充，共同促进。"相济"不是"宽"和"严"的简单相加，而是一种交融关系，追求的是法律效果与社会效果的有机统一。在毒品案件的审判中实现宽严"相济"，既要把握好个案之间的量刑平衡，也要把握好多被告人案件特别是共同犯罪案件的量刑平衡。

个案之间的量刑平衡意味着重罪重判，轻罪轻判，罚当其罪。这是罪刑均衡原则的基本要求。由于毒品数量是量刑的重要情节，在判断个案的量刑平衡问题上容易陷入"唯数量论"的误区。要特别重视的是，毒品数量并非量刑的唯一情节。对被告人量刑时，尤其是在考虑是否适用死刑时，应当综合考虑毒品数量犯罪情节、危害后果、被告人的主观恶性、人身危险性以及当地禁毒形势等各种因素，予以区别对待。有的案件中毒品数量虽大，但被告人因具有法定从宽处罚情节而可能不判处死刑，有的案件中毒品数量较小，但超过了实际掌握的死刑数量标准，被告人也不具有法定或者酌定从宽处罚情节，故仍可能被判处死刑。这种处理不仅不违背宽严相济刑事政策，而恰恰是该政策的要求和体现。

对于多被告人犯罪特别是共同犯罪案件，根据宽严"相济"的具体要求，要注重正确区分主从犯并根据被告人罪责的大小确定刑罚。《意见》第31条提出，对于一般共同犯罪案件，应当充分考虑各被告人在共同犯罪中的地位和作用，以及在主观恶性和人身危险性方面的不同，根据事实和证据能分清主从犯的，都应当认定主从犯；有多名主犯的，应在主犯中进一步区分出罪行最为严重者。具体到毒品共同犯罪案件，首先，对能分清主从犯的，不能因为涉案毒品数量巨大，就不分主从犯而将被告人均认定为主犯或者实际上都按主犯处罚，一律判处重刑甚至死刑。要根据《意见》第30条的规定，依法从严惩处毒品犯罪组织或集团中的为首组织、指挥、策划者和骨干分子，该判处重刑或死刑的要坚决判处；但对受欺骗、胁迫参加犯罪组织、犯罪集团或只是一般参加者，在犯罪中起次要、辅助作用的从犯，应依法从轻或减轻处罚。其次，对于共同犯罪中有多个主犯的，处罚上也应做到区别对待，要全面考察各主犯在共同犯罪中实际发挥作用的差别，主观恶性和人身危险性方面的差异，对罪责更重的主犯判处更重的刑罚。如果共同犯罪中毒品数量刚达到实际掌握的死刑数量标准，但各共同犯罪人作用相当，或者责任大小难以区分的，可以不判处死刑立即执行。同时，从人道主义考虑，对于家庭成员共同实施毒品犯罪，毒品数量达到实际掌握的死刑数量标准，其中起主要作用的被告人已被判处死刑立即执行的，对其他罪行相对较轻的被告人可以不判处死刑立即执行。

（三）裁判要旨

1. 为贩卖而用邮寄方式购买毒品的既遂标准（《人民司法》2017年第2期，第32页）

【裁判要旨】贩卖毒品行为包括非法销售毒品和为卖而买毒品两种行为表现。贩卖毒品罪是过程行为犯，在毒品完成交付转移之前，存在一系列的行为过程。为实现刑事司法实践与刑法理论的契合，应将进入交易地点区域作为贩卖毒品罪既遂的具体标准。具体到以贩卖为目的而用邮寄方式购买毒品的情形，则应以进入与物流公司约定的收获地点区域为既遂标准。

【案号】一审：（2016）渝02刑初11号

二审：（2016）渝刑终115号

2. 毒品来源存疑案件的证据审查（《人民司法》2017年第17期，第4页）

【裁判要旨】在毒品犯罪案件中，毒品实物不属于直接证据，不能天然建立与被告人的客观联系，需要以勘查笔录、扣押笔录等证据为媒介，通过印证证明方式建立与被告人的联系。对于毒品来源存疑的案件，应本着疑点利益归于被告人的原则，作出有利于被告人的判断。

【案号】一审：（2015）黔六中刑三初字第 00006 号

二审：（2015）黔高刑三终字第 146 号

重审：（2015）黔六中刑三重字第 00004 号

复核：（2016）黔刑核 38324943 号

3. 对贩毒人员控制车辆内毒品的认定（《人民司法》2017 年第 17 期，第 7 页）

【裁判要旨】对从贩毒人员控制车辆内查获的毒品，应当根据证据裁判的原则，审查贩毒人员与毒品及车辆具有关联性、控制性的证据，坚持证据确实、充分的证明标准，准确认定事实。

【案号】一审：（2014）东中法刑一初字第 121 号

二审：（2014）粤高法刑四终字第 326 号

复核：（2016）最高法刑核 24986371 号

4. 运用间接证据认定零口供走私毒品案（《人民司法》2017 年第 17 期，第 10 页）

【裁判要旨】如何运用间接证据认定零口供案件，先以间接证据直接证明的间接事实为基础，通过间接事实与案件主要事实之间的关联性，构建出案件的主要事实，同时根据行为人实施的客观行为推定行为人的主观罪过，再以主客观相统一原则为基准综合认定案件事实。此外，在证明标准上，要强调排除行为人无辜的可能性。

【案号】一审：（2013）苏中刑二初字第 0015 号

二审：（2014）苏刑二终字第 0029 号

5. 毒品犯罪案件中的证据认定与特情引诱（《人民司法》2017 年第 17 期，第 19 页）

【裁判要旨】对于毒品案件中诱惑侦查合法性的审查，可依据被告人前科经历、犯罪时表现、积极程度及犯罪能力等主观标准，结合诱惑的对象特征、诱惑程度是否超出合理限度范围等客观标准来进行综合判断。

【案号】一审：（2015）佛中法刑一初字第 134 号

二审：（2016）粤刑终 452 号

6. 邮寄型走私毒品犯罪的既遂标准（《人民司法》2016 年第 2 期，第 17 页）

【裁判要旨】被告人将毒品藏匿于电子器件内通过国际货运公司邮寄到国外，这种以邮寄方式输出毒品的走私毒品行为，是以将毒品交付货运公司即为既遂，还是以交付邮寄的毒品逾越国（边）境方为既遂？目前法律上对此并无明确规定。结合我国相关司法解释以及严厉打击毒品犯罪的刑事政策要求，应以被告人在货运公司完成交寄手续即为既遂。

【案号】一审：（2015）深中法刑一初字第 56 号

二审：（2015）粤高法刑一终字第 308 号

7. 毒品来源证据不足的毒品犯罪案件的处理（《人民司法》2016 年第 8 期，第 11 页）

【裁判要旨】虽有下家指认，但综合证据未达到"事实清楚，证据确实、充分"的有罪判决标准的毒品交易上家，依法不能认定。对这类毒品犯罪案件，要注意对审判中发现的取证、举证不足问题加强调查研究，将司法建议反馈给侦查、检察机关，促进毒品犯罪案件取证、举证水平的提高。同时要注意了解事实关联案件的处理情况，避免就同一事实作出矛盾认定。

【案号】一审：（2013）二中刑初字第 108 号

二审：（2014）津高刑一终字第 38 号

复核：（2014）刑五复 50035047 号

8. 明知不特定他人制毒而买卖麻黄素构成非法买卖制毒物品罪（《人民司法》2016 年第 11 期，第 18 页）

【裁判要旨】行为人虽然明知麻黄素可用于制毒，但只是明知不特定的他人用于制毒，不能构成制造毒品罪的共犯，而是构成非法买卖制毒物品罪。

【案号】一审：（2014）汕尾中法刑一初字第 100 号

二审：（2014）粤高法刑三终字第 444 号

9. "审判的时候怀孕的妇女"的认定（《人民司法》2016 年第 11 期，第 20 页）

【裁判要旨】被告人在运输毒品途中被抓获时已怀孕，在监视居住期间逃逸，4 年后再次被抓获，又因同一事实被起诉、交付审判，应视为审判的时候怀孕的妇女，依法不适用死刑。

【案号】一审：（2015）保中刑初字第 331 号

10. 毒品共同犯罪中的死刑适用（《人民司法》2016 年第 14 期，第 30 页）

【裁判要旨】毒品共同犯罪、上下家犯罪交叉的案件，涉案毒品数量刚超过实际掌握的死刑数量标准的，一般只能判处其中一人死刑。可先按照共同犯罪理论，尽量区分毒品上下家中各犯罪人的罪责大小，确定上下家中各自罪责最大的主犯，再从犯罪的主动性及对促成交易所发挥的作用等因素进行综合考量，确定系上家还是下家对促成交易作用更大，进而对促成交易作用更大的上家或下家中罪责最大的主犯适用死刑。

【案号】一审：（2015）渝五中法刑初字第00032号

二审：（2015）渝高法刑终字第00102号

11. 居间介绍者与毒品交易方构成共同犯罪（《人民司法》2016年第17期，第4页）

【裁判要旨】在毒品交易中居间介绍，联络双方，并非通过赚取交易差价获利的，是毒品交易的居间介绍者。居间介绍者不具有独立的毒品交易主体地位，与交易的一方构成共同犯罪。

【案号】一审：（2014）穗中法刑一初字第133号

二审：（2015）粤高法刑四终字第162号

12. 贩卖毒品案件中上下家的罪责区分及死刑适用（《人民司法》2016年第17期，第8页）

【裁判要旨】对于买卖同宗毒品的上下家，如果毒品数量刚超过实际掌握的死刑数量标准，一般不同时判处死刑，而应综合考虑上下家贩毒的数量、次数、对象范围、主动性与对促成交易所发挥的作用，主观恶性与人身危险性等因素。如果上家主动联络销售毒品，积极促成毒品交易的，一般可以优先考虑判处上家死刑；如果下家积极筹款，主动向上家约购毒品，对促成毒品交易起更大作用的，可以考虑判处下家死刑。

【案号】一审：（2014）浙舟刑初字第11号

二审：（2014）浙刑三终字第214号

复核审：（2015）刑一复85527686号

13. 从有吸毒情节的贩毒人员住所查获毒品的认定（《人民司法》2016年第17期，第13页）

【裁判要旨】从有吸毒情节的贩毒人员住所查获的毒品，应推定为其贩卖的毒品，计入其贩卖毒品的数量，依法定罪量刑。被告人否认的，要综合考察在案证据、被告人一贯表现等案件情节，审慎进行综合分析判断，认定确有证据证明该查获的毒品并非用于贩卖的，不应计入被告人贩毒数量。该查获的毒品数量符合《刑法》第384条相关规定的，以非法持有毒品罪定罪处罚。

【案号】一审：（2015）东刑初字第00207号

14. 毒品犯罪案件中技术侦查证据的审查和运用（《人民司法》2016年第17期，第17页）

【裁判要旨】毒品犯罪案件中，技术侦查措施的采取较为普遍，对技侦证据效力的审查重点应为其合法性，兼顾其客观性、关联性。对技侦证据合法性的审查，包括程序和实体两个方面。裁判过程中，技侦证据可采取庭审质证和庭外核实两种方式，应最大限度保证辩护律师的参与知情权和被告人的异议权，对技侦证据采信应遵循排除合理怀疑原则和补强原则。

【案号】一审：（2015）丹刑一初字第00006号
二审：（2015）辽刑三终字第00088号

15. 法官心证在走私毒品案件中的运用（《人民司法》2016年第26期，第53页）

【裁判要旨】在走私毒品共同犯罪案件中，一方藏毒入境，另一方境内接应，接应人员通常会对自己的犯罪事实予以否认。当入境者对接应者进行指证时，就出现"一对一证据"的局面；当入境者没有指证接应者时，在案仅有间接证据。在这两种情况下，如果法官囿于证据相互印证的证明模式，则会遭遇证据证明力评价和事实认定的困难。在运用间接证据推理时，应关注证据体系的构建以及建立在证据体系基础上的逻辑规则和经验法则的运用，最终通过自由心证形成内心确信。

【案号】一审：（2014）渝一中法刑初字第00148号
二审：（2015）渝高法刑终字第00186号

16. 毒品犯罪案件特情介入的处理（《人民司法》2016年第29期，第20页）

【裁判要旨】毒品犯罪案件中，特情贴靠区别于特情引诱，行为人已具有贩卖毒品的犯罪故意并持毒待售，仅因特情贴靠、接洽而破获案件，应依法处理。行为人以贩卖为目的购进毒品，即构成贩卖毒品罪既遂；毒品交易双方已就毒品交易达成一致意向，并进入实质交易阶段，行为人因被公安机关抓捕而未实际交接毒品，一般应认定为贩卖毒品罪既遂。

【案号】一审：（2015）大刑一初字第00154号
二审：（2015）辽刑三终字第00196号

17. 诱惑侦查措施下贩卖毒品罪既未遂认定（《人民司法》2016年第29期，第22页）

【裁判要旨】诱惑侦查是侦查机关为了发现和揭露犯罪而采用的秘密侦查方法，对毒品犯罪的认定具有不同影响，需要从毒品犯罪的实施程度、侦查机关充当的角色、立法依据、是否具有诱导性、监控的内容等方面进行区分。诱惑侦查可分为犯意型和机会提供型两种基本形式，两者的区别主要表现在犯意来源、诱导程度、合法性等方面，需要进一步区分。诱惑侦查措施下的贩卖毒品罪既未遂认定，应当依据实体法标准判定，以进入毒品交易地点作为贩卖毒品罪既遂的标准，不能因采取了诱惑侦查措施就认定为犯罪未遂。

【案号】一审：（2015）东刑初字第 00640 号
二审：（2015）二中刑终字第 1113 号

18. 非法持有毒品后主动上交的刑罚裁量（《人民司法》2015 年第 10 期，第 32 页）

【裁判要旨】非法持有毒品者出于真诚悔罪的意图主动向公安机关上交毒品，虽依据相关刑法理论不宜认定为犯罪中止，但对其量刑时应充分体现罪刑相适应和宽严相济的刑事政策，不能机械适用量刑规范化的规定，以简单的数学计算代替法官的价值判断。对于可以免除处罚的自首情节中"犯罪较轻"的认定，亦不能仅仅依据犯罪数量所对应的量刑幅度进行判断，而应综合考量犯罪行为具体的社会危害性和犯罪人的人身危险性程度予以评价。

【案号】一审：（2013）浦刑初字第 4351 号
二审：（2013）沪一中刑终字第 1583 号

19. 贩卖毒品罪与非法持有毒品罪的证据把握（《人民司法》2015 年第 20 期，第 101 页）

【裁判要旨】在基础事实存在诸多疑点，无法排除合理怀疑，也不能排除被告人辩解意见的真实性和合理性的情况下，不能仅因被告人被查获的毒品数量而推定被告人对其被查获的毒品存在贩卖的故意。在没有确实、充分的证据证实被告人对其被查获的毒品具有贩卖、运输、走私等犯罪故意的情况下，对其持有该毒品的行为应认定为非法持有毒品罪。

【案号】一审：（2014）佛顺法刑初字第 3158 号
二审：（2015）佛中法刑一终字第 116 号

20. 对运输毒品罪死刑适用的把握（《人民司法》2014 年第 12 期，第 4 页）

【裁判要旨】在审判实践中，对于有证据证明单纯从事运输毒品行为的被告人，要严格限制适用死刑立即执行。【案号】一审：（2012）鄂武汉中刑初字第 00186 号
二审：（2012）鄂刑一终字第 00117 号

21. 居间介绍买卖毒品的定性（《人民司法》2014 年第 12 期，第 8 页）

【裁判要旨】为购买人提供毒源信息，联系介绍帮助购买毒品的，应认定为居间介绍人，与购买人构成贩卖毒品罪的共犯。在毒品购买人存在连续贩毒行为、以贩养吸等复杂情形下，居间介绍人仅对其介绍交易成功后能够查获的毒品数量承担责任。

【案号】一审：（2013）扬江刑初字第 0546 号
二审：（2013）扬刑终字第 0059 号

22. 毒品犯罪中共犯立功、中止的认定及量刑（《人民司法》2014 年第 12 期，第 12 页）

【裁判要旨】共同犯罪中，犯罪分子自动放弃犯罪，但未能有效阻止其他共同犯罪人继续实施犯罪并有效防止危害结果的发生，不能成立犯罪中止。被告人到案前向公安机关举报同案犯的犯罪事实并提供线索，使得公安机关抓捕了其他犯罪嫌疑人，应认定为立功。

【案号】一审：（2012）浮刑初字第 118 号

二审：（2013）景刑一终字第 7 号

23. 未成年人毒品犯罪记录不能作为毒品再犯的依据（《人民司法》2014 年第 12 期，第 15 页）

【裁判要旨】《刑法修正案（八）》规定未成年人犯罪不构成累犯，但并未对毒品再犯作出特殊规定。根据该条规定精神及刑法从旧兼从轻原则，未成年人曾因毒品犯罪被判处过 5 年有期徒刑以下刑罚的，不构成毒品再犯。

【案号】一审：（2013）垫法刑初字第 00086 号

再审：（2013）渝三中法刑再终字第 00002 号

24. 吸食毒品后驾驶机动车发生重大交通事故的定罪与处罚（《人民司法》2014 年第 12 期，第 18 页）

【裁判要旨】对吸食毒品后驾驶机动车辆发生严重交通事故，造成重大人员伤亡和公私财产损失行为的定性，应结合行为人的罪前行为、罪后情节以及行为产生的具体危险状态加以综合判断。一般而言，行为人不具有肇事后继续驾车冲撞，发生持续危害后果等足以推定其具有放任危害后果发生的主观故意情节的，不宜认定为以危险方法危害公共安全罪，而应当以交通肇事罪定罪处罚。

【案号】一审：（2013）熟刑初字第 0313 号

25. 根据银行交易明细推算的毒品数量不能作为判处死刑的唯一依据（《人民司法》2013 年第 2 期，第 17 页）

【裁判要旨】刑事诉讼证明过程中的证明标准是具有层次性的，针对不同的诉讼阶段、不同性质的罪行，应当适用不同层次的证明标准。在普通刑事案件中，可适用排除合理怀疑标准，但是在死刑案件中，应当适用事实清楚，证据确实、充分，并排除一切可能性的最高证明标准。当案件未达到上述证明标准时，应当降低刑罚的严厉程度，不应判处被告人死刑立即执行。

【案号】一审：（2010）浙衢刑初字第 18 号

二审：（2010）浙刑一终字第 209 号

复核审：（2011）刑三复 47994926 号

重审：（2012）浙衢刑重字第 1 号

复核审：（2012）浙刑三复字第 65 号

26. 运输毒品主观上明知的认定（《人民司法》2013 年第 6 期，第 65 页）

【裁判要旨】行为人以虚假身份办理托运手续，在其托运的物品中查获毒品，其不能作出合理解释的，可以认定其明知是毒品。

【案号】一审：（2010）成刑初字第 194 号

二审：（2011）川刑终字第 170 号

27. 新型毒品混合物毒品种类的认定及量刑（《人民司法》2013 年第 12 期，第 12 页）

【裁判要旨】被告人贩卖、运输含有甲基苯丙胺、氯胺酮等两种以上毒品成分的"奶茶""神仙水"等新型毒品混合物，涉案毒品的数量应以查证属实的甲基苯丙胺作为定案毒品的数量和量刑依据，不以纯度折算，其他毒品成分、含量可以作为辅助量刑情节考虑。对毒品数量虽达到实际掌握的死刑标准，如果经鉴定毒品含量极低，掺假或稀释之后的数量才达到实际掌握的死刑数量标准的，可以不判处被告人死刑立即执行。

【案号】一审：（2012）通中刑初字第 0005 号

二审：（2012）苏刑一终字第 0096 号

28. 特情引诱毒品犯罪案件的证据审查（《人民司法》2013 年第 14 期，第 21 页）

【裁判要旨】特情介入的毒品案件，如不能排除犯意引诱的可能，且特情的证言可信度低，毒品来源不清，毒品的货主不清，被告人与涉案毒品缺乏关联的，应认定为证据不足，疑罪从无，宣告被告人无罪。

【案号】一审：（2009）遵市法刑一初字第 62 号

（2011）遵市法刑一初字第 14 号

（2011）遵市法刑一初字第 84 号

（2012）遵市法刑一初字第 97 号

二审：（2010）黔高刑一终字第 108 号

（2011）黔高刑三终字第 135 号

（2012）黔高刑三终字第 37 号

（2013）黔高刑一终字第 39 号

29. 网络贩卖国家管制的麻醉药品的定罪量刑（《人民司法》2013 年第 16 期，第 27 页）

【裁判要旨】行为人出于牟利的目的，通过网络贩卖国家严格管控的能够使人形成瘾癖的麻醉药品，致使大量的麻醉药品去向不明，给社会造成的潜在危害巨大，其行为应以贩卖毒品罪论处。对于该类型犯罪应严格入罪条件，作为新类型毒品犯罪案件处理的量刑，应当根据罪责刑相适应的原则，综合考虑药理作用、药物依赖性和危害性程度、滥用情况及其医疗作用等因素，防止打击面过大和引起罪刑失衡的现象。

【案号】一审：（2012）扬邗刑初字第 0137 号

二审：（2012）扬刑终字第 0043 号

30. 违法违禁使用的芬特明属于毒品（《人民司法》2012 年第 6 期，第 13 页）

【裁判要旨】芬特明作为一种精神药品，其本身并不是毒品，但是，违法违禁使用的芬特明便具有了毒品的实质特征，即依赖性、危害性、违法性，属于毒品。同时，我国法律相关条文只规定了常见毒品的量刑数量，因此需要将芬特明折算成海洛因或者其他有明确量刑数量的毒品来确定量刑标准。

【案号】一审：（2010）成铁刑初字第 18 号

31. 交叉型毒品共同犯罪中的数量认定及量刑（《人民司法》2012 年第 12 期，第 15 页）

【裁判要旨】交叉型共同犯罪下应结合主客观相一致的原则认定毒品数量；人货分离拒不认罪状态下，应严格审查在案证据的证据能力、证明力以及相关的逻辑关系，判断在案证据能否形成证据链，达到排除合理怀疑的证明标准；毒品数量是量刑的重要情节，但不是唯一情节。量刑时，特别是在考虑是否适用死刑时，应当考虑毒品数量、犯罪情节、被告人的主观恶性、人身危险性以及当地禁毒形势等各种因素，区别对待。

【案号】一审：（2009）扬刑一初字第 0021 号

二审：（2010）苏刑三终字第 17 号

32. 传授制毒方法行为的定罪处罚（《人民司法》2012 年第 12 期，第 61 页）

【裁判要旨】传授制毒方法的行为人主观上没有制造毒品的共同犯意，也不明知被传授人学习制造毒品是为了贩卖，不构成制造毒品的共犯或贩卖毒品的帮助犯，应以传授犯罪方法罪定罪处罚。行为人所传授的制毒方法最终能否成功制造出毒品，不影响对传授犯罪方法罪的认定。

【案号】一审：（2009）锡刑二初字第 9 号

二审：（2010）苏刑二终字第 0005 号

第二部分 相关罪名认定及案例精解

33. 帮助毒贩收取毒资的定性（《人民司法》2011年第12期，第55页）

【裁判要旨】明知他人贩卖毒品仍帮助收取毒资，属于事中帮助犯，应以贩卖毒品罪的共犯论处；在具体认定贩毒数量时，应正确适用有利于被告人原则。

【案号】一审：（2008）舟刑初字第18号

34. 以毒品抵扣借款是否构成贩卖毒品罪（《人民司法》2011年第14期，第54页）

【裁判要旨】提供毒品给吸毒者吸食以抵扣借款的行为应区别对待：如果行为人以毒品抵扣借款而从中赚取差价，此种行为符合贩卖毒品而从中牟利的行为构成要件，应认定属于贩卖毒品犯罪；如果有证据证明行为人不以牟利为目的而为借款人代购仅用于吸食的少量毒品以抵扣借款，则一般不宜作为刑事犯罪处理。

【案号】一审：（2009）深福法刑初字第1797号

35. 寄存贩毒分子的毒品构成窝藏毒品罪（《人民司法》2011年第22期，第15页）

【裁判要旨】行为人碍于老乡情面，同意贩毒分子将用于贩卖的毒品寄存于自己的暂住处，应根据案件的具体情况认定为窝藏毒品罪。

【案号】一审：（2010）厦刑初字第120号
二审：（2011）闽刑终字第196号

36. 吸毒者为个人吸食携带毒品的定性（《人民司法》2010年第12期，第8页）

【裁判要旨】从立法宗旨上看，吸毒者为个人吸食而携带毒品的行为不符合运输毒品罪主观方面犯罪构成；从行为本质上看，吸毒者为个人吸食而携带毒品的行为系对毒品的动态持有；从最高法院会议纪要上看，吸毒为个人吸食携带毒品的行为应定性为非法持有毒品。

【案号】一审：（2009）深宝法刑初字第585号
二审：（2009）深中法刑一终字第341号

37. 特情介入对毒品犯罪量刑的影响（《人民司法》2010年第12期，第11页、第10页）

【裁判要旨】特情介入是侦破毒品犯罪的有效手段，对特情介入属性的认定及特情介入对毒品犯罪量刑的影响涉及对毒品犯罪分子的公正处罚。

【案号】一审：（2009）渝一中法刑初字第53号
【案号】一审：（2008）开刑初字第0069号

二审：（2008）通中刑一终字第 0093 号

38. 零口供下的毒品犯罪认定（《人民司法》2010 年第 16 期，第 54 页）

【裁判要旨】毒品犯罪隐蔽性强，一些不是当场人赃俱获的幕后指挥者、毒品提供者到案后，往往会千方百计地掩盖罪证，拒不供认罪行，试图逃避刑事处罚，给认定案件事实带来很大困难。对此，应当结合全案的证据进行综合分析，判断零口供被告人的辩解是否成立，内容是否可信，其他证据所形成的犯罪事实是否完整、自然，是否可以排除串供、逼供、诱供的情形，进而确认零口供被告人的毒品犯罪事实是否成立。

【案号】一审：（2010）湛中法刑三初字第 24 号

39. 制造毒品犯罪幕后老板的审查和认定（《人民司法》2010 年第 24 期，第 4 页）

【裁判要旨】制造毒品犯罪的幕后老板拒不认罪，同案被告人在庭审中均予翻供，致使准确认定幕后老板及其在共同制毒犯罪中的地位、作用的难度加大。对此，应仔细甄别全案证据，通过证据间的相互印证来审查认定。

【案号】一审：（2008）成刑初字第 115 号

二审：（2008）川刑终字第 783 号

复核审：（2009）刑五复 51220626 号

40. 对多次贩毒不能机械地判处 3 年以上刑罚（《人民司法》2010 年第 24 期，第 58 页）

【裁判要旨】多次贩卖 K 粉共 3.48 克，根据最高人民法院《关于审理毒品案件定罪量刑标准有关问题的解释》（以下简称《量刑标准》）规定，多人多次贩卖毒品的，可以认定为情节严重。但氯胺酮（俗称 K 粉）属新类型毒品，其毒性相比传统毒品海洛因要弱，在国内泛滥的时间也不长，实践中涉及其犯罪的量刑也缺乏经验。若将其机械地与传统毒品冰毒或海洛因等同看待并进行量刑，很容易造成量刑的整体失衡。

【案号】一审：（2009）金刑初字第 132 号

二审：（2009）汕中法刑二终字第 34 号

41. 贩毒网络中的共犯形式和罪责区分（《人民司法》2019 年第 8 期，第 18 页）

【裁判要旨】贩毒网络中各被告人之间往往存在多种共犯形式。正确区分各被告人的刑事责任并裁量刑罚，首先要查明共犯形式和各被告人之间的关系，再综合考量各被告人的贩毒数额及在贩毒网络中的地位、作用等情节决定刑罚。对被告人适用死刑应特别慎重，毒品犯罪数额不是量刑的唯一依据。对于贩卖毒品数量巨大但有特定的酌定从轻情节的贩毒分子,可以考虑从轻处罚,最终保证法律效果和社会效果的统一。

【案号】一审:(2007)怀中刑一初字第 11 号

二审:(2007)湘高法刑终字第 266 号

复核:(2008)刑五复 26986163 号

42. 以物理方法精炼毒品应定制造毒品罪(《人民司法》2010 年第 12 期,第 8 页)

【裁判要旨】以蒸馏等物理方法,将含有甲基苯丙胺成分的液体提炼成冰毒晶体,足以改变毒品成分和效用,属于以物理方法精炼、提纯毒品的行为,不同于单纯的将毒品掺杂、掺假行为,应当依法认定为制造毒品罪,予以准确惩罚和打击。

【案号】一审:(2008)沪一中刑初字第 186 号

43. 毒品共同犯罪案件被告人翻供的审查与判定(《人民司法》2010 年第 16 期,第 10 页)

【裁判要旨】毒品犯罪案件中,被告人到案后为逃避罪责而翻供的现象较为常见。对此,既不能无视其翻供内容,一律采信其以往所作有罪或者罪重供述,也不能遇翻供就生疑,认为前供一律被否定,从而得出案件没有有罪供述乃至事实不清的意见,而是应当结合全案证据进行综合分析,判断被告人的翻供理由是否成立,内容是否可信,进而确认有罪事实是否成立。

【案号】一审:(2008)渝一中法刑初字第 90 号

二审:(2008)渝高法刑终字第 252 号

复核:(2009)刑五复 50087778 号

44. 唐有珍运输毒品案——毒品犯罪数量不是决定判处死刑的唯一标准?(刑事审判参考第 12 号案例)

确定包括毒品犯罪在内的任何犯罪的刑罚,都应当综合犯罪事实、犯罪性质、情节和对于社会的危害程度,决定具体处刑。死刑依法只"适用于罪行极其严重的犯罪分子",而"罪行"的轻重,要从犯罪主体、客体、犯罪后果等方面综合考虑判定。不能仅根据毒品数量大就一律判处法定最高刑死刑。

45. 金铁万、李光石贩卖毒品案——对于有立功表现的毒品犯罪分子应如何适用刑罚?(刑事审判参考第 27 号案例)

毒品犯罪的社会危害后果十分严重,历来是我国刑法严厉打击的重点。对于毒品犯罪,首先要坚持严厉打击的方针,依法应判处死刑的,要坚决判处死刑,该判处重刑的要坚决重处;同时也要严格执行惩办与宽大相结合的刑事政策，对于具有自首、立功或者其他法定从宽处罚情节的，应该依法从宽处罚。

46. 马俊海运输毒品案——被告人在受人雇佣运输毒品过程中才意识到运输的是毒品的案件应如何适用刑罚？（刑事审判参考第 28 号案例）

运输毒品罪，是指行为人明知是毒品而利用火车、汽车等交通工具，或者采用随身携带的方法，将毒品从一个地点运往另一个地点的行为。对运输毒品案件被告人的处刑，应当根据刑法第六十一条规定的量刑原则，结合案件的具体情况，如行为人运输毒品的数量、对所运输毒品的明知程度以及其他情节，依法判处刑罚。

毒品数量是确定毒品犯罪案件被告人刑罚的重要法定情节，但不是处刑的唯一标准。在审判实践中，不能只强调毒品数量，而忽视案件的其他情节，而应当结合案件的具体情况，根据被告人的主观恶性程度，判处的刑罚应当与犯罪分子所犯罪行相适应。运输毒品的犯罪人多为他人雇佣而实施犯罪，其主观恶性因案各异：有的运输之前就知道是毒品、有的在运输中才推测出是毒品、有的意识到自己运输的只是违禁品，这反映出同是运输毒品，而不同案件的被告人主观恶性不同，对此，应当作为酌定情节在处刑时予以考虑。

47. 张敏贩卖毒品案——如何正确认定非法持有毒品罪？（刑事审判参考第 108 号案例）

【裁判要旨】正确认定藏匿、储存毒品行为的性质，关键要看行为人的主观故意。如果有证据证明行为人以走私、贩卖毒品为目的，那么，行为人藏匿或储存毒品的行为就是走私、贩卖毒品行为的组成部分，构成走私、贩卖毒品罪；如果行为人不具有走私、贩卖毒品的目的，或者未掌握这方面的证据，那么，行为人的行为则构成非法持有毒品罪。在实践中，应把被告人的犯罪事实作为一个整体看待。如果行为人主观上有贩卖毒品的故意，客观上有贩卖毒品的经历，并且，行为人本人不吸毒或者行为人虽然吸毒，但藏匿或储存的毒品数量明显超过个人吸食所需数量，那么，行为人非法持有毒品的行为应视为是为贩卖毒品做准备，是贩卖毒品行为的组成部分，应以贩卖毒品罪定罪。

48. 庄木根、刘平平、郑斌非法买卖枪支、贩卖毒品案——非法买卖枪支时以毒品冲抵部分价款行为如何定性（刑事审判参考第 463 号）

【裁判要旨】以毒品冲抵部分买卖枪支价款的行为构成贩卖毒品罪，该贩卖毒品行为与非法买卖枪支行为之间不存在牵连关系，应予数罪并罚。

49. 黄学东非法持有毒品案——非法持有毒品罪认定中应当注意的问题？（刑事审判参考第284号）

【裁判要旨】明知是毒品而无合法理由持有，即为非法持有毒品。非法持有毒品罪的立法目的在于，对那些被查获的行为人，因非法持有数量较大的毒品，但又没有足够证据证明其犯有其他毒品犯罪而设的罪名。相反，如果确有足够证据证明被查获的毒品持有人具有其他毒品犯罪的目的，则应认定构成其他相关毒品罪。

50. 制造毒品失败的行为能否认定为犯罪未遂？

【裁判要旨】对于制毒行为已经完成，成品却已灭失，如被丢弃或吸食，制毒原材料无法提取的情形，因缺乏必要的毒品鉴定结论，亦没有充分证据证实所制造出的物品系毒品的，可分下列情况处理：（1）毒品灭失情况下，仅有被告人供述，亦缺乏相关证据材料证实被告人实施制毒犯罪的，不能仅靠被告人供述确定毒品数量并定案。（2）毒品灭失情况下，毒品交易双方或者毒品共犯的被告人均供认已经制造出"毒品"，且根据其他证据能够逻辑地推定制造出毒品的，应当认定犯罪既遂。毒品数量可根据双方一致的供认认定，若双方供述不一致，采取"就低不就高"，有利被告的原则认定。（3）毒品灭失情况下，毒品交易双方或者毒品共犯的被告人均供认制造毒品，但对毒品的品质有疑义，因成品灭失致使无法鉴定，也缺乏证据证明制毒原材料为何物的，按照排除合理怀疑的证明标准，可以认定为犯罪未遂。具体毒品数量应根据被告人供述，结合"就低不就高"原则确定。

（四）证据指引

1. 犯罪嫌疑人供述和辩解

（1）犯罪嫌疑人的基本情况；

（2）问清贩卖毒品的动机和目的；

（3）每次贩卖毒品的时间、地点、范围及全部过程；问清毒品的来源、种类、数量（剂量）、去向、贩卖次数及毒品的真伪；

（4）作案工具、交通运输工具、方式方法、资金渠道、获利数额、赃款去向都应问清；

（5）共同犯罪的，应查明犯意的提起、策划、联络、分工、实施、分赃等情况，以及每一人在共同犯罪中所起的地位和作用。

（6）查明主观对毒品的认知情况（明知和应当知道）。如本人辩称主观对毒品不明知，但具有下列情形之一，并且犯罪嫌疑人、被告人不能做出合理解释的，可以认定其"应当知道"，有证据证明确属被蒙骗的除外：

①执法人员在口岸、机场、车站、港口和其他检查站检查时,要求行为人申报为他人携带的物品和其他疑似毒品物,并告知其法律责任,而行为人未如实申报,在其所携带的物品内查获毒品的;

②以伪报、藏匿、伪装等蒙蔽手段逃避海关、边防等检查,在其携带、运输、邮寄的物品中查获毒品的;

③执法人员检查时,有逃跑、丢弃携带物品或逃避、抗拒检查等行为,在其携带或丢弃的物品中查获毒品的;

④体内藏匿毒品的;

⑤为获取不同寻常的高额或不等值的报酬而携带、运输毒品的;

⑥采用高度隐蔽的方式携带、运输毒品的;

⑦采用高度隐蔽的方式交接毒品,明显违背合法物品惯常交接方式的;

⑧其他有证据足以证明行为人应当知道的。

(7) 查明其本人是否吸毒。

2. 证人证言

(1) 询问知情人、家庭、朋友、有往来的人,重点是毒品流动过程中的上线和下线;

(2) 询问知情者关于犯罪嫌疑人作案动机、目的,具体作案时间,作案经过以及作案后表现等方面证言。

3. 物证、书证

(1) 作案工具(如车辆等运输工具等),现场遗留物等实物和照片;

(2) 书信、毒品资金、银行汇款凭证、账簿、通话记录、短信、病历、医疗诊断结论等。

4. 鉴定结论

毒品种类、纯度的鉴定结论、技术鉴定等。

5. 勘验、检查笔录

现场勘查图、现场照片、录像、现场勘验、检查笔录(含提取、扣押现场遗留的可能与案件有关的痕迹、物品、文件清单)等。

6. 视听资料、电子数据

监控录像、犯罪嫌疑人的供述经过的录音、录像资料等。

7. 其他证据材料

(1) 犯罪嫌疑人的身份材料,包括户籍信息,有前科劣迹,应调取法院判决书、行政处罚决定书、释放证明书、犯罪嫌疑人有投案自首、立功表现的,公安机关出具的是否成立自首、立功的书面说明等有效法律文件;

(2) 抓获经过、出警经过、报案材料等。

十六、协助组织卖淫罪认定及案例精解

一、个罪概述

（一）个罪概念及构成要件

协助组织卖淫罪，是指协助他人组织妇女包括男性卖淫，即为他人实施组织卖淫的犯罪活动提供方便、创造条件、排除障碍的行为。

1. 客体要件：本罪侵犯的客体是社会治安管理秩序。组织卖淫罪是一种严重的犯罪行为，而协助组织卖淫虽不是组织他人卖淫，但却在组织他人卖淫的犯罪活动中起了重要作用。特别是有些协助者的行为手段恶劣，造成的后果特别严重。因而对协助组织他人卖淫的行为予以惩处，有利于震慑这类犯罪分子，维护社会治安。

2. 客观要件：本罪在客观方面表现为实施了对组织他人卖淫犯罪活动起协助作用的犯罪行为。

首先，行为人是在协助他人实施组织卖淫犯罪。被协助的人是实施犯罪行为的人，如果被协助人的行为不构成犯罪，则为其提供帮助的人也不应构成犯罪。协助行为从属于犯罪实行行为；同时，行为人协助他人实施的是组织卖淫罪。如果行为人帮助他人实施的是其他犯罪，则不构成协助组织卖淫罪，而可能构成其他犯罪的共犯。

其次，协助组织卖淫罪的行为人实施的是组织卖淫罪的帮助行为。所谓组织卖淫罪的帮助行为是指在多人共同实施组织卖淫犯罪活动中，为实行犯顺利地实行犯罪创造条件的行为，比如为组织卖淫犯罪行为人充当打手、保镖、管账人员等。司法实践中认定协助组织卖淫的犯罪即组织卖淫罪的帮助犯时，一定要注意将其与在其同犯罪中起次要作用的从犯相区别。起帮助作用的从犯和起次要作用的从犯在共同犯罪中的地位与主犯相比都是次要、从属的地位。但是，起次要作用的从犯是具体参与实施了客观行为的人员，只是参与程度、对犯罪完成所起的作用、直接造成的危害等比主犯轻；而帮助犯是没有具体参与实施客观行为的人员，在组织卖淫犯罪中，客观行为是指以招募、雇佣、引诱、容留等手段，控制多人从事卖淫的行为。组织卖淫罪中的帮助犯即协助组织卖淫的人员是指没有具体参与实施上述行为而只是为他人实施上述行为提供物质上的、体力上的或者精神上帮助的行为人员，如充当爪牙、望风放哨等行为就是典型的协助组织卖淫行为。与之不同的是，组织卖淫罪共犯中起次要作用的从犯是指那些遵照首要分子或其他主犯的组织、策划、指挥，在一定程度上参与了实行行为但危害相对较轻的人员，比如组织卖淫集团中实施"拉皮条"、网罗卖淫人员等行为，但次数较少、危害较轻的人员就属于从犯。对于组织卖淫犯罪中的从犯，由于法律并没有将之单独规定为一罪，因此应根据刑法总则的规定，以组织卖淫罪定罪处刑，但应当从轻、减轻处罚或者免除处罚。

3. 主体要件：本罪的主体是一般主体，即凡达到刑事责任年龄，具有刑事责任能力的自然人均可构成本罪。

4. 主观要件：本罪在主观方面表现为具有协助组织他人卖淫的"协助故意"。即行为人明知自己是在进行协助组织他人卖淫的犯罪活动，而为组织他人卖淫犯罪提供帮助、创造条件，并希望或放任危害结果的发生。动机如何不影响本罪构成。

(二) 个罪辨析

在组织他人卖淫的犯罪中，除组织者以外，其他成员非常复杂，他们的行为是否构成协助组织他人卖淫罪，有时很难掌握。我们认为，实践中可以从以下几方面把握协助组织卖淫罪与非罪的界限：（1）行为人主观上是否明知自己是在实施协助组织他人卖淫的行为。本罪是故意犯罪，如果行为人受他人蒙骗，根本不知自己的行为是在协助组织他人卖淫，则不能构成犯罪。（2）行为人客观上是否实施了协助组织他人卖淫的行为。如果行为人实施了协助组织他人卖淫的行为，如充当打手、保镖等。则其行为构成协助组织卖淫罪。如果行为人所实施的行为不是协助组织他人卖淫的行为，例如为组织卖淫者充当杂役，提供个人生活服务，危害不大，不应视为协助组织卖淫的行为，不认为是犯罪。

二、实务操作

(一) 刑法条文

第三百五十八条第四款【协助组织卖淫罪】 为组织卖淫的人招募、运送人员或者有其他协助组织他人卖淫行为的，处五年以下有期徒刑，并处罚金；情节严重的，处五年以上十年以下有期徒刑，并处罚金。

（二）司法解释及指导性文件

1. 最高人民法院、最高人民检察院关于执行《全国人大常委会关于严禁卖淫嫖娼的决定》的若干问题的解答（节录）（1992年12月11日 法发〔1992〕42号）

三、怎样认定协助组织他人卖淫罪？

根据《决定》第一条第二款的规定，协助组织他人卖淫罪，是指在组织他人卖淫的共同犯罪中起帮助作用的行为。如充当保镖、打手、管账人等。

依照《决定》第一条第二款的规定，协助组织他人卖淫的行为，有具体的罪状和单独的法定刑，应当确定为独立的罪名，适用单独的法定刑处罚，不适用刑法总则第二十四条关于从犯的处罚原则。

2. 最高人民检察院、公安部关于公安机关管辖的刑事案件立案追诉标准的规定（一）（2008年6月25日 公通字〔2008〕36号）

第七十七条 协助组织卖淫案（刑法第三百五十八条第三款）在组织卖淫的犯罪活动中，充当保镖、打手、管账人等，起帮助作用的，应予立案追诉。

3. 最高人民法院、最高人民检察院关于办理组织、强迫、引诱、容留、介绍卖淫刑事案件适用法律若干问题的解释（2017年7月25日 法释〔2017〕13号）

为依法惩治组织、强迫、引诱、容留、介绍卖淫犯罪活动，根据刑法有关规定，结合司法工作实际，现就办理这类刑事案件具体应用法律的若干问题解释如下：

第一条 以招募、雇佣、纠集等手段，管理或者控制他人卖淫，卖淫人员在三人以上的，应当认定为刑法第三百五十八条规定的"组织他人卖淫"。

组织卖淫者是否设置固定的卖淫场所、组织卖淫者人数多少、规模大小，不影响组织卖淫行为的认定。

第二条 组织他人卖淫，具有下列情形之一的，应当认定为刑法第三百五十八条第一款规定的"情节严重"：

（一）卖淫人员累计达十人以上的；

（二）卖淫人员中未成年人、孕妇、智障人员、患有严重性病的人累计达五人以上的；

（三）组织境外人员在境内卖淫或者组织境内人员出境卖淫的；

（四）非法获利人民币一百万元以上的；

（五）造成被组织卖淫的人自残、自杀或者其他严重后果的；

（六）其他情节严重的情形。

第三条 在组织卖淫犯罪活动中,对被组织卖淫的人有引诱、容留、介绍卖淫行为的,依照处罚较重的规定定罪处罚。但是,对被组织卖淫的人以外的其他人有引诱、容留、介绍卖淫行为的,应当分别定罪,实行数罪并罚。

第四条 明知他人实施组织卖淫犯罪活动而为其招募、运送人员或者充当保镖、打手、管账人等的,依照刑法第三百五十八条第四款的规定,以协助组织卖淫罪定罪处罚,不以组织卖淫罪的从犯论处。

在具有营业执照的会所、洗浴中心等经营场所担任保洁员、收银员、保安员等,从事一般服务性、劳务性工作,仅领取正常薪酬,且无前款所列协助组织卖淫行为的,不认定为协助组织卖淫罪。

第五条 协助组织他人卖淫,具有下列情形之一的,应当认定为刑法第三百五十八条第四款规定的"情节严重":

(一)招募、运送卖淫人员累计达十人以上的;

(二)招募、运送的卖淫人员中未成年人、孕妇、智障人员、患有严重性病的人累计达五人以上的;

(三)协助组织境外人员在境内卖淫或者协助组织境内人员出境卖淫的;

(四)非法获利人民币五十万元以上的;

(五)造成被招募、运送或者被组织卖淫的人自残、自杀或者其他严重后果的;

(六)其他情节严重的情形。

第六条 强迫他人卖淫,具有下列情形之一的,应当认定为刑法第三百五十八条第一款规定的"情节严重":

(一)卖淫人员累计达五人以上的;

(二)卖淫人员中未成年人、孕妇、智障人员、患有严重性病的人累计达三人以上的;

(三)强迫不满十四周岁的幼女卖淫的;

(四)造成被强迫卖淫的人自残、自杀或者其他严重后果的;

(五)其他情节严重的情形。

行为人既有组织卖淫犯罪行为,又有强迫卖淫犯罪行为,且具有下列情形之一的,以组织、强迫卖淫"情节严重"论处:

(一)组织卖淫、强迫卖淫行为中具有本解释第二条、本条前款规定的"情节严重"情形之一的;

(二)卖淫人员累计达到本解释第二条第一、二项规定的组织卖淫"情节严重"人数标准的;

(三)非法获利数额相加达到本解释第二条第四项规定的组织卖淫"情节

严重"数额标准的。

第七条 据刑法第三百五十八条第三款的规定，犯组织、强迫卖淫罪，并有杀害、伤害、强奸、绑架等犯罪行为的，依照数罪并罚的规定处罚。协助组织卖淫行为人参与实施上述行为的，以共同犯罪论处。

根据刑法第三百五十八条第二款的规定，组织、强迫未成年人卖淫的，应当从重处罚。

第八条 引诱、容留、介绍他人卖淫，具有下列情形之一的，应当依照刑法第三百五十九条第一款的规定定罪处罚：

（一）引诱他人卖淫的；

（二）容留、介绍二人以上卖淫的；

（三）容留、介绍未成年人、孕妇、智障人员、患有严重性病的人卖淫的；

（四）一年内曾因引诱、容留、介绍卖淫行为被行政处罚，又实施容留、介绍卖淫行为的；

（五）非法获利人民币一万元以上的。

利用信息网络发布招嫖违法信息，情节严重的，依照刑法第二百八十七条之一的规定，以非法利用信息网络罪定罪处罚。同时构成介绍卖淫罪的，依照处罚较重的规定定罪处罚。

引诱、容留、介绍他人卖淫是否以营利为目的，不影响犯罪的成立。

引诱不满十四周岁的幼女卖淫的，依照刑法第三百五十九条第二款的规定，以引诱幼女卖淫罪定罪处罚。

被引诱卖淫的人员中既有不满十四周岁的幼女，又有其他人员的，分别以引诱幼女卖淫罪和引诱卖淫罪定罪，实行并罚。

第九条 引诱、容留、介绍他人卖淫，具有下列情形之一的，应当认定为刑法第三百五十九条第一款规定的"情节严重"：

（一）引诱五人以上或者引诱、容留、介绍十人以上卖淫的；

（二）引诱三人以上的未成年人、孕妇、智障人员、患有严重性病的人卖淫，或者引诱、容留、介绍五人以上该类人员卖淫的；

（三）非法获利人民币五万元以上的；

（四）其他情节严重的情形。

第十条 组织、强迫、引诱、容留、介绍他人卖淫的次数，作为酌定情节在量刑时考虑。

第十一条 具有下列情形之一的，应当认定为刑法第三百六十条规定的"明知"：

（一）有证据证明曾到医院或者其他医疗机构就医或者检查，被诊断为患有严重性病的；

（二）根据本人的知识和经验，能够知道自己患有严重性病的；

（三）通过其他方法能够证明行为人是"明知"的。

传播性病行为是否实际造成他人患上严重性病的后果，不影响本罪的成立。

刑法第三百六十条规定所称的"严重性病"，包括梅毒、淋病等。其它性病是否认定为"严重性病"，应当根据《中华人民共和国传染病防治法》《性病防治管理办法》的规定，在国家卫生与计划生育委员会规定实行性病监测的性病范围内，依照其危害、特点与梅毒、淋病相当的原则，从严掌握。

第十二条 明知自己患有艾滋病或者感染艾滋病病毒而卖淫、嫖娼的，依照刑法第三百六十条的规定，以传播性病罪定罪，从重处罚。

具有下列情形之一，致使他人感染艾滋病病毒的，认定为刑法第九十五条第三项"其他对于人身健康有重大伤害"所指的"重伤"，依照刑法第二百三十四条第二款的规定，以故意伤害罪定罪处罚：

（一）明知自己感染艾滋病病毒而卖淫、嫖娼的；

（二）明知自己感染艾滋病病毒，故意不采取防范措施而与他人发生性关系的。

第十三条 犯组织、强迫、引诱、容留、介绍卖淫罪的，应当依法判处犯罪所得二倍以上的罚金。共同犯罪的，对各共同犯罪人合计判处的罚金应当在犯罪所得的二倍以上。

对犯组织、强迫卖淫罪被判处无期徒刑的，应当并处没收财产。

第十四条 根据刑法第三百六十二条、第三百一十条的规定，旅馆业、饮食服务业、文化娱乐业、出租汽车业等单位的人员，在公安机关查处卖淫、嫖娼活动时，为违法犯罪分子通风报信，情节严重的，以包庇罪定罪处罚。事前与犯罪分子通谋的，以共同犯罪论处。

具有下列情形之一的，应当认定为刑法第三百六十二条规定的"情节严重"：

（一）向组织、强迫卖淫犯罪集团通风报信的；

（二）二年内通风报信三次以上的；

（三）一年内因通风报信被行政处罚，又实施通风报信行为的；

（四）致使犯罪集团的首要分子或者其他共同犯罪的主犯未能及时归案的；

（五）造成卖淫嫖娼人员逃跑，致使公安机关查处犯罪行为因取证困难而撤销刑事案件的；

（六）非法获利人民币一万元以上的；

（七）其他情节严重的情形。

第十五条 本解释自 2017 年 7 月 25 日起施行。

（三）裁判要旨

1. 协助组织卖淫罪的认定

【裁判要旨】余某某将某足浴馆租来交给王某经营。王某通过招聘卖淫女、为嫖宿人员介绍卖淫女等方式组织卖淫。被告人罗某某被王某聘请为该足浴馆经理，负责日常经营管理、为嫖宿人员安排卖淫女等。被告人罗某某协助组织他人卖淫，其行为已构成协助组织卖淫罪。

【案号】（2015）渝北法刑初字第 00344 号

2. 组织与协助组织卖淫罪的区分

【裁判要旨】在区分组织卖淫罪与协助组织卖淫罪时，应以各行为人在整个卖淫犯罪中的分工而非作用大小为标准。对于控制管理卖淫人员及卖淫活动的人员，应认定为组织卖淫罪；对于从事与上述活动无关的人员，则应认定为协助组织卖淫罪。在组织与协助组织卖淫人员中，仍然可以区分主从犯，并适用刑法总则关于从犯处罚的规定。

【案号】一审：（2014）浙台刑一初字第 57 号

二审：（2015）浙刑三终字第 37 号

（四）证据指引

1. 犯罪嫌疑人供述和辩解

（1）嫌疑人的基本情况，是否有前科；

（2）作案的动机和目的；

（3）实施犯罪活动的时间、地点、手段、方式方法。

组织的基本行为：是否以正常经营活动为幌子、选择的处所及其构造、提供的服务设施和其他物质条件、选择的作案时机、卖淫的方式、招嫖方法、嫖客及卖淫人员的来源、嫖资价格、日常管理制度等；

强迫卖淫活动情节、手段，如有无强迫不满 14 周岁幼女卖淫，是否明知相关卖淫人员为幼女，强迫多人或多次强迫他人卖淫、强奸后迫使其卖淫等情节及具体行为的实施人；

被害人被迫进行卖淫的具体情况：卖淫的时间、地点、次数、利益分配情况及嫖客的基本情况；

强迫行为造成的后果，如是否导致被害人伤亡和疾病等。

（4）同案犯情况，包括其他组织者、协助组织者以及卖淫人员的基本情况，预谋、策划、分工、具体行为及犯罪所得的分配情况；

（5）参与卖淫人数及次数，卖淫人员吃、住及工资结算、日常管理情况。

2. 被害人陈述

（1）被害人基本情况、来源；

（2）组织、强迫卖淫活动时间、地点、手段、情节，招嫖卖淫的方式方法、嫖资价格、日常管理制度等；

（3）组织者、协助组织者及有关人员的分工及具体行为等；

（4）被强迫卖淫过程中是否导致人身伤亡、性病或其他疾病及相关证据；

（5）是否有被强奸后迫使其卖淫的情况。

3. 证人证言

询问房屋出租、车辆出租、餐饮服务等行业的相关证人、嫖娼人员和其他知情人，查明：

（1）被害人基本情况、来源，其他被害人的基本情况、来源；

（2）组织、强迫卖淫活动时间、地点、手段、情节，卖淫的方式、招嫖方法、嫖客、嫖资价格、日常管理等情况；

（3）组织者、协助组织者及有关人员的分工及具体行为等；

（4）被强迫卖淫过程中是否导致人身伤亡、性病或其他伤病及相关证据。

4. 物证、书证

（1）组织、强迫卖淫的作案工具以及避孕套等卖淫工具等；

（2）组织或协助组织者私自扣押的个人证件等；

（3）租赁相关场所的合同；

（4）相关招聘广告、管理制度、工资领取记录、人员名册资料、电话号码簿、卖淫人员工勤记录、账本账单等；

（5）被强迫卖淫过程中导致人身、性病或其他伤病的证据；

（6）不满14周岁幼女的身份证明等材料。

5. 辨认笔录

被侵害人、证人、犯罪嫌疑人对犯罪现场、嫌疑人以及其他能够证明其犯罪事实的场所、人员、物品进行指认。

6. 勘验、检查笔录

（1）对组织、强迫卖淫相关涉案场所进行勘验、检查形成的笔录、现场图及照片；

（2）强迫现场及强迫卖淫过程中实施强奸、造成重伤或死亡等重点现场的勘察，提取相关痕迹物证；

（3）对相关人员的人身检查。

7. 鉴定结论

对受害人的伤害情况进行鉴定。

8. 其他证据材料

（1）犯罪嫌疑人（自然人）的年龄、身份证据材料，包括：户籍信息；工作证、专业或技术等级证；有前科劣迹，应调取法院判决书、行政处罚决定书、释放证明书，犯罪嫌疑人有投案自首、立功表现的，公安机关出具的是否成立自首、立功的书面说明等有效法律文件；

（2）犯罪嫌疑人（单位）的身份材料，包括：企业法人的营业执照、法人工商注册登记证明、法人单位性质证明、税务登记证明、单位代码等；法定代表人、直接负责的主管人员、其他直接责任人员在单位的任职、职责、权限等证明材料；

（3）抓获经过、出警经过、报案材料等。

十七、组织卖淫罪认定及案例精解

一、个罪概述

（一）个罪概念及构成要件

组织卖淫罪，是指以招募、雇佣、引诱、容留等手段，纠集、控制多人从事卖淫的行为。

1. 客体要件：本罪侵犯的客体是社会风化和治安管理秩序。卖淫是一种腐朽、丑恶的社会现象。而组织他人卖淫，是卖淫嫖娼活动产生、存在并不断蔓延的重要原因。这种行为毒化了社会风化，危害了社会治安。本罪的对象是自然人，一般情况下是女性，但男性也可以成为本罪的对象。

2. 客观要件：本罪在客观方面表现为行为人实施了组织、策划、指挥他人卖淫的行为。组织，是指发起、建立卖淫集团或卖淫窝点，将分散的卖淫行为进行集中和控制，并在其中起组织作用的行为。例如，将分散的卖淫人员串联组合成一个比较固定的卖淫集团，将咖啡厅、歌舞厅、饭店、旅店、出租汽车等组织成为卖淫或者变相卖淫的场所，等等，即属于比较常见的组织卖淫行为。策划，是指对组织卖淫活动进行谋划布置、制订计划的行为。如为组织卖淫集团制订计划、拟订具体方案、物色卖淫妇女的行为，以及为建立卖淫窝点而进行的选择时间、地点、设计伪装现场等行为。策划行为是为组织犯的重要参谋决策行为，对于完成特定的犯罪具有重要的作用，因而是一种重要的广义的组织行为。指挥，是指行为人在实施组织他人卖淫活动中起领导、指挥作用，如实际指挥、命令、调度卖淫活动的具体实施等。指挥是直接实施策划方案、执行组织者意图的实行行为，对于具体施行组织卖淫活动往往具有直接的决定作用。上述组织、策划、指挥三种行为，都是组织卖淫的行为，都具有明显的组织性，行为人只要具备其中一种或者数种行为，就可认定其实施了组织卖淫行为。组织他人卖淫的具体手段，主要是招募、雇佣、强迫、引诱、容留等手段。

3. 主体要件：本罪的主体是一般主体，即凡年满16周岁并具有刑事责任能力的自然人，均可成为本罪的主体。单位不能成为本罪的主体。如果旅馆业、饮食服务业、文化娱乐业等单位的人员或者负责人，利用本单位的条件，组织他人卖淫的,也应按自然人犯罪处理,即追究组织者的刑事责任。组织卖淫罪的主体可以是男性,也可以是女性;可以是一人,也可以是多人。

4. 主观要件:本罪在主观方面表现为故意,一般出于牟利的目的。但因为刑法没有将牟利的目的规定为主观要件,故不管出于何种目的,只要行为人主观上对组织他人卖淫行为是故意的,即构成本罪。

(二) 个罪辨析

1. 本罪与介绍卖淫罪的界限

司法实践中,两者有时很难区分,因为介绍卖淫往往是组织卖淫罪的方法、手段行为,实践中,主要从以下两个方面把握二者的区别:

(1) 犯罪的主观故意不同。介绍卖淫罪中行为人的主观故意是为卖淫人员寻找卖淫对象,即嫖客;组织卖淫罪中行为人的主观故意是组织多名卖淫者从事卖淫活动。

(2) 犯罪的客观表现不同。介绍卖淫罪在客观方面表现为在卖淫人员与嫖客之间进行引见、撮合,促进卖淫、嫖娼的实行;组织卖淫罪中行为人的客观方面是组织多名卖淫者从事卖淫活动。

2. 组织卖淫罪与犯罪集团的区别

(1) 犯罪集团是共同犯罪的一种形式,不是罪名,只是量刑的一个情节;组织卖淫罪是一个独立的罪名,不是犯罪情节。

(2) 在组织他人卖淫的活动中,只有组织者、协助组织者构成犯罪,被组织者不构成犯罪,而犯罪集团的成员,无论是组织犯、实行犯、帮助犯、教唆犯,只是实施共同犯罪的行为,都构成犯罪。

(3) 犯罪集团一般有固定的组织形式,并长期或多次进行一种或多种犯罪活动。而组织卖淫罪不以是否具有固定的组织形式及犯罪活动的时间、次数为构成要件。

3. 组织卖淫罪与容留卖淫罪的界限

区分二者的关键是看其是否具有组织性。组织卖淫罪,是指行为人以招募、雇佣、强迫、引诱、容留等手段,将分散的卖淫人员纠集、控制起来,管理、安排她们进行卖淫。一般情况下,这些卖淫妇女本身带有一种自愿性,组织者都要有组织行为。组织性具体体现在以下三方面:

(1) 是否建立卖淫组织。无论是否具有固定的卖淫场所,组织卖淫必然要建立相应的卖淫组织。卖淫组织的建立一般首先是组织者采取各种手段纠集卖淫人员,在纠集卖淫人员的过程中,组织者是处于发起、负责的地位,目的是掌握一定的卖淫人员,以实现组织卖淫,从中牟利。

(2) 是否对卖淫者进行管理。组织者通过制定、确立相关的人、财、物管理方法，与卖淫人员之间形成组织和被组织、管理和被管理的关系。

（3）是否组织、安排卖淫活动。主要是指组织者在卖淫组织中有无参与组织、安排具体的卖淫活动，具体方式有推荐、介绍卖淫活动，招揽嫖客、安排相关服务、提供物质便利条件等。

容留卖淫罪是仅为卖淫人员提供进行卖淫活动的处所的行为。此罪没有形成卖淫组织，行为人没有组织、管理卖淫活动。组织卖淫的行为人有引诱、容留卖淫行为的，均应作为组织卖淫的手段之一，可作为量刑情节考虑，不实行数罪并罚。

二、实务操作

（一）刑法条文

第三百五十八条【组织卖淫罪】 组织、强迫他人卖淫的，处五年以上十年以下有期徒刑，并处罚金；情节严重的，处十年以上有期徒刑或者无期徒刑，并处罚金或者没收财产。

组织、强迫未成年人卖淫的，依照前款的规定从重处罚。

犯前两款罪，并有杀害、伤害、强奸、绑架等犯罪行为的，依照数罪并罚的规定处罚。

（二）司法解释及指导性文件

1. 最高人民法院、最高人民检察院关于办理组织、强迫、引诱、容留、介绍卖淫等刑事案件适用法律若干问题的解释（2017年7月25日 法释〔2017〕13号）

为依法惩治组织、强迫、引诱、容留、介绍卖淫犯罪活动，根据刑法有关规定，结合司法工作实际，现就办理这类刑事案件具体应用法律的若干问题解释如下：

第一条 以招募、雇佣、纠集等手段，管理或者控制他人卖淫，卖淫人员在三人以上的，应当认定为刑法第三百五十八条规定的"组织他人卖淫"。

组织卖淫者是否设置固定的卖淫场所、组织卖淫者人数多少、规模大小，不影响组织卖淫行为的认定。

第二条 组织他人卖淫，具有下列情形之一的，应当认定为刑法第三百五十八条第一款规定的"情节严重"：

（一）卖淫人员累计达十人以上的；

（二）卖淫人员中未成年人、孕妇、智障人员、患有严重性病的人累计达五人以上的；

（三）组织境外人员在境内卖淫或者组织境内人员出境卖淫的；

（四）非法获利人民币一百万元以上的；
（五）造成被组织卖淫的人自残、自杀或者其他严重后果的；
（六）其他情节严重的情形。

第三条 在组织卖淫犯罪活动中，对被组织卖淫的人有引诱、容留、介绍卖淫行为的，依照处罚较重的规定定罪处罚。但是，对被组织卖淫的人以外的其他人有引诱、容留、介绍卖淫行为的，应当分别定罪，实行数罪并罚。

第四条 明知他人实施组织卖淫犯罪活动而为其招募、运送人员或者充当保镖、打手、管账人等的，依照刑法第三百五十八条第四款的规定，以协助组织卖淫罪定罪处罚，不以组织卖淫罪的从犯论处。

在具有营业执照的会所、洗浴中心等经营场所担任保洁员、收银员、保安员等，从事一般服务性、劳务性工作，仅领取正常薪酬，且无前款所列协助组织卖淫行为的，不认定为协助组织卖淫罪。

第五条 协助组织他人卖淫，具有下列情形之一的，应当认定为刑法第三百五十八条第四款规定的"情节严重"：

（一）招募、运送卖淫人员累计达十人以上的；
（二）招募、运送的卖淫人员中未成年人、孕妇、智障人员、患有严重性病的人累计达五人以上的；
（三）协助组织境外人员在境内卖淫或者协助组织境内人员出境卖淫的；
（四）非法获利人民币五十万元以上的；
（五）造成被招募、运送或者被组织卖淫的人自残、自杀或者其他严重后果的；
（六）其他情节严重的情形。

第六条 强迫他人卖淫，具有下列情形之一的，应当认定为刑法第三百五十八条第一款规定的"情节严重"：

（一）卖淫人员累计达五人以上的；
（二）卖淫人员中未成年人、孕妇、智障人员、患有严重性病的人累计达三人以上的；
（三）强迫不满十四周岁的幼女卖淫的；
（四）造成被强迫卖淫的人自残、自杀或者其他严重后果的；
（五）其他情节严重的情形。

行为人既有组织卖淫犯罪行为，又有强迫卖淫犯罪行为，且具有下列情形之一的，以组织、强迫卖淫"情节严重"论处：

（一）组织卖淫、强迫卖淫行为中具有本解释第二条、本条前款规定的"情节严重"情形之一的；

（二）卖淫人员累计达到本解释第二条第一、二项规定的组织卖淫"情节严重"人数标准的；

（三）非法获利数额相加达到本解释第二条第四项规定的组织卖淫"情节严重"数额标准的。

第七条 根据刑法第三百五十八条第三款的规定，犯组织、强迫卖淫罪，并有杀害、伤害、强奸、绑架等犯罪行为的，依照数罪并罚的规定处罚。协助组织卖淫行为人参与实施上述行为的，以共同犯罪论处。

根据刑法第三百五十八条第二款的规定，组织、强迫未成年人卖淫的，应当从重处罚。

第八条 引诱、容留、介绍他人卖淫，具有下列情形之一的，应当依照刑法第三百五十九条第一款的规定定罪处罚：

（一）引诱他人卖淫的；

（二）容留、介绍二人以上卖淫的；

（三）容留、介绍未成年人、孕妇、智障人员、患有严重性病的人卖淫的；

（四）一年内曾因引诱、容留、介绍卖淫行为被行政处罚，又实施容留、介绍卖淫行为的；

（五）非法获利人民币一万元以上的。

利用信息网络发布招嫖违法信息，情节严重的，依照刑法第二百八十七条之一的规定，以非法利用信息网络罪定罪处罚。同时构成介绍卖淫罪的，依照处罚较重的规定定罪处罚。

引诱、容留、介绍他人卖淫是否以营利为目的，不影响犯罪的成立。

引诱不满十四周岁的幼女卖淫的，依照刑法第三百五十九条第二款的规定，以引诱幼女卖淫罪定罪处罚。

被引诱卖淫的人员中既有不满十四周岁的幼女，又有其他人员的，分别以引诱幼女卖淫罪和引诱卖淫罪定罪，实行并罚。

第九条 引诱、容留、介绍他人卖淫，具有下列情形之一的，应当认定为刑法第三百五十九条第一款规定的"情节严重"：

（一）引诱五人以上或者引诱、容留、介绍十人以上卖淫的；

（二）引诱三人以上的未成年人、孕妇、智障人员、患有严重性病的人卖淫，或者引诱、容留、介绍五人以上该类人员卖淫的；

（三）非法获利人民币五万元以上的；

（四）其他情节严重的情形。

第十条 组织、强迫、引诱、容留、介绍他人卖淫的次数，作为酌定情节在量刑时考虑。

第十一条 具有下列情形之一的,应当认定为刑法第三百六十条规定的"明知":

(一)有证据证明曾到医院或者其他医疗机构就医或者检查,被诊断为患有严重性病的;

(二)根据本人的知识和经验,能够知道自己患有严重性病的;

(三)通过其他方法能够证明行为人是"明知"的。

传播性病行为是否实际造成他人患上严重性病的后果,不影响本罪的成立。

刑法第三百六十条规定所称的"严重性病",包括梅毒、淋病等。其他性病是否认定为"严重性病",应当根据《中华人民共和国传染病防治法》《性病防治管理办法》的规定,在国家卫生与计划生育委员会规定实行性病监测的性病范围内,依照其危害、特点与梅毒、淋病相当的原则,从严掌握。

第十二条 明知自己患有艾滋病或者感染艾滋病病毒而卖淫、嫖娼的,依照刑法第三百六十条的规定,以传播性病罪定罪,从重处罚。

具有下列情形之一,致使他人感染艾滋病病毒的,认定为刑法第九十五条第三项"其他对于人身健康有重大伤害"所指的"重伤",依照刑法第二百三十四条第二款的规定,以故意伤害罪定罪处罚:

(一)明知自己感染艾滋病病毒而卖淫、嫖娼的;

(二)明知自己感染艾滋病病毒,故意不采取防范措施而与他人发生性关系的。

第十三条 犯组织、强迫、引诱、容留、介绍卖淫罪的,应当依法判处犯罪所得二倍以上的罚金。共同犯罪的,对各共同犯罪人合计判处的罚金应当在犯罪所得的二倍以上。

对犯组织、强迫卖淫罪被判处无期徒刑的,应当并处没收财产。

第十四条 根据刑法第三百六十二条、第三百一十条的规定,旅馆业、饮食服务业、文化娱乐业、出租汽车业等单位的人员,在公安机关查处卖淫、嫖娼活动时,为违法犯罪分子通风报信,情节严重的,以包庇罪定罪处罚。事前与犯罪分子通谋的,以共同犯罪论处。

具有下列情形之一的,应当认定为刑法第三百六十二条规定的"情节严重":

(一)向组织、强迫卖淫犯罪集团通风报信的;

(二)二年内通风报信三次以上的;

（三）一年内因通风报信被行政处罚，又实施通风报信行为的；

（四）致使犯罪集团的首要分子或者其他共同犯罪的主犯未能及时归案的；

（五）造成卖淫嫖娼人员逃跑，致使公安机关查处犯罪行为因取证困难而撤销刑事案件的；

（六）非法获利人民币一万元以上的；

（七）其他情节严重的情形。

第十五条　本解释自2017年7月25日起施行。

2. 最高人民法院、最高人民检察院、公安部、司法部关于依法惩治性侵害未成年人犯罪的意见（2013年10月23日　法发〔2013〕12号）

26. 组织、强迫、引诱、容留、介绍未成年人卖淫构成犯罪的，应当从重处罚。强迫幼女卖淫、引诱幼女卖淫的，应当分别按照刑法第三百五十八条第一款第（二）项、第三百五十九条第二款的规定定罪处罚。

对未成年人负有特殊职责的人员、与未成年人有共同家庭生活关系的人员、国家工作人员，实施组织、强迫、引诱、容留、介绍未成年人卖淫等性侵害犯罪的，更要依法从严惩处。

3. 最高人民法院、最高人民检察院关于执行《全国人大常委会关于严禁卖淫嫖娼的决定》的若干问题的解答（节录）（1992年12月11日　法发〔1992〕42号）

二、怎样认定组织他人卖淫罪？

根据《决定》第一条第一款的规定，组织他人卖淫罪，是指以招募、雇佣、强迫、引诱、容留等手段，控制多人从事卖淫的行为。

本罪的主体必须是卖淫的组织者，可以是几个人，也可以是一个人，关键要看其在卖淫活动中是否起组织者的作用。

在组织他人卖淫的犯罪活动中，对被组织卖淫的人有强迫、引诱、容留、介绍卖淫行为的，应当作为组织他人卖淫罪的量刑情节予以考虑，不实行数罪并罚。如果这些行为是对被组织者以外的其他人实施的，仍应当分别定罪，实行数罪并罚。

……

五、哪些是组织他人卖淫罪、强迫他人卖淫罪中"情节特别严重"的行为？

《决定》第一条第一款规定的组织他人卖淫罪中的"情节特别严重"，主要是指组织他人卖淫的首要分子情节特别严重的；组织他人卖淫手段特别恶劣的；对被组织卖淫者造成特别严重后果的；组织多人多次卖淫具有极大的社会危害性的，等等。

《决定》第二条第一款规定的强迫他人卖淫罪中的"情节特别严重"，是指《决定》第二条所列四项情形中特别严重的情节。在具体执行中，不要在这四项情形之外再扩大范围。

……

九、对《决定》中提到的"他人"、"多人"、"多次"应当怎样理解？

（一）组织、协助组织、强迫、引诱、容留、介绍他人卖淫中的"他人"，主要是指女人，也包括男人。

（二）《决定》和本《解答》中的"多人"、"多次"的"多"，是指"三"以上的数（含本数）。

十、如何理解《决定》的时效问题？

（一）对在《决定》公布施行后发生的案件，依照《决定》的规定办理。对在《决定》公布施行前发生、公布施行后尚未处理或者正在处理的案件，依照刑法第九条规定的原则办理。

（二）本《解答》发布后，对应当按照《决定》处理的案件，适用本《解答》。《决定》公布施行前已处理的案件和本《解答》发布前已按《决定》处理的案件，不再适用本《解答》。

（三）鉴于《决定》对刑法第一百四十条和第一百六十九条以及《全国人民代表大会常务委员会关于严惩严重危害社会治安的犯罪分子的决定》第一条第6项的规定已进行修改、补充，对《决定》公布施行后依照《决定》处理的案件，在诉讼文书中不再引用上述有关条文。

4. 公安部关于以钱财为媒介尚未发生性行为或发生性行为尚未给付钱财如何定性问题的批复（2003年9月24日　公复字〔2003〕5号）

卖淫嫖娼是指不特定的异性之间或同性之间以金钱、财物为媒介发生性关系的行为。行为主体之间主观上已经就卖淫嫖娼达成一致，已经谈好价格或者已经给付金钱、财物，并且已经着手实施，但由于其本人主观意志以外的原因，尚未发生性关系的；或者已经发生性关系，但尚未给付金钱、财物的，都可以按卖淫嫖娼行为依法处理。对前一种行为，应当从轻处罚。

5. 最高人民检察院、公安部关于公安机关管辖的刑事案件立案追诉标准的规定（一）（2008年6月25日　公通字〔2008〕36号）

第七十五条　以招募、雇佣、强迫、引诱、容留等手段，组织他人卖淫的，应予立案追诉。

第七十六条 以暴力、胁迫等手段强迫他人卖淫的,应予立案追诉。

6. 公安部关于对同性之间以钱财为媒介的性行为定性处理问题的批复(2001年2月28日 公复资〔2001〕4号)

广西壮族自治区公安厅:

你厅《关于钱财为媒介的性行为如何定性的请示》(桂公传发〔2001〕325号)收悉。现批复如下:根据《中华人民共和国治安管理处罚条例》和全国人大常委会《关于严禁卖淫嫖娼的决定》的规定,不特定的异性之间或者同性之间以金钱、财物为媒介发生不正当性关系的行为,包括口淫、手淫、鸡奸等行为,都属于卖淫嫖娼行为,对行为人应当依法处理。

自本批复下发之日起,《公安部关于对以营利为目的的手淫、口淫等行为定性处理问题的批复》(公复字〔1995〕6号)同时废止。

(三) 裁判要旨

1. 组织与协助组织卖淫罪的区分(《人民司法》2015年第16期,第24页)

【裁判要旨】在区分组织卖淫罪与协助组织卖淫罪时,应以各行为人在整个卖淫犯罪中的分工而非作用大小为标准。对于控制管理卖淫人员及卖淫活动的人员,应认定为组织卖淫罪;对于从事与上述活动无关的人员,则应认定为协助组织卖淫罪。在组织与协助组织卖淫人员中,仍然可以区分主从犯,并适用刑法总则关于从犯处罚的规定。

【案号】一审:(2014)浙台刑一初字第57号

二审:(2015)浙刑三终字第37号

2. 收集、提供大量嫖客信息的行为定性(《人民司法》2013年第2期,第72页)

【裁判要旨】对于在卖淫团伙中负责收集、提供大量嫖客信息的行为人,判断其构成组织卖淫罪还是协助组织卖淫罪,不仅要看该行为人在"卖淫契约"的成立过程中是否起到实质上的核心作用,而且要从分赃比例、入伙时间等方面分析该行为人在犯罪层级中是否具有核心地位。

【案号】一审:(2012)海刑初字第2394号

3. 组织卖淫罪客观方面的要件(《人民司法》2013年第14期,第62页)

【裁判要旨】组织卖淫罪中的组织性体现为对卖淫活动起到了控制、管理或支配作用,与犯罪主体是不是卖淫场所的经营者或承包者没有必然关联。同时,这种控制、管理应当直接针对卖淫活动本身,而非仅在外围为组织、策划或指挥卖淫提供帮助。

【案号】一审:(2013)闵行初字第36号

4. 卖淫犯罪中两种行为的认定（《人民司法》2011 年第 8 期，第 71 页）

【案号】一审：（2010）二中刑初字第 853 号

二审：（2010）高刑终字第 636 号

5. 容留者与卖淫者是不是控制与调度的关系，以此来区分容留卖淫罪与组织卖淫罪

【裁判要旨】容留卖淫罪中的容留是一种单纯地为他人提供场所，容留者与卖淫者没有控制与调度的关系。具体表现为行动上的两个自由：一是来去自由；二是选择自由。来去自由体现在卖淫者有是否接受容留者提供场所的自由，选择自由体现在卖淫者本人有权决定何时卖淫、向何人卖淫、如何收费等事项。对这种不存在人身控制和依附关系，仅提供场所的行为，一般以容留卖淫罪论处。被告人卢某某、沈某某共谋开设卖淫场所后，先后介绍卖淫妇女陈某、王某某、沙玛某某、商某某与嫖客苏某某、潘某某、覃某某、周某某在该场所内进行卖淫嫖娼活动，这些卖淫者或嫖宿者并未受到控制，因此李某某、沈某某构成容留卖淫罪的共犯。

【案号】（2015）巴法刑初字第 00323 号

6. 区分协助组织卖淫与组织卖淫从犯的关键点是行为人是否实施了"组织行为"，只要其实施了组织行为则在组织卖淫罪范围内考量

【裁判要旨】组织卖淫罪从犯所起的作用我们可以用刑法总则中关于从犯的规定来表述，即次要、辅助作用，但所谓"次要、辅助"是相对于组织行为而言，即前提是其实施的须是组织卖淫行为，属于次要实行犯。协助组织卖淫罪中所谓"协助"，属于帮助犯，表现形式更加多种多样，情况相对复杂，这种协助行为可发生于组织卖淫犯罪活动中的各个环节。实践中认定是否具有帮助作用不应拘泥于司法解释所列举的各项具体行为，因其表现形式是多种多样的，要看行为人是否在物质或精神上为他人实施组织卖淫犯罪活动的行为提供方便、创造条件或者排除障碍。被告人毛某甲、罗某某、毛某乙、黄某某、丁某甲、王某乙、林某甲、苏某某明知他人组织的是卖淫活动，仍共同予以协助，其行为均已构成协助组织卖淫罪，而非组织卖淫罪的从犯。

【案号】（2015）碚法刑初字第 00295 号

7. 组织卖淫罪与强迫卖淫罪的区别

【裁判要旨】组织卖淫罪，是指行为人以招募、雇佣、强迫、引诱、容留等手段，将分散的卖淫人员纠集、控制起来，管理、安排她们进行卖淫。强迫卖淫罪，是指以暴力、胁迫或者其他手段，迫使他人卖淫的行为。首先他们侵犯的客体不同。组织卖淫罪侵犯的是社会道德风尚及社会治安管理秩序；而强迫卖淫罪除侵犯社会道德风尚及社会治安管理秩序外，还包括他人的人身权利。其次是实施行为的内容不同。组织卖淫的行为，是指以招募、雇佣、引诱、容留的手段，控制多人从事卖淫活动，不违背受害人意志；而强迫卖淫罪的行为人采用暴力、胁迫等强制手段，违背卖淫者的意志。最后是故意的内容不同。组织卖淫罪的行为人主观上具有组织多人卖淫的故意；而强迫卖淫罪行为人主观上是强迫他人卖淫的故意。被告人田某某1、谢某某1、谢某某2、王某某、李某某以营利为目的，采取殴打、胁迫、控制人身自由等手段，主观上也有强迫妇女卖淫的故意，因此其行为均已构成强迫卖淫罪，而不是组织卖淫罪。

【案号】（2008）黔刑初字第86号

8. 组织卖淫罪的定性

【裁判要旨】被告人曾维德、李某某等人共同出资开设大唐洗浴中心。经营期间，大唐洗浴中心聘请大堂经理胡某某（另处）在该中心进行经营、管理。后大唐洗浴中心制定了统一的卖淫服务内容和收费标准及卖淫女的提成方式。其中，曾维德负责大唐洗浴中心整体运营工作，李某某负责记录并收取嫖资。法院认为，被告人曾维德、李某某以牟利为目的，采取容留、介绍等手段，控制多名妇女从事卖淫活动，其行为已构成组织卖淫罪。

【案号】（2015）渝一中法刑终字第00274号

9. 在组织卖淫活动中对卖淫者的卖淫活动是否是直接进行安排、调度的，以此界定是组织卖淫罪还是协助组织卖淫罪

【裁判要旨】被告人王某某、王某某1以牟利为目的，采用容留、介绍等手段，控制多名妇女从事卖淫活动，其行为已构成组织卖淫罪。被告人车某某在洗浴场所工作期间，协助组织他人卖淫，构成协助组织卖淫罪。

【案号】（2015）渝一中法刑终字第00186号

10. 李宁组织卖淫案——组织男性从事同性性交易，是否构成组织卖淫罪？

【裁判要旨】组织卖淫罪的对象可以是男性，组织男性从事同性性交易活动的，构成组织卖淫罪。

11. 蔡轶等组织卖淫、协助组织卖淫案——如何区分组织卖淫罪与协助组织卖淫罪？（刑事审判参考第768号）

【裁判要旨】在认定"组织卖淫"与"协助组织卖淫"行为时不能简单地以作用大小为标准，而应根据组织与协助组织行为的分工来认定。组织卖淫罪是指以招募、雇佣、强迫、引诱、容留等手段控制多人从事卖淫的行为，协助组织卖淫是指在组织他人卖淫的共同犯罪中起帮助作用的行为，如充当保镖、打手、管账人等。在组织卖淫活动中对卖淫者的卖淫活动直接进行安排、调度的,对于组织卖淫罪的行为人,应当以组织卖淫罪论处。其中起主要作用的是主犯,起次要作用的是从犯,从犯当然应当以组织卖淫罪论处。并且从犯的罪行为也是组织行为,即对卖淫者的卖淫行为直接进行策划、管理、指派,是这种组织行为相对于主要组织者而言处于辅助地位。如果不是对卖淫的卖淫活动直接进行安排、调度,而是在外围协助组织者实施其他行为,充当保镖、打手、管账人或为直接组织者招募、雇佣、运送卖淫者,为卖淫安排住处,为组织者充当管账人、提供反调查信息等行为的,则都不构成组织卖淫罪,而仅构成协助组织卖淫罪。

12. 张桂方、冯晓明组织卖淫案——如何区分与认定组织卖淫罪与引诱、容留、介绍卖淫罪以及如何认定组织卖淫罪的"情节严重"?(刑事审判参考第1054号)

【裁判要旨】区分组织卖淫罪和容留、介绍、引诱卖淫罪的关键是行为人是否对卖淫者具有管理、控制等组织行为。如果行为人只是实施了容留、介绍甚至引诱卖淫的行为,没有对卖淫活动进行组织的,就不能以组织卖淫罪处罚。

(四)证据指引

1. 犯罪嫌疑人的供述和辩解

(1)犯罪嫌疑人基本情况。

(2)对犯罪预备的供述。包括:

①犯罪起意的时间;

②为实施犯罪所做的准备;

③拟用犯罪手段等。

(3)对犯罪过程的供述。包括:

①组织卖淫的起止时间,手段(招募、雇佣、强迫、引诱、容留等;暴力、威胁、虐待等)。

②组织卖淫的地点或场所(专门卖淫场所;变相卖淫场所)的构造(建筑结构、内部陈设布局、特殊结构建造的目的与用途)。

③卖淫的方式(组织在专门场所或变相场所卖淫;根据嫖客的要求输送卖淫人员到指定的地方卖淫)、招嫖方法(通过网络、短信、小卡片及第三人介绍等)。

④为卖淫嫖娼提供的服务设施和其他物质条件(避孕套、性药等)。

⑤卖淫、嫖娼人员的自然情况、体貌特征。

⑥卖淫嫖娼的次数、嫖资价格、利益分配。

⑦对卖淫人员的日常管理。

⑧有无被强迫卖淫或被强奸后被迫卖淫的情况，及是否导致人身伤亡、性病或其他疾病。

⑨组织者、协助组织者及相关人员的分工情况、获利情况等。

（4）犯罪主观方面。包括：

①犯罪嫌疑人主观上通过犯罪行为所希望达到的结果（谋取非法利益）；

②刺激、促使犯罪嫌疑人实施犯罪的内心起因、思想活动（生活困难、债务缠身、追逐享乐等）。

（5）共同犯罪情况。包括犯意的提起、策划、联络、分工、实施等情况，以及每一人在共同犯罪中所起的地位和作用。

（6）对影响量刑的供述与辩解。包括犯罪嫌疑人对有罪无罪、法定从重从轻情节的供述及辩解。

2. 被害人陈述、证人证言

（1）被害人基本情况。

（2）受害人（卖淫人员）对组织卖淫过程的陈述。包括：

①组织卖淫活动时间、地点、手段、情节，招嫖卖淫的方式方法、嫖资价格、日常管理制度等；

②组织者、协助组织者及有关人员的分工及具体行为等；

③卖淫人员、嫖娼人员的基本情况、体貌特征及来源；

④卖淫场所建筑结构、内部陈设布局、特殊结构建造的目的与用途；

⑤有无被强迫卖淫或被强奸后被迫卖淫的情况，及是否导致人身伤亡、性病或其他疾病。

（3）证人证言。通过询问相关证人、知情人及嫖娼人员，调查了解：

①组织卖淫活动的时间、地点、手段、情节，卖淫的方式、招嫖方法、嫖资价格、日常管理等情况；

②卖淫人员、嫖娼人员的基本情况、体貌特征及来源；

③组织者、协助组织者及有关人员的分工及具体行为等；

④有无被强迫卖淫或被强奸后被迫卖淫的情况，及是否导致人身伤亡、性病或其他疾病。

3. 物证、书证

（1）物证。包括：

①组织、强迫卖淫的作案工具（实施暴力的工具、运输卖淫人员的车辆等）及照片；

②为实施卖淫嫖娼而准备的避孕套、性药等卖淫工具；
③组织、强迫卖淫的获利及照片；
④组织者、协助组织者私自扣押的卖淫人员的个人证件等；
⑤不满14周岁卖淫人员的身份证明等材料。
（2）书证。包括：
①卖淫场所的租赁合同；
②招聘卖淫人员及工作人员的招聘广告、卖淫场所及人员管理制度；
③卖淫人员及工作人员人员名册资料、工资领取记录、电话号码簿、卖淫人员工勤记录；
④收取嫖资账本账单、利益分配的规定等；
⑤被强迫卖淫过程中导致人身、性病或其他伤病的证据材料。
4. 勘查、辨认等形成的笔录
（1）卖淫场所现场勘查笔录。包括：
①勘查时间、地点、光线、现场方位、现场概貌、中心现场位置；
②现场的空间、大小及建筑布局，现场物的摆放，相关物证、痕迹的具体位置、种类、分布情况，现场访问情况，以及其他需要说明的情况；
③提取物品的名称、数量、标记和特征，提取痕迹的名称和数量。
（2）强迫或强奸现场现场勘查笔录。包括：
①勘查时间、地点、光线、勘验前现场的条件（变动现场、原始现场）、现场方位、现场概貌、中心现场位置；
②现场的空间、大小及建筑布局，现场物的摆放、陈设情况，现场尸体（含尸表）、犯罪工具及其他物证、痕迹（含足迹、指纹、精斑、指甲内残留物等）的具体位置、种类、分布情况，现场周边搜索情况，现场访问情况，以及其他需要说明的情况；
③提取物品的名称、数量、标记和特征，提取痕迹的名称和数量。
（3）辨认笔录。包括：
①犯罪嫌疑人辨认笔录（案发现场、共同犯罪嫌疑人、卖淫嫖娼人员、作案工具及其他与案件有关场所、物品的辨认）；
②受害人、证人辨认笔录（对案发现场、犯罪嫌疑人、卖淫嫖娼人员、作案工具及其他与案件有关场所、物品的辨认）；
③被害人近亲属辨认笔录（对死亡被害人的辨认）。
5. 鉴定意见
包括：
（1）造成人身伤亡的法医鉴定；

（2）卖淫人员是否患有疾病的医学鉴定。

6. 视听资料、电子证据

（1）视听资料。包括：

①监控视听资料（案发现场监控视频；犯罪嫌疑人及受害人进出案发现场的监控视频；犯罪嫌疑人实施强奸等行为后逃匿轨迹的监控视频；执法记录仪记录民警现场处置视频资料；通过技术侦查手段获取的监控视听资料；其他监控视听资料）。

②相关人员通过录音录像设备拍摄的视听资料（现场当事人、证人用手机、相机等设备拍摄的反映案件情况的资料）。

③审讯过程视听资料（对犯罪嫌疑人供述经过的录音、录像资料等）。

④其他视听资料（勘验案发现场，搜查有关场所、提取有关物证痕迹形成的录像资料）。

（2）电子证据。包括：

①网络、短信招嫖信息；

②卖淫人员、招嫖人员与嫖客通过网络、通讯工具联系记录等。

7. 其他证据材料

（1）犯罪嫌疑人自书、投案、前科劣迹材料及户籍证明材料等。

（2）抓获经过、出警经过、报案材料等。

十八、强迫卖淫罪认定及案例精解

一、个罪概述

（一）个罪概念及构成要件

强迫卖淫罪，是指以暴力、胁迫或者其他手段，迫使他人卖淫的行为。

1. 客体要件：本罪侵犯的客体是他人的人身权利和性的不可侵犯的权利，犯罪的对象是"他人"，这里的"他人"主要是指妇女，但也包括不满十四周岁的幼女和男性。

2. 客观要件：本罪在客观方面表现为违背他人意志，采取暴力、胁迫或者其他方法迫使他人卖淫。关于用何种方法强迫他人卖淫，法律上没有限制，实践中主要用暴力、胁迫的方法，如采用对他人殴打、虐待、捆绑或以实施杀害、伤害、揭发隐私、断绝生活来源相威胁，或利用他人人地两生走投无路的情况下采用挟持的方法迫使他人卖淫。如果仅仅是采用物质引诱、暗示、鼓动他人卖淫，没有违背他人意志的，不能构成本罪。

3. 主体要件：本罪的主体是一般主体，即凡达到刑事责任年龄，具有刑事责任能力的自然人均可构成本罪。

4. 主观要件：本罪在主观方面表现为故意，且为直接故意。法律上没有要求行为人主观上必须具有营利的目的，只要故意强迫他人卖淫就可构成本罪。

二、实务操作

（一）刑法条文

第三百五十八条 [组织卖淫罪；强迫卖淫罪] 组织、强迫他人卖淫的，处五年以上十年以下有期徒刑，并处罚金；情节严重的，处十年以上有期徒刑或者无期徒刑，并处罚金或者没收财产。

组织、强迫未成年人卖淫的，依照前款的规定从重处罚。

犯前两款罪，有杀害、伤害、强奸、绑架等犯罪行为的，依照数罪并罚的规定处罚。

[**协助组织卖淫罪**] 为组织卖淫的人招募、运送人员或者有其他协助组织他人卖淫行为的,处五年以下有期徒刑,并处罚金;情节严重的,处五年以上十年以下有期徒刑,并处罚金。

(二) 司法解释及指导性文件

最高人民法院、最高人民检察院关于办理组织、强迫、引诱、容留、介绍卖淫刑事案件适用法律若干问题的解释(2017 年 7 月 2 日　法释〔2017〕13 号)

第六条　强迫他人卖淫,具有下列情形之一的,应当认定为刑法第 358 条第 1 款规定的"情节严重":

(1) 卖淫人员累计达五人以上的;

(2) 卖淫人员中未成年人、孕妇、智障人员、患有严重性病的人累计达三人以上的;

(3) 强迫不满十四周岁的幼女卖淫的;

(4) 造成被强迫卖淫的人自残、自杀或者其他严重后果的;

(5) 其他情节严重的情形。

行为人既有组织卖淫犯罪行为,又有强迫卖淫犯罪行为,且具有下列情形之一的,以组织、强迫卖淫"情节严重"论处:

(1) 组织卖淫、强迫卖淫行为中具有本解释第二条、本条前款规定的"情节严重"情形之一的;

(2) 卖淫人员累计达到本解释第二条第一、二项规定的组织卖淫"情节严重"人数标准的;

(3) 非法获利数额相加达到本解释第二条第四项规定的组织卖淫"情节严重"数额标准的。

第十条　组织、强迫引诱、容留、介绍他人卖淫的次数,作为酌定情节在量刑时考虑。

十九、引诱、容留、介绍卖淫罪认定及案例精解

一、个罪概述

（一）个罪概念及构成要件

引诱、容留、介绍卖淫罪，是指利用金钱、物质等手段诱使他人卖淫，为他人卖淫提供场所，以及在卖淫者和嫖客之间牵线搭桥的行为。

1. 客体要件：本罪侵犯的客体是社会治安管理秩序。引诱、容留、介绍卖淫罪促使了卖淫嫖娼活动的泛滥，因而具有严重的社会危害性。本罪的犯罪对象是"他人"，这里的"他人"主要是指妇女，但也包括了男子。"他人"可以是单个人，也可以是多人，介绍对象的数量和介绍次数不影响本罪的构成。

2. 客观要件：本罪在客观方面表现为引诱、容留、介绍他人卖淫的行为。引诱，是指行为人利用金钱、物质利益或非物质利益作诱饵，或者采取其他手段，拉拢、勾引、劝导、怂恿、诱惑、唆使他人从事卖淫活动。至于行为人的引诱行为是以言语、文字、举动、图画或者其他方式实施，与本罪的成立无关，引诱者允诺的内容有无实现，由谁实现，也不影响本罪的成立。容留，是指行为人为他人卖淫提供场所或者其他便利条件的行为。这里所说的提供场所，是指行为人安排专供他人卖淫的处所或者其他指定的地方。比如在行为人的长期居住地、暂时租住的房屋或者采取欺骗手段借得的亲朋好友的住居以及其他地点和处所。需要特别注意的是，这里的场所，不仅仅限于房屋，其他诸如汽车、船舶等交通工具亦可作为提供的场所。这里的提供其他便利，是指行为人为他人卖淫提供需要的物品、用具及其他一些条件，如为他人卖淫把风望哨等。至于行为人的容留行为是主动实施，还是应卖淫者或嫖客之请实施，不影响本罪的成立；容留的时限长短，有无获利，也非所问。介绍，是指在卖淫者和嫖客之间牵线搭桥、沟通撮合，使他人卖淫活动得以实现的行为，俗称"拉皮条"。实践中，介绍的方式多表现为双向介绍，如将卖淫者引见给嫖客，或将嫖客领到卖淫者住处当面撮合，但也不排斥单向介绍，如单纯地向卖淫者提供信息，由卖淫者自行去勾搭嫖客。

3. 主体要件：本罪的主体为一般主体，即任何达到刑事责任年龄、具有刑事责任能力的自然人实施了引诱、容留、介绍他人卖淫行为的，都可构成本罪。

4. 主观要件：本罪在主观方面表现为故意。即行为人明知自己是在实施引诱、容留、介绍他人卖淫的行为，并且明知这种行为会造成危害社会的结果，而希望或追求这种结果的发生。

(二) 个罪辨析

1. 本罪与组织卖淫罪的界限

司法实践中，两者有时很难区分，因为介绍卖淫往往是组织卖淫罪的方法、手段行为，实践中，主要从以下两个方面把握二者的区别：

(1) 犯罪的主观故意不同。介绍卖淫罪中行为人的主观故意是为卖淫人员寻找卖淫对象，即嫖客；组织卖淫罪中行为人的主观故意是组织多名卖淫者从事卖淫活动。

(2) 犯罪的客观表现不同。介绍卖淫罪在客观方面表现为在卖淫人员与嫖客之间进行引见、撮合，促进卖淫、嫖娼的实行；组织卖淫罪中行为人的客观方面是组织多名卖淫者从事卖淫活动。

2. 本罪与强迫卖淫罪的界限

介绍卖淫和强迫卖淫从形式上看都是使他人卖淫，但两者有着本质区别：

(1) 犯罪的对象不同。介绍卖淫罪的犯罪对象是那些愿意卖淫的人员；强迫卖淫罪的犯罪对象是那些不愿出卖肉体的人员。

(2) 犯罪的主观故意不同。介绍卖淫罪的主观故意是为卖淫者联系卖淫对象；强迫卖淫罪的主观故意是意图迫使他人出卖肉体从事卖淫活动。

(3) 犯罪的客观表现不同。介绍卖淫罪在客观上表现为在卖淫人员和嫖客之间进行引见、撮合等介绍行为；强迫卖淫罪在客观上表现为采取暴力、胁迫、虐待等强制性手段，使被害人被迫卖淫。

二、实务操作

(一) 刑法条文

第三百五十九条第一款【引诱、容留、介绍卖淫罪】 引诱、容留、介绍他人卖淫的，处五年以下有期徒刑、拘役或者管制，并处罚金；情节严重的，处五年以上有期徒刑，并处罚金。

(二) 司法解释及指导性文件

1. 最高人民法院、最高人民检察院关于办理组织、强迫、引诱、容留、介绍卖淫刑事案件适用法律若干问题的解释（节录）（2017年7月25日 法释〔2017〕13号）

为依法惩治组织、强迫、引诱、容留、介绍卖淫犯罪活动，根据刑法有关规定，结合司法工作实际，现就办理这类刑事案件具体应用法律的若干问题解释如下：

第三条 在组织卖淫犯罪活动中，对被组织卖淫的人有引诱、容留、介绍卖淫行为的，依照处罚较重的规定定罪处罚。但是，对被组织卖淫的人以外的其他人有引诱、容留、介绍卖淫行为的，应当分别定罪，实行数罪并罚。

第八条 引诱、容留、介绍他人卖淫，具有下列情形之一的，应当依照刑法第三百五十九条第一款的规定定罪处罚：

（一）引诱他人卖淫的；

（二）容留、介绍二人以上卖淫的；

（三）容留、介绍未成年人、孕妇、智障人员、患有严重性病的人卖淫的；

（四）一年内曾因引诱、容留、介绍卖淫行为被行政处罚，又实施容留、介绍卖淫行为的；

（五）非法获利人民币一万元以上的。

利用信息网络发布招嫖违法信息，情节严重的，依照刑法第二百八十七条之一的规定，以非法利用信息网络罪定罪处罚。同时构成介绍卖淫罪的，依照处罚较重的规定定罪处罚。

引诱、容留、介绍他人卖淫是否以营利为目的，不影响犯罪的成立。

引诱不满十四周岁的幼女卖淫的，依照刑法第三百五十九条第二款的规定，以引诱幼女卖淫罪定罪处罚。

被引诱卖淫的人员中既有不满十四周岁的幼女，又有其他人员的，分别以引诱幼女卖淫罪和引诱卖淫罪定罪，实行并罚。

第九条 引诱、容留、介绍他人卖淫，具有下列情形之一的，应当认定为刑法第三百五十九条第一款规定的"情节严重"：

（一）引诱五人以上或者引诱、容留、介绍十人以上卖淫的；

（二）引诱三人以上的未成年人、孕妇、智障人员、患有严重性病的人卖淫，或者引诱、容留、介绍五人以上该类人员卖淫的；

（三）非法获利人民币五万元以上的；

（四）其他情节严重的情形。

第十条 组织、强迫、引诱、容留、介绍他人卖淫的次数，作为酌定情节在量刑时考虑。

第十三条 犯组织、强迫、引诱、容留、介绍卖淫罪的，应当依法判处犯罪所得二倍以上的罚金。共同犯罪的，对各共同犯罪人合计判处的罚金应当在犯罪所得的二倍以上。

对犯组织、强迫卖淫罪被判处无期徒刑的,应当并处没收财产。

2. 最高人民法院、最高人民检察院关于执行《全国人大常委会关于严禁卖淫嫖娼的决定》的若干问题的解答(节录)(1992年12月11日 法发〔1992〕42号)

六、怎样认定引诱、容留、介绍他人卖淫罪?

引诱、容留、介绍他人卖淫罪是一个选择性罪名。引诱、容留、介绍他人卖淫这三种行为,不论是同时实施还是只实施其中一种行为,均构成本罪。如:介绍他人卖淫的,定介绍他人卖淫罪;兼有引诱、容留、介绍他人卖淫三种行为的,定引诱、容留、介绍他人卖淫罪,不实行数罪并罚。

引诱、容留、介绍他人卖淫是否以营利为目的,不影响本罪的成立。

根据《决定》第三条第二款的规定,引诱不满十四岁的幼女卖淫的,依照《决定》第二条第一款关于强迫不满十四岁的幼女卖淫的规定处罚,定强迫他人卖淫罪。

七、哪些是引诱、容留、介绍他人卖淫罪中"情节严重"的行为?

引诱、容留、介绍他人卖淫,情节严重的,一般有以下几种情形:

(一)多次引诱、容留、介绍他人卖淫的;

(二)引诱、容留、介绍多人卖淫的;

(三)引诱、容留、介绍明知是有严重性病的人卖淫的;

(四)容留、介绍不满十四岁的幼女卖淫的;

(五)引诱、容留、介绍他人卖淫具有其他严重情节的。

……

九、对《决定》中提到的"他人"、"多人"、"多次"应当怎样理解?

(一)组织、协助组织、强迫、引诱、容留、介绍他人卖淫中的"他人",主要是指女人,也包括男人。

(二)《决定》和本《解答》中的"多人"、"多次"的"多",是指"三"以上的数(含本数)。

十、如何理解《决定》的时效问题?

(一)对在《决定》公布施行后发生的案件,依照《决定》的规定办理。对在《决定》公布施行前发生、公布施行后尚未处理或者正在处理的案件,依照刑法第九条规定的原则办理。

(二)本《解答》发布后,对应当按照《决定》处理的案件,适用本《解答》。《决定》公布施行前已处理的案件和本《解答》发布前已按《决定》处理的案件,不再适用本《解答》。

(三)鉴于《决定》对刑法第一百四十条和第一百六十九条以及《全国人

民代表大会常务委员会关于严惩严重危害社会治安的犯罪分子的决定》第一条第 6 项的规定已进行修改、补充，对《决定》公布施行后依照《决定》处理的案件，在诉讼文书中不再引用上述有关条文。

3. 最高人民检察院、公安部关于公安机关管辖的刑事案件立案追诉标准的规定（一）（2008 年 6 月 25 日　公通字〔2008〕36 号）

第七十八条 ［引诱、容留、介绍卖淫案（刑法第三百五十九条第一款）］引诱、容留、介绍他人卖淫，涉嫌下列情形之一的，应予立案追诉：

（一）引诱、容留、介绍二人次以上卖淫的；

（二）引诱、容留、介绍已满十四周岁未满十八周岁的未成年人卖淫的；

（三）被引诱、容留、介绍卖淫的人患有艾滋病或者患有梅毒、淋病等严重性病。

（四）其他引诱、容留、介绍卖淫应予追究刑事责任的情形。

第七十九条 ［引诱幼女卖淫案（刑法第三百五十九条第二款）］引诱不满十四周岁的幼女卖淫的，应予立案追诉。

（三）裁判要旨

1. 组织卖淫罪与介绍卖淫罪之甄别（《人民司法》2013 年第 18 期，第 12 页）

【裁判要旨】在组织卖淫罪中，认定行为的组织性的关键是判断行为人是否控制了多人进行卖淫活动，即表现为卖淫人员受控于行为人，接受行为人的安排、布置或调度以及淫资的分配，与行为人形成管理与被管理、领导与服从的关系。

【案号】一审：（2012）徐刑初字第 121 号

2. 介绍卖淫罪情节严重的认定（《人民司法》2015 年第 24 期，第 100 页）

【裁判要旨】介绍卖淫罪情节严重的具体判断已失去相应的法律依据，由于情势变迁，性价值观念和传统性文化已经发生变化，介绍卖淫的社会危害性显然不能与二十几年前同日而语。在介绍卖淫罪情节严重的具体判断上，应"做减法运算"，即以不考虑情节严重为原则，以考虑情节严重为例外。如此裁判，同样能做到罪刑相适应。

【案号】一审：（2015）忠法刑初字第 80 号

二审：（2015）渝二中法刑终字第 170 号

3. 认定介绍卖淫罪情节严重应综合考虑主客观因素（《人民司法》2014 年第 24 期，第 16 页）

【裁判要旨】依现行法律规定，介绍卖淫的犯罪行为与一般违法行为之间的界限比较模糊，对情节严重的认定也缺乏法律依据。对此，应当依据介绍卖淫的社会危害性的严重程度，综合考虑主客观方面的因素来认定被告人的行为是否构成犯罪。

【案号】一审：（2012）雨法刑初字第 425 号

二审：（2013）潭中刑终字第 23 号

4. 引诱、容留、介绍他人卖淫罪中"情节严重"的认定

【裁判要旨】引诱、容留、介绍他人卖淫情节严重的，一般有以下几种情形：（一）多次引诱、容留、介绍他人卖淫的；（二）引诱、容留、介绍多人卖淫的；（三）引诱、容留、介绍明知是有严重性病的人卖淫的；（四）容留、介绍不满 14 周岁的幼女卖淫的；（五）引诱、容留、介绍他人卖淫具有其他严重情节的。此处"多人""多次"的"多"，是指"三"以上的数（含本数）。被告人明某某利用租赁的房屋先后两次为他人从事卖淫、嫖娼活动提供场所，容留卖淫嫖娼人员从事卖淫嫖娼活动，其行为已构成容留卖淫罪。鉴于被告人明某某的犯罪行为未达到"情节严重"的程度，依法应处 5 年以下有期徒刑、拘役或者管制，并处罚金的幅度内处以刑罚。

【案号】（2015）合法刑初字第 00482 号

5. 引诱幼女卖淫罪与容留、介绍卖淫罪，分情况对被告人实行数罪并罚或仅构成一罪

【裁判要旨】引诱幼女卖淫罪是指引诱不满 14 周岁的幼女卖淫的行为。如果只是容留、介绍幼女卖淫，则不成立本罪，仅成立容留、介绍卖淫罪。如果引诱幼女卖淫，同时又容留、介绍幼女卖淫的，应分别认定为引诱幼女卖淫罪与容留、介绍卖淫罪，实行数罪并罚。本案被告人曹某某、龙某某、孙某某为幼女卖淫者和嫖客之间牵线搭桥、沟通撮合，使他人卖淫活动得以实现，其行为只是介绍幼女卖淫，并没有引诱的主观故意，因此被告人的犯罪行为仅构成介绍卖淫罪。

【案号】（2015）山法刑初字第 00179 号

6. 引诱、容留、介绍他人卖淫罪是一个选择性罪名

【裁判要旨】引诱、容留、介绍他人卖淫罪是一个选择性罪名、引诱、容留、介绍他人卖淫这三种行为，不论是同时实施还是只实施其中一种行为，均构成本罪。如介绍他人卖淫的，定介绍他人卖淫罪；并有引诱、容留、介绍他人卖淫三种行为的，定引诱、容留、介绍他人卖淫，不实行数罪并罚。被告人廖某某在卖淫者与嫖客之间进行引见、撮合，并提供场所容留他人卖淫，其行为已构成容留、介绍卖淫罪。

【案号】（2015）碚法刑初字第 00598 号

第二部分 相关罪名认定及案例精解

7. 容留卖淫罪的定性

【裁判要旨】根据最高人民法院关于容留、介绍卖淫罪的解释:引诱、容留、介绍卖淫罪,是指利用金钱、物质等手段诱使他人卖淫,为他人卖淫提供场所,或者为卖淫、嫖娼者进行介绍的行为。被告人李某某为他人卖淫提供场所,其行为已构成容留卖淫罪,公诉机关指控的事实和罪名成立。

【案号】(2016)渝 0237 刑初 18 号

8. 引诱、容留、介绍他人卖淫是否以营利为目的,不影响本罪的成立

【裁判要旨】被告人雷某某介绍嫖客田某某与卖淫女侯某某、嫖客李某某与卖淫女何某某在沙坪坝区某单元某房屋内进行卖淫嫖娼活动,被告人主观上虽没有以营利为目的,但这并不影响其构成介绍卖淫罪。

【案号】(2015)沙法刑初字第 01335 号

9. 介绍已满 14 周岁不满 18 周岁的未成年人卖淫的,予以从重处罚

【裁判要旨】被告人张某、冉某介绍已满 14 周岁不满 18 周岁的未成年人卖淫,其行为已构成介绍卖淫罪。公诉机关指控的罪名成立。二被告人共同故意介绍未成年人卖淫,予以从重处罚。

【案号】(2015)江法少刑初字第 00019 号

10. 杨某、米某容留卖淫案——明知他人在出租房内从事卖淫活动仍出租房屋的行为,如何定性?(刑事审判参考第 689 号)

【裁判要旨】刑法第三百五十九条第一款规定:"引诱、容留、介绍他人卖淫的,处五年以下有期徒刑、拘役或者管制,并处罚金;情节严重的,处五年以上有期徒刑,并处罚金。"这里的"容留"是指行为人为他人卖淫提供场所,包括提供固定的或者不固定的、短期的或者长期的卖淫场所。"容留"既包括在自己所有的、管理的、使用的、经营的固定场所(如私人住宅、宾馆、饭店、餐厅、歌厅、理发店等)容留他人卖淫,也包括在流动场所(如汽车、轮船)中容留他人卖淫。至于容留行为是主动实施,还是应卖淫者或嫖客之请实施,不影响行为性质的认定。容留卖淫行为的主观方面表现为故意,即行为人明知自己是为他人从事卖淫活动提供了场所,仍希望或放任这一危害结果的发生。实践中,大多数此类案件的行为人具有营利目的,但也不排除出于其他目的而容留卖淫的情况,如为了破坏他人家庭,为了报复社会等。不论行为人出于何种目的、动机,只要实施了容留他人卖淫的行为,均可构成本罪。

(四)证据指引

认定引诱、容留、介绍卖淫行为应当全面收集以下证据予以证明:

1. 违法嫌疑人陈述和申辩

询问引诱、容留、介绍卖淫违法嫌疑人应当问明以下事实：

（1）违法嫌疑人的身份情况和其他基本情况；

（2）违法嫌疑人的家庭情况及家属联系方式；

（3）违法嫌疑人的前科劣迹情况；

（4）违法行为的具体情节：违法嫌疑人到案经过，是否实施引诱、容留、介绍卖淫行为，实施违法行为的时间、地点、手段、方法、经过，引诱、容留、介绍卖淫的人数、次数、身份信息、性别、年龄，违法嫌疑人与被引诱、容留、介绍卖淫人员的关系，获取财物的名称、数量、特征以及去向，容留卖淫的违法行为还应查明容留的场所与违法行为人的关系（自有、租住、借用）；

（5）多人共同实施引诱、容留、介绍卖淫行为的，还应当问明各行为人的策划、分工、各自实施的行为、在整个过程的作用、获利分配等情况，同案违法嫌疑人的姓名、体貌特征、住址和联系方式；

（6）多次实施引诱、容留、介绍卖淫行为的，应当按照时间顺序逐次问明每次行为的具体情节；

（7）违法嫌疑人的目的和动机，本违法行为主观为直接故意，即是否明知自己所实施的引诱、容留、介绍他人卖淫的行为能够促使他人卖淫，并积极希望他人在自己的引诱、容留、介绍下从事卖淫活动。需要注意的是，容留卖淫的行为人必须对他人是卖淫者、他人所从事的活动是卖淫活动这一事实是明知，否则不能构成本行为。多人引诱、容留、介绍他人卖淫的，还应查明各行为人之间是否存在共同故意；

（8）查明违法嫌疑人的身体状况以及是否存在从轻、减轻、不予处罚、从重处罚或不予执行行政拘留的法定情节；

（9）其他需要查明的情况。

2. 被引诱、容留、介绍卖淫人员（包括卖淫人员和嫖娼人员）陈述

（1）被引诱、容留、介绍卖淫人员的身份情况和其他基本情况；

（2）被引诱、容留、介绍卖淫人员的家庭情况及家属联系方式；

（3）被引诱、容留、介绍卖淫人员的前科劣迹情况；

（4）被引诱、容留、介绍卖淫的具体情节，包括违法嫌疑人引诱、容留、介绍卖淫的时间、地点、过程，违法嫌疑人实施引诱、容留、介绍卖淫的手段、方法、人数、次数以及是否约定财物的分成方式、数额，违法嫌疑人的姓名、体貌特征、住址、联系方式及与被引诱、容留、介绍卖淫人员的关系，容留卖淫的场所与被引诱、容留、介绍卖淫人员的关系（长期租住、短期租住、

借用）及违法嫌疑人是否明知被容留人员利用场所进行卖淫。

（5）被多人共同实施引诱、容留、介绍卖淫行为的，还应当问明各行为人各自实施的行为，在整个过程的作用，获利分配情况，同案各违法嫌疑人的姓名、体貌特征、住址和联系方式；

（6）多次被引诱、容留、介绍卖淫行为的，应当按照时间顺序应逐次问明每次行为的具体情节；

（7）其他需要查明的情况。

3. 证人证言

询问证人的内容应当根据证人知情的程度予以确定，询问发现者、服务员、邻里、同事或其他知情人，应当对以下事实进行查证：

（1）证人的个人身份情况和其他基本情况。包括姓名、性别、出生日期、文化程度、民族、籍贯、职业、工作单位、户籍所在地地址和现居住地地址以及身份证号码；

（2）了解的案件情况。包括引诱、容留、介绍卖淫行为和卖淫嫖娼行为行为实施的时间、地点、过程、违法嫌疑人的身份信息和体貌特征；

（3）证人获取案件信息的来源，提交证据的情况以及证人与违法嫌疑人之间的关系等。

4. 到案经过

5. 检查笔录

对容留卖淫作案现场应当进行检查，制作检查笔录。在容留场所现场提取遗留的痕迹和物品的，应当在检查笔录中记明。

6. 物证、书证

（同时附有证明其来源的勘验检查笔录、现场笔录、调取证据通知书、调取证据清单、证据保全决定书、证据保全清单）

引诱、容留、介绍卖淫违法所得财物，如货币、首饰、物品等。介绍卖淫的宣传卡片，记载引诱、容留、介绍卖淫事实的账单、账本，旅馆开房的旅客住宿登记单和房屋承租的租赁合同，联系介绍卖淫的通话记录，违法嫌疑人身份证明及前科劣迹材料。

7. 电子数据

微信、QQ、陌陌等聊天工具网络介绍卖淫的聊天记录。

8. 辨认笔录

必要时，可组织对违法嫌疑人、作案工具及场所等进行辨认，制作辨认笔录。

第三部分 相关法律法规 司法解释

中华人民共和国刑法（节选）

（2017 年 11 月 4 日修正）

第二十五条【共同犯罪概念】 共同犯罪是指二人以上共同故意犯罪。

二人以上共同过失犯罪，不以共同犯罪论处；应当负刑事责任的，按照他们所犯的罪分别处罚。

第二十六条【主犯】 组织、领导犯罪集团进行犯罪活动的或者在共同犯罪中起主要作用的，是主犯。

三人以上为共同实施犯罪而组成的较为固定的犯罪组织，是犯罪集团。

对组织、领导犯罪集团的首要分子，按照集团所犯的全部罪行处罚。

对于第三款规定以外的主犯，应当按照其所参与的或者组织、指挥的全部犯罪处罚。

第二十七条【从犯】 在共同犯罪中起次要或者辅助作用的，是从犯。

对于从犯，应当从轻、减轻处罚或者免除处罚。

第二十八条【胁从犯】 对于被胁迫参加犯罪的，应当按照他的犯罪情节减轻处罚或者免除处罚。

第二十九条【教唆犯】 教唆他人犯罪的，应当按照他在共同犯罪中所起的作用处罚。教唆不满十八周岁的人犯罪的，应当从重处罚。

如果被教唆的人没有犯被教唆的罪，对于教唆犯，可以从轻或者减轻处罚。

第五十条【死缓的法律后果】 判处死刑缓期执行的，在死刑缓期执行期间，如果没有故意犯罪，二年期满以后，减为无期徒刑；如果确有重大立功表现，二年期满以后，减为二十五年有期徒刑；如果故意犯罪，情节恶劣的，报请最高人民法院核准后执行死刑；对于故意犯罪未执行死刑的，死刑缓期执行的期间重新计算，并报最高人民法院备案。

对被判处死刑缓期执行的累犯以及因故意杀人、强奸、抢劫、绑架、放火、爆炸、投放危险物质或者有组织的暴力性犯罪被判处死刑缓期执行的犯罪分子，人民法院根据犯罪情节等情况可以同时决定对其限制减刑。

第五十六条【剥夺政治权利的适用】 对于危害国家安全的犯罪分子应当附加剥夺政治权利；对于故意杀人、强奸、放火、爆炸、投毒、抢劫等严重破坏社会秩序的犯罪分子，可以附加剥夺政治权利。

独立适用剥夺政治权利的，依照本法分则的规定。

第六十六条【特别累犯】 危害国家安全犯罪、恐怖活动犯罪、黑社会性质的组织犯罪的犯罪分子，在刑罚执行完毕或者赦免以后，在任何时候再犯上述任一类罪的，都以累犯论处。

第三节 自首和立功

第六十七条【自首】 犯罪以后自动投案，如实供述自己的罪行的，是自首。对于自首的犯罪分子，可以从轻或者减轻处罚。其中，犯罪较轻的，可以免除处罚。

被采取强制措施的犯罪嫌疑人、被告人和正在服刑的罪犯，如实供述司法机关还未掌握的本人其他罪行的，以自首论。

犯罪嫌疑人虽不具有前两款规定的自首情节，但是如实供述自己罪行的，可以从轻处罚；因其如实供述自己罪行，避免特别严重后果发生的，可以减轻处罚。

第六十八条【立功】 犯罪分子有揭发他人犯罪行为，查证属实的，或者提供重要线索，从而得以侦破其他案件等立功表现的，可以从轻或者减轻处罚；有重大立功表现的，可以减轻或者免除处罚。

第七十四条【累犯不适用缓刑】 对于累犯和犯罪集团的首要分子，不适用缓刑。

第八十一条【假释的适用条件】 被判处有期徒刑的犯罪分子，执行原判刑期二分之一以上，被判处无期徒刑的犯罪分子，实际执行十三年以上，如果认真遵守监规，接受教育改造，确有悔改表现，没有再犯罪的危险的，可以假释。如果有特殊情况，经最高人民法院核准，可以不受上述执行刑期的限制。

对累犯以及因故意杀人、强奸、抢劫、绑架、放火、爆炸、投放危险物质或者有组织的暴力性犯罪被判处十年以上有期徒刑、无期徒刑的犯罪分子，不得假释。

对犯罪分子决定假释时，应当考虑其假释后对所居住社区的影响。

第二百九十四条【组织、领导、参加黑社会性质组织罪】 组织、领导黑社会性质的组织的，处七年以上有期徒刑，并处没收财产；积极参加的，处三年以上七年以下有期徒刑，可以并处罚金或者没收财产；其他参加的，处三年以下有期徒刑、拘役、管制或者剥夺政治权利，可以并处罚金。

【入境发展黑社会组织罪】 境外的黑社会组织的人员到中华人民共和国境内发展组织成员的，处三年以上十年以下有期徒刑。

【包庇、纵容黑社会性质组织罪】 国家机关工作人员包庇黑社会性质的组织，或者纵容黑社会性质的组织进行违法犯罪活动的，处五年以下有期徒刑；情节严重的，处五年以上有期徒刑。

犯前三款罪又有其他犯罪行为的，依照数罪并罚的规定处罚。

黑社会性质的组织应当同时具备以下特征：

（一）形成较稳定的犯罪组织，人数较多，有明确的组织者、领导者，骨干成员基本固定；

（二）有组织地通过违法犯罪活动或者其他手段获取经济利益，具有一定的经济实力，以支持该组织的活动；

（三）以暴力、威胁或者其他手段，有组织地多次进行违法犯罪活动，为非作恶，欺压、残害群众；

（四）通过实施违法犯罪活动，或者利用国家工作人员的包庇或者纵容，称霸一方，在一定区域或者行业内，形成非法控制或者重大影响，严重破坏经济、社会生活秩序。

中华人民共和国刑事诉讼法（节选）

（2018 年 10 月 26 日第三次修正）

第六十四条【证人、鉴定人与被害人的特殊保护】 对于危害国家安全犯罪、恐怖活动犯罪、黑社会性质的组织犯罪、毒品犯罪等案件，证人、鉴定人、被害人因在诉讼中作证，本人或者其近亲属的人身安全面临危险的，人民法院、人民检察院和公安机关应当采取以下一项或者多项保护措施：

（一）不公开真实姓名、住址和工作单位等个人信息；

（二）采取不暴露外貌、真实声音等出庭作证措施；

（三）禁止特定的人员接触证人、鉴定人、被害人及其近亲属；

（四）对人身和住宅采取专门性保护措施；

（五）其他必要的保护措施。

证人、鉴定人、被害人认为因在诉讼中作证，本人或者其近亲属的人身安全面临危险的，可以向人民法院、人民检察院、公安机关请求予以保护。

人民法院、人民检察院、公安机关依法采取保护措施，有关单位和个人应当配合。

第一百五十条【技术侦查措施实施原则】 公安机关在立案后，对于危害国家安全犯罪、恐怖活动犯罪、黑社会性质的组织犯罪、重大毒品犯罪或者其他严重危害社会的犯罪案件，根据侦查犯罪的需要，经过严格的批准手续，可以采取技术侦查措施。

人民检察院在立案后，对于利用职权实施的严重侵犯公民人身权利的重大犯罪案件，根据侦查犯罪的需要，经过严格的批准手续，可以采取技术侦查措施，按照规定交有关机关执行。

追捕被通缉或者批准、决定逮捕的在逃的犯罪嫌疑人、被告人，经过批准，可以采取追捕所必需的技术侦查措施。

中共中央、国务院《关于开展扫黑除恶专项斗争的通知》

(2018年1月)

《通知》指出,为深入贯彻落实党的十九大部署和习近平总书记重要指示精神,保障人民安居乐业、社会安定有序、国家长治久安,进一步巩固党的执政基础,党中央、国务院决定,在全国开展扫黑除恶专项斗争。

《通知》强调,在全国开展扫黑除恶专项斗争,是以习近平同志为核心的党中央作出的重大决策,事关社会大局稳定和国家长治久安,事关人心向背和基层政权巩固,事关进行伟大斗争、建设伟大工程、推进伟大事业、实现伟大梦想。各地区各部门要进一步提高政治站位,切实增强"四个意识",充分认识开展扫黑除恶专项斗争的重大意义,切实把思想和行动统一到党中央部署上来,科学谋划、精心组织、周密实施,坚决打赢扫黑除恶专项斗争这场攻坚仗。

《通知》明确了这次扫黑除恶专项斗争的总体要求、目标任务。《通知》指出,要全面贯彻党的十九大精神,以习近平新时代中国特色社会主义思想为指导,牢固树立以人民为中心的发展思想,针对当前涉黑涉恶问题新动向,切实把专项治理和系统治理、综合治理、依法治理、源头治理结合起来,把打击黑恶势力犯罪和反腐败、基层"拍蝇"结合起来,把扫黑除恶和加强基层组织建设结合起来,既有力打击震慑黑恶势力犯罪,形成压倒性态势,又有效铲除黑恶势力滋生土壤,形成长效机制,不断增强人民获得感、幸福感、安全感,维护社会和谐稳定,巩固党的执政基础,为决胜全面建成小康社会、夺取新时代中国特色社会主义伟大胜利、实现中华民族伟大复兴的中国梦创造安全稳定的社会环境。《通知》指出,要坚持党的领导、发挥政治优势;坚持人民主体地位、紧紧依靠群众;坚持综合治理、齐抓共管;坚持依法严惩、打早打小;坚持标本兼治、源头治理。

《通知》强调,要聚焦涉黑涉恶问题突出的重点地区、重点行业、重点领域,把打击锋芒始终对准群众反映最强烈、最深恶痛绝的各类黑恶势力违法犯罪。要坚持依法严惩、打早打小、除恶务尽,始终保持对各类黑恶势力违法犯罪的严打高压态势。政法各机关要进一步明确政策法律界限，统一执法思想，加强协调配合，既坚持严厉打击各类黑恶势力违法犯罪，又坚持严格依法办案，确保办案质量和办案效率的统一，确保政治效果、法律效果和社会效果的统一。要严格贯彻宽严相济的刑事政策，对黑社会性质组织犯罪组织者、领导者、骨干成员及其"保护伞"要依法从严惩处，对犯罪情节较轻的其他参加人员要依法从轻、减轻处罚。要依法及时采取查封、扣押、冻结等措施，综合运用追缴、没收、判处财产刑以及行政罚款等多种手段，铲除黑恶势力经济基础。要主动适应以审判为中心的刑事诉讼制度改革，切实把好案件事实关、证据关、程序关和法律适用关，严禁刑讯逼供，防止冤假错案，确保把每一起案件都办成铁案。

《通知》要求，在各级党委领导下，发挥社会治安综合治理优势，推动各部门各司其职、齐抓共管，综合运用各种手段预防和解决黑恶势力违法犯罪突出问题。各有关部门要结合自身职能，主动承担好在扫黑除恶专项斗争中的职责任务，依法行政、依法履职，强化重点行业、重点领域监管，防止行政不作为和乱作为，最大限度挤压黑恶势力滋生空间。各有关部门要将日常执法检查中发现的涉黑涉恶线索及时向公安机关通报，建立健全线索发现移交机制。政法机关对在办案中发现的行业管理漏洞，要及时通报相关部门、提出加强监管和行政执法的建议。

《通知》指出，把扫黑除恶与反腐败斗争和基层"拍蝇"结合起来，深挖黑恶势力"保护伞"。纪检监察机关要将治理党员干部涉黑涉恶问题作为整治群众身边腐败问题的一个重点，纳入执纪监督和巡视巡察工作内容。纪检监察机关和政法各机关建立问题线索快速移送反馈机制，对每起涉黑涉恶违法犯罪案件及时深挖其背后的腐败问题，防止就案办案、就事论事。各级纪检监察机关要将党员干部涉黑涉恶问题作为执纪审查重点，对扫黑除恶专项斗争中发现的"保护伞"问题线索优先处置，发现一起、查处一起，不管涉及谁，都要一查到底、绝不姑息。加大督办力度，把打击"保护伞"与侦办涉黑涉恶案件结合起来，做到同步侦办，尤其要抓住涉黑涉恶和腐败长期、深度交织的案件以及脱贫攻坚领域涉黑涉恶腐败案件重点督办。

《通知》要求，各级党委和政府要将扫黑除恶专项斗争作为一项重大政治任务，摆到工作全局突出位置，列入重要议事日程。各级党委和政府主要负责同志要勇于担当，敢于碰硬，旗帜鲜明支持扫黑除恶工作，为政法机关依法办案和有关部门依法履职、深挖彻查"保护伞"排除阻力、提供有力保障。对涉黑涉恶问题尤其是群众反映强烈的大案要案，要有坚决的态度，无论涉及谁，都要一查到底，特别是要查清其背后的"保护伞"，坚决依法查办，毫不含糊。

《通知》指出,要严格落实社会治安综合治理领导责任制,对涉黑涉恶问题突出的地区、行业、领域,通过通报、约谈、挂牌督办等方式,督促其限期整改。对问题严重、造成恶劣影响的,由纪检监察机关、组织人事部门依法依纪对其第一责任人及其他相关责任人严肃追责,绝不姑息。严格落实行业监管责任,对日常监管不到位,导致黑恶势力滋生蔓延的,要实行责任倒查,严肃问责。

最高人民法院、最高人民检察院、公安部办理黑社会性质组织犯罪案件座谈会纪要（节选）

（2009年12月9日　法〔2009〕382号）

为正确理解和适用刑法、立法解释、司法解释关于黑社会性质组织犯罪的有关规定，依法及时、准确、有力地惩治黑社会性质组织犯罪，最高人民法院、最高人民检察院、公安部于2009年7月15日在北京召开了办理黑社会性质组织犯罪案件座谈会。会议总结了各级人民法院、人民检察院和公安机关办理黑社会性质组织犯罪案件所取得的经验，分析了当前依法严惩黑社会性质组织犯罪面临的严峻形势，研究了办理黑社会性质组织犯罪案件遇到的适用法律问题，就人民法院、人民检察院和公安机关正确适用法律，严厉打击黑社会性质组织犯罪形成了具体意见。会议纪要如下：

一、与会同志一致认为，自2006年初全国开展打黑除恶专项斗争以来，各级人民法院、人民检察院和公安机关依法履行各自职责，密切配合，惩处了一批黑社会性质组织犯罪分子，遏制了黑社会性质组织犯罪高发的势头，为维护社会稳定，构建社会主义和谐社会做出了重要贡献。但是，在我国，黑社会性质组织犯罪仍处于活跃期，犯罪的破坏性不断加大，犯罪分子逃避法律制裁的行为方式不断变换，向政治领域的渗透日益明显，对人民群众的生命、财产安全，对经济、社会生活秩序和基层政权建设都构成了严重威胁。因此，严厉打击黑社会性质组织犯罪，遏制并最大限度地减少黑社会性质组织犯罪案件的发生，是当前乃至今后相当长一个时期政法机关的重要任务。为此，各级人民法院、人民检察院和公安机关必须坚持做好以下几方面工作：

首先，要切实提高对打击黑社会性质组织犯罪重要性的认识。依法严惩黑社会性质组织犯罪，不仅是保障民生、维护稳定的迫切需要，而且事关政权安危，容不得丝毫懈怠。各级人民法院、人民检察院和公安机关要充分认识这项工作的重要性、紧迫性、复杂性、艰巨性和长期性，在思想上始终与党中央的决策保持高度一致，坚决克服麻痹、松懈情绪，把依法打击黑社会性质组织犯罪，实现社会治安的持续稳定作为一项重要任务常抓不懈。

其次，要严格坚持法定标准，切实贯彻落实宽严相济的刑事政策。各级人民法院、人民检察院和公安机关要严格依照刑法、刑事诉讼法及有关法律解释的规定办理案件，确保认定的事实清楚，据以定案的证据确实、充分，黑社会性质组织的认定准确无误。既要防止将已构成黑社会性质组织犯罪的案件"降格"处理，也不能因为强调严厉打击而将不构成此类犯罪的共同犯罪案件"拔高"认定。要严格贯彻落实宽严相济的刑事政策，对黑社会性质组织的组织者、领导者及其他骨干成员要依法从严惩处；对犯罪情节较轻的其他参加人员以及初犯、偶犯、未成年犯，要依法从轻、减轻处罚，以分化、瓦解犯罪分子，减少社会对抗、促进社会和谐，取得法律效果和社会效果的统一。

第三，要充分发挥各自的职能作用，密切配合，相互支持，有效形成打击合力。各级人民法院、人民检察院和公安机关要积极总结和交流工作经验，不断统一执法思想，共同加强长效机制建设。为了及时、有效地打击黑社会性质组织犯罪，公安机关在办案中要紧紧围绕法律规定的黑社会性质组织的"四个特征"，严格按照刑事诉讼法及有关规定全面收集、固定证据，严禁刑讯逼供、滥用强制措施和超期羁押，对重要犯罪嫌疑人的审讯以及重要取证活动要全程录音、录像。人民检察院不仅要把好批捕、起诉关，还要加强对看守所监管活动的检查监督，防止串供、翻供、订立攻守同盟、搞假立功等情况的发生。人民法院要严格审查事实、证据，不断强化程序意识，全面提高审判工作质量和效率。

第四，要严惩"保护伞"，采取多种措施深入推进打黑除恶工作。黑社会性质组织之所以能在一些地方坐大成势，与个别国家工作人员的包庇、纵容有着直接关系。各级人民法院、人民检察院和公安机关要把查处"保护伞"与办理涉黑案件有机地结合起来，与反腐败工作紧密地结合起来，与纪检、监察部门做好衔接配合，加大打击力度，确保实现"除恶务尽"的目标。打击黑社会性质组织犯罪是一项复杂的系统工程，各级人民法院、人民检察院和公安机关在办理好案件的同时，还要通过积极参与社会治安综合治理、加强法制宣传、广泛发动群众等多种手段，从源头上有效防控此类犯罪。

二、会议认为，自1997年刑法增设黑社会性质组织犯罪的规定以来，全国人大常委会、最高人民法院分别作出了《关于〈中华人民共和国刑法〉第二百九十四条第一款的解释》（以下简称《立法解释》）、《关于审理黑社会性质组织犯罪的案件具体应用法律若干问题的解释》（以下简称《司法解释》），对于指导司法实践发挥了重要作用。但由于黑社会性质组织犯罪的构成要件和所涉及的法律关系较为复杂，在办案过程中对法律规定的理解还不尽相同。为

了进一步统一司法标准,会议就实践中争议较大的问题进行了深入研讨,并取得了一致意见:

(一)关于黑社会性质组织的认定。黑社会性质组织必须同时具备《立法解释》中规定的"组织特征"、"经济特征"、"行为特征"和"危害性特征"。由于实践中许多黑社会性质组织并非这"四个特征"都很明显,因此,在具体认定时,应根据立法本意,认真审查、分析黑社会性质组织"四个特征"相互间的内在联系,准确评价涉案犯罪组织所造成的社会危害,确保不枉不纵。

1. 关于组织特征。黑社会性质组织不仅有明确的组织者、领导者,骨干成员基本固定,而且组织结构较为稳定,并有比较明确的层级和职责分工。

当前,一些黑社会性质组织为了增强隐蔽性,往往采取各种手段制造"人员频繁更替、组织结构松散"的假象。因此,在办案时,要特别注意审查组织者、领导者,以及对组织运行、活动起着突出作用的积极参加者等骨干成员是否基本固定、联系是否紧密,不要被其组织形式的表象所左右。

关于组织者、领导者、积极参加者和其他参加者的认定。组织者、领导者,是指黑社会性质组织的发起者、创建者,或者在组织中实际处于领导地位,对整个组织及其运行、活动起着决策、指挥、协调、管理作用的犯罪分子,既包括通过一定形式产生的有明确职务、称谓的组织者、领导者,也包括在黑社会性质组织中被公认的事实上的组织者、领导者;积极参加者,是指接受黑社会性质组织的领导和管理,多次积极参与黑社会性质组织的违法犯罪活动,或者积极参与较严重的黑社会性质组织的犯罪活动且作用突出,以及其他在组织中起重要作用的犯罪分子,如具体主管黑社会性质组织的财务、人员管理等事项的犯罪分子;其他参加者,是指除上述组织成员之外,其他接受黑社会性质组织的领导和管理的犯罪分子。根据《司法解释》第三条第二款的规定,对于参加黑社会性质的组织,没有实施其他违法犯罪活动的,或者受蒙蔽、胁迫参加黑社会性质的组织,情节轻微的,可以不作为犯罪处理。

关于黑社会性质组织成员的主观明知问题。在认定黑社会性质组织的成员时,并不要求其主观上认为自己参加的是黑社会性质组织,只要其知道或者应当知道该组织具有一定规模,且是以实施违法犯罪为主要活动的,即可认定。

对于黑社会性质组织存在时间、成员人数及组织纪律等问题的把握。黑社会性质组织一般在短时间内难以形成,而且成员人数较多,但鉴于普通犯罪集团、"恶势力"团伙向黑社会性质组织发展是一个渐进的过程,没有明显的性质转变的节点,故对黑社会性质组织存在时间、成员人数问题不宜作出"一刀切"的规定。对于那些已存在一定时间,且成员人数较多的犯罪组织,在定性时要根据其是否已具备一定的经济实力,是否已在一定区域或行业内形成非法控制或重大影响等情况综合分析判断。此外,在通常情况下,黑社会性质组织为了维护自身的安全和稳定,一般会有一些约定俗成的纪律、规约,有些甚至还有明确的规定。因此,具有一定的组织纪律、活动规约,也是认定黑社会性质组织特征时的重要参考依据。

2. 关于经济特征。一定的经济实力是黑社会性质组织坐大成势,称霸一方的基础。由于不同地区的经济发展水平、不同行业的利润空间均存在很大差异,加之黑社会性质组织存在、发展的时间也各有不同,因此,在办案时不能一般性地要求黑社会性质组织所具有的经济实力必须达到特定规模或特定数额。此外,黑社会性质组织的敛财方式也具有多样性。实践中,黑社会性质组织不仅会通过实施赌博、敲诈、贩毒等违法犯罪活动攫取经济利益,而且还往往会通过开办公司、企业等方式"以商养黑"、"以黑护商"。因此,无论其财产是通过非法手段聚敛,还是通过合法的方式获取,只要将其中部分或全部用于违法犯罪活动或者维系犯罪组织的生存、发展即可。

"用于违法犯罪活动或者维系犯罪组织的生存、发展",一般是指购买作案工具、提供作案经费,为受伤、死亡的组织成员提供医疗费、丧葬费,为组织成员及其家属提供工资、奖励、福利、生活费用,为组织寻求非法保护以及其他与实施有组织的违法犯罪活动有关的费用支出等。

3. 关于行为特征。暴力性、胁迫性和有组织性是黑社会性质组织行为方式的主要特征,但有时也会采取一些"其他手段"。

根据司法实践经验,《立法解释》中规定的"其他手段"主要包括:以暴力、威胁为基础,在利用组织势力和影响已对他人形成心理强制或威慑的情况下,进行所谓的"谈判"、"协商"、"调解";滋扰、哄闹、聚众等其他干扰、破坏正常经济、社会生活秩序的非暴力手段。

"黑社会性质组织实施的违法犯罪活动"主要包括以下情形:由组织者、领导者直接组织、策划、指挥、参与实施的违法犯罪活动;由组织成员以组织名义实施,并得到组织者、领导者认可或者默许的违法犯罪活动;多名组织成员为逞强争霸、插手纠纷、报复他人、替人行凶、非法敛财而共同实施,并得到组织者、领导者认可或者默许的违法犯罪活动;组织成员为组织争夺势力范围、排除竞争对手、确立强势地位、谋取经济利益、维护非法权威或者按照组织的纪律、惯例、共同遵守的约定而实施的违法犯罪活动;由黑社会性质组织实施的其他违法犯罪活动。

会议认为,在办案时还应准确理解《立法解释》中关于"多次进行违法犯罪活动"的规定。黑社会性质组织实施犯罪活动过程中,往往伴随着大量的违法活动，对此均应作为黑社会性质组织的违法犯罪事实予以认定。但如果仅实施了违法活动，而没有实施犯罪活动的，则不能认定为黑社会性质组织。此外，"多次进行违法犯罪活动"只是认定黑社会性质组织的必要条件之一，最终能否认定为黑社会性质组织，还要结合危害性特征来加以判断。即使有些案件中的违法犯罪活动已符合"多次"的标准，但根据其性质和严重程度，尚不足以形成非法控制或者重大影响的，也不能认定为黑社会性质组织。

4. 关于危害性特征。称霸一方，在一定区域或者行业内，形成非法控制或者重大影响，从而严重危害经济、社会生活秩序，是黑社会性质组织的本质特征，也是黑社会性质组织区别于一般犯罪集团的关键所在。

对于"一定区域"的理解和把握。区域的大小具有相对性，且黑社会性质组织非法控制和影响的对象并不是区域本身，而是在一定区域中生活的人，以及该区域内的经济、社会生活秩序。因此，不能简单地要求"一定区域"必须达到某一特定的空间范围，而应当根据具体案情，并结合黑社会性质组织对经济、社会生活秩序的危害程度加以综合分析判断。

对于"一定行业"的理解和把握。黑社会性质组织所控制和影响的行业，既包括合法行业，也包括黄、赌、毒等非法行业。这些行业一般涉及生产、流通、交换、消费等一个或多个市场环节。

通过实施违法犯罪活动，或者利用国家工作人员的包庇、纵容，称霸一方，并具有以下情形之一的，可认定为"在一定区域或行业内，形成非法控制或重大影响，严重破坏经济、社会生活秩序"：对在一定区域内生活或者在一定行业内从事生产、经营的群众形成心理强制、威慑，致使合法利益受损的群众不敢举报、控告的；对一定行业的生产、经营形成垄断，或者对涉及一定行业的准入、经营、竞争等经济活动形成重要影响的；插手民间纠纷、经济纠纷，在相关区域或者行业内造成严重影响的；干扰、破坏他人正常生产、经营、生活，并在相关区域或者行业内造成严重影响的；干扰、破坏公司、企业、事业单位及社会团体的正常生产、经营、工作秩序，在相关区域、行业内造成严重影响，或者致使其不能正常生产、经营、工作的；多次干扰、破坏国家机关、行业管理部门以及村委会、居委会等基层群众自治组织的工作秩序，或者致使上述单位、组织的职能不能正常行使的；利用组织的势力、影响，使组织成员获取政治地位，或者在党政机关、基层群众自治组织中担任一定职务的；其他形成非法控制或者重大影响，严重破坏经济、社会生活秩序的情形。

（二）关于办理黑社会性质组织犯罪案件的其他问题

1. 关于包庇、纵容黑社会性质组织罪主观要件的认定。本罪主观方面要求必须是出于故意，过失不能构成本罪。会议认为，只要行为人知道或者应当知道是从事违法犯罪活动的组织，仍对该组织及其成员予以包庇，或者纵容其实施违法犯罪活动，即可认定本罪。至于行为人是否明知该组织系黑社会性质组织，不影响本罪的成立。

2. 关于黑社会性质组织成员的刑事责任。对黑社会性质组织的组织者、领导者，应根据法律规定和本纪要中关于"黑社会性质组织实施的违法犯罪活动"的规定，按照该组织所犯的全部罪行承担刑事责任。组织者、领导者对于具体犯罪所承担的刑事责任，应当根据其在该起犯罪中的具体地位、作用来确定。对黑社会性质组织中的积极参加者和其他参加者，应按照其所参与的犯罪，根据其在具体犯罪中的地位和作用，依照罪责刑相适应的原则，确定应承担的刑事责任。

3. 关于涉黑犯罪财物及其收益的认定和处置。在办案时，要依法运用查封、扣押、冻结、追缴、没收等手段，彻底摧毁黑社会性质组织的经济基础，防止其死灰复燃。对于涉黑犯罪财物及其收益以及犯罪工具，均应按照刑法第六十四条和《司法解释》第七条的规定予以追缴、没收。黑社会性质组织及其成员通过犯罪活动聚敛的财物及其收益，是指在黑社会性质组织的形成、发展过程中，该组织及组织成员通过违法犯罪活动或其他不正当手段聚敛的全部财物、财产性权益及其孳息、收益。在办案工作中，应认真审查涉案财产的来源、性质，对被告人及其他单位、个人的合法财产应依法予以保护。

4. 关于认定黑社会性质组织犯罪的证据要求。办理涉黑案件同样应当坚持案件"事实清楚，证据确实、充分"的法定证明标准。但应当注意的是，"事实清楚"是指能够对定罪量刑产生影响的事实必须清楚，而不是指整个案件的所有事实和情节都要一一查证属实；"证据确实、充分"是指能够据以定罪量刑的证据确实、充分，而不是指案件中所涉全部问题的证据都要达到确实、充分的程度。对此，一定要准确理解和把握，不要纠缠那些不影响定罪量刑的枝节问题。比如，在可以认定某犯罪组织已将所获经济利益部分用于组织活动的情况下，即使此部分款项的具体数额难以全部查实，也不影响定案。

5. 关于黑社会性质组织成员的立功问题。积极参加者、其他参加者配合司法机关查办案件，有提供线索、帮助收集证据或者其他协助行为，并对侦破黑社会性质组织犯罪案件起到一定作用的，即使依法不能认定立功，一般也应酌情对其从轻处罚。组织者、领导者检举揭发与该黑社会性质组织及其违法犯罪活动有关联的其他犯罪线索，即使依法构成立功或者重大立功，在量刑时也应从严掌握。

6. 关于对"恶势力"团伙的认定和处理。"恶势力"，是黑社会性质组织的雏形，有的最终发展成为了黑社会性质组织。因此，及时严惩"恶势力"

团伙犯罪，是遏制黑社会性质组织滋生、防止违法犯罪活动造成更大社会危害的有效途径。

会议认为，"恶势力"是指经常纠集在一起，以暴力、威胁或其他手段，在一定区域或者行业内多次实施违法犯罪活动，为非作恶，扰乱经济、社会生活秩序，造成较为恶劣的社会影响，但尚未形成黑社会性质组织的犯罪团伙。"恶势力"一般为三人以上，纠集者、骨干成员相对固定，违法犯罪活动一般表现为敲诈勒索、强迫交易、欺行霸市、聚众斗殴、寻衅滋事、非法拘禁、故意伤害、抢劫、抢夺或者黄、赌、毒等。各级人民法院、人民检察院和公安机关在办案时应根据本纪要的精神，结合组织化程度的高低、经济实力的强弱、有无追求和实现对社会的非法控制等特征，对黑社会性质组织与"恶势力"团伙加以正确区分。同时，还要本着实事求是的态度，正确理解和把握"打早打小"方针。在准确查明"恶势力"团伙具体违法犯罪事实的基础上，构成什么罪，就按什么罪处理，并充分运用刑法总则关于共同犯罪的规定，依法惩处。对符合犯罪集团特征的，要按照犯罪集团处理，以切实加大对"恶势力"团伙依法惩处的力度。

7. 关于视听资料的收集、使用。公安机关在侦查时要特别重视对涉黑犯罪视听资料的收集。对于那些能够证明涉案犯罪组织具备黑社会性质组织的"四个特征"及其实施的具体违法犯罪活动的录音、录像资料，要及时提取、固定、移送。通过特殊侦查措施获取的视听资料，在移送审查起诉时，公安机关对证据的来源、提取经过应予说明。

8. 庭审时应注意的有关问题。为确保庭审效果，人民法院在开庭审理涉黑案件之前，应认真做好庭审预案。法庭调查时，除必须传唤共同被告人同时到庭质证外，对各被告人应当分别讯问，以防止被告人当庭串供或者不敢如实供述、作证。对于诉讼参与人、旁听人员破坏法庭秩序、干扰法庭审理的，法庭应按照刑事诉讼法及有关司法解释的规定及时作出处理。构成犯罪的，应当依法追究刑事责任。

最高人民法院、最高人民检察院、公安部、司法部关于办理黑社会性质组织犯罪案件若干问题的规定

(2012年9月11日 公通字〔2012〕45号)

为依法严厉打击黑社会性质组织犯罪,按照宽严相济的刑事政策和"打早打小、除恶务尽"的工作方针,根据《中华人民共和国刑法》、《中华人民共和国刑事诉讼法》和其他有关规定,现就办理黑社会性质组织犯罪案件有关问题,制定本规定。

一、管辖

第一条 公安机关侦查黑社会性质组织犯罪案件时,对黑社会性质组织及其成员在多个地方实施的犯罪,以及其他与黑社会性质组织犯罪有关的犯罪,可以依照法律和有关规定一并立案侦查。对案件管辖有争议的,由共同的上级公安机关指定管辖。

并案侦查的黑社会性质组织犯罪案件,由侦查该案的公安机关所在地同级人民检察院一并审查批准逮捕、受理移送审查起诉,由符合审判级别管辖要求的人民法院审判。

第二条 公安机关、人民检察院、人民法院根据案件情况和需要,可以依法对黑社会性质组织犯罪案件提级管辖或者指定管辖。

提级管辖或者指定管辖的黑社会性质组织犯罪案件,由侦查该案的公安机关所在地同级人民检察院审查批准逮捕、受理移送审查起诉,由同级或者符合审判级别管辖要求的人民法院审判。

第三条 人民检察院对于公安机关提请批准逮捕、移送审查起诉的黑社会性质组织犯罪案件,人民法院对于已进入审判程序的黑社会性质组织犯罪案件,被告人及其辩护人提出管辖异议,或者办案单位发现没有管辖权的,受案人民检察院、人民法院经审查,可以依法报请与有管辖权的人民检察院、人民法院共同的上级人民检察院、人民法院指定管辖,不再自行移交。对于在审查

批准逮捕阶段，上级检察机关已经指定管辖的案件，审查起诉工作由同一人民检察院受理。

第四条 公安机关侦查黑社会性质组织犯罪案件过程中，发现人民检察院管辖的贪污贿赂、渎职侵权犯罪案件线索的，应当及时移送人民检察院。人民检察院对于公安机关移送的案件线索应当及时依法进行调查或者立案侦查。人民检察院与公安机关应当相互及时通报案件进展情况。

二、立案

第五条 公安机关对涉嫌黑社会性质组织犯罪的线索，应当及时进行审查。审查过程中，可以采取询问、查询、勘验、检查、鉴定、辨认、调取证据材料等必要的调查活动，但不得采取强制措施，不得查封、扣押、冻结财产。

立案前的审查阶段获取的证据材料经查证属实的，可以作为证据使用。

公安机关因侦查黑社会性质组织犯罪的需要，根据国家有关规定，经过严格的批准手续，对一些重大犯罪线索立案后可以采取技术侦查等秘密侦查措施。

第六条 公安机关经过审查，认为有黑社会性质组织犯罪事实需要追究刑事责任，且属于自己管辖的，经县级以上公安机关负责人批准，予以立案，同时报上级公安机关备案。

三、强制措施和羁押

第七条 对于组织、领导、积极参加黑社会性质组织的犯罪嫌疑人、被告人，不得取保候审；但是患有严重疾病、生活不能自理，怀孕或者是正在哺乳自己婴儿的妇女，采取取保候审不致发生社会危险性的除外。

第八条 对于黑社会性质组织犯罪案件的犯罪嫌疑人、被告人，看守所应当严格管理，防止发生串供、通风报信等行为。

对于黑社会性质组织犯罪案件的犯罪嫌疑人、被告人，可以异地羁押。

对于同一黑社会性质组织犯罪案件的犯罪嫌疑人、被告人，应当分别羁押，在看守所的室外活动应当分开进行。

对于组织、领导黑社会性质组织的犯罪嫌疑人、被告人，有条件的地方应当单独羁押。

四、证人保护

第九条 公安机关、人民检察院和人民法院应当采取必要措施，保障证人及其近亲属的安全。证人的人身和财产受到侵害时，可以视情给予一定的经济补偿。

第十条　在侦查、起诉、审判过程中，对于因作证行为可能导致本人或者近亲属的人身、财产安全受到严重危害的证人，分别经地市级以上公安机关主要负责人、人民检察院检察长、人民法院院长批准，应当对其身份采取保密措施。

第十一条　对于秘密证人，侦查人员、检察人员和审判人员在制作笔录或者文书时，应当以代号代替其真实姓名，不得记录证人住址、单位、身份证号及其他足以识别其身份的信息。证人签名以按指纹代替。

侦查人员、检察人员和审判人员记载秘密证人真实姓名和身份信息的笔录或者文书，以及证人代号与真实姓名对照表，应当单独立卷，交办案单位档案部门封存。

第十二条　法庭审理时不得公开秘密证人的真实姓名和身份信息。用于公开质证的秘密证人的声音、影像，应当进行变声、变像等技术处理。

秘密证人出庭作证，人民法院可以采取限制询问、遮蔽容貌、改变声音或者使用音频、视频传送装置等保护性措施。

经辩护律师申请，法庭可以要求公安机关、人民检察院对使用秘密证人的理由、审批程序出具说明。

第十三条　对报案人、控告人、举报人、鉴定人、被害人的保护，参照本规定第九条至第十二条的规定执行。

五、特殊情况的处理

第十四条　参加黑社会性质组织的犯罪嫌疑人、被告人，自动投案，如实供述自己的罪行，或者在被采取强制措施期间如实供述司法机关还未掌握的本人其他罪行的，应当认定为自首。

参加黑社会性质组织的犯罪嫌疑人、被告人，积极配合侦查、起诉、审判工作，检举、揭发黑社会性质组织其他成员与自己共同犯罪以外的其他罪行，经查证属实的，应当认定为有立功表现。在查明黑社会性质组织的组织结构和组织者、领导者的地位作用，追缴、没收赃款赃物，打击"保护伞"方面提供重要线索，经查证属实的，可以酌情从宽处理。

第十五条　对于有本规定第十四条所列情形之一的，公安机关应当根据犯罪嫌疑人的认罪态度以及在侦查工作中的表现，经县级以上公安机关主要负责人批准，提出从宽处理的建议并说明理由。

人民检察院应当根据已经查明的事实、证据和有关法律规定，在充分考虑全案情况和公安机关建议的基础上依法作出起诉或者不起诉决定，或者起诉后向人民法院提出依法从轻、减轻或者免除刑事处罚的建议。

人民法院应当根据已经查明的事实、证据和有关法律规定，在充分考虑全案情况、公安机关和人民检察院建议和被告人、辩护人辩护意见的基础上，依法作出判决。

对参加黑社会性质组织的犯罪嫌疑人、被告人不起诉或者免予刑事处罚的，应当予以训诫或者责令具结悔过并保证不再从事违法犯罪活动。

第十六条　对于有本规定第十四条第二款情形的犯罪嫌疑人、被告人，可以参照第九条至第十二条的规定，采取必要的保密和保护措施。

六、涉案财产的控制和处理

第十七条　根据黑社会性质组织犯罪案件的诉讼需要，公安机关、人民检察院、人民法院可以依法查询、查封、扣押、冻结与案件有关的下列财产：

（一）黑社会性质组织的财产；

（二）犯罪嫌疑人、被告人个人所有的财产；

（三）犯罪嫌疑人、被告人实际控制的财产；

（四）犯罪嫌疑人、被告人出资购买的财产；

（五）犯罪嫌疑人、被告人转移至他人的财产；

（六）其他与黑社会性质组织及其违法犯罪活动有关的财产。

对于本条第一款的财产，有证据证明与黑社会性质组织及其违法犯罪活动无关的，应当依法立即解除查封、扣押、冻结措施。

第十八条　查封、扣押、冻结财产的，应当一并扣押证明财产所有权或者相关权益的法律文件和文书。

在侦查、起诉、审判过程中，查询、查封、扣押、冻结财产需要其他部门配合或者执行的，应当分别经县级以上公安机关负责人、人民检察院检察长、人民法院院长批准，通知有关部门配合或者执行。

查封、扣押、冻结已登记的不动产、特定动产及其他财产，应当通知有关登记机关，在查封、扣押、冻结期间禁止被查封、扣押、冻结的财产流转，不得办理被查封、扣押、冻结财产权属变更、抵押等手续；必要时可以提取有关产权证照。

第十九条　对于不宜查封、扣押、冻结的经营性财产，公安机关、人民检察院、人民法院可以申请当地政府指定有关部门或者委托有关机构代管。

第二十条　对于黑社会性质组织形成、发展过程中，组织及其成员通过违法犯罪活动或者其他不正当手段聚敛的财产及其孳息、收益，以及用于违法犯罪的工具和其他财物，应当依法追缴、没收。

对于其他个人或者单位利用黑社会性质组织及其成员的违法犯罪活动获得的财产及其孳息、收益,应当依法追缴、没收。

对于明知是黑社会性质组织而予以资助、支持的,依法没收资助、支持的财产。

对于被害人的合法财产及其孳息,应当依法及时返还或者责令退赔。

第二十一条 依法应当追缴、没收的财产无法找到、被他人善意取得、价值灭失或者与其他合法财产混合且不可分割的,可以追缴、没收其他等值财产。

对黑社会性质组织及其成员聚敛的财产及其孳息、收益的数额,办案单位可以委托专门机构评估;确实无法准确计算的,可以根据有关法律规定及查明的事实、证据合理估算。

七、律师辩护代理

第二十二条 公安机关、人民检察院、人民法院应当依法保障律师在办理黑社会性质组织犯罪案件辩护代理工作中的执业权利,保证律师依法履行职责。

公安机关、人民检察院、人民法院应当加强与司法行政机关的沟通和协作,及时协调解决律师辩护代理工作中的问题;发现律师有违法违规行为的,应当及时通报司法行政机关,由司法行政机关依法处理。

第二十三条 律师接受委托参加黑社会性质组织犯罪案件辩护代理工作的,应当严格依法履行职责,依法行使执业权利,恪守律师职业道德和执业纪律。

第二十四条 司法行政机关应当建立对律师办理黑社会性质组织犯罪案件辩护代理工作的指导、监督机制,加强对敏感、重大的黑社会性质组织犯罪案件律师辩护代理工作的业务指导;指导律师事务所建立健全律师办理黑社会性质组织犯罪案件辩护代理工作的登记、报告、保密、集体讨论、档案管理等制度;及时查处律师从事黑社会性质组织犯罪案件辩护代理活动中的违法违规行为。

八、刑罚执行

第二十五条 对于组织、领导、参加黑社会性质组织的罪犯,执行机关应当采取严格的监管措施。

第二十六条 对于判处十年以上有期徒刑、无期徒刑,以及判处死刑缓期二年执行减为有期徒刑、无期徒刑的黑社会性质组织的组织者、领导者,应当跨省、自治区、直辖市异地执行刑罚。

对于被判处十年以下有期徒刑的黑社会性质组织的组织者、领导者，以及黑社会性质组织的积极参加者，可以跨省、自治区、直辖市或者在本省、自治区、直辖市内异地执行刑罚。

第二十七条 对组织、领导和积极参加黑社会性质组织的罪犯减刑的，执行机关应当依法提出减刑建议，报经省、自治区、直辖市监狱管理机关审核后，提请人民法院裁定。监狱管理机关审核时应当向同级人民检察院、公安机关通报情况。

对被判处不满十年有期徒刑的组织、领导和积极参加黑社会性质组织的罪犯假释的，依照前款规定处理。

对因犯组织、领导黑社会性质组织罪被判处十年以上有期徒刑、无期徒刑的罪犯，不得假释。

第二十八条 对于组织、领导和积极参加黑社会性质组织的罪犯，有下列情形之一，确实需要暂予监外执行的，应当依照法律规定的条件和程序严格审批：

（一）确有严重疾病而监狱不具备医治条件，必须保外就医，且适用保外就医不致危害社会的；

（二）怀孕或者正在哺乳自己婴儿的妇女；

（三）因年老、残疾完全丧失生活自理能力，适用暂予监外执行不致危害社会的。

暂予监外执行的审批机关在作出审批决定前，应当向同级人民检察院、公安机关通报情况。

第二十九条 办理境外黑社会组织成员入境发展组织成员犯罪案件，参照本规定执行。

第三十条 本规定自印发之日起施行。

最高人民法院、最高人民检察院、公安部、国家安全部、司法部关于进一步规范司法人员与当事人、律师、特殊关系人、中介组织接触交往行为的若干规定

(2015年9月6日)

第一条 为规范司法人员与当事人、律师、特殊关系人、中介组织的接触、交往行为，保证公正司法，根据有关法律和纪律规定，结合司法工作实际，制定本规定。

第二条 司法人员与当事人、律师、特殊关系人、中介组织接触、交往，应当符合法律纪律规定，防止当事人、律师、特殊关系人、中介组织以不正当方式对案件办理进行干涉或者施加影响。

第三条 各级司法机关应当建立公正、高效、廉洁的办案机制，确保司法人员与当事人、律师、特殊关系人、中介组织无不正当接触、交往行为，切实防止利益输送，保障案件当事人的合法权益，维护国家法律统一正确实施，维护社会公平正义。

第四条 审判人员、检察人员、侦查人员在诉讼活动中，有法律规定的回避情形的，应当自行回避，当事人及其法定代理人也有权要求他们回避。

审判人员、检察人员、侦查人员的回避，应当依法按程序批准后执行。

第五条 严禁司法人员与当事人、律师、特殊关系人、中介组织有下列接触交往行为：

（一）泄露司法机关办案工作秘密或者其他依法依规不得泄露的情况；

（二）为当事人推荐、介绍诉讼代理人、辩护人，或者为律师、中介组织介绍案件，要求、建议或者暗示当事人更换符合代理条件的律师；

（三）接受当事人、律师、特殊关系人、中介组织请客送礼或者其他利益；

（四）向当事人、律师、特殊关系人、中介组织借款、租借房屋、借用交通工具、通讯工具或者其他物品；

（五）在委托评估、拍卖等活动中徇私舞弊，与相关中介组织和人员恶意串通、弄虚作假、违规操作等行为；

（六）司法人员与当事人、律师、特殊关系人、中介组织的其他不正当接触交往行为。

第六条 司法人员在案件办理过程中，应当在工作场所、工作时间接待当事人、律师、特殊关系人、中介组织。因办案需要，确需与当事人、律师、特殊关系人、中介组织在非工作场所、非工作时间接触的，应依照相关规定办理审批手续并获批准。

第七条 司法人员在案件办理过程中因不明情况或者其他原因在非工作时间或非工作场所接触当事人、律师、特殊关系人、中介组织的，应当在三日内向本单位纪检监察部门报告有关情况。

第八条 司法人员从司法机关离任后，不得担任原任职单位办理案件的诉讼代理人或者辩护人，但是作为当事人的监护人或者近亲属代理诉讼或者进行辩护的除外。

第九条 司法人员有违反本规定行为的，当事人、律师、特殊关系人、中介组织和其他任何组织和个人可以向有关司法机关反映情况或者举报。

第十条 对反映或者举报司法人员违反本规定的线索，司法机关纪检监察部门应当及时受理，全面、如实记录，认真进行核查。对实名举报的，自受理之日起一个月内进行核查并将查核结果向举报人反馈。

不属于本单位纪检监察部门管辖的司法人员违反本规定的，将有关线索移送有管辖权的纪检监察部门处理。

第十一条 司法人员违反本规定，依照《中国共产党纪律处分条例》、《行政机关公务员处分条例》、《人民法院工作人员处分条例》、《检察人员纪律处分条例（试行）》、《公安机关人民警察纪律条令》等规定给予纪律处分，并按程序报经批准后予以通报，必要时可以向社会公开；造成冤假错案或者其他严重后果，构成犯罪的，依法追究刑事责任。

第十二条 司法机关应当将司法人员执行本规定的情况记入个人廉政档案。单位组织人事部门将执行本规定情况作为司法人员年度考核和晋职晋级的重要依据。

第十三条 司法机关应当每季度对司法人员与当事人、律师、特殊关系人、中介组织的不正当接触、交往情况进行汇总分析，报告同级党委政法委和上级司法机关。

第十四条 本规定所称"司法人员"，是指在法院、检察院、公安机关、国家安全机关、司法行政机关依法履行审判、执行、检察、侦查、监管职责的人员。

　　本规定所称"特殊关系人",是指当事人的父母、配偶、子女、同胞兄弟姊妹和与案件有利害关系或可能影响案件公正处理的其他人。

　　本规定所称"中介组织",是指依法通过专业知识和技术服务,向委托人提供代理性、信息技术服务性等中介服务的机构,主要包括受案件当事人委托从事审计、评估、拍卖、变卖、检验或者破产管理等服务的中介机构。公证机构、司法鉴定机构参照"中介组织"适用本规定。

　　第十五条　本规定自印发之日起施行。

最高人民法院
最高人民检察院
公　安　部
司　法　部
2015 年 9 月 6 日

最高人民法院、最高人民检察院、公安部、司法部关于依法严厉打击黑恶势力违法犯罪的通告

（2018年2月2日）

黑恶势力是经济社会健康发展的毒瘤，是人民群众深恶痛绝的顽疾，必须坚决依法予以打击。为切实保障广大人民群众合法权益，维护社会和谐稳定，按照中共中央、国务院《关于开展扫黑除恶专项斗争的通知》精神，依据《中华人民共和国刑法》、《中华人民共和国刑事诉讼法》及有关规定，现就依法严厉打击黑恶势力违法犯罪相关事项通告如下：

一、凡是实施黑恶势力违法犯罪以及包庇、纵容黑社会性质组织的人员，必须立即停止一切违法犯罪活动。自本通告发布之日起至2018年3月1日，主动投案自首、如实供述自己罪行的，可以依法从轻或者减轻处罚。在此规定期限内拒不投案自首、继续为非作恶的，将依法从严惩处。对于为黑恶势力违法犯罪人员充当"保护伞"的国家机关工作人员，将坚决依法依纪查处，不管涉及谁，都要一查到底、绝不姑息。

二、黑恶势力犯罪人员的亲友应当积极规劝其尽快投案自首，经亲友规劝、陪同投案的，或者亲友主动报案后将犯罪人员送去投案的，视为自动投案。窝藏、包庇黑恶势力犯罪人员或者帮助洗钱、毁灭、伪造证据以及掩饰、隐瞒犯罪所得、犯罪所得收益的，将依法追究刑事责任。黑恶势力犯罪人员到案后有检举、揭发他人犯罪并经查证属实，以及提供侦破其他案件的重要线索并经查证属实，或者协助司法机关抓获其他犯罪嫌疑人的，可以依法从轻或者减轻处罚；有重大立功表现的，可以依法减轻或者免除处罚。黑恶势力犯罪人员积极配合侦查、起诉、审判工作，在查明黑社会性质组织的组织结构和组织者、领导者的地位作用，组织实施的重大犯罪事实，追缴、没收赃款赃物，打击"保护伞"等方面提供重要线索和证据，经查证属实的，可以根据案件具体情况，依法从轻、减轻或者免除处罚。

三、全国政法战线要贯彻落实党的十九大精神，在各级党委的统一领导

下,充分发挥社会治安综合治理优势,推动各部门各司其职、齐抓共管,形成工作合力。要以"零容忍"态度,坚决依法从严惩治,对黑恶势力违法犯罪重拳出击,侦办一批群众深恶痛绝的涉黑涉恶案件,整治一批涉黑涉恶重点地区,惩治一批涉黑涉恶违法犯罪分子,确保在春节前后取得积极成效,为扫黑除恶专项斗争奠定坚实基础,不断增强人民获得感、幸福感、安全感。

四、扫黑除恶是一场人民战争,必须依靠人民群众的积极参与。欢迎广大群众积极举报涉黑涉恶犯罪和"村霸"等突出问题,对在打击黑恶势力违法犯罪、铲除黑恶势力滋生土壤、深挖黑恶势力"保护伞"中发挥重要作用的,予以奖励。政法机关将依法保护举报人的个人信息及安全。

全国扫黑除恶举报网站:www.12389.gov.cn;举报信箱:北京市邮政19001号信箱;举报电话:010-12389。

本通告自发布之日起施行。

最高人民法院

最高人民检察院

公 安 部

司 法 部

2018 年 2 月 2 日

最高人民法院、最高人民检察院、公安部、司法部印发《关于办理黑恶势力犯罪案件若干问题的指导意见》的通知

(2018年1月16日 法发〔2018〕1号)

各省、自治区、直辖市高级人民法院、人民检察院、公安厅（局）、司法厅（局），解放军军事法院、军事检察院，新疆维吾尔自治区高级人民法院生产建设兵团分院、新疆生产建设兵团人民检察院、公安局、司法局：

为贯彻落实《中共中央、国务院关于开展扫黑除恶专项斗争的通知》精神，统一执法思想，提高执法效能，依法、准确、有力惩处黑恶势力犯罪，严厉打击"村霸"、宗族恶势力、"保护伞"以及"软暴力"等犯罪，最高人民法院、最高人民检察院、公安部、司法部制定了《关于办理黑恶势力犯罪案件若干问题的指导意见》。现印发给你们，请认真贯彻执行，并尽快下发至县团级政法单位。

2018年1月16日

最高人民法院、最高人民检察院、公安部、司法部、关于办理黑恶势力犯罪案件若干问题的指导意见

为贯彻落实《中共中央、国务院关于开展扫黑除恶专项斗争的通知》精神，统一执法思想，提高执法效能，依法、准确、有力惩处黑恶势力犯罪，严厉打击"村霸"、宗族恶势力、"保护伞"以及"软暴力"等犯罪，根据《刑法》、《刑事诉讼法》及有关司法解释等规定，针对实践中遇到的新情况、新问题，现就办理黑恶势力犯罪案件若干问题制定如下指导意见：

一、总体要求

1. 各级人民法院、人民检察院、公安机关和司法行政机关应充分发挥职能作用，密切配合，相互支持，相互制约，形成打击合力，加强预防惩治黑恶势力犯罪长效机制建设。正确运用法律规定加大对黑恶势力违法犯罪以及"保护伞"惩处力度，在侦查、起诉、审判、执行各阶段体现依法从严惩处精神，严格掌握取保候审，严格掌握不起诉，严格掌握缓刑、减刑、假释，严格掌握保外就医适用条件，充分运用《刑法》总则关于共同犯罪和犯罪集团的规定加大惩处力度，充分利用资格刑、财产刑降低再犯可能性。对黑恶势力犯罪，注意串并研判、深挖彻查，防止就案办案，依法加快办理。坚持依法办案，坚持法定标准、坚持以审判为中心，加强法律监督，强化程序意识和证据意识，正确把握"打早打小"与"打准打实"的关系，贯彻落实宽严相济刑事政策，切实做到宽严有据，罚当其罪，实现政治效果、法律效果和社会效果的统一。

2. 各级人民法院、人民检察院、公安机关和司法行政机关应聚焦黑恶势力犯罪突出的重点地区、重点行业和重点领域，重点打击威胁政治安全特别是政权安全、制度安全以及向政治领域渗透的黑恶势力；把持基层政权、操纵破坏基层换届选举、垄断农村资源、侵吞集体资产的黑恶势力；利用家族、宗族势力横行乡里、称霸一方、欺压残害百姓的"村霸"等黑恶势力；在征地、租地、拆迁、工程项目建设等过程中煽动闹事的黑恶势力；在建筑工程、交通运输、矿产资源、渔业捕捞等行业、领域，强揽工程、恶意竞标、非法占地、滥开滥采的黑恶势力；在商贸集市、批发市场、车站码头、旅游景区等场所欺行霸市、强买强卖、收保护费的市霸、行霸等黑恶势力；操纵、经营"黄赌毒"等违法犯罪活动的黑恶势力；非法高利放贷、暴力讨债的黑恶势力；插手民间纠纷，充当"地下执法队"的黑恶势力；组织或雇佣网络"水军"在网上威胁、恐吓、侮辱、诽谤、滋扰的黑恶势力；境外黑社会入境发展渗透以及跨国跨境的黑恶势力。同时，坚决深挖黑恶势力"保护伞"。

二、依法认定和惩处黑社会性质组织犯罪

3. 黑社会性质组织应同时具备《刑法》第二百九十四条第五款中规定的"组织特征""经济特征""行为特征"和"危害性特征"。由于实践中许多黑社会性质组织并非这"四个特征"都很明显，在具体认定时，应根据立法本意，认真审查、分析黑社会性质组织"四个特征"相互间的内在联系，准确评价涉案犯罪组织所造成的社会危害，做到不枉不纵。

4. 发起、创建黑社会性质组织，或者对黑社会性质组织进行合并、分立、重组的行为，应当认定为"组织黑社会性质组织"；实际对整个组织的发展、运行、活动进行决策、指挥、协调、管理的行为，应当认定为"领导黑社会性质组织"。黑社会性质组织的组织者、领导者，既包括通过一定形式产生的有明确职务、称谓的组织者、领导者，也包括在黑社会性质组织中被公认的事实上的组织者、领导者。

5. 知道或者应当知道是以实施违法犯罪为基本活动内容的组织，仍加入并接受其领导和管理的行为，应当认定为"参加黑社会性质组织"。没有加入黑社会性质组织的意愿，受雇到黑社会性质组织开办的公司、企业、社团工作，未参与黑社会性质组织违法犯罪活动的，不应认定为"参加黑社会性质组织"。

参加黑社会性质组织并具有以下情形之一的，一般应当认定为"积极参加黑社会性质组织"：多次积极参与黑社会性质组织的违法犯罪活动，或者积极参与较严重的黑社会性质组织的犯罪活动且作用突出，以及其他在组织中起重要作用的情形，如具体主管黑社会性质组织的财务、人员管理等事项。

6. 组织形成后，在一定时期内持续存在，应当认定为"形成较稳定的犯罪组织"。

黑社会性质组织一般在短时间内难以形成，而且成员人数较多，但鉴于"恶势力"团伙和犯罪集团向黑社会性质组织发展是个渐进的过程，没有明显的性质转变的节点，故对黑社会性质组织存在时间、成员人数问题不宜作出"一刀切"的规定。

黑社会性质组织未举行成立仪式或者进行类似活动的，成立时间可以按照足以反映其初步形成非法影响的标志性事件的发生时间认定。没有明显标志性事件的，可以按照本意见中关于黑社会性质组织违法犯罪活动认定范围的规定，将组织者、领导者与其他组织成员首次共同实施该组织犯罪活动的时间认定为该组织的形成时间。该组织者、领导者因未到案或者因死亡等法定情形未被起诉的，不影响认定。

黑社会性质组织成员既包括已有充分证据证明但尚未归案的组织成员，也包括虽有参加黑社会性质组织的行为但因尚未达到刑事责任年龄或因其他法定情形而未被起诉，或者根据具体情节不作为犯罪处理的组织成员。

7. 在组织的形成、发展过程中通过以下方式获取经济利益的，应当认定为"有组织地通过违法犯罪活动或者其他手段获取经济利益"：

（1）有组织地通过违法犯罪活动或其他不正当手段聚敛；

（2）有组织地以投资、控股、参股、合伙等方式通过合法的生产、经营活动获取；

（3）由组织成员提供或通过其他单位、组织、个人资助取得。

8. 通过上述方式获得一定数量的经济利益，应当认定为"具有一定的经济实力"，同时也包括调动一定规模的经济资源用以支持该组织活动的能力。通过上述方式获取的经济利益，即使是由部分组织成员个人掌控，也应计入黑社会性质组织的"经济实力"。组织成员主动将个人或者家庭资产中的一部分用于支持该组织活动，其个人或者家庭资产可全部计入"一定的经济实力"，但数额明显较小或者仅提供动产、不动产使用权的除外。

由于不同地区的经济发展水平、不同行业的利润空间均存在很大差异，加之黑社会性质组织存在、发展的时间也各有不同，在办案时不能一般性地要求黑社会性质组织所具有的经济实力必须达到特定规模或特定数额。

9. 黑社会性质组织实施的违法犯罪活动包括非暴力性的违法犯罪活动，但暴力或以暴力相威胁始终是黑社会性质组织实施违法犯罪活动的基本手段，并随时可能付诸实施。暴力、威胁色彩虽不明显，但实际是以组织的势力、影响和犯界能力为依托，以暴力威胁的现实可能性为基础，足以使他人产生恐惧、恐慌进而形成心理强制或者足以影响、限制人身自由、危及人身财产安全或者影响正常生产、工作、生活的手段，属于《刑法》第二百九十四条第五款第（三）项中的"其他手段"，包括但不限于所谓的"谈判""协商""调解"以及滋扰、纠缠、哄闹、聚众造势等手段。

10. 为确立、维护、扩大组织的势力、影响、利益或者按照纪律规约、组织惯例多次实施违法犯罪活动，侵犯不特定多人的人身权利、民主权利、财产权利，破坏经济秩序、社会秩序，应当认定为"有组织地多次进行违法犯罪活动，为非作恶，欺压、残害群众"。

符合以下情形之一的，应当认定为是黑社会性质组织实施的违法犯罪活动：

（1）为该组织争夺势力范围打击竞争对手、形成强势地位、谋取经济利益、树立非法权威、扩大非法影响、寻求非法保护、增强犯罪能力等实施的；

（2）按照该组织的纪律规约、组织惯例实施的；

（3）组织者、领导者直接组织、规划、指挥、参与实施的；

（4）由组织成员以组织名义实施，并得到组织者、领导者认可或者默许的；

（5）多名组织成员为逞强争霸、插手纠纷、报复他人、替人行凶、非法敛财而共同实施，并得到组织者、领导者认可或者默许的；

（6）其他应当认定为黑社会性质组织实施的。

11. 鉴于黑社会性质组织非法控制和影响的"一定区域"的大小具有相对性，不能简单地要求"一定区域"必须达到某一特定的空间范围，而应当根据具体案情，并结合黑社会性质组织对经济社会生活秩序的危害程度加以综合分析判断。

通过实施违法犯罪活动，或者利用国家工作人员的包庇或者不依法履行职责，放纵黑社会性质组织进行违法犯罪活动的行为，称霸一方，并具有以下情形之一的，可认定为"在一定区域或者行业内，形成非法控制或者重大影响，严重破坏经济、社会生活秩序"：

（1）致使在一定区域内生活或者在一定行业内从事生产、经营的多名群众，合法利益遭受犯罪或严重违法活动侵害后，不敢通过正当途径举报、控告的；

（2）对一定行业的生产、经营形成垄断，或者对涉及一定行业的准入、经营、竞争等经济活动形成重要影响的；

（3）插手民间纠纷、经济纠纷，在相关区域或者行业内造成严重影响的；

（4）干扰、破坏他人正常生产、经营、生活，并在相关区域或者行业内造成严重影响的；

（5）干扰、破坏公司、企业、事业单位及社会团体的正常生产、经营、工作秩序，在相关区域、行业内造成严重影响，或者致使其不能正常生产、经营、工作的；

（6）多次干扰、破坏党和国家机关、行业管理部门以及村委会居委会等基层群众自治组织的工作秩序，或者致使上述单位、组织的职能不能正常行使的；

（7）利用组织的势力、影响，帮助组织成员或他人获取政治地位，或者在党政机关、基层群众自治组织中担任一定职务的；

（8）其他形成非法控制或者重大影响，严重破坏经济、社会生活秩序的情形。

12. 对于组织者、领导者和因犯参加黑社会性质组织罪被判处五年以上有期徒刑的积极参加者，可以根据《刑法》第五十六条第一款的规定适用附加剥夺政治权利。对于符合《刑法》第三十七条之一规定的组织成员，应当依法禁止其从事相关职业。符合《刑法》第六十六条规定的组织成员，应当认定为累犯，依法从重处罚。

对于因有组织的暴力性犯罪被判处死刑缓期执行的黑社会性质组织犯罪分子，可以根据《刑法》第五十条第二款的规定同时决定对其限制减刑。对于因有组织的暴力性犯罪被判处十年以上有期徒刑、无期徒刑的黑社会性质组织犯罪分子，应当根据《刑法》第八十一条第二款规定，不得假释。

13. 对于组织者、领导者一般应当并处没收个人全部财产。对于确属骨干成员或者为该组织转移、隐匿资产的积极参加者，可以并处没收个人全部财产。对于其他组织成员，应当根据所参与实施违法犯罪活动的次数、性质、地位、作用、违法所得数额以及造成损失的数额等情节，依法决定财产刑的适用。

三、依法惩处恶势力犯罪

14. 具有下列情形的组织，应当认定为"恶势力"：经常纠集在一起，以暴力、威胁或者其他手段，在一定区域或者行业内多次实施违法犯罪活动，为非作恶，欺压百姓，扰乱经济、社会生活秩序，造成较为恶劣的社会影响，但尚未形成黑社会性质组织的违法犯罪组织。恶势力一般为三人以上，纠集者相对固定，违法犯罪活动主要为强迫交易、故意伤害、非法拘禁、敲诈勒索、故意毁坏财物、聚众斗殴、寻衅滋事等，同时还可能伴随实施开设赌场、组织卖淫、强迫卖淫、贩卖毒品、运输毒品、制造毒品、抢劫、抢夺、聚众扰乱社会秩序、聚众扰乱公共场所秩序、交通秩序以及聚众"打砸抢"等。

在相关法律文书中的犯罪事实认定部分，可使用"恶势力"等表述加以描述。

15. 恶势力犯罪集团是符合犯罪集团法定条件的恶势力犯罪组织，其特征表现为：有三名以上的组织成员，有明显的首要分子重要成员较为固定，组织成员经常纠集在一起，共同故意实施三次以上恶势力惯常实施的犯罪活动或者其他犯罪活动。

16. 公安机关、人民检察院、人民法院在办理恶势力犯罪案件时，应当依照上述规定，区别于普通刑事案件，充分运用《刑法》总则关于共同犯罪和犯罪集团的规定，依法从严惩处。

四、依法惩处利用"软暴力"实施的犯罪

17. 黑恶势力为谋取不法利益或形成非法影响，有组织地采用滋扰、纠缠、哄闹、聚众造势等手段侵犯人身权利、财产权利，破坏经济秩序、社会秩序，构成犯罪的，应当分别依照《刑法》相关规定处理：

（1）有组织地采用滋扰，纠缠，哄闹、聚众造势等手段扰乱正常的工作、生活秩序，使他人产生心理恐惧或者形成心理强制，分别属于《刑法》第二百九十三条第一款第（二）项规定的"恐吓"、《刑法》第二百二十六规定的"威胁"，同时符合其他犯罪构成条件的应分别以寻衅滋事罪、强迫交易罪定

罪处罚。

《关于办理寻衅滋事刑事案件适用法律若干问题的解释》第二条至第四条中的"多次"一般应当理解为二年内实施寻衅滋事行为三次以上。二年内多次实施不同种类寻衅滋事行为的，应当追究刑事责任。

（2）以非法占有为目的强行索取公私财物，有组织地采用滋扰、纠缠、哄闹、聚众造势等手段扰乱正常的工作、生活秩序，同时符合《刑法》第二百七十四条规定的其他犯罪构成条件的，应当以敲诈勒索罪定罪处罚，同时由多人实施或者以统一着装、显露纹身、特殊标识以及其他明示或者暗示方式，足以使对方感知相关行为的有组织性的，应当认定为《关于办理敲诈勒索刑事案件适用法律若干问题的解释》第二条第（五）项规定的"以黑恶势力名义敲诈勒索"。

采用上述手段，同时又构成其他犯罪的，应当依法按照处罚较重的规定定罪处罚。

雇佣、指使他人有组织地采用上述手段强迫交易、敲诈勒索构成强迫交易罪、敲诈勒索罪的，对雇佣者、指使者，一般应当以共同犯罪中的主犯论处。为强索不受法律保护的债务或者因其他非法目的，雇佣、指使他人有组织地采用上述手段寻衅滋事，构成寻衅滋事罪，对雇佣者，指使者，一般应当以共同犯罪中的主犯论处；为追讨合法债务或者因婚恋、家庭、邻里纠纷等民间矛盾而雇佣、指使，没有造成严重后果的，一般不作为犯罪处理，但经有关部门批评制止或者处罚处罚后仍继续实施的除外。

18. 黑恶势力有组织地多次短时间非法拘禁他人的，应当认定为《刑法》第二百三十八条规定的"以其他方法非法剥夺他人人身自由"。非法拘禁他人三次以上、每次持续时间在四小时以上，或者非法拘禁他人累计时间在十二小时以上的，应以非法拘禁罪定罪处罚。

五、依法打击非法放贷讨债的犯罪活动

19. 在民间借贷活动中，如有擅自设立金融机构、非法吸收公众存款、骗取贷款、套取金融机构资金发放高利贷以及为强索债务而实施故意杀人、故意伤害、非法拘禁、故意毁坏财物等行为的，应当按照具体犯罪侦查、起诉、审判。依法符合数罪并罚条件的，应当并罚。

20. 对于以非法占有为目的，假借民间借贷之名，通过"虚增债务""签订虚假借款协议""制造资金走账流水""肆意认定违约""转单平账""虚假诉讼"等手段非法占有他人财产，或者使用暴力、威胁手段强立债权、强行索债的，应当根据案件具体事实，以诈骗、强迫交易、敲诈勒索、抢劫、虚假

诉讼等罪名侦查、起诉、审判。对于非法占有的被害人实际所得借款以外的虚高"债务"和以"保证金""中介费""服务费"等各种名目扣除或收取的额外费用，均应计入违法所得。对于名义上为被害人所得、但在案证据能够证明实际上却为犯罪嫌疑人、被告人实施后续犯罪所使用的"借款"，应予以没收。

21. 对采用讨债公司、"地下执法队"等各种形式有组织地进行上述活动，符合黑社会性质组织、犯罪集团认定标准的，应当按照组织、领导、参加黑社会性质组织罪或者犯罪集团侦查、起诉、审判。

六、依法严惩"保护伞"

22. 《刑法》第二百九十四条第三款中规定的"包庇"行为，不要求相关国家机关工作人员利用职务便利。利用职务便利包庇黑社会性质组织的，酌情从重处罚。包庇、纵容黑社会性质组织，事先有通谋的，以具体犯罪的共犯论处。

23. 公安机关、人民检察院、人民法院对办理黑恶势力犯罪案件中发现的涉嫌包庇、纵容黑社会性质组织犯罪、收受贿赂、渎职侵权等违法违纪线索，应当及时移送有关主管部门和其他相关部门，坚决依法严惩充当黑恶势力"保护伞"的职务犯罪。

24. 依法严惩农村"两委"等人员在涉农惠农补贴申领与发放、农村基础设施建设、征地拆迁补偿、救灾扶贫优抚、生态环境保护等过程中，利用职权恃强凌弱、吃拿卡要、侵吞挪用国家专项资金的犯罪，以及放纵、包庇"村霸"和宗族恶势力，致使其坐大成患，或者收受贿赂、徇私舞弊，为"村霸"和宗族恶势力充当"保护伞"的犯罪。

25. 公安机关在侦办恶势力犯罪案件中，应当注意及时深挖其背后的腐败问题，对于涉嫌特别重大贿赂犯罪案件的犯罪嫌疑人，及时会同有关机关执行《刑事诉讼法》第三十七条的相关规定，辩护律师在侦查期间会见在押犯罪嫌疑人的，应当经相关侦查机关许可。

七、依法处置涉案财产

26. 公安机关、人民检察院、人民法院根据黑社会性质组织犯罪案件的诉讼需要，应当依法查询、查封、扣押、冻结全部涉案财产。公安机关侦查期间，要会同工商、税务、国土、住建、审计、人民银行等部门全面调查涉黑组织及其成员的财产状况。

对于不宜查封、扣押、冻结的经营性资产，可以申请当地政府指定有关部门或者委托有关机构代管或者托管。

对黑社会性质组织及其成员聚敛的财产及其孳息、收益的数额,办案单位可以委托专门机构评估;确实无法准确计算的,可以根据有关法律规定及查明的事实、证据合理估算。

27. 对于依法查封、冻结、扣押的黑社会性质组织涉案财产,应当全面收集、审查证明其来源、性质、用途、权属及价值大小的有关证据。符合下列情形之一的,应当依法追缴、没收:

(1) 组织及其成员通过违法犯罪活动或其他不正当手段聚敛的财产及其孳息、收益;

(2) 组织成员通过个人实施违法犯罪活动聚敛的财产及其孳息、收益;

(3) 其他单位、组织、个人为支持该组织活动资助或主动提供的财产;

(4) 通过合法的生产、经营活动获取的财产或者组织成员个人、家庭合法资产中,实际用于支持该组织活动的部分;

(5) 组织成员非法持有的违禁品以及供犯罪所用的本人财物;

(6) 其他单位、组织、个人利用黑社会性质组织违法犯罪活动获取的财产及其孳息;

(7) 其他应当追缴、没收的财产。

28. 违法所得已用于清偿债务或者转让给他人,具有下列情形之一的,应当依法追缴:

(1) 对方明知是通过违法犯罪活动或者其他不正当手段聚敛的财产及其孳息、收益的;

(2) 对方无偿或者以明显低于市场价格取得的;

(3) 对方是因非法债务或者违法犯罪活动而取得的;

(4) 通过其他方式恶意取得的。

29. 依法应当追缴、没收的财产无法找到、被他人善意取得、价值灭失或者与其他合法财产混合且不可分割的,可以追缴、没收其他等值财产。

30. 黑社会性质组织犯罪嫌疑人、被告人逃匿,在通缉一年后不能到案,或者犯罪嫌疑人、被告人死亡的,应当依照法定程序没收其违法所得。

31. 对于依法查封、扣押、冻结的涉案财产,有证据证明确属被害人合法财产,或者确与黑社会性质组织及其违法犯罪活动无关的,应当予以返还。

八、其他

32. 司法行政机关应当加强对律师办理黑社会性质组织犯罪案件辩护代理工作的指导监督,指导律师事务所建立健全律师办理黑社会性质组织犯罪案件的请示报告、集体研究和检查督导制度。办案机关应当依法保障律师各项诉讼权利代理职责提供便利，防止因妨碍辩护律师依法履行职责，对案件办理带来影响。

对黑恶势力犯罪案件开庭审理时，人民法院应当通知对辩护律师所属事务所具有监督管理权限的司法行政机关派员旁听。

对于律师违反会见规定的；以串联组团，联署签名、发表公开信，组织网上聚集、声援等方式或者借个案研讨之名，制造舆论压力，攻击、诋毁司法机关和司法制度，干扰诉讼活动正常进行的；煽动、教唆和组织当事人或者其他人员到司法机关或者其他国家机关静坐、举牌、打横幅、喊口号等，扰乱公共秩序、危害公共安全的；违反规定披露、散布不公开审理案件的信息、材料，或者本人、其他律师在办案过程中获悉的有关案件重要信息、证据材料的，司法行政机关应当依照有关规定予以处罚，构成犯罪的，依法追究刑事责任。对于律师辩护、代理活动中的违法违规行为，相关办案机关要注意收集固定证据，提出司法建议。

33. 监狱应当从严管理组织、领导、参加黑社会性质组织的罪犯，严格罪犯会见、减刑、假释、暂予监外执行等执法活动。对于判处十年以上有期徒刑、无期徒刑，判处死刑缓期二年执行减为有期徒刑、无期徒刑的黑社会性质组织的组织者、领导者，实行跨省、自治区、直辖市异地关押。积极开展黑恶势力犯罪线索排查，教育引导服刑人员检举揭发。社区矫正机构对拟适用社区矫正的黑恶势力犯罪案件的犯罪嫌疑人、被告人，应当认真开展调查评估，为准确适用非监禁刑提供参考，社区矫正机构对组织、领导、参加黑社会性质组织的社区服刑人员要严格监管教育。公安机关、人民检察院、人民法院、司法行政机关要加强协调联动，完善应急处置工作机制，妥善处理社区服刑人员脱管漏管和重新违法犯罪等情形。

34. 办理黑恶势力犯罪案件，要依法建立完善重大疑难案件会商、案件通报等工作机制，进一步加强政法机关之间的配合，形成打击合力；对群众关注度高、社会影响力大的黑恶势力犯罪案件，依法采取挂牌督办、上提一级、异地管辖、指定管辖以及现场联合督导等措施，确保案件质量。根据办理黑恶势力犯罪案件的实际情况，及时汇总问题，归纳经验，适时出台有关证据标准，切实保障有力打击。

35. 公安机关、人民检察院、人民法院办理黑社会性质组织犯罪案件，应当按照《刑事诉讼法关于办理黑社会性质组织犯罪案件若干问题的规定》、《公安机关办理刑事案件证人保护工作规定》的有关规定，对证人、报案人、控告人、举报人、鉴定人、被害人采取保护措施。

犯罪嫌疑人、被告人，积极配合侦查、起诉、审判工作，在查明黑社会性质组织的组织结构和组织者、领导者的地位作用，组织实施的重大犯罪事实，追缴、没收赃款赃物，打击"保护伞"等方面提供重要线索和证据，经查证属实的，可以根据案件具体情况，依法从轻、减轻或者免除处罚，并对其参照证人保护的有关规定采取保护措施。前述规定，对于确属组织者、领导者的犯罪嫌疑人、被告人应当严格掌握。

对于确有重大立功或者对于认定重大犯罪事实或追缴、没收涉黑财产具有重要作用的组织成员，确有必要通过分案审理予以保护的，公安机关可以与人民检察院、人民法院在充分沟通的基础上作出另案处理的决定。

对于办理黑社会性质组织犯罪案件的政法干警及其近亲属，需要采取保护措施的，可以参照《刑事诉讼法》等关于证人保护的有关规定，采取禁止特定的人员接触、对人身和住宅予以专门性保护等必要的措施，以确保办理案件的司法工作人员及其近亲属的人身安全。

36. 本意见颁布实施后，最高人民法院、最高人民检察院、公安部、司法部联合发布或者单独制定的其他相关规范性文件，内容如与本意见中有关规定不一致的，应当按照本意见执行。

最高人民法院、最高人民检察院、公安部、司法部关于办理黑恶势力刑事案件若干问题的意见

(2019年2月28日 法发〔2019〕10号)

为认真贯彻落实中央开展扫黑除恶专项斗争的部署要求,正确理解和适用最高人民法院、最高人民检察院、公安部、司法部《关于办理黑恶势力犯罪案件若干问题的指导意见》(法发〔2018〕1号,以下简称《指导意见》),根据刑法、刑事诉讼法及有关司法解释、规范性文件的规定,现对办理恶势力刑事案件若干问题提出如下意见:

一、办理恶势力刑事案件的总体要求

1. 人民法院、人民检察院、公安机关和司法行政机关要深刻认识恶势力违法犯罪的严重社会危害,毫不动摇地坚持依法严惩方针,在侦查、起诉、审判、执行各阶段,运用多种法律手段全面体现依法从严惩处精神,有力震慑恶势力违法犯罪分子,有效打击和预防恶势力违法犯罪。

2. 人民法院、人民检察院、公安机关和司法行政机关要严格坚持依法办案,确保在案件事实清楚,证据确实、充分的基础上,准确认定恶势力和恶势力犯罪集团,坚决防止人为拔高或者降低认定标准。要坚持贯彻落实宽严相济刑事政策,根据犯罪嫌疑人、被告人的主观恶性、人身危险性、在恶势力、恶势力犯罪集团中的地位、作用以及在具体犯罪中的罪责,切实做到宽严有据,罚当其罪,实现政治效果、法律效果和社会效果的统一。

3. 人民法院、人民检察院、公安机关和司法行政机关要充分发挥各自职能,分工负责,互相配合,互相制约,坚持以审判为中心的刑事诉讼制度改革要求,严格执行"三项规程",不断强化程序意识和证据意识,有效加强法律监督,确保严格执法、公正司法,充分保障当事人、诉讼参与人的各项诉讼权利。

二、恶势力、恶势力犯罪集团的认定标准

4. 恶势力，是指经常纠集在一起，以暴力、威胁或者其他手段，在一定区域或者行业内多次实施违法犯罪活动，为非作恶，欺压百姓，扰乱经济、社会生活秩序，造成较为恶劣的社会影响，但尚未形成黑社会性质组织的违法犯罪组织。

5. 单纯为牟取不法经济利益而实施的"黄、赌、毒、盗、抢、骗"等违法犯罪活动，不具有为非作恶、欺压百姓特征的，或者因本人及近亲属的婚恋纠纷、家庭纠纷、邻里纠纷、劳动纠纷、合法债务纠纷而引发以及其他确属事出有因的违法犯罪活动，不应作为恶势力案件处理。

6. 恶势力一般为3人以上，纠集者相对固定。纠集者，是指在恶势力实施的违法犯罪活动中起组织、策划、指挥作用的违法犯罪分子。成员较为固定且符合恶势力其他认定条件，但多次实施违法犯罪活动是由不同的成员组织、策划、指挥，也可以认定为恶势力，有前述行为的成员均可以认定为纠集者。

恶势力的其他成员，是指知道或应当知道与他人经常纠集在一起是为了共同实施违法犯罪，仍按照纠集者的组织、策划、指挥参与违法犯罪活动的违法犯罪分子，包括已有充分证据证明但尚未归案的人员，以及因法定情形不予追究法律责任，或者因参与实施恶势力违法犯罪活动已受到行政或刑事处罚的人员。仅因临时雇佣或被雇佣、利用或被利用以及受蒙蔽参与少量恶势力违法犯罪活动的，一般不应认定为恶势力成员。

7. "经常纠集在一起，以暴力、威胁或者其他手段，在一定区域或者行业内多次实施违法犯罪活动"，是指犯罪嫌疑人、被告人于2年之内，以暴力、威胁或者其他手段，在一定区域或者行业内多次实施违法犯罪活动，且包括纠集者在内，至少应有2名相同的成员多次参与实施违法犯罪活动。对于"纠集在一起"时间明显较短，实施违法犯罪活动刚刚达到"多次"标准，且尚不足以造成较为恶劣影响的，一般不应认定为恶势力。

8. 恶势力实施的违法犯罪活动，主要为强迫交易、故意伤害、非法拘禁、敲诈勒索、故意毁坏财物、聚众斗殴、寻衅滋事，但也包括具有为非作恶、欺压百姓特征，主要以暴力、威胁为手段的其他违法犯罪活动。

恶势力还可能伴随实施开设赌场、组织卖淫、强迫卖淫、贩卖毒品、运输毒品、制造毒品、抢劫、抢夺、聚众扰乱社会秩序、聚众扰乱公共场所秩序、交通秩序以及聚众"打砸抢"等违法犯罪活动，但仅有前述伴随实施的违法犯罪活动，且不能认定具有为非作恶、欺压百姓特征的，一般不应认定为恶势力。

9. 办理恶势力刑事案件,"多次实施违法犯罪活动"至少应包括 1 次犯罪活动。对于反复实施强迫交易、非法拘禁、敲诈勒索、寻衅滋事等单一性质的违法行为,单次情节、数额尚不构成犯罪,但按照刑法或者有关司法解释、规范性文件的规定累加后应作为犯罪处理的,在认定是否属于"多次实施违法犯罪活动"时,可将已用于累加的违法行为计为 1 次犯罪活动,其他违法行为单独计算违法活动的次数。

已被处理或者已作为民间纠纷调处,后经查证确属恶势力违法犯罪活动的,均可以作为认定恶势力的事实依据,但不符合法定情形的,不得重新追究法律责任。

10. 认定"扰乱经济、社会生活秩序,造成较为恶劣的社会影响",应当结合侵害对象及其数量、违法犯罪次数、手段、规模、人身损害后果、经济损失数额、违法所得数额、引起社会秩序混乱的程度以及对人民群众安全感的影响程度等因素综合把握。

11. 恶势力犯罪集团,是指符合恶势力全部认定条件,同时又符合犯罪集团法定条件的犯罪组织。

恶势力犯罪集团的首要分子,是指在恶势力犯罪集团中起组织、策划、指挥作用的犯罪分子。恶势力犯罪集团的其他成员,是指知道或者应当知道是为共同实施犯罪而组成的较为固定的犯罪组织,仍接受首要分子领导、管理、指挥,并参与该组织犯罪活动的犯罪分子。

恶势力犯罪集团应当有组织地实施多次犯罪活动,同时还可能伴随实施违法活动。恶势力犯罪集团所实施的违法犯罪活动,参照《指导意见》第十条第二款的规定认定。

12. 全部成员或者首要分子、纠集者以及其他重要成员均为未成年人、老年人、残疾人的,认定恶势力、恶势力犯罪集团时应当特别慎重。

三、正确运用宽严相济刑事政策的有关要求

13. 对于恶势力的纠集者、恶势力犯罪集团的首要分子、重要成员以及恶势力、恶势力犯罪集团共同犯罪中罪责严重的主犯,要正确运用法律规定加大惩处力度,对依法应当判处重刑或死刑的,坚决判处重刑或死刑。同时要严格掌握取保候审,严格掌握不起诉,严格掌握缓刑、减刑、假释,严格掌握保外就医适用条件,充分利用资格刑、财产刑等法律手段全方位从严惩处。对于符合刑法第三十七条之一规定的,可以依法禁止其从事相关职业。

对于恶势力、恶势力犯罪集团的其他成员,在共同犯罪中罪责相对较小、人身危险性、主观恶性相对不大的,具有自首、立功、坦白、初犯等法定或酌

定从宽处罚情节,可以依法从轻、减轻或免除处罚。认罪认罚或者仅参与实施少量的犯罪活动且只起次要、辅助作用,符合缓刑条件的,可以适用缓刑。

14. 恶势力犯罪集团的首要分子检举揭发与该犯罪集团及其违法犯罪活动有关联的其他犯罪线索,如果在认定立功的问题上存在事实、证据或法律适用方面的争议,应当严格把握。依法应认定为立功或者重大立功的,在决定是否从宽处罚、如何从宽处罚时,应当根据罪责刑相一致原则从严掌握。可能导致全案量刑明显失衡的,不予从宽处罚。

恶势力犯罪集团的其他成员如果能够配合司法机关查办案件,有提供线索、帮助收集证据或者其他协助行为,并在侦破恶势力犯罪集团案件、查处"保护伞"等方面起到较大作用的,即使依法不能认定立功,一般也应酌情对其从轻处罚。

15. 犯罪嫌疑人、被告人同时具有法定、酌定从严和法定、酌定从宽处罚情节的,量刑时要根据所犯具体罪行的严重程度,结合被告人在恶势力、恶势力犯罪集团中的地位、作用、主观恶性、人身危险性等因素整体把握。对于恶势力的纠集者、恶势力犯罪集团的首要分子、重要成员,量刑时要体现总体从严。对于在共同犯罪中罪责相对较小、人身危险性、主观恶性相对不大,且能够真诚认罪悔罪的其他成员,量刑时要体现总体从宽。

16. 恶势力刑事案件的犯罪嫌疑人、被告人自愿如实供述自己的罪行,承认指控的犯罪事实,愿意接受处罚的,可以依法从宽处理,并适用认罪认罚从宽制度。对于犯罪性质恶劣、犯罪手段残忍、社会危害严重的犯罪嫌疑人、被告人,虽然认罪认罚,但不足以从轻处罚的,不适用该制度。

四、办理恶势力刑事案件的其他问题

17. 人民法院、人民检察院、公安机关经审查认为案件符合恶势力认定标准的,应当在起诉意见书、起诉书、判决书、裁定书等法律文书中的案件事实部分明确表述,列明恶势力的纠集者、其他成员、违法犯罪事实以及据以认定的证据;符合恶势力犯罪集团认定标准的,应当在上述法律文书中明确定性,列明首要分子、其他成员、违法犯罪事实以及据以认定的证据,并引用刑法总则关于犯罪集团的相关规定。被告人及其辩护人对恶势力定性提出辩解和辩护意见,人民法院可以在裁判文书中予以评析回应。

恶势力刑事案件的起诉意见书、起诉书、判决书、裁定书等法律文书,可以在案件事实部分先概述恶势力、恶势力犯罪集团的概括事实,再分述具体的恶势力违法犯罪事实。

18. 对于公安机关未在起诉意见书中明确认定,人民检察院在审查起诉期

间发现构成恶势力或者恶势力犯罪集团，且相关违法犯罪事实已经查清，证据确实、充分，依法应追究刑事责任的，应当作出起诉决定，根据查明的事实向人民法院提起公诉，并在起诉书中明确认定为恶势力或者恶势力犯罪集团。人民检察院认为恶势力相关违法犯罪事实不清、证据不足，或者存在遗漏恶势力违法犯罪事实、遗漏同案犯罪嫌疑人等情形需要补充侦查的，应当提出具体的书面意见，连同案卷材料一并退回公安机关补充侦查；人民检察院也可以自行侦查，必要时可以要求公安机关提供协助。

对于人民检察院未在起诉书中明确认定，人民法院在审判期间发现构成恶势力或恶势力犯罪集团的，可以建议人民检察院补充或者变更起诉；人民检察院不同意或者在七日内未回复意见的，人民法院不应主动认定，可仅就起诉指控的犯罪事实依照相关规定作出判决、裁定。

审理被告人或者被告人的法定代理人、辩护人、近亲属上诉的案件时，一审判决认定黑社会性质组织有误的，二审法院应当纠正，符合恶势力、恶势力犯罪集团认定标准，应当作出相应认定；一审判决认定恶势力或恶势力犯罪集团有误的，应当纠正，但不得升格认定；一审判决未认定恶势力或恶势力犯罪集团的，不得增加认定。

19. 公安机关、人民检察院、人民法院应当分别以起诉意见书、起诉书、裁判文书所明确的恶势力、恶势力犯罪集团，作为相关数据的统计依据。

20. 本意见自 2019 年 4 月 9 日起施行。

最高人民法院、最高人民检察院、公安部、司法部关于办理"套路贷"刑事案件若干问题的意见

(2019年4月9日　法发〔2019〕11号)

为持续深入开展扫黑除恶专项斗争，准确甄别和依法严厉惩处"套路贷"违法犯罪分子，根据刑法、刑事诉讼法、有关司法解释以及最高人民法院、最高人民检察院、公安部、司法部《关于办理黑恶势力犯罪案件若干问题的指导意见》等规范性文件的规定，现对办理"套路贷"刑事案件若干问题提出如下意见：

一、准确把握"套路贷"与民间借贷的区别

1. "套路贷"，是对以非法占有为目的，假借民间借贷之名，诱使或迫使被害人签订"借贷"或变相"借贷""抵押""担保"等相关协议，通过虚增借贷金额、恶意制造违约、肆意认定违约、毁匿还款证据等方式形成虚假债权债务，并借助诉讼、仲裁、公证或者采用暴力、威胁以及其他手段非法占有被害人财物的相关违法犯罪活动的概括性称谓。

2. "套路贷"与平等主体之间基于意思自治而形成的民事借贷关系存在本质区别，民间借贷的出借人是为了到期按照协议约定的内容收回本金并获取利息，不具有非法占有他人财物的目的，也不会在签订、履行借贷协议过程中实施虚增借贷金额、制造虚假给付痕迹、恶意制造违约、肆意认定违约、毁匿还款证据等行为。

司法实践中，应当注意非法讨债引发的案件与"套路贷"案件的区别，犯罪嫌疑人、被告人不具有非法占有目的，也未使用"套路"与借款人形成虚假债权债务，不应视为"套路贷"。因使用暴力、威胁以及其他手段强行索债构成犯罪的，应当根据具体案件事实定罪处罚。

3. 实践中，"套路贷"的常见犯罪手法和步骤包括但不限于以下情形：

（1）制造民间借贷假象。犯罪嫌疑人、被告人往往以"小额贷款公司"

"投资公司""咨询公司""担保公司""网络借贷平台"等名义对外宣传,以低息、无抵押、无担保、快速放款等为诱饵吸引被害人借款,继而以"保证金""行规"等虚假理由诱使被害人基于错误认识签订金额虚高的"借贷"协议或相关协议。有的犯罪嫌疑人、被告人还会以被害人先前借贷违约等理由,迫使对方签订金额虚高的"借贷"协议或相关协议。

(2)制造资金走账流水等虚假给付事实。犯罪嫌疑人、被告人按照虚高的"借贷"协议金额将资金转入被害人账户,制造已将全部借款交付被害人的银行流水痕迹,随后便采取各种手段将其中全部或者部分资金收回,被害人实际上并未取得或者完全取得"借贷"协议、银行流水上显示的钱款。

(3)故意制造违约或者肆意认定违约。犯罪嫌疑人、被告人往往会以设置违约陷阱、制造还款障碍等方式,故意造成被害人违约,或者通过肆意认定违约,强行要求被害人偿还虚假债务。

(4)恶意垒高借款金额。当被害人无力偿还时,有的犯罪嫌疑人、被告人会安排其所属公司或者指定的关联公司、关联人员为被害人偿还"借款",继而与被害人签订金额更大的虚高"借贷"协议或相关协议,通过这种"转单平账""以贷还贷"的方式不断垒高"债务"。

(5)软硬兼施"索债"。在被害人未偿还虚高"借款"的情况下,犯罪嫌疑人、被告人借助诉讼、仲裁、公证或者采用暴力、威胁以及其他手段向被害人或者被害人的特定关系人索取"债务"。

二、依法严惩"套路贷"犯罪

4. 实施"套路贷"过程中,未采用明显的暴力或者威胁手段,其行为特征从整体上表现为以非法占有为目的,通过虚构事实、隐瞒真相骗取被害人财物的,一般以诈骗罪定罪处罚;对于在实施"套路贷"过程中多种手段并用,构成诈骗、敲诈勒索、非法拘禁、虚假诉讼、寻衅滋事、强迫交易、抢劫、绑架等多种犯罪的,应当根据具体案件事实,区分不同情况,依照刑法及有关司法解释的规定数罪并罚或者择一重处。

5. 多人共同实施"套路贷"犯罪,犯罪嫌疑人、被告人在所参与的犯罪中起主要作用的,应当认定为主犯,对其参与或组织、指挥的全部犯罪承担刑事责任;起次要或辅助作用的,应当认定为从犯。

明知他人实施"套路贷"犯罪,具有以下情形之一的,以相关犯罪的共犯论处,但刑法和司法解释等另有规定的除外:

(1)组织发送"贷款"信息、广告,吸引、介绍被害人"借款"的;

(2)提供资金、场所、银行卡、账号、交通工具等帮助的;

（3）出售、提供、帮助获取公民个人信息的；

（4）协助制造走账记录等虚假给付事实的；

（5）协助办理公证的；

（6）协助以虚假事实提起诉讼或者仲裁的；

（7）协助套现、取现、办理动产或不动产过户等，转移犯罪所得及其产生的收益的；

（8）其他符合共同犯罪规定的情形。

上述规定中的"明知他人实施'套路贷'犯罪"，应当结合行为人的认知能力、既往经历、行为次数和手段、与同案人、被害人的关系、获利情况、是否曾因"套路贷"受过处罚、是否故意规避查处等主客观因素综合分析认定。

6. 在认定"套路贷"犯罪数额时，应当与民间借贷相区别，从整体上予以否定性评价，"虚高债务"和以"利息""保证金""中介费""服务费""违约金"等名目被犯罪嫌疑人、被告人非法占有的财物，均应计入犯罪数额。

犯罪嫌疑人、被告人实际给付被害人的本金数额，不计入犯罪数额。

已经着手实施"套路贷"，但因意志以外原因未得逞的，可以根据相关罪名所涉及的刑法、司法解释规定，按照已着手非法占有的财物数额认定犯罪未遂。既有既遂，又有未遂，犯罪既遂部分与未遂部分分别对应不同法定刑幅度的，应当先决定对未遂部分是否减轻处罚，确定未遂部分对应的法定刑幅度，再与既遂部分对应的法定刑幅度进行比较，选择处罚较重的法定刑幅度，并酌情从重处罚；二者在同一量刑幅度的，以犯罪既遂酌情从重处罚。

7. 犯罪嫌疑人、被告人实施"套路贷"违法所得的一切财物，应当予以追缴或者责令退赔；对被害人的合法财产，应当及时返还。有证据证明是犯罪嫌疑人、被告人为实施"套路贷"而交付给被害人的本金，赔偿被害人损失后如有剩余，应依法予以没收。

犯罪嫌疑人、被告人已将违法所得的财物用于清偿债务、转让或者设置其他权利负担，具有下列情形之一的，应当依法追缴：

（1）第三人明知是违法所得财物而接受的；

（2）第三人无偿取得或者以明显低于市场的价格取得违法所得财物的；

（3）第三人通过非法债务清偿或者违法犯罪活动取得违法所得财物的；

（4）其他应当依法追缴的情形。

8. 以老年人、未成年人、在校学生、丧失劳动能力的人为对象实施"套路贷"，或者因实施"套路贷"造成被害人或其特定关系人自杀、死亡、精神失常、为偿还"债务"而实施犯罪活动的，除刑法、司法解释另有规定的外，应当酌情从重处罚。

在坚持依法从严惩处的同时,对于认罪认罚、积极退赃、真诚悔罪或者具有其他法定、酌定从轻处罚情节的被告人,可以依法从宽处罚。

9. 对于"套路贷"犯罪分子,应当根据其所触犯的具体罪名,依法加大财产刑适用力度。符合刑法第三十七条之一规定的,可以依法禁止从事相关职业。

10. 三人以上为实施"套路贷"而组成的较为固定的犯罪组织,应当认定为犯罪集团。对首要分子应按照集团所犯全部罪行处罚。

符合黑恶势力认定标准的,应当按照黑社会性质组织、恶势力或者恶势力犯罪集团侦查、起诉、审判。

三、依法确定"套路贷"刑事案件管辖

11. "套路贷"犯罪案件一般由犯罪地公安机关侦查,如果由犯罪嫌疑人居住地公安机关立案侦查更为适宜的,可以由犯罪嫌疑人居住地公安机关立案侦查。犯罪地包括犯罪行为发生地和犯罪结果发生地。

"犯罪行为发生地"包括为实施"套路贷"所设立的公司所在地、"借贷"协议或相关协议签订地、非法讨债行为实施地、为实施"套路贷"而进行诉讼、仲裁、公证的受案法院、仲裁委员会、公证机构所在地,以及"套路贷"行为的预备地、开始地、途经地、结束地等。

"犯罪结果发生地"包括违法所得财物的支付地、实际取得地、藏匿地、转移地、使用地、销售地等。

除犯罪地、犯罪嫌疑人居住地外,其他地方公安机关对于公民扭送、报案、控告、举报或者犯罪嫌疑人自首的"套路贷"犯罪案件,都应当立即受理,经审查认为有犯罪事实的,移送有管辖权的公安机关处理。

黑恶势力实施的"套路贷"犯罪案件,由侦办黑社会性质组织、恶势力或者恶势力犯罪集团案件的公安机关进行侦查。

12. 具有下列情形之一的,有关公安机关可以在其职责范围内并案侦查:

(1) 一人犯数罪的;
(2) 共同犯罪的;
(3) 共同犯罪的犯罪嫌疑人还实施其他犯罪的;
(4) 多个犯罪嫌疑人实施的犯罪存在直接关联,并案处理有利于查明案件事实的。

13. 本意见自 2019 年 4 月 9 日起施行。

最高人民法院、最高人民检察院、公安部、司法部关于办理黑恶势力刑事案件中财产处置若干问题的意见

（2019年4月9日）

为认真贯彻中央关于开展扫黑除恶专项斗争的重大决策部署，彻底铲除黑恶势力犯罪的经济基础，根据刑法、刑事诉讼法及最高人民法院、最高人民检察院、公安部、司法部《关于办理黑恶势力犯罪案件若干问题的指导意见》（法发〔2018〕1号）等规定，现对办理黑恶势力刑事案件中财产处置若干问题提出如下意见：

一、总体工作要求

1. 公安机关、人民检察院、人民法院在办理黑恶势力犯罪案件时，在查明黑恶势力组织违法犯罪事实并对黑恶势力成员依法定罪量刑的同时，要全面调查黑恶势力组织及其成员的财产状况，依法对涉案财产采取查询、查封、扣押、冻结等措施，并根据查明的情况，依法作出处理。

前款所称处理既包括对涉案财产中犯罪分子违法所得、违禁品、供犯罪所用的本人财物以及其他等值财产等依法追缴、没收，也包括对被害人的合法财产等依法返还。

2. 对涉案财产采取措施，应当严格依照法定条件和程序进行。严禁在立案之前查封、扣押、冻结财物。凡查封、扣押、冻结的财物，都应当及时进行审查，防止因程序违法、工作瑕疵等影响案件审理以及涉案财产处置。

3. 对涉案财产采取措施，应当为犯罪嫌疑人、被告人及其所扶养的亲属保留必需的生活费用和物品。

根据案件具体情况，在保证诉讼活动正常进行的同时，可以允许有关人员继续合理使用有关涉案财产，并采取必要的保值保管措施，以减少案件办理对正常办公和合法生产经营的影响。

4. 要彻底摧毁黑社会性质组织的经济基础，防止其死灰复燃。对于组织

者、领导者一般应当并处没收个人全部财产。对于确属骨干成员或者为该组织转移、隐匿资产的积极参加者,可以并处没收个人全部财产。对于其他组织成员,应当根据所参与实施违法犯罪活动的次数、性质、地位、作用、违法所得数额以及造成损失的数额等情节,依法决定财产刑的适用。

5. 要深挖细查并依法打击黑恶势力组织进行的洗钱以及掩饰、隐瞒犯罪所得、犯罪所得收益等转变涉案财产性质的关联犯罪。

二、依法采取措施全面收集证据

6. 公安机关侦查期间,要根据《公安机关办理刑事案件适用查封、冻结措施相关规定》(公通字〔2013〕30号)等有关规定,会同有关部门全面调查黑恶势力及其成员的财产状况,并可以根据诉讼需要,先行依法对下列财产采取查询、查封、扣押、冻结等措施:

(1) 黑恶势力组织的财产;
(2) 犯罪嫌疑人个人所有的财产;
(3) 犯罪嫌疑人实际控制的财产;
(4) 犯罪嫌疑人出资购买的财产;
(5) 犯罪嫌疑人转移至他人名下的财产;
(6) 犯罪嫌疑人涉嫌洗钱以及掩饰、隐瞒犯罪所得、犯罪所得收益等犯罪涉及的财产;
(7) 其他与黑恶势力组织及其违法犯罪活动有关的财产。

7. 查封、扣押、冻结已登记的不动产、特定动产及其他财产,应当通知有关登记机关,在查封、扣押、冻结期间禁止被查封、扣押、冻结的财产流转,不得办理被查封、扣押、冻结财产权属变更、抵押等手续。必要时可以提取有关产权证照。

8. 公安机关对于采取措施的涉案财产,应当全面收集证明其来源、性质、用途、权属及价值的有关证据,审查判断是否应当依法追缴、没收。

证明涉案财产来源、性质、用途、权属及价值的有关证据一般包括:

(1) 犯罪嫌疑人、被告人关于财产来源、性质、用途、权属、价值的供述;
(2) 被害人、证人关于财产来源、性质、用途、权属、价值的陈述、证言;
(3) 财产购买凭证、银行往来凭据、资金注入凭据、权属证明等书证;
(4) 财产价格鉴定、评估意见;
(5) 可以证明财产来源、性质、用途、权属、价值的其他证据。

9. 公安机关对应当依法追缴、没收的财产中黑恶势力组织及其成员聚敛的财产及其孳息、收益的数额，可以委托专门机构评估；确实无法准确计算的，可以根据有关法律规定及查明的事实、证据合理估算。

人民检察院、人民法院对于公安机关委托评估、估算的数额有不同意见的，可以重新委托评估、估算。

10. 人民检察院、人民法院根据案件诉讼的需要，可以依法采取上述相关措施。

三、准确处置涉案财产

11. 公安机关、人民检察院应当加强对在案财产审查甄别。在移送审查起诉、提起公诉时，一般应当对采取措施的涉案财产提出处理意见建议，并将采取措施的涉案财产及其清单随案移送。

人民检察院经审查，除对随案移送的涉案财产提出处理意见外，还需要对继续追缴的尚未被足额查封、扣押的其他违法所得提出处理意见建议。

涉案财产不宜随案移送的，应当按照相关法律、司法解释的规定，提供相应的清单、照片、录像、封存手续、存放地点说明、鉴定、评估意见、变价处理凭证等材料。

12. 对于不宜查封、扣押、冻结的经营性财产，公安机关、人民检察院、人民法院可以申请当地政府指定有关部门或者委托有关机构代管或者托管。

对易损毁、灭失、变质等不宜长期保存的物品，易贬值的汽车、船艇等物品，或者市场价格波动大的债券、股票、基金等财产，有效期即将届满的汇票、本票、支票等，经权利人同意或者申请，并经县级以上公安机关、人民检察院或者人民法院主要负责人批准，可以依法出售、变现或者先行变卖、拍卖，所得价款由扣押、冻结机关保管，并及时告知当事人或者其近亲属。

13. 人民检察院在法庭审理时应当对证明黑恶势力犯罪涉案财产情况进行举证质证，对于既能证明具体个罪又能证明经济特征的涉案财产情况相关证据在具体个罪中出示后，在经济特征中可以简要说明，不再重复出示。

14. 人民法院作出的判决，除应当对随案移送的涉案财产作出处理外，还应当在判决书中写明需要继续追缴尚未被足额查封、扣押的其他违法所得；对随案移送财产进行处理时，应当列明相关财产的具体名称、数量、金额、处置情况等。涉案财产或者有关当事人人数较多，不宜在判决书正文中详细列明的，可以概括叙述并另附清单。

15. 涉案财产符合下列情形之一的，应当依法追缴、没收：

（1）黑恶势力组织及其成员通过违法犯罪活动或者其他不正当手段聚敛

的财产及其孳息、收益;

（2）黑恶势力组织成员通过个人实施违法犯罪活动聚敛的财产及其孳息、收益;

（3）其他单位、组织、个人为支持该黑恶势力组织活动资助或者主动提供的财产;

（4）黑恶势力组织及其成员通过合法的生产、经营活动获取的财产或者组织成员个人、家庭合法财产中,实际用于支持该组织活动的部分;

（5）黑恶势力组织成员非法持有的违禁品以及供犯罪所用的本人财物;

（6）其他单位、组织、个人利用黑恶势力组织及其成员违法犯罪活动获取的财产及其孳息、收益;

（7）其他应当追缴、没收的财产。

16. 应当追缴、没收的财产已用于清偿债务或者转让、或者设置其他权利负担,具有下列情形之一的,应当依法追缴:

（1）第三人明知是违法犯罪所得而接受的;

（2）第三人无偿或者以明显低于市场的价格取得涉案财物的;

（3）第三人通过非法债务清偿或者违法犯罪活动取得涉案财物的;

（4）第三人通过其他方式恶意取得涉案财物的。

17. 涉案财产符合下列情形之一的,应当依法返还:

（1）有证据证明确属被害人合法财产;

（2）有证据证明确与黑恶势力及其违法犯罪活动无关。

18. 有关违法犯罪事实查证属实后,对于有证据证明权属明确且无争议的被害人、善意第三人或者其他人员合法财产及其孳息,凡返还不损害其他利害关系人的利益,不影响案件正常办理的,应当在登记、拍照或者录像后,依法及时返还。

四、依法追缴、没收其他等值财产

19. 有证据证明依法应当追缴、没收的涉案财产无法找到、被他人善意取得、价值灭失或者与其他合法财产混合且不可分割的,可以追缴、没收其他等值财产。

对于证明前款各种情形的证据,公安机关或者人民检察院应当及时调取。

20. 本意见第19条所称"财产无法找到",是指有证据证明存在依法应当追缴、没收的财产,但无法查证财产去向、下落的。被告人有不同意见的,应当出示相关证据。

21. 追缴、没收的其他等值财产的数额,应当与无法直接追缴、没收的具体财产的数额相对应。

五、其他

22. 本意见所称孳息，包括天然孳息和法定孳息。

本意见所称收益，包括但不限于以下情形：

（1）聚敛、获取的财产直接产生的收益，如使用聚敛、获取的财产购买彩票中奖所得收益等；

（2）聚敛、获取的财产用于违法犯罪活动产生的收益，如使用聚敛、获取的财产赌博赢利所得收益、非法放贷所得收益、购买并贩卖毒品所得收益等；

（3）聚敛、获取的财产投资、置业形成的财产及其收益；

（4）聚敛、获取的财产和其他合法财产共同投资或者置业形成的财产中，与聚敛、获取的财产对应的份额及其收益；

（5）应当认定为收益的其他情形。

23. 本意见未规定的黑恶势力刑事案件财产处置工作其他事宜，根据相关法律法规、司法解释等规定办理。

24. 本意见自 2019 年 4 月 9 日起施行。

最高人民法院、最高人民检察院、公安部、司法部关于办理实施"软暴力"的刑事案件若干问题的意见

（2019年4月9日）

为深入贯彻落实中央关于开展扫黑除恶专项斗争的决策部署，正确理解和适用最高人民法院、最高人民检察院、公安部、司法部《关于办理黑恶势力犯罪案件若干问题的指导意见》（法发〔2018〕1号，以下简称《指导意见》）关于对依法惩处采用"软暴力"实施犯罪的规定，依法办理相关犯罪案件，根据《刑法》《刑事诉讼法》及有关司法解释、规范性文件，提出如下意见：

一、"软暴力"是指行为人为谋取不法利益或形成非法影响，对他人或者在有关场所进行滋扰、纠缠、哄闹、聚众造势等，足以使他人产生恐惧、恐慌进而形成心理强制，或者足以影响、限制人身自由、危及人身财产安全，影响正常生活、工作、生产、经营的违法犯罪手段。

二、"软暴力"违法犯罪手段通常的表现形式有：

（一）侵犯人身权利、民主权利、财产权利的手段，包括但不限于跟踪贴靠、扬言传播疾病、揭发隐私、恶意举报、诬告陷害、破坏、霸占财物等；

（二）扰乱正常生活、工作、生产、经营秩序的手段，包括但不限于非法侵入他人住宅、破坏生活设施、设置生活障碍、贴报喷字、拉挂横幅、燃放鞭炮、播放哀乐、摆放花圈、泼洒污物、断水断电、堵门阻工，以及通过驱赶从业人员、派驻人员据守等方式直接或间接地控制厂房、办公区、经营场所等；

（三）扰乱社会秩序的手段，包括但不限于摆场架势示威、聚众哄闹滋扰、拦路闹事等；

（四）其他符合本意见第一条规定的"软暴力"手段。

通过信息网络或者通讯工具实施，符合本意见第一条规定的违法犯罪手段，应当认定为"软暴力"。

三、行为人实施"软暴力"，具有下列情形之一，可以认定为足以使他人产生恐惧、恐慌进而形成心理强制或者足以影响、限制人身自由、危及人身财

产安全或者影响正常生活、工作、生产、经营：

（一）黑恶势力实施的；

（二）以黑恶势力名义实施的；

（三）曾因组织、领导、参加黑社会性质组织、恶势力犯罪集团、恶势力以及因强迫交易、非法拘禁、敲诈勒索、聚众斗殴、寻衅滋事等犯罪受过刑事处罚后又实施的；

（四）携带凶器实施的；

（五）有组织地实施的或者足以使他人认为暴力、威胁具有现实可能性的；

（六）其他足以使他人产生恐惧、恐慌进而形成心理强制或者足以影响、限制人身自由、危及人身财产安全或者影响正常生活、工作、生产、经营的情形。

由多人实施的，编造或明示暴力违法犯罪经历进行恐吓的，或者以自报组织、头目名号、统一着装、显露纹身、特殊标识以及其他明示、暗示方式，足以使他人感知相关行为的有组织性的，应当认定为"以黑恶势力名义实施"。

由多人实施的，只要有部分行为人符合本条第一款第（一）项至第（四）项所列情形的，该项即成立。

虽然具体实施"软暴力"的行为人不符合本条第一款第（一）项、第（三）项所列情形，但雇佣者、指使者或者纠集者符合的，该项成立。

四、"软暴力"手段属于《刑法》第二百九十四条第五款第（三）项"黑社会性质组织行为特征"以及《指导意见》第14条"恶势力"概念中的"其他手段"。

五、采用"软暴力"手段，使他人产生心理恐惧或者形成心理强制，分别属于《刑法》第二百二十六条规定的"威胁"、《刑法》第二百九十三条第一款第（二）项规定的"恐吓"，同时符合其他犯罪构成要件的，应当分别以强迫交易罪、寻衅滋事罪定罪处罚。

《关于办理寻衅滋事刑事案件适用法律若干问题的解释》第二条至第四条中的"多次"一般应当理解为二年内实施寻衅滋事行为三次以上。三次以上寻衅滋事行为既包括同一类别的行为，也包括不同类别的行为；既包括未受行政处罚的行为，也包括已受行政处罚的行为。

六、有组织地多次短时间非法拘禁他人的，应当认定为《刑法》第二百三十八条规定的"以其他方法非法剥夺他人人身自由"。非法拘禁他人三次以上、每次持续时间在四小时以上，或者非法拘禁他人累计时间在十二小时以上的，应当以非法拘禁罪定罪处罚。

七、以"软暴力"手段非法进入或者滞留他人住宅的,应当认定为《刑法》第二百四十五条规定的"非法侵入他人住宅",同时符合其他犯罪构成要件的,应当以非法侵入住宅罪定罪处罚。

八、以非法占有为目的,采用"软暴力"手段强行索取公私财物,同时符合《刑法》第二百七十四条规定的其他犯罪构成要件的,应当以敲诈勒索罪定罪处罚。

《关于办理敲诈勒索刑事案件适用法律若干问题的解释》第三条中"二年内敲诈勒索三次以上",包括已受行政处罚的行为。

九、采用"软暴力"手段,同时构成两种以上犯罪的,依法按照处罚较重的犯罪定罪处罚,法律另有规定的除外。

十、根据本意见第五条、第八条规定,对已受行政处罚的行为追究刑事责任的,行为人先前所受的行政拘留处罚应当折抵刑期,罚款应当抵扣罚金。

十一、雇佣、指使他人采用"软暴力"手段强迫交易、敲诈勒索,构成强迫交易罪、敲诈勒索罪的,对雇佣者、指使者,一般应当以共同犯罪中的主犯论处。

为强索不受法律保护的债务或者因其他非法目的,雇佣、指使他人采用"软暴力"手段非法剥夺他人人身自由构成非法拘禁罪,或者非法侵入他人住宅、寻衅滋事,构成非法侵入住宅罪、寻衅滋事罪的,对雇佣者、指使者,一般应当以共同犯罪中的主犯论处;因本人及近亲属合法债务、婚恋、家庭、邻里纠纷等民间矛盾而雇佣、指使,没有造成严重后果的,一般不作为犯罪处理,但经有关部门批评制止或者处理处罚后仍继续实施的除外。

十二、本意见自 2019 年 4 月 9 日起施行。

最高人民法院关于审理黑社会性质组织犯罪的案件具体应用法律若干问题的解释

(2000年12月5日　法发〔2000〕42号)

为依法惩治黑社会性质组织的犯罪活动，根据刑法有关规定，现就审理黑社会性质组织的犯罪案件具体应用法律的若干问题解释如下：

第一条　刑法第二百九十四条规定的"黑社会性质的组织"，一般应具备以下特征：

（一）组织结构比较紧密，人数较多，有比较明确的组织者、领导者，骨干成员基本固定，有较为严格的组织纪律；

（二）通过违法犯罪活动或者其他手段获取经济利益，具有一定的经济实力；

（三）通过贿赂、威胁等手段，引诱、逼迫国家工作人员参加黑社会性质组织活动，或者为其提供非法保护；

（四）在一定区域或者行业范围内，以暴力、威胁、滋扰等手段，大肆进行敲诈勒索、欺行霸市、聚众斗殴、寻衅滋事、故意伤害等违法犯罪活动，严重破坏经济、社会生活秩序。

第二条　刑法第二百九十四条第二款规定的"发展组织成员"，是指将境内、外人员吸收为该黑社会组织成员的行为。对黑社会组织成员进行内部调整等行为，可视为"发展组织成员"。

港、澳、台黑社会组织到内地发展组织成员的，适用刑法第二百九十四条第二款的规定定罪处罚。

第三条　组织、领导、参加黑社会性质的组织又有其他犯罪行为的，根据刑法第二百九十四条第三款的规定，依照数罪并罚的规定处罚；对于黑社会性质组织的组织者、领导者，应当按照其所组织、领导的黑社会性质组织所犯的全部罪行处罚；对于黑社会性质组织的参加者，应当按照其所参与的犯罪处罚。

对于参加黑社会性质的组织，没有实施其他违法犯罪活动的，或者受蒙蔽、胁迫参加黑社会性质的组织，情节轻微的，可以不作为犯罪处理。

第四条 国家机关工作人员组织、领导、参加黑社会性质组织的，从重处罚。

第五条 刑法第二百九十四条第四款规定的"包庇"，是指国家机关工作人员为使黑社会性质组织及其成员逃避查禁，而通风报信，隐匿、毁灭、伪造证据，阻止他人作证、检举揭发，指使他人作伪证，帮助逃匿，或者阻挠其他国家机关工作人员依法查禁等行为。

刑法第二百九十四条第四款规定的"纵容"，是指国家机关工作人员不依法履行职责，放纵黑社会性质组织进行违法犯罪活动的行为。

第六条 国家机关工作人员包庇、纵容黑社会性质的组织，有下列情形之一的，属于刑法第二百九十四条第四款规定的"情节严重"：

（一）包庇、纵容黑社会性质组织跨境实施违法犯罪活动的；

（二）包庇、纵容境外黑社会组织在境内实施违法犯罪活动的；

（三）多次实施包庇、纵容行为的；

（四）致使某一区域或者行业的经济、社会生活秩序遭受黑社会性质组织特别严重破坏的；

（五）致使黑社会性质组织的组织者、领导者逃匿，或者致使对黑社会性质组织的查禁工作严重受阻的；

（六）具有其他严重情节的。

第七条 对黑社会性质组织和组织、领导、参加黑社会性质组织的犯罪分子聚敛的财物及其收益，以及用于犯罪的工具等，应当依法追缴、没收。

最高人民法院刑三庭在审理故意杀人、伤害及黑社会性质组织犯罪案件中切实贯彻宽严相济刑事政策（节选）

（2010年4月14日）

2010年2月8日印发的《最高人民法院关于贯彻宽严相济刑事政策的若干意见》（以下简称《意见》），对于有效打击犯罪，增强人民群众安全感，减少社会对立面，促进社会和谐稳定，维护国家长治久安具有重要意义，是人民法院刑事审判工作的重要指南。现结合审判实践，就故意杀人、伤害及黑社会性质组织犯罪案件审判中如何贯彻《意见》的精神作简要阐释。

一、在三类案件中贯彻宽严相济刑事政策的总体要求（略）

二、故意杀人、伤害案件审判中宽严相济的把握（略）

三、黑社会性质组织犯罪案件审判中宽严相济的把握

1. 准确认定黑社会性质组织。黑社会性质组织犯罪由于其严重的社会危害性，在打击处理上不能等其坐大后进行，要坚持"严打"的方针，坚持"打早打小"的策略。但黑社会性质组织的认定，必须严格依照刑法和《全国人民代表大会常务委员会关于〈中华人民共和国刑法〉第二百九十四条第一款的解释》的规定，从组织特征、经济特征、行为特征和非法控制特征四个方面进行分析。认定黑社会性质组织犯罪四个特征必须同时具备。当然，实践中许多黑社会性质组织并不是四个特征都很明显，在具体认定时，应根据立法本意，认真审查、分析黑社会性质组织四个特征相互间的内在联系，准确评价涉案犯罪组织所造成的社会危害。既要防止将已具备黑社会性质组织四个特征的案件"降格"处理，也不能因为强调严厉打击将不具备四个特征的犯罪团伙"拔高"认定为黑社会性质组织。在黑社会性质组织犯罪的审判中贯彻宽严相济刑事政策，要始终坚持严格依法办案，坚持法定标准，这是《意见》的基本要求。

2. 区别对待黑社会性质组织的不同成员。《意见》第30条明确了黑社会性质组织中不同成员的处理原则：分别情况，区别对待。对于组织者、领导者

应依法从严惩处，其承担责任的犯罪不限于自己组织、策划、指挥和实施的犯罪，而应对组织所犯的全部罪行承担责任。实践中，一些黑社会性质组织的组织者、领导者，只是以其直接实施的犯罪起诉、审判，实际上是轻纵了他们的罪行。要在区分组织犯罪和组织成员犯罪的基础上，合理划定组织者、领导者的责任范围，做到不枉不纵。同时，还要注意责任范围和责任程度的区别，不能简单认为组织者、领导者就是具体犯罪中责任最重的主犯。对于组织成员实施的黑社会性质组织犯罪，组织者、领导者只是事后知晓，甚至根本不知晓，其就只应负有一般的责任，直接实施的成员无疑应负最重的责任。

对于积极参加者，应根据其在具体犯罪中的地位、作用，确定其应承担的刑事责任。确属黑社会性质组织骨干成员的，应依法从严处罚。对犯罪情节较轻的其他参加人员以及初犯、偶犯、未成年犯，则要依法从轻、减轻处罚。对于参加黑社会性质的组织，没有实施其他违法犯罪活动的，或者受蒙蔽、胁迫参加黑社会性质的组织，情节轻微的，则可以不作为犯罪处理。

此外，在处理黑社会性质组织成员间的检举、揭发问题上，既要考虑线索本身的价值，也要考虑检举、揭发者在黑社会性质组织犯罪中的地位、作用，防止出现全案量刑失衡的现象。组织者、领导者检举揭发与该黑社会性质组织及其违法犯罪活动有关联的其他犯罪线索，即使依法构成立功或者重大立功，在考虑是否从轻量刑时也应从严予以掌握。积极参加者、其他参加者配合司法机关查办案件，有提供线索、帮助收集证据或者其他协助行为，并对侦破黑社会性质组织犯罪案件起到一定作用的，即使依法不能认定立功，一般也应酌情对其从轻处罚。

最高人民法院全国部分法院审理黑社会性质组织犯罪案件工作座谈会纪要

(2015年10月13日 法〔2015〕291号)

为深入贯彻党的十八大和十八届三中、四中全会以及习近平总书记系列重要讲话精神,认真落实全国继续推进打黑除恶专项斗争电视电话会议和《中央政法委员会关于继续推进打黑除恶专项斗争的意见》的总体部署,进一步加强黑社会性质组织犯罪案件的审判工作,最高人民法院于2015年9月17日在广西壮族自治区北海市组织召开了全国部分法院审理黑社会性质组织犯罪案件工作座谈会。全国20个省、自治区、直辖市高级人民法院和部分中级人民法院、基层人民法院的主管副院长、刑事审判庭负责同志参加了此次会议。

会议传达、学习了中央关于不断深化打黑除恶专项斗争的有关文件、领导讲话和周强院长对会议所作的重要批示,最高人民法院副院长南英同志作了重要讲话。会议就如何加强打黑除恶审判工作进行了经验交流,并对当前审判工作中存在的新情况、新问题进行了全面、系统地归纳整理,对如何进一步明确和统一司法标准进行了深入研讨。会议认为,2009年印发的《最高人民法院、最高人民检察院、公安部办理黑社会性质组织犯罪案件座谈会纪要》(以下简称:2009年《座谈会纪要》)对于指导审判实践发挥了重要作用。由于黑社会性质组织犯罪始终处于不断发展变化之中,且刑法、刑事诉讼法的相关规定均有修改,因此,对于一些实践中反映较为突出,但2009年《座谈会纪要》未作规定或者有关规定尚需进一步细化和完善的问题,确有必要及时加以研究解决。经过与会代表的认真研究,会议就人民法院审理黑社会性质组织犯罪案件时遇到的部分政策把握及具体应用法律问题形成了共识。同时,与会代表也一致认为,本次会议所取得的成果是对2009年《座谈会纪要》的继承与发展,原有内容审判时仍应遵照执行;内容有所补充的,审判时应结合执行。纪要如下:

一、准确把握形势、任务，坚定不移地在法治轨道上深入推进打黑除恶专项斗争

（一）毫不动摇地贯彻依法严惩方针

会议认为，受国内国际多种因素影响，我国黑社会性质组织犯罪活跃、多发的基本态势在短期内不会改变。此类犯罪组织化程度较高，又与各种社会治安问题相互交织，破坏力成倍增加，严重威胁人民群众的生命、财产安全。而且，黑社会性质组织还具有极强的向经济领域、政治领域渗透的能力，严重侵蚀维系社会和谐稳定的根基。各级人民法院必须切实增强政治意识、大局意识、忧患意识和责任意识，进一步提高思想认识，充分发挥审判职能作用，继续深入推进打黑除恶专项斗争，在严格把握黑社会性质组织认定标准的基础上始终保持对于此类犯罪的严惩高压态势。对于黑社会性质组织犯罪分子要依法加大资格刑、财产刑的适用力度，有效运用刑法中关于禁止令的规定，严格把握减刑、假释适用条件，全方位、全过程地体现从严惩处的精神。

（二）认真贯彻落实宽严相济刑事政策

审理黑社会性质组织犯罪案件应当认真贯彻落实宽严相济刑事政策。要依照法律规定，根据具体的犯罪事实、情节以及人身危险性、主观恶性、认罪悔罪态度等因素充分体现刑罚的个别化。同时要防止片面强调从宽或者从严，切实做到区别对待，宽严有据，罚当其罪。对于黑社会性质组织的组织者、领导者、骨干成员及其"保护伞"，要依法从严惩处。根据所犯具体罪行的严重程度，依法应当判处重刑的要坚决判处重刑。确属罪行极其严重，依法应当判处死刑的，也必须坚决判处。对于不属于骨干成员的积极参加者以及一般参加者，确有自首、立功等法定情节的，要依法从轻、减轻或免除处罚；具有初犯、偶犯等酌定情节的，要依法酌情从宽处理。对于一般参加者，虽然参与实施了少量的违法犯罪活动，但系未成年人或是只起次要、辅助作用的，应当依法从宽处理。符合缓刑条件的，可以适用缓刑。

（三）正确把握"打早打小"与"打准打实"的关系

"打早打小"，是指各级政法机关必须依照法律规定对有可能发展成为黑社会性质组织的犯罪集团、"恶势力"团伙及早打击，绝不能允许其坐大成势，而不应被理解为对尚处于低级形态的犯罪组织可以不加区分地一律按照黑社会性质组织处理。"打准打实"，就是要求审判时应当本着实事求是的态度，在准确查明事实的基础上，构成什么罪，就按什么罪判处刑罚。对于不符合黑社会性质组织认定标准的，应当根据案件事实依照刑法中的相关条款处理，从而把法律规定落到实处。由于黑社会性质组织的形成、发展一般都会经历一个从小到大、由"恶"到"黑"的渐进过程,因此,"打早打小"不仅是政法机关依法惩治黑恶势力犯罪的一贯方针,而且是将黑社会性质组织及时消灭于雏形或萌芽状态,防止其社会危害进一步扩大的有效手段。而"打准打实"既是刑事审判维护公平正义的必然要求,也是确保打黑除恶工作实现预期目标的基本前提。只有打得准,才能有效摧毁黑社会性质组织;只有打得实,才能最大限度地体现惩治力度。"打早打小"和"打准打实"是分别从惩治策略、审判原则的角度对打黑除恶工作提出的要求,各级人民法院对于二者关系的理解不能简单化、片面化,要严格坚持依法办案原则,准确认定黑社会性质组织,既不能"降格",也不能"拔高",切实防止以"打早打小"替代"打准打实"。

(四)依法加大惩处"保护伞"的力度

个别国家机关工作人员的包庇、纵容,不仅会对黑社会性质组织的滋生、蔓延起到推波助澜的作用,而且会使此类犯罪的社会危害进一步加大。各级人民法院应当充分认识"保护伞"的严重危害,将依法惩处"保护伞"作为深化打黑除恶工作的重点环节和深入开展反腐败斗争的重要内容,正确运用刑法的有关规定,有效加大对于"保护伞"的惩处力度。同时,各级人民法院还应当全面发挥职能作用,对于审判工作中发现的涉及"保护伞"的线索,应当及时转往有关部门查处,确保实现"除恶务尽"的目标。

(五)严格依照法律履行审判职能

《中华人民共和国刑法修正案(八)》的颁布实施以及刑事诉讼法的再次修正,不仅进一步完善了惩处黑恶势力犯罪的相关法律规定,同时也对办理黑社会性质组织犯罪案件提出了更为严格的要求。面对新的形势和任务,各级人民法院应当以审判为中心,进一步增强程序意识和权利保障意识,严格按照法定程序独立行使审判职权,并要坚持罪刑法定、疑罪从无、证据裁判原则,依法排除非法证据,通过充分发挥庭审功能和有效运用证据审查判断规则,切实把好事实、证据与法律适用关,以令人信服的裁判说理来实现审判工作法律效果与社会效果的有机统一。同时,还应当继续加强、完善与公安、检察等机关的配合协作,保证各项长效工作机制运行更为顺畅。

二、关于黑社会性质组织的认定

(一)认定组织特征的问题

黑社会性质组织存续时间的起点,可以根据涉案犯罪组织举行成立仪式或者进行类似活动的时间来认定。没有前述活动的，可以根据足以反映其初步形成核心利益或强势地位的重大事件发生时间进行审查判断。没有明显标志性事件的，也可以根据涉案犯罪组织为维护、扩大组织势力、实力、影响、经济基础或按照组织惯例、纪律、活动规约而首次实施有组织的犯罪活动的时间进行审查判断。存在、发展时间明显过短、犯罪活动尚不突出的，一般不应认定为黑社会性质组织。

黑社会性质组织应当具有一定规模，人数较多，组织成员一般在10人以上。其中，既包括已有充分证据证明但尚未归案的组织成员，也包括虽有参加黑社会性质组织的行为但因尚未达到刑事责任年龄或因其他法定情形而未被起诉，或者根据具体情节不作为犯罪处理的组织成员。

黑社会性质组织应有明确的组织者、领导者，骨干成员基本固定，并有比较明确的层级和职责分工，一般有三种类型的组织成员，即：组织者、领导者与积极参加者、一般参加者（也即"其他参加者"）。骨干成员，是指直接听命于组织者、领导者，并多次指挥或积极参与实施有组织的违法犯罪活动或者其他长时间在犯罪组织中起重要作用的犯罪分子，属于积极参加者的一部分。

对于黑社会性质组织的组织纪律、活动规约，应当结合制定、形成相关纪律、规约的目的与意图来进行审查判断。凡是为了增强实施违法犯罪活动的组织性、隐蔽性而制定或者自发形成，并用以明确组织内部人员管理、职责分工、行为规范、利益分配、行动准则等事项的成文或不成文的规定、约定，均可认定为黑社会性质组织的组织纪律、活动规约。

对于参加黑社会性质组织，没有实施其他违法犯罪活动，或者受蒙蔽、威胁参加黑社会性质组织，情节轻微的，可以不作为犯罪处理。对于参加黑社会性质组织后仅参与少量情节轻微的违法活动的，也可以不作为犯罪处理。

以下人员不属于黑社会性质组织的成员：1. 主观上没有加入黑社会性质组织的意愿，受雇到黑社会性质组织开办的公司、企业、社团工作，未参与或者仅参与少量黑社会性质组织的违法犯罪活动的人员；2. 因临时被纠集、雇佣或受蒙蔽为黑社会性质组织实施违法犯罪活动或者提供帮助、支持、服务的人员；3. 为维护或扩大自身利益而临时雇佣、收买、利用黑社会性质组织实施违法犯罪活动的人员。上述人员构成其他犯罪的，按照具体犯罪处理。

对于被起诉的组织成员主要为未成年人的案件，定性时应当结合"四个特征"审慎把握。

（二）认定经济特征的问题

"一定的经济实力"，是指黑社会性质组织在形成、发展过程中获取的，足以支持该组织运行、发展以及实施违法犯罪活动的经济利益。包括：1. 有组织地通过违法犯罪活动或其他不正当手段聚敛的资产；2. 有组织地通过合法的生产、经营活动获取的资产；3. 组织成员以及其他单位、个人资助黑社会性质组织的资产。通过上述方式获取的经济利益，即使是由部分组织成员个人掌控，也应计入黑社会性质组织的"经济实力"。

各高级人民法院可以根据本地区的实际情况，对黑社会性质组织所应具有的"经济实力"在20—50万元幅度内，自行划定一般掌握的最低数额标准。

是否将所获经济利益全部或部分用于违法犯罪活动或者维系犯罪组织的生存、发展，是认定经济特征的重要依据。无论获利后的分配与使用形式如何变化，只要在客观上能够起到豢养组织成员、维护组织稳定、壮大组织势力的作用即可认定。

（三）认定行为特征的问题

涉案犯罪组织仅触犯少量具体罪名的，是否应认定为黑社会性质组织要结合组织特征、经济特征和非法控制特征（危害性特征）综合判断，严格把握。

黑社会性质组织实施的违法犯罪活动包括非暴力性的违法犯罪活动，但暴力或以暴力相威胁始终是黑社会性质组织实施违法犯罪活动的基本手段，并随时可能付诸实施。因此，在黑社会性质组织所实施的违法犯罪活动中，一般应有一部分能够较明显地体现出暴力或以暴力相威胁的基本特征。否则，定性时应当特别慎重。

属于2009年《座谈会纪要》规定的五种情形之一的，一般应当认定为黑社会性质组织实施的违法犯罪活动，但确与维护和扩大组织势力、实力、影响、经济基础无任何关联，亦不是按照组织惯例、纪律、活动规约而实施，则应作为组织成员个人的违法犯罪活动处理。

组织者、领导者明知组织成员曾多次实施起因、性质类似的违法犯罪活动，但并未明确予以禁止的，如果该类行为对扩大组织影响起到一定作用，可以视为是按照组织惯例实施的违法犯罪活动。

（四）认定非法控制特征（危害性特征）的问题

黑社会性质组织所控制和影响的"一定区域"，应当具备一定空间范围，并承载一定的社会功能。既包括一定数量的自然人共同居住、生活的区域，如乡镇、街道、较大的村庄等，也包括承载一定生产、经营或社会公共服务功能的区域，如矿山、工地、市场、车站、码头等。对此，应当结合一定地域范围内的人口数量、流量、经济规模等因素综合评判。如果涉案犯罪组织的控制和影响仅存在于一座酒店、一处娱乐会所等空间范围有限的场所或者人口数量、流量、经济规模较小的其他区域，则一般不能视为是对"一定区域"的控制和影响。

黑社会性质组织所控制和影响的"一定行业",是指在一定区域内存在的同类生产、经营活动。黑社会性质组织通过多次有组织地实施违法犯罪活动,对黄、赌、毒等非法行业形成非法控制或重大影响的,同样符合非法控制特征(危害性特征)的要求。

2009年《座谈会纪要》明确了可以认定为"在一定区域或者行业内,形成非法控制或者重大影响,严重破坏经济、社会生活秩序"的八种情形,适用时应当注意以下问题:第1种情形中的"致使合法利益受损的群众不敢举报、控告的",是指致使多名合法利益遭受犯罪或者严重违法活动侵害的群众不敢通过正当途径维护权益;第2种情形中的"形成垄断",是指可以操控、左右、决定与一定行业相关的准入、退出、经营、竞争等经济活动。"形成重要影响",是指对与一定行业相关的准入、退出、经营、竞争等经济活动具有较大的干预和影响能力,或者具有在该行业内占有较大市场份额、通过违法犯罪活动或以其他不正当手段在该行业内敛财数额巨大(最低数额标准由各高院根据本地情况在20-50万元的幅度内自行划定)、给该行业内从事生产、经营活动的其他单位、组织、个人造成直接经济损失100万元以上等情节之一;第3、4、5种情形中的"造成严重影响",是指具有致人重伤或致多人轻伤、通过违法犯罪活动或以其他不正当手段敛财数额巨大(数额标准同上)、造成直接经济损失100万元以上、多次引发群体性事件或引发大规模群体性事件等情节之一;第6种情形中的"多次干扰、破坏国家机关、行业管理部门以及村委会、居委会等基层群众自治组织的工作秩序",包括以拉拢、收买、威胁等手段多次得到国家机关工作人员包庇或纵容,或者多次对前述单位、组织中正常履行职务的工作人员进行打击、报复的情形;第7种情形中的"获取政治地位",是指当选各级人大代表、政协委员。"担任一定职务",是指在各级党政机关及其职能部门、基层群众自治组织中担任具有组织、领导、监督、管理职权的职务。

根据实践经验,在黑社会性质组织犯罪案件中,2009年《座谈会纪要》规定的八种情形一般不会单独存在,往往是两种以上的情形同时并存、相互交织,从而严重破坏经济、社会生活秩序。审判时,应当充分认识这一特点,准确认定该特征。

"四个特征"中其他构成要素均已具备,仅在成员人数、经济实力规模方面未达到本纪要提出的一般性要求,但已较为接近,且在非法控制特征(危害性特征)方面同时具有2009年《座谈会纪要》相关规定中的多种情形,其中至少有一种情形已明显超出认定标准的,也可以认定为黑社会性质组织。

三、关于刑事责任和刑罚适用

（一）已退出或者新接任的组织者、领导者的刑事责任问题

对于在黑社会性质组织形成、发展过程中已经退出的组织者、领导者，或者在加入黑社会性质组织之后逐步发展成为组织者、领导者的犯罪分子，应对其本人参与及其实际担任组织者、领导者期间该组织所犯的全部罪行承担刑事责任。

（二）量刑情节的运用问题

黑社会性质组织的成员虽不具有自首情节，但到案后能够如实供述自己罪行，并具有以下情形之一的，一般应当适用《刑法》第六十七条第三款的规定予以从轻处罚：1. 如实交代大部分尚未被掌握的同种犯罪事实；2. 如实交代尚未被掌握的较重的同种犯罪事实；3. 如实交代犯罪事实，并对收集定案证据、查明案件事实有重要作用的。

积极参加者、一般参加者配合司法机关查办案件，有提供线索、帮助收集证据或者其他协助行为，并在侦破黑社会性质组织犯罪案件、认定黑社会性质组织及其主要成员、追缴黑社会性质组织违法所得、查处"保护伞"等方面起到较大作用的，即使依法不能认定立功，一般也应酌情对其从轻处罚。组织者、领导者、骨干成员以及"保护伞"协助抓获同案中其他重要的组织成员，或者骨干成员能够检举揭发其他犯罪案件中罪行同样严重的犯罪分子，原则上依法应予从轻或者减轻处罚。组织者、领导者检举揭发与该黑社会性质组织及其违法犯罪活动有关联的其他犯罪线索，如果在是否认定立功的问题上存在事实、证据或法律适用方面的争议，应当严格把握。依法应认定为立功或者重大立功的，在决定是否从宽处罚、如何从宽处罚时，应当根据罪责刑相一致原则从严掌握。可能导致全案量刑明显失衡的，不予从宽处罚。

审理黑社会性质组织犯罪案件，应当通过判处和执行民事赔偿以及积极开展司法救助来最大限度地弥补被害人及其亲属的损失。被害人及其亲属确有特殊困难，需要接受被认定为黑社会性质组织成员的被告人赔偿并因此表示谅解的，量刑时应当特别慎重。不仅应当查明谅解是否确属真实意思表示以及赔偿款项与黑社会性质组织违法所得有无关联，而且在决定是否从宽处罚、如何从宽处罚时，也应当从严掌握。可能导致全案量刑明显失衡的，不予从宽处罚。

（三）附加剥夺政治权利的适用问题

对于黑社会性质组织的组织者、领导者，可以适用《刑法》第五十六条第一款的规定附加剥夺政治权利。对于因犯参加黑社会性质组织罪被判处5年

以上有期徒刑的积极参加者,也可以适用该规定附加剥夺政治权利。

(四) 财产刑的适用问题

对于黑社会性质组织的组织者、领导者,依法应当并处没收财产。黑社会性质组织敛财数额特别巨大,但因犯罪分子转移、隐匿、毁灭证据或者拒不交代涉案财产来源、性质,导致违法所得以及其他应当追缴的财产难以准确查清和追缴的,对于组织者、领导者以及为该组织转移、隐匿资产的积极参加者可以并处没收个人全部财产。

对于确属骨干成员的积极参加者一般应当并处罚金或者没收财产。对于其他积极参加者和一般参加者,应当根据所参与实施违法犯罪活动的次数、性质、地位、作用、违法所得数额以及造成损失的数额等情节,依法决定财产刑的适用。

四、关于审判程序和证据审查

(一) 分案审理问题

为便宜诉讼,提高审判效率,防止因法庭审理过于拖延而损害当事人的合法权益,对于被告人人数众多,合并审理难以保证庭审质量和庭审效率的黑社会性质组织犯罪案件,可分案进行审理。分案应当遵循有利于案件顺利审判、有利于查明案件事实、有利于公正定罪量刑的基本原则,确保有效质证、事实统一、准确定罪、均衡量刑。对于被作为组织者、领导者、积极参加者起诉的被告人,以及黑社会性质组织重大犯罪的共同作案人,分案审理影响庭审调查的,一般不宜分案审理。

(二) 证明标准和证据运用问题

办理黑社会性质组织犯罪案件应当坚持"事实清楚,证据确实、充分"的法定证明标准。黑社会性质组织犯罪案件侦查取证难度大,"四个特征"往往难以通过实物证据来加以证明。审判时,应当严格依照刑事诉讼法及有关司法解释的规定对相关证据进行审查与认定。在确保被告人供述、证人证言、被害人陈述等言词证据取证合法、内容真实,且综合全案证据,已排除合理怀疑的情况下,同样可以认定案件事实。

(三) 法庭举证、质证问题

审理黑社会性质组织犯罪案件时,合议庭应当按照刑事诉讼法及有关司法解释的规定有效引导控辩双方举证、质证。不得因为案件事实复杂、证据繁多,而不当限制控辩双方就证据问题进行交叉询问、相互辩论的权利。庭审时,应当根据案件事实繁简、被告人认罪态度等采取适当的举证、质证方式,突出重点；对黑社会性质组织的"四个特征"应单独举证、质证。为减少重复举证、质证，提高审判效率，庭审中可以先就认定具体违法犯罪事实的证据进行举证、质证。对认定黑社会性质组织行为特征的证据进行举证、质证时，之前已经宣读、出示过的证据，可以在归纳、概括之后简要征询控辩双方意见。对于认定组织特征、经济特征、非法控制特征（危害性特征）的证据，举证、质证时一般不宜采取前述方式。

（四）对出庭证人、鉴定人、被害人的保护问题

人民法院受理黑社会性质组织犯罪案件后，应当及时了解在侦查、审查起诉阶段有无对证人、鉴定人、被害人采取保护措施的情况，确保相关保护措施在审判阶段能够紧密衔接。开庭审理时，证人、鉴定人、被害人因出庭作证，本人或其近亲属的人身安全面临危险的，应当采取不暴露外貌、真实声音等出庭作证措施。必要时，可以进行物理隔离，以音频、视频传送的方式作证，并对声音、图像进行技术处理。有必要禁止特定人员接触证人、鉴定人、被害人及其近亲属的，以及需要对证人、鉴定人、被害人及其近亲属的人身和住宅采取专门性保护措施的，应当及时与检察机关、公安机关协调，确保保护措施及时执行到位。依法决定不公开证人、鉴定人、被害人真实姓名、住址和工作单位等个人信息的，应当在开庭前核实其身份。证人、鉴定人签署的如实作证保证书应当列入审判副卷，不得对外公开。

五、关于黑社会性质组织犯罪案件审判工作相关问题

（一）涉案财产的处置问题

审理黑社会性质组织犯罪案件时，对于依法查封、冻结、扣押的涉案财产，应当全面审查证明财产来源、性质、用途、权属及价值大小的有关证据，调查财产的权属情况以及是否属于违法所得或者依法应当追缴的其他财物。属于下列情形的，依法应当予以追缴、没收：1. 黑社会性质组织形成、发展过程中，该组织及其组织成员通过违法犯罪活动或其他不正当手段聚敛的财产及其孳息、收益，以及合法获取的财产中实际用于支持该组织存在、发展和实施违法犯罪活动的部分；2. 其他单位、个人为支持黑社会性质组织存在、发展以及实施违法犯罪活动而资助或提供的财产；3. 组织成员通过个人实施的违法犯罪活动所聚敛的财产及其孳息、收益，以及供个人犯罪所用的本人财物；4. 黑社会性质组织及其组织成员个人非法持有的违禁品；5. 依法应当追缴的其他涉案财物。

（二）发挥庭审功能问题

黑社会性质组织犯罪案件开庭前，应当按照重大案件的审判要求做好从物

质保障到人员配备等各方面的庭审准备，并制定详细的庭审预案和庭审提纲。同时，还要充分发挥庭前会议了解情况、听取意见的应有作用，提前了解控辩双方的主要意见，及时解决可能影响庭审顺利进行的程序性问题。对于庭前会议中出示的证据材料，控辩双方无异议的，庭审举证、质证时可以简化。庭审过程中，合议庭应当针对争议焦点和关键的事实、证据问题，有效引导控辩双方进行法庭调查与法庭辩论。庭审时，还应当全程录音录像，相关音视频资料应当存卷备查。

2015 年 10 月 13 日

后 记

现将《扫黑除恶办案指南》奉上，里面包括了扫黑除恶常见问题解答、相关罪名认定及案例精解和相关法律法规司法解释，希望对读者有所帮助。

本书的面世，感谢中国检察出版社的大力支持，感谢史朝霞主任和常嘉文编辑的辛苦付出。

同样身处办案一线的我们，能深刻体会到读者的繁忙，故不敢多言。

不当之处，敬请赐教。

周文涛
2019年7月7日